OSCAR
BESTSELLERS

Di Marco Bianchi negli Oscar

50 minuti 2 volte alla settimana
Io mi muovo
Io mi voglio bene
La mia cucina italiana
Noi ci vogliamo bene
Ricette della dieta del digiuno
(con MariaGiovanna Luini)

MARCO BIANCHI

IO MI VOGLIO BENE

Gli indispensabili in cucina:
i miei alimenti del benessere e 300 idee per cucinarli

I edizione Varia aprile 2015
I edizione Oscar Bestsellers aprile 2016

ISBN 978-88-04-67411-5

Questo volume è stato stampato
presso ELCOGRAF S.p.A.
Stabilimento - Cles (TN)
Stampato in Italia. Printed in Italy

oscarmondadori.it

Anno 2021 - Ristampa 6 7

librimondadori.it

Indice

IO MI VOGLIO BENE

Alle future mamme, perché possano avere cura dei loro bambini fin dal primo giorno: l'alimentazione influenza la nostra salute per l'80 per cento e tanto di ciò che accade nei primi anni di vita ci rimane impresso per sempre.

Ai giovani, perché, se vogliono, possono rappresentare la svolta.

A noi tutti, perché possiamo essere più consapevoli nella scelta alimentare, ogni giorno.

LA CUCINA DELLA SALUTE

Benvenuti nella mia dispensa! È un onore aprirvi le ante di questo luogo nel quale ripongo tutti gli alleati del mio (e spero anche del vostro) benessere.

Gli scaffali sono solidi e lo spazio bello ampio, perché i cibi da accogliere sono davvero numerosi, e variano con il mutare delle stagioni. Alcuni, lo confesso, li colgo freschissimi direttamente nell'orto che ho allestito nel mio fazzoletto di giardino, appena oltre la portafinestra della cucina: mi basta allungare la mano per trovare rosmarino, basilico, timo e tante altre profumatissime erbe aromatiche. Tutti, li osservo quotidianamente, e non solo in cucina, ma attraverso la lente del microscopio. È ciò che si fa abitualmente nei laboratori di ricerca e nutrigenomica: studiare le interazioni degli alimenti con il nostro DNA, per capire quali svolgono effetti benefici, e in che misura, e quali, invece, sarebbe meglio evitare.

Io mi voglio bene arriva a coronamento di un lungo percorso professionale dedicato alla scoperta e alla divulgazione dei cibi cosiddetti «funzionali», quelli cioè che ci aiutano a mantenerci sani, a guarire prima e a fare prevenzione. Ho voluto cucinarlo come preparo i miei piatti: con la stessa attenzione e cura, ho selezionato e raccolto una bella fetta delle mie conoscenze su questi potentissimi aiutanti di cui disponiamo; ho aggiunto una manciata di altri spunti interessanti, che spero troverete utili; ho incorporato indicazioni a non finire sulle migliori tecniche per cucinare, perché ci tengo che non abbiate solo le informazioni, ma anche gli strumenti per muovervi con consapevolezza ai fornelli; infine, ho aperto il mio ricettario e scelto i piatti che più rappresentano me e la mia idea di cucina del benessere. Tra ricette completamente nuove, rinnovate, ripescate, ripensate e i grandi classici, ho riunito in questo libro più di 300 idee per portare in tavola la salute in tutte le forme immaginabili – quelle, almeno, alla portata della mia immaginazione. È il mio modo per dimostrare che, quando si parla di cibo, tenere il piede in due scarpe è possibile: mangiare «buono e intelligente» si può, basta avere voglia di sperimentare.

Fare prevenzione a tavola, infatti, non significa certo nutrirsi con pappette tristi e sciape: al contrario, si tratta proprio di far entrare nella nostra dispensa sapori, colori e aromi che spesso nemmeno consideriamo, assuefatti come siamo a gusti tutti simili perché tutti viziati da troppo sale, troppo zucchero, troppo burro.

Ricapitolando, la cucina della salute è buona, è varia, è divertente da preparare e ci aiuta a stare bene: quali ragioni ci sono per non buttarcisi a capofitto? Non so voi, ma io non ne trovo nemmeno una. Al contrario, ho proprio chiari i motivi per cui questa è – per me – l'unica scelta possibile.

Il primo ha a che fare con i concetti di alimentazione e nutrizione.

A ben vedere, sono differenti: con «alimentazione» si intende l'atto del mangiare, con «nutrizione» l'insieme di atti necessari per scomporre un alimento. Quando ingeriamo cibo, introduciamo il carburante che consente al nostro corpo di svolgere tutti i processi che ci mantengono in vita, e molto di più: da dove, se non dal cibo, traiamo le energie per camminare, allenarci, pensare, lavorare, leggere, studiare, riflettere, meditare, correre, saltare, ballare, inventare, cucinare? Alimentarsi, insomma, è semplicissimo: basta dare una risposta allo stimolo della fame.

La nutrizione, invece, ha a che fare con la qualità di questa risposta: si riferisce infatti all'insieme dei processi biologici che consentono lo sviluppo e l'integrità del nostro organismo, in relazione alla biodisponibilità di energia, nutrienti e composti fitochimici presenti in un alimento. Nutrirsi adeguatamente significa mettere a disposizione del nostro corpo i «mattoni» di migliore qualità.

Si tratta ora di capire se quelli a cui siamo abituati siano all'altezza del compito, oppure no.

La differenza c'è, e si sente.

A spiegarcela provvede la mia amata nutrigenomica, la scienza che studia l'interazione dei principi attivi contenuti negli alimenti con il nostro genoma, documentando e dimostrando gli effetti dei cibi sulla nostra salute, le loro proprietà terapeutiche o, al contrario, le loro azioni negative. Il cibo può infatti veicolare anche sostanze tossiche che, se accumulate, possono causare patologie. Basti pensare che il 70 per cento dei tumori ha come causa diretta lo stile di vita: di questi, ben il 30 per cento è correlato a sostanze nocive presenti sulla tavola!

D'altra parte i ricercatori ci dicono che la bellezza del 40 per cento delle malattie (per esempio il diabete di tipo 2, ma anche l'ipercolesterolemia e l'ipertensione) possono essere affrontate e curate con una dieta adeguata. Ancora: secondo uno studio australiano, basterebbero 20 grammi di lenticchie (o altri legumi) al giorno per allungare le prospettive di vita dell'8 per cento. Nel 2007 il World Cancer Research Fund (Fondo mondiale per la ricerca sul cancro) ha redatto un documento che ancora oggi e sempre di più rappresenta una vera Bibbia della salute, nel quale sono stati inseriti gli alimenti capaci di influenzare il nostro benessere. Purtroppo, si tratta di informazioni ancora troppo poco diffuse.

Insomma, quello che mi chiedo è: perché non sfruttare il sapere che la nutrigenomica ci offre per stare bene? Perché non influire positivamente sulla qualità e anche sulla durata della nostra esistenza? Perché non prevenire tumori, malattie cardiovascolari e degenerative, visto che si può?

Questo mio libro è una chiamata ai fornelli: pronti a mettervi in gioco e a scoprire quanto saporita e prelibata può essere la salute? Sono certo che i vostri palati rimarranno piacevolmente stupiti, e non per modo di dire: ricevo quotidianamente testimonianze di tanti di voi sulle mie pagine *social*, persone che si sono «buttate» e adesso non hanno la benché minima intenzione di fare marcia indietro, proprio perché hanno scoperto che un altro modo è possibile. Più benessere a tavola

OCCHIO AI BAMBINI!

«OKkio alla salute» è un'indagine biennale sullo stato ponderale e i comportamenti a rischio nei bambini delle scuole primarie.* Il campione è vastissimo: più di 40.000 bambini e altrettanti genitori hanno accettato di compilare i questionari, grazie ai quali abbiamo scoperto che:

1. il 22,9 per cento dei bambini è sovrappeso, l'11,1 per cento obeso: in proiezione su tutta la popolazione della scuola primaria, parliamo di 1.100.000 bambini in eccesso ponderale, di cui quasi 400.000 obesi;
2. le abitudini alimentari sono spesso errate: il 9 per cento dei bambini salta la prima colazione, il 30 la consuma ma sbilanciata in termini di carboidrati e proteine; il 68 fa una merenda di metà mattina troppo abbondante; il 23 per cento dei genitori dichiara che i propri figli non mangiano quotidianamente frutta e verdura mentre il 48 per cento beve abitualmente bevande zuccherate;
3. non va meglio sotto il profilo della sedentarietà: il 22 per cento dei bambini pratica sport al massimo 1 ora a settimana; il 38 per cento guarda la televisione o passa il tempo attaccato alla consolle dei videogiochi per 3 o più ore al giorno; solo 1 bambino su 4 va a scuola a piedi o in bici.

La sedentarietà certo non giova, ma nemmeno simili abitudini alimentari. Io sono stato uno di questi bambini, sovrappeso e sedentario. So bene che le cose sono molto più semplici, da adulti, se a fare bene si impara da piccoli. Ecco perché ci tengo proprio a sottolineare quanto è importante coinvolgere il prima possibile bimbi e ragazzi in una filosofia del benessere fatta di movimento e sana alimentazione.

* «OKkio alla salute» nasce come costola del progetto «Sistema di indagini sui rischi comportamentali in età 6-17 anni», promosso e finanziato nel 2007 dal ministero della Salute/CCM e coordinato dall'Istituto superiore di Sanità in collaborazione con le regioni, il ministero dell'Istruzione, dell'Università e della Ricerca, l'INRAN e le università di Torino, Siena e Padova.

infatti significa anche avere a disposizione più energie, sentirsi più leggeri ma più forti, godere di un sonno di migliore qualità, di una digestione perfetta e di una motilità intestinale puntuale come i treni in Giappone, per non parlare dello schivare con classe i malanni di stagione...

«In definitiva» vi starete chiedendo, «che cosa dovremmo cucinare, e come?»

Prima di lasciarvi tuffare tra le ricette, voglio approfittare della vostra pazienza per fare il punto sulla mia idea di cucina. Per far questo, devo partire da lontano (non troppo, lo prometto), e dire due parole a proposito dei nostri amici macronutrienti.

Chi sarebbero costoro? Sono quegli alimenti complessi che il nostro corpo deve rielaborare prima di trarne beneficio. Si dividono in tre ben note categorie (che è sempre utile richiamare): carboidrati, proteine e grassi.

La Società italiana di nutrizione umana (SINU) ha affermato che il nostro fabbisogno calorico dovrebbe essere soddisfatto secondo queste percentuali: 45-60 per cento da carboidrati, 20-35 per cento da grassi e 15 per cento da proteine.

I *carboidrati* saranno dunque la nostra principale fonte di energia. Li troviamo nei farinacei, nei cereali e in tanti altri alimenti vegetali. Ne esistono di due tipi: semplici (monosaccaridi, disaccaridi e oligosaccaridi, altrimenti detti zuccheri) e complessi (vale a dire amido e fibra alimentare). La fibra, in particolar modo, aiuta a regolare l'assorbimento dei nutrienti e protegge il nostro corpo da diverse patologie.

I *grassi* (animali e vegetali) godono di una pessima fama ma, come si nota dalle percentuali sopra esposte, rappresentano un'importante fonte di energia, oltre a giocare un ruolo indispensabile nello svolgimento di alcune funzioni organiche: sono il veicolo per le vitamine A, D, E, K, H e sono alla base dei fosfolipidi e di alcuni ormoni. Ne esistono di due tipi: saturi e insaturi. I primi, i meno digeribili, tendono a innalzare il livello di colesterolo e a depositarsi con facilità sulle pareti delle arterie. Sono quelli contenuti nel burro, nello strutto, nella margarina e nell'olio di semi di arachide, nei prodotti caseari, nelle uova, nella carne e in alcuni oli vegetali, come quello di palma o di cocco. I grassi insaturi sono più facili da digerire e non presentano gli «effetti collaterali» di cui sopra ma, anzi, contribuiscono a lubrificare il sangue e abbassano il livello di colesterolo. Si trovano nell'olio (d'oliva, di mais, di soia e di fegato di merluzzo).

Le *proteine* (animali e vegetali) sono sostanze azotate composte da aminoacidi che costituiscono la base della nostra muscolatura. Oltre ai processi plastici (cioè di costruzione della nuova materia vivente), sono coinvolte anche in quelli energetici, per esempio la sintesi di zuccheri e lipidi. Come probabilmente sapete, gli aminoacidi non sono tutti uguali: alcuni, quelli che il nostro corpo non può produrre, sono detti «essenziali» e devono giocoforza venire introdotti con l'alimentazione. Le proteine migliori, quindi, sono quelle che li contengono: più ce ne sono, più aumenta il loro «valore biologico».

Le *Linee guida per una sana alimentazione italiana* stilate dall'INRAN (Istituto nazionale di ricerca per gli alimenti e la nutrizione) sottolineano come la dieta debba assicurare al nostro organismo tutti i nutrienti indispensabili: proteine, grassi e carboidrati, certo, ma anche acqua, vitamine e minerali, oltre a micronutrienti essenziali come alcuni aminoacidi e acidi grassi polinsaturi.

Dal momento che l'alimento perfetto, che contiene tutto ciò di cui abbiamo bisogno nella giusta quantità (e senza controindicazioni), non esiste, il consiglio dell'INRAN è di variare il più possibile le nostre scelte alimentari, coprendo così il fabbisogno e facendo il pieno di sostanze protettive per il nostro organismo, come gli antiossidanti. Come si raggiunge questo obiettivo? Diventando artisti delle porzioni, è chiaro!

Con porzione si intende una «unità pratica di misura della quantità di alimento consumata». Data la grande varietà di abitudini e tradizioni alimentari nella nostra penisola, tradurre una porzione in grammi non è proprio semplicissimo. L'INRAN però ci ha provato, basandosi sui consumi medi della popolazione italiana. Il risultato sono queste due tabelle: la prima identifica le porzioni corrette di ogni alimento, la seconda ci dice quante porzioni di ciascuno dovremmo consumare ogni giorno.

ENTITÀ DELLE PORZIONI STANDARD NELL'ALIMENTAZIONE ITALIANA

Alimenti	**Porzioni**	**Peso (g)**
CEREALI, TUBERI		
Pane	1 rosetta piccola/1 fetta media	50
Prodotti da forno	2-4 biscotti 2,5 fette biscottate	20
Pasta o riso (*)	1 porzione media	80
Pasta fresca all'uovo (*)	1 porzione piccola	120
Patate	2 patate piccole	200
ORTAGGI E FRUTTA		
Insalate	1 porzione media	50
Ortaggi	1 finocchio/2 carciofi	250
Frutta o succo	1 frutto medio (arance, mele)	150
	2 frutti piccoli (albicocche, mandarini)	150
CARNE, PESCE, UOVA E LEGUMI		
Carne fresca	1 fettina piccola	70
Carne stagionata (salumi)	3-4 fette medie prosciutto	50
Pesce	1 porzione piccola	100
Uova	1 uovo	60
Legumi secchi	1 porzione media	30
Legumi freschi	1 porzione media	80-120
LATTE E DERIVATI		
Latte	1 bicchiere	125
Yogurt	1 vasetto	125
Formaggio fresco	1 porzione media	100
Formaggio stagionato	1 porzione media	50
GRASSI DA CONDIMENTO		
Olio	1 cucchiaio	10
Burro	1 porzione	10
Margarina	1 porzione	10

(*) In minestra metà porzione

NUMERO CONSIGLIATO DI PORZIONI

Alimento	1700 kcal[1]	2100 kcal[2]	2600 kcal[3]
	Porzioni giornaliere		
CEREALI, TUBERI			
Pane	3	5	6
Prodotti da forno	1	1	2
Pasta/Riso/Pasta all'uovo fresca	1	1	1-2
Patate	1 (a settimana)	2 (a settimana)	2 (a settimana)
ORTAGGI E FRUTTA			
Ortaggi/Insalata	2	2	2
Frutta/ Succo di frutta	3	3	4
CARNE, PESCE, UOVA E LEGUMI			
	1-2	2	2
LATTE E DERIVATI			
Latte/Yogurt	3	3	3
Formaggio fresco/ Formaggio stagionato	2 (a settimana)	3 (a settimana)	3 (a settimana)
GRASSI DA CONDIMENTO			
Olio/Burro/ Margarina	3	3	4

Fonte: INRAN, *Linee guida per una sana alimentazione italiana*

[1] Esempi: bambini oltre i 6 anni; donne anziane con vita sedentaria.

[2] Esempi: adolescenti femmine; donne adulte con attività lavorativa non sedentaria, uomini adulti con attività lavorativa sedentaria.

[3] Esempi: adolescenti maschi, uomini adulti con attività lavorativa non sedentaria o moderata attività fisica.

Voglio partire da queste tabelle per trarre diverse riflessioni e sintetizzare in poche parole i pilastri su cui si poggia la mia idea di cucina del benessere.

La prima riflessione: le *Linee guida* ci consigliano di consumare la bellezza di 5 ricche e gustose porzioni di frutta e verdura quotidianamente. Si tratta di scegliere: potete decidere se arrancare faticosamente lungo la giornata infliggendovi contorni bolliti oppure riempire di colore e fantasia i vostri piatti, aggiungendo la frutta nelle torte, nello yogurt la mattina o nelle insalate, e la verdura agli aperitivi, ai primi piatti, ai piatti unici!

Le 5 porzioni, comunque, resteranno necessarie, perché frutta e verdura sono alimenti preziosi e indispensabili per la salute. Apportano vitamine, sali minerali e una quantità di altre sostanze essenziali per le reazioni metaboliche, la crescita e per mantenere efficiente il nostro organismo, ma soprattutto apportano fibre idrosolubili. Dovremmo assumerne almeno 30 grammi al giorno, perché quelle fibre ci aiutano a migliorare il funzionamento intestinale, a ridurre il rischio di tumore del colon-retto, di diabete di tipo 2 e di alcune malattie cardiovascolari (come l'arteriosclerosi). Nella frutta e nella verdura sono inoltre presenti numerosi composti antiossidanti, che combattono i radicali liberi proteggendoci dall'invecchiamento precoce e dal rischio cardiovascolare.

La seconda: la palma del maggior numero di porzioni consigliate la vincono i carboidrati. Sono ben 7 al giorno. Come si dice, *melius abundare quam deficere*? Be', certamente vale per i cereali integrali (e le farine derivate), senza dubbio il vestito migliore per i carboidrati. Pasta integrale, riso, orzo, farro, mais, quinoa, segale e così via in tavola non devono mai mancare. Contengono anche una buona dose di fibra insolubile, che contribuisce a mantenere stabile la glicemia, aumenta il senso di sazietà, riduce il colesterolo circolante e facilita la prevenzione di sovrappeso e obesità. Ho parlato di cereali integrali non a caso: il processo di produzione di quelli raffinati li degrada al punto di «sfibrarli», letteralmente! Molto meglio dunque preferire «cibo vivo», poco trattato, e dunque più sano e nutriente, che ne pensate?

Andrebbero invece ridotti i consumi sia di pasta all'uovo (il girovita ringrazierà) sia di prodotti da forno confezionati: che gusto c'è a consumare focacce o biscotti preparati da altri, per di più in tanti casi fonti di grassi saturi e zuccheri malsani, quando in poco tempo possiamo sfornare con le nostre mani qualcosa di molto più prelibato e salutare?

La terza riflessione riguarda le proteine. Abbiamo detto che è necessario assumere gli aminoacidi essenziali: le proteine di origine animale li contengono tutti e otto, ma generalmente accompagnati da grassi saturi e colesterolo. Inoltre, richiedono una digestione laboriosa, che causa affaticamento a livello renale. Nulla di tutto questo per le proteine di origine vegetale, che ricercatori e nutrizionisti sono concordi nell'indicare come valida alternativa. Via libera dunque ai legumi che, in combinazione con alimenti ricchi di proteine vegetali complementari (come i cereali integrali), sono in grado di coprire in modo ottimale il totale fabbisogno proteico giornaliero.

Bene anche il pesce, meglio se azzurro, visto lo stratosferico contenuto di acidi grassi Omega-3 e Omega-6 (veri e propri cavalieri al servizio del nostro sistema cardiovascolare, di quello nervoso e delle ossa): digeribile e con un apporto davvero modesto di colesterolo, il pesce ci stupisce offrendoci anche tanti minerali (come selenio, iodio e fosforo) e vitamine.

Da limitare – indovinate? – carne rossa e salumi, il cui consumo pare essere correlato con un aumento del rischio di sviluppare alcune forme di tumore.

«E quanto ai latticini?» vi starete chiedendo. Eccomi: sono loro l'oggetto della mia quarta riflessione. Sono fonte di proteine e di calcio, ma sicuramente non l'unica: nel costruire l'ossatura di una dieta varia ed equilibrata, cerchiamo di fare spazio anche ad altri alimenti ugualmente interessanti sotto questo profilo come verdure a foglia verde, soia, ceci, fagioli e altri legumi, frutta secca come mandorle, noci, pistacchi e nocciole, per non parlare del sesamo!

Il latte è importante (le *Linee guida* infatti raccomandano 3 porzioni al giorno di latte/yogurt da 125 grammi), ma ricordiamoci che non esiste solo quello vaccino: i latti vegetali sono straordinariamente più digeribili e presentano profili nutrizionali di assoluto interesse.

Attenzione invece ai formaggi: ok a consumarli 2-3 vol-

DUE PAROLE ATTORNO ALLE UOVA

C'è chi le considera indispensabili e chi non vuole nemmeno sentirne parlare: mi riferisco alle uova, storicamente una delle fonti proteiche più diffuse. Le uova forniscono proteine di alta qualità (con tutti gli aminoacidi essenziali), vitamine (la A, la B6 e la B12) e minerali (ferro, calcio, fosforo e potassio) oltre a grassi dalle benefiche proprietà. E tutto questo a bassissimo costo. Non possiamo però ignorare l'elevata quantità di colesterolo (il 5 per cento, circa 200 mg/uovo): con 2 uova, già si supera il fabbisogno quotidiano, calcolato in 300 milligrammi. Quale aspetto privilegiare, dunque? Nel dare una risposta mi viene in soccorso Giacinto Miggiano, direttore del Centro per la nutrizione umana dell'Università Cattolica del Sacro Cuore di Roma, il quale sostiene che «la presenza nelle uova delle lecitine favorisce il trasporto inverso del colesterolo, dalle arterie al fegato, e potenzia i processi digestivi dell'alimento: due uova à la coque, per esempio, vengono smaltite dallo stomaco in due ore, contro le tre necessarie per una porzione di carne. I tempi della digestione sono infatti proporzionali al quantitativo di grassi impiegati e aumentano se i condimenti vengono portati ad alte temperature, come accade nel caso delle uova fritte».* Tradotto: se consumate con moderazione, le uova non sono associate a un aumentato rischio di patologie cardiovascolari, quindi possono essere consumate un paio di volte la settimana. Quando si parla di uova, vale la pena privilegiare la qualità e limitare la quantità: meglio consumarne poche ma biologiche, provenienti da allevamenti non intensivi. In altre parole, uova di galline felici, che non conoscono gabbia, capannoni e mangimi particolari, come mi avete già sentito chiamarle!
Io tendo a utilizzarle con parsimonia, dal momento che sono presenti in forma nascosta in moltissimi preparati, e a prediligere l'albume.

* *Ma mangiare uova fa bene?* (www.fondazioneveronesi.it).

te la settimana, ma come secondo piatto (non a fine pasto!). Quanto alla scelta: sì a quelli magri, freschi e con tre soli ingredienti sull'etichetta, cioè latte, caglio e sale. Tutto il resto è decisamente meglio contingentarlo: le vostre arterie ve ne saranno grate!

Veniamo al quinto e ultimo punto. Più che una riflessione, è un comandamento: non avrai altro condimento all'infuori dell'olio extravergine d'oliva (meglio ancora se è spremuto a freddo). Non avrebbe alcun senso scegliere di cucinare sano e poi annegare i nostri prelibati piattini nel burro, che contiene ben il 50 per cento di grassi saturi, che ne pensate? Come avrete visto, l'INRAN lo prevede nelle sue *Linee guida*, e questo perché nell'elaborare le tabelle ha tenuto conto, come abbiamo detto, anche delle tradizioni gastronomiche del nostro paese. Io la penso così: il burro può essere consumato saltuariamente, a freddo e di ottima qualità, altrimenti rischia di danneggiarsi e di alterarsi, diventando nocivo per l'organismo.

Al contrario, l'olio extravergine di oliva è ricco di grassi insaturi buoni (circa l'80 per cento), schierati al nostro fianco contro i radicali liberi e il colesterolo LDL (quello «cattivo»). Vera miniera di composti fitochimici, l'olio protegge anche cuore e arterie e ci consente di centrare lo scopo nutrizionale del condire i piatti con una fonte di grasso, cioè di facilitare l'assorbimento di tanti nutrienti. In altre parole, è certamente il grasso migliore che ci sia. Le uniche alternative possibili sono l'olio di arachidi (con un contenuto di grassi polinsaturi del 55 per cento) e di semi di girasole e di mais (60 per cento). Da fuggire tassativamente, invece, olio di cocco e di palma: con l'85 per cento di grassi saturi, si piazzano in testa alla classifica dei nemici del nostro sistema cardiovascolare.

Come vedrete nelle prossime pagine, l'olio extravergine d'oliva non è l'unico ingrediente che utilizzo per insaporire gli alimenti: imperdibili i profumi sprigionati dalle erbe aromatiche e dalle spezie, che perfezionano i sapori apportando al contempo micronutrienti importanti come calcio, ferro, vitamina C e tanti altri. Tutto il contrario del sale, il cui consumo invece andrebbe diminuito, poi ancora calato e, a quel punto, dimezzato, per arrivare a un massimo di 5 grammi al giorno, l'equivalente di un cucchiaino da caffè.

Tirando le fila, la «mia» cucina del benessere prevede:
1. frutta e verdura come se piovesse;
2. cereali integrali à gogo in tutte le forme (chicchi, pasta, farine);
3. fantasie di proteine vegetali, con qualche puntata nel mondo del pesce (azzurro!);
4. talvolta latticini, a patto che siano magri, freschi e abbiano le liste ingredienti più corte della storia;
5. per condire, olio extravergine d'oliva e aromi, spezie ed erbe a non finire, per portare in tavola un tripudio di gusto e profumi.

A proposito di tavola – scendendo dunque nel pratico – tutto questo si traduce in un'indicazione preziosissima. Avete presente il caro, vecchio adagio «piatto ricco, mi ci ficco»? Ecco, secondo me chi l'ha concepito stava parlando di un concetto che è caro non solo a me, ma alla dieta mediterranea, cui la scienza ha ormai riconosciuto poteri simili a quelli di un elisir di lunga vita. Sono certo che avrete già capito... sto parlando del piatto unico! Lo so, lo so, mi ripeto, ma lo faccio perché sono entusiasta di natura: il piatto unico non va considerato come un pasto da poco, preparato di fretta e unicamente perché non c'era tempo di servire antipasto, primo, secondo e dolce. Il piatto unico per me è la perfezione, perché potenzialmente contiene tutti i nutrienti di cui il nostro corpo ha bisogno, senza rischiare dannosi eccessi o dimenticanze. Che dire poi della comodità? Veloce, buono, facile da portare fuori casa, può salvarci da situazioni in cui altrimenti ci limiteremmo a mangiare poco, male o entrambe le cose.

Certo, per essere davvero all'altezza delle nostre aspettative, deve essere completo dal punto di vista nutrizionale. Il piatto ideale per la salute è costituito per 2/3 da alimenti di origine vegetale. Dividendo idealmente un piatto in quattro parti, dovrà contenere per metà verdure e frutta (con una leggera preminenza delle prime sulla seconda), un quarto di cereali integrali e un quarto di proteine salutari.

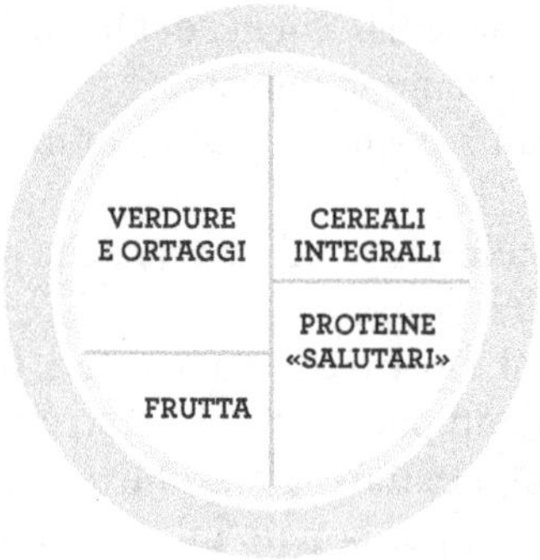

Come vedremo più avanti nella lettura, basta combinare cereali, legumi e verdure (e magari aggiungere una manciata di semi) per ottenere un pasto perfetto dal punto di vista nutrizionale, senza che manchi neanche un micronutriente, essenziale o meno.

Tanti di voi mi hanno chiesto negli anni di suddividere le mie ricette nelle categorie classiche. Questo librone sarebbe stato l'occasione giusta per farlo, ma sono costretto a deludere chi ci sperava: non troverete nemmeno questa volta antipasti, primi e secondi, semplicemente perché non avrebbe senso. La stragrande maggioranza delle idee salate che suggerisco sono piatti unici, che mirano a sposare a un'estetica colorata e a un gusto spaziale l'eldorado di tutti noi ricercatori, studiosi e divulgatori, vale a dire la perfezione nutrizionale.

Per provare a raggiungerla, ho pescato dalla mia dispensa dieci categorie di alimenti, quelli che mai e poi mai dobbiamo dimenticare quando facciamo la spesa e quando siamo alle prese con pentole e padelle:

1. i semi oleosi e la frutta disidratata;
2. i cereali integrali con glutine;
3. i cereali integrali senza glutine;
4. i legumi;

5. il pesce azzurro;
6. il formaggio (e il non formaggio);
7. il non sale: erbe aromatiche e spezie;
8. la frutta e la verdura dei mesi freddi;
9. la frutta e la verdura dei mesi caldi;
10. le dolcezze.

Ciascuno dei dieci capitoli loro dedicati si aprirà con una ricetta nuova, che vuole interpretare al meglio le potenzialità di gusto del protagonista delle pagine successive.

Prima di cominciare, però, voglio assicurarmi che siate bardati di tutto punto e che in cucina abbiate tutti gli strumenti giusti. Vi aspetto alla prossima pagina!

PIZZICHI, TAZZE E COTTURE: STRUMENTI E TECNICHE PER CUCINARE

Prima di lasciarvi scorrazzare tra i capitoli alla scoperta delle mille virtù dei nostri dieci «campioni» della sana alimentazione, voglio darvi qualche indicazione pratica, concreta, per agire nel modo giusto in cucina. Questa breve sezione nasce dai tanti incontri con voi, dalle domande che mi avete fatto durante le presentazioni dei libri precedenti, le conferenze o i corsi di cucina: «Quanto sale è un pizzico?», «Posso fare il dado vegetale a casa?», «Qual è il sistema di cottura per preservare le proprietà dei vari cibi?».

Ho pensato di riunire qui tutti i quesiti più ricorrenti: saranno le pagine più schematiche del libro ma spero che mi perdonerete, è una scelta che nasce dal desiderio di essere il più chiaro possibile! Cominciamo quindi con la prima domanda:

QUANTA FARINA CI STA IN UNA TAZZA?

Spesso, per praticità o per abitudine, le liste di ingredienti contengono misure decisamente poco standard: tazze e cucchiai al posto di grammi e millilitri. La cucina non è una scienza esatta, ma avere un'idea più precisa delle quantità certo aiuta! Ecco il perché di queste tabelle, applicabili sempre, tranne che in pochi casi. Uno per tutti, il più misterioso: i Belli&Buoni di p. 49. Ho provato a convertire la ricetta in peso in mille modi ma non c'è niente da fare: croccanti e profumati così, vengono solo se misuriamo gli ingredienti a tazze... Se doveste riuscire nell'impresa, scrivetemi!

Misura	Alimento (solido)	Equivale a...
Bicchiere (da acqua)	Riso	160 g
Cucchiaio (da minestra)	Cacao	5 g
	Farina	10-12 g
	Miele	20-22 g
	Riso	20 g
Cucchiaino (da caffè)	Sale fino	5 g
	Lievito in polvere	4 g
Pizzico	Sale	3-5 g
Tazza (da caffellatte)	Farina	100 g
	Riso	200 g
	Zucchero	250 g

Misura	Alimento (liquido)	Equivale a...
Bicchiere (da acqua, medio)	Latte	200 g
Bicchierino	Latte	30 ml
Cucchiaio (da minestra)	Olio EVO	13-15 g
	Latte	10 ml
Tazza (da caffellatte)	Acqua	250 ml
	Olio EVO	250 ml

Infine, qualche equivalenza:

- 3 cucchiaini da caffè = 1 cucchiaio da minestra
- 16 cucchiai da minestra = 1 tazza da caffellatte
- 2 tazze = 0,5 litri
- 4 tazze = 1 litro
- 1 bicchiere da acqua = 200 ml
- 1 bicchiere da vino = 100 ml
- 1 bottiglia da 1 litro di olio EVO = 900 g
- 1 bottiglia da 1 litro di acqua = 1 kg

COME SI FA...?

Alcune preparazioni hanno il dono di sembrare complicatissime, ma bastano pochi minuti e le istruzioni giuste per realizzarle in scioltezza. Ve ne segnalo 3, tutte di uso corrente nella vostra cucina: pronti a sgominare il panico a colpi di informazioni?

COME SI FA IL BRODO VEGETALE

Gluten Free

- 3 gambi di broccoli
- 1 cipolla
- 1 carota
- 400 ml di acqua
- alloro
- pepe in grani

Innanzitutto, pulite le verdure: separate le cime di broccolo dai gambi e dividete questi ultimi in tre o quattro parti; sbucciate la cipolla e dividetela a metà; lavate e tagliate grossolanamente la carota. Mettete quindi sul fuoco una pentola con 400 ml di acqua, aggiungete i gambi di broccoli, la cipolla, la carota, un paio di foglie di alloro e qualche grano di pepe. Portate a ebollizione e cuocete per circa 1 ora e mezza. Al termine di questo tempo, non vi resterà che filtrare l'acqua, ed ecco pronto il vostro brodo vegetale.

COME SI FA IL DADO VEGETALE

Gluten Free

- 600 g di cipolle bianche
- 600 g di carote
- 400 g di sedano
- 2 rametti di rosmarino
- qualche foglia di salvia
- 200 g di sale integrale di Sicilia
- 1 spicchio di aglio (facoltativo)
- curcuma (facoltativa)
- aromi vari: origano, prezzemolo, erba cipollina, basilico, maggiorana (facoltativi)

Lavate verdure e aromi, pelate le cipolle e le carote e mettete tutto ad asciugare su un canovaccio. Quando le verdure saranno asciut-

te, tagliatele grossolanamente e mettetele nel mixer insieme agli altri ingredienti, sale compreso. Tritate finemente e mettete a scolare in un colino a maglia fine posto sopra il lavello. Quando il composto avrà smesso di perdere acqua, suddividetelo in tanti vasetti di vetro asciutti e sterilizzati. Il dado vegetale si conserva per circa 6 mesi. Una volta aperto, va posto in frigorifero.

COME SI FA L'OLIO AROMATIZZATO

Potete decidere di aromatizzare l'olio (mi raccomando, extravergine d'oliva!) con un'erba aromatica a vostra scelta. A me piacciono moltissimo quello al basilico, è il mio preferito, e quello al rosmarino. Il procedimento è semplicissimo: immergete in 1 litro di olio EVO 1 mazzetto di basilico fresco, lavato, asciugato e spezzettato con le dita (o di rosmarino) e lasciatecelo per almeno 3 settimane. Successivamente, filtrate e ripetete con altro basilico (o rosmarino). Dopo 3 settimane filtrate nuovamente, ed ecco pronto un olio profumatissimo!

Avete fretta? No problem: esiste un'alternativa. Scaldare l'olio con l'erba aromatica: basta non superare i 65 °C (controllate con un termometro da cucina).

Un gustoso e semplice olio ai carotenoidi? Quello con lo zafferano! Per ogni litro di olio servirà una bustina di zafferano... scioglietelo a freddo e il gioco è fatto!

COME SI FA A SETACCIARE LA RICOTTA

È semplicissimo, basta munirsi di una spatola, un colino a maglia fine e una ciotola. Mettete il colino sopra la ciotola, versatevi la ricotta e cominciate a spatolarla finché non si sarà trasformata in una vera e propria crema, leggera e spumosa. Se l'avete, potete anche svolgere questa operazione con una planetaria.

COME LA CUOCIO LA VERZA?

Premessa: sarebbe meglio consumare le verdure crude (o comunque poco cotte), perché la cottura degrada i nutrienti. A questa regola fa eccezione il pomodoro, che si comporta all'esatto contrario: diversamente da vitamine e minerali, infatti, il licopene viene assorbito meglio se viene cotto ad alte temperature.

In generale, comunque, valgono questi principi:

1. privilegiate sempre cotture rapide, per non perdere le vitamine sensibili alle alte temperature (in particolare, quelle del gruppo B e C);
2. riutilizzare l'acqua di cottura delle verdure è cosa buona e giusta: non solo insaporirete pasta e cereali, ma ne guadagnerete anche in salute.

Passiamo ora in rassegna i vari metodi di cottura.

Cottura	Pregi o difetti	Consigliata per...
A vapore	Più di ogni altra mantiene intatto il contenuto di proteine e vitamine idrosolubili. Per non disperdere i sali minerali e contenere i tempi, basta tagliare i cibi in piccoli pezzi.	Tutte le verdure.
A pressione	Accorcia i tempi di cottura e, grazie al coperchio, limita le fuoriuscite degli odori pungenti.	Cereali integrali, legumi e ortaggi molto aromatici, come i cavoli.
A bagnomaria	È una sorta di garanzia contro le bruciature: il composto cuoce in un pentolino, a sua volta inserito in un tegame più grande, pieno di acqua bollente.	Creme, salse e altri cibi delicati.
Stufare	Cottura in padella con poca acqua, aiuta a non disperdere i nutrienti ed evita di bruciare gli alimenti.	Tutte le verdure.
Saltare	Con poco olio EVO e muovendo costantemente gli ingredienti sulla fiamma vivace, si ottiene un risultato croccante.	Verdure, pesce in piccoli pezzi.

Cottura	Pregi o difetti	Consigliata per...
Al cartoccio	Preserva i grassi insaturi e non richiede condimenti. Nel dubbio, «cartocciate» sempre con la carta da forno.	Pesce.
A microonde	Consente di cucinare praticamente senza grassi. Non altera alcuna struttura del DNA dell'alimento e non è cancerogeno.	Pesce, verdure.
Alla brace	Il contatto con la fiamma provoca la formazione di benzopirene, una sostanza dannosa per la salute: consiglio di evitarla.	
Frittura	Unge eccessivamente gli alimenti: consiglio di evitarla e di sostituirla con la cottura in forno, che consente di raggiungere la stessa croccantezza.	

LEGENDA

Non è una domanda, ma vale decisamente la pena dedicarle una pagina! La legenda che vedrete è un po' anomala e nasce dall'esigenza di non perdere la chiarezza pur «asciugando» le liste degli ingredienti. Ecco dunque che cosa intendo esattamente quando parlo di:

Arancia e limone: biologici e non trattati (soprattutto se ne utilizzate la scorza)
Cacao in polvere: cacao amaro in polvere
Cucc.no: cucchiaino
Frumina: amido di frumento
Frutta sciroppata: sempre senza zuccheri aggiunti
Latte di soia: sempre bio, senza zuccheri aggiunti né addensanti
Confettura e marmellata: sempre senza zuccheri aggiunti

Olio EVO: olio extravergine di oliva spremuto a freddo
Olio di semi di girasole, di mais e tutti gli altri oli: devono essere spremuti a freddo
Prodotti da forno già pronti (per esempio biscotti secchi integrali): realizzati senza oli vegetali generici, ma con olio extravergine d'oliva, olio di mais o di girasole
Ricotta: magra, composta da solo siero, senza l'aggiunta di panna o latte
Sott'olio: sempre in olio extravergine d'oliva
Succo di frutta: sempre bio e senza zuccheri aggiunti
Yogurt: sempre magro
Yogurt greco: sempre magro, 0 per cento di grassi
Zucchero di canna: zucchero integrale di canna (o ancor meglio mascobado)
Zucchero a velo: zucchero a velo integrale

Infine...

- Ove non diversamente specificato, il forno si intende sempre in modalità statica.
- Quando dovete preparare un impasto, regolate i liquidi in base alla farina che usate! Le dosi che indico per un certo tipo di farina, infatti, non è detto che siano giuste anche per farine differenti. In generale, tenete presente che la farina raffinata assorbe meno acqua, mentre quella integrale è una specie di spugna. In ogni caso, è sempre bene tenere a portata di mano una maggiore dose di liquidi, così da essere pronti in caso dovessero servire.
- Per maggiore praticità durante la preparazione dei piatti, gli ingredienti compaiono in ordine di utilizzo nel procedimento.
- Le ricette sono tutte per 4 persone. Fanno eccezione quelle delle torte, dei biscotti e dei dolci, che solitamente corrispondono a 8-10 porzioni.

I SEMI OLEOSI E LA FRUTTA DISIDRATATA: CAPOLAVORI DELLA NATURA

DOLCI RICORDI DALLA TURCHIA

Quello dei semi oleosi è un vero e proprio mondo, un mondo che cela proprietà nutraceutiche fenomenali e sapori unici: li amo talmente tanto (in cucina li aggiungo a ogni piatto!) che non potevo non iniziare *Io mi voglio bene* con un capitolo dedicato proprio a loro.

Questa ricetta è un omaggio al paese che ha fatto della pasticceria con i semi una vera e propria forma d'arte: la Turchia. Di Istanbul mi sono innamorato al primo sguardo: della città, dei suoi colori, profumi e aromi, ma anche della sua cucina. Ho mangiato come un sultano, e non poteva essere diversamente: amo la frutta secca, adoro l'hummus, sono goloso di pane non lievitato e di yogurt... Basta poco per rendermi felice!

E basterà poco per rendere felici anche voi, o almeno lo spero! Pronti a addentare un bocconcino davvero magico, che racchiude tutta l'atmosfera del Bosforo?

- 30 g di mandorle
- 30 g di nocciole
- 50 g di datteri freschi e non glassati
- la scorza di ½ arancia
- 1 cucchiaio di succo d'arancia (o limone)
- 2 cucchiai di cocco grattugiato
- 3 cucchiai di cacao in polvere

Ponete tutti gli ingredienti nel mixer, eccetto il cacao in polvere. Frullate a intermittenza, fino a ottenere un impasto morbido, che lavorerete con le mani formando delle palline delle dimensioni che preferite. Quando avrete esaurito l'impasto, rotolate le palline nel cacao in polvere, prima di disporle su un piatto da portata. Lasciate rassodare e raffreddare i dolcetti in frigorifero per circa 5 ore. Le palline vanno servite fredde e se sentite la mancanza di una nota *caliente* – perché no? – con del cioccolato fuso accanto...

A costo di finire per assomigliare in maniera preoccupante allo scoiattolo Scrat, disposto a tutto pur di mettere sotto i denti una ghianda, faccio *outing*: benvenuti nel mio personalissimo paradiso, il mondo dei semi oleosi. Noci, pistacchi, mandorle, nocciole, pinoli, e poi semi di sesamo, di girasole, di zucca... di tutte queste delizie sono golosissimo. E non a caso questo è il capitolo con il quale voglio inaugurare *Io mi voglio bene*!

Leggendo le ricette che seguono (e numerosissime di quelle che troverete negli altri capitoli) vi accorgerete che frutta secca e semi nei miei piatti non mancano mai, e questo perché sono veri e propri doni della natura. Buonissimi, hanno molteplici proprietà nutritive: sono ricchi di proteine, vitamine, sali minerali, e ancora fibre e zuccheri, e per finire grassi insaturi e polinsaturi. In pratica, mentre contribuiscono ad abbassare i livelli di colesterolo presente nel sangue, favoriscono il transito intestinale, ci aiutano a ridurre il rischio di sindrome metabolica e, in alcuni casi, a diminuire significativamente lo stress.

Ampiamente studiata e sostenuta da evidenze scientifiche, poi, l'azione di prevenzione che la frutta secca svolge nei confronti di cardiopatie e aterosclerosi grazie all'arginina, un aminoacido essenziale per il funzionamento dell'endotelio vascolare. Il dottor Michele Carruba, nutrizionista dell'Università di Milano, citando uno studio svolto su più di 30.000 persone di razza caucasica, ha spiegato che

> chi, dopo 6 mesi, aveva consumato frutta secca cinque o più volte a settimana in maniera regolare presentava un rischio minore di attacco miocardico non fatale (51 per cento in meno rispetto ai non consumatori) e un minor rischio di malattia cardiovascolare mortale (48 per cento in meno rispetto ai non consumatori).[1]

Risultati confermati da un altro recente studio, condotto dall'équipe del professor Ramon Estruch, senior consultant presso il Dipartimento di Medicina interna della Hospital Clinic a Barcellona, che dimostra come la dieta mediterranea, se associata a un consumo di 30 grammi al giorno di frutta secca, sia più efficace di una dieta a ridotto tenore di grassi nella prevenzione degli eventi cardiovascolari.[2]

Tutto meraviglioso. «Fin troppo...» starete pensando. Se siete in attesa della controindicazione, be', dovete sapere che una (mezza...) anche frutta secca e semi ce l'hanno. Ed è il loro apporto calorico, che è sì dovuto ai grassi «buoni», ma comunque piuttosto elevato.

Se siete passati dall'esaltazione alla disperazione in quattro secondi netti, sappiate che l'apporto calorico basta gestirlo. Non siete affatto costretti a scegliere tra mettere su peso e rinunciare agli stupefacenti effetti dei semi oleosi, anzi: una soluzione c'è, ed è a portata di mano. Ce la offrono le linee guida per una sana alimentazione dell'INRAN (Istituto nazionale di ricerca per gli alimenti e la nutrizione), che raccomanda di limitare il consumo di frutta secca a 30 grammi al giorno, al netto dei gusci. 30 grammi al giorno fanno solo bene.

Quanti sono? Uno spuntino (già che ci siete, meglio quello pomeridiano: è dimostrato che la frutta secca, e in particolare le mandorle, se consumata a metà pomeriggio aiuta a ri-

[1] C. Ferrero, in «La Stampa – Medicina Naturale», 27 dicembre 2006.

[2] R. Estruch, E. Ros, J. Salas-Salvadó, M.I. Covas, D. Pharm, D. Corella, F. Arós, E. Gómez-Gracia, V. Ruiz-Gutiérrez, M. Fiol, J. Lapetra, R.M. Lamuela-Raventós, L. Serra-Majem, X. Pintó, J. Basora, M.A. Muñoz, J.V. Sorlí, J.A. Martínez, M.A. Martínez-González, The PREDIMED Study Investigator, *Primary Prevention of Cardiovascular Disease with a Mediterranean Diet*, in «The New England Journal of Medicine», 25 febbraio 2013 (www.nutrition-foundation.it).

durre il senso di fame prima di cena!). Oppure, almeno due sostanziose aggiunte ai piatti unici che propongo (una spolverata a pranzo e una manciata a cena): niente male, vero?, se come me siete amanti di questi piccoli, potentissimi amici.

Bando alle ciance: è il momento di scendere nei particolari e di passare in rassegna le caratteristiche nutrizionali di queste delizie.

NON TUTTI I GRASSI VENGONO PER NUOCERE

Si tende a pensare che i grassi siano «il male»: niente di più sbagliato. I grassi sono fondamentali: danno energia all'organismo, sono il veicolo per una bella serie di vitamine (A, D, E, K e H), componenti delle membrane cellulari e di alcuni ormoni, ci aiutano a mantenere in salute il sistema immunitario e fluido il sangue.

L'importante è saper distinguere tra grassi buoni e meno buoni (per non dire cattivi...). Alla prima categoria appartengono i **grassi insaturi**: facili da digerire, li troviamo negli oli vegetali (d'oliva, di mais, di soia) e animali (per esempio, nell'olio di fegato di merluzzo). L'acido oleico (presente all'80 per cento nell'olio d'oliva) presenta un'alta concentrazione di vitamine e di sostanze antiossidanti. Gli Omega-3 e gli Omega-6, che si trovano nell'olio di pesce ma anche nella frutta secca, sono potenti antinfiammatori, aumentano la fluidità del sangue, proteggono le cellule cerebrali e concorrono ad abbassare i trigliceridi. Alla seconda categoria appartengono i **grassi saturi** e gli **idrogenati**. I saturi innalzano il livello di colesterolo e si depositano facilmente sulle pareti delle arterie. Li troviamo per esempio nel burro, nello strutto, nella margarina, nei formaggi e nelle uova. Gli idrogenati sono grassi vegetali che diventano dannosi se sottoposti al processo di idrogenazione: aumentano i livelli di colesterolo cattivo LDL e riducono quelli di colesterolo buono HDL.

Prima, però, una nota sulla pellicina che riveste i semi oleosi: è fonte di polifenoli, sostanze che aumentano l'azione antiossidante del plasma e contribuiscono a prevenire il cancro, le patologie cardiovascolari e numerose malattie cronico-degenerative, come l'arteriosclerosi.

Ora sì che siamo pronti. E dunque, via!

LE ALBICOCCHE DISIDRATATE

Questo frutto disidratato è tra i cibi più peccaminosi che mi sia mai capitato di assaggiare: provarne uno e trovarsi a desiderare di divorarne cento è quasi automatico! Come con tutta la frutta secca, è importante contenersi, ma qualora vi sia mai capitato di trovarvi nella mia situazione sappiate che ci sono dei benefici...

Le albicocche disidratate sono una fonte di ferro (ma anche magnesio, calcio, potassio e fosforo). Contengono una quantità elevatissima di vitamina A, di caroteni (che proteggono la vista) e di fibre, che aiutano il transito intestinale e combattono la stitichezza.

I DATTERI

Deficit di energia? Mai pensato di sgranocchiare un dattero? Bombe di vitamine (B1, B2 e B6), potassio, calcio, fosforo, ferro e magnesio, i datteri sono uno dei frutti più energizzanti che la natura ci offre. Nota per gli scettici: moltissimi sportivi con cui collaboro ne divorano...

Come se non bastasse, contrastano i radicali liberi e l'invecchiamento cellulare, contribuendo alla prevenzione dei tumori; aiutano a calmare le infiammazioni alle vie respiratorie (leggi tossi, raffreddori e l'intera gamma dei malanni di stagione); combattono la decalcificazione ossea.

In tanta perfezione, un solo neo: l'alto contenuto di zuccheri (ben il 70 per cento), che mi impone di sconsigliarli, soprattutto nella versione secca, a chi soffre di diabete e di iperglicemia.

LE MANDORLE

Ebbene sì, sono le mie preferite. Per il sapore, certo, ma anche perché sono un'imbattibile e sottovalutata fonte di calcio vegetale (ne contengono ben 240 milligrammi ogni 100 grammi di frutti puliti): bastano i regolamentari 30 grammi al giorno per soddisfare il fabbisogno di questa sostanza.

Ricche anche di fibre, favoriscono il transito intestinale, combattono la stitichezza e ci aiutano in caso di ansia e insonnia. Di vitamine ne contengono in quantità, in particolare la E, un antiossidante naturale di rara potenza che si combina perfettamente con la componente grassa del frutto: la vitamina E, infatti, per espletare le sue funzioni ha bisogno di grassi, e le mandorle contengono – guarda caso – una significativa percentuale di acido oleico. Che, già che c'è, collabora a innalzare il colesterolo HDL, quello buono.

Mi sto dimenticando qualcosa? L'elevato contenuto di fenilalanina, triptofano e acidi grassi insaturi che contribuiscono a migliorare il tono dell'umore!

LE NOCCIOLE

Venere le avrebbe sicuramente apprezzate per il loro abbondante contenuto di vitamina A (30 milligrammi ogni 100 grammi), che favorisce la lucentezza della pelle e degli occhi, ma le nocciole sono «divine» anche per altri motivi.

Innanzitutto, sono ricche di fitosteroli e di grassi buoni, tra cui gli Omega-6 e gli Omega-3, e ci aiutano a prevenire l'insorgenza di malattie cardiovascolari. Un recente studio, infatti, ha dimostrato che il loro consumo regolare è in grado di abbassare i livelli di colesterolo LDL, quello cattivo, e dei trigliceridi.

Fonti indiscusse di selenio (minerale che previene l'invecchiamento cellulare), di vitamina E (l'antiossidante per eccellenza) e di flavonoidi, le nocciole svolgono anche un'energica azione antinfiammatoria e antivirale e aiutano a prevenire l'insorgenza di diverse forme tumorali.

BURRO SÌ, MA DI MANDORLE

Tutte le volte che mi sono chiesto come sostituire degnamente il burro, colonna portante di tante cucine regionali, mi sono scontrato con l'obiezione: «Peccato che non esista un'alternativa...». Ebbene, anche i più scettici rimarranno esterrefatti: l'alternativa esiste, ed è povera di grassi e ricca di fibre, calcio, fosforo e ferro. Ecco a voi, signore e signori, il burro di mandorle! Il plus che non guasta: si prepara in casa in pochi minuti. Come? Basta tritare le mandorle in un mixer fino a che la granella non si trasforma in purea. Invasato in un barattolo di vetro, il burro di mandorle si conserva per settimane. È perfetto per condire qualsiasi piatto (pasta inclusa), per saltare le verdure e per preparare soffici dolci. Convinti?

LE NOCI

Afflitti dalla classica spossatezza da cambio di stagione? Il rimedio ce lo fornisce Madre Natura: vere e proprie bombe di energia (650 calorie ogni 100 grammi), le noci sono ricche di ferro, calcio, magnesio, potassio, fluoro, rame, zinco e fosforo.

Inoltre, per il 60 per cento sono composte di grassi – quasi tutti buoni: acido oleico, ma anche Omega-3 e Omega-6. In pratica: con 30 grammi di noci, copriamo il nostro fabbisogno giornaliero di queste sostanze e diciamo addio al colesterolo.

Le proprietà terapeutiche di questo seme, però, non finiscono qui. Ricche di antiossidanti e di vitamina E, le noci ci aiutano a contrastare l'invecchiamento cellulare e della pelle. Per di più, contengono inulina, una fibra solubile che facilita la digestione e riduce al minimo i gas intestinali prodotti. Ancora non vi basta? Se soffrite di insonnia, sappiate che le noci contengono triptofano, un aminoacido necessario alla produzione di serotonina, sostanza importante per indurre e mantenere il sonno. In altre parole: tre noci al giorno levano le pecore di torno!

COLESTEROLO: IL «BUONO» E IL «BRUTTO E CATTIVO»

38 per cento: è questa la percentuale di italiani interessati da ipercolesterolemia, cioè da un eccesso di colesterolo nel sangue (oltre 240 mg/dl). Vale dunque la pena di fare un po' di chiarezza e spiegare che cos'è, questo benedetto colesterolo, e qual è la differenza tra quello «buono» e quello «cattivo».

Cominciamo dalla definizione: «Il colesterolo è un grasso presente nel sangue che svolge diverse funzioni importanti. È coinvolto nel processo di formazione della bile; partecipa alla produzione di vitamina D; favorisce la costruzione della parete delle cellule; consente la formazione di ormoni».*

Non tutti i colesteroli sono uguali, però. Ne esistono due tipi: quello LDL e quello HDL.

L'LDL è il cosiddetto «colesterolo cattivo», perché si deposita sulle pareti arteriose, provocando un aumento del rischio di trombosi, malattie cardiovascolari (come infarto cardiaco e ictus cerebrale) e aterosclerosi.

L'HDL, al contrario, non provoca alcun danno alle arterie ma, anzi, le protegge, contribuendo a rimuovere il colesterolo LDL dalle pareti dei vasi e trasportandolo al fegato. Ecco perché è detto «colesterolo buono».

* F. Morelli, R. Volpe, *Il colesterolo «cattivo» si vince con una buona alimentazione*, 7 giugno 2013 (www.fondazioneveronesi.it).

I PINOLI

Proteine, fibre, vitamine e minerali: i pinoli sono una preziosa fonte di tutti questi micronutrienti. Contribuiscono a migliorare la circolazione sanguigna, favoriscono la regolarità intestinale e aiutano a ridurre il rischio di malattie cardiovascolari. Svolgono una potente attività antiossidante, proteggendo le cellule dall'azione dei radicali liberi, e alleviano i crampi (grazie alla vitamina K, anche quelli mestruali).

Caso mai foste ancora in dubbio se sgranocchiarli come spuntino tra un pasto e l'altro, sappiate che aiutano a limitare lo stimolo della fame. La domanda giusta è: «Come farò a fermarmi a 30 grammi al giorno?».

I PISTACCHI

A proposito di colesterolo, impossibile non citarli: oltre a esserne completamente privi, secondo uno studio condotto dalla dottoressa Sarah Gebauer nel 2008, riducono i livelli di colesterolo totale e bilanciano i rapporti tra LDL e HDL a favore di quest'ultimo.[3]

Delizia dunque non solo per il palato ma anche per il cuore, i pistacchi per di più sono ricchi di polifenoli e svolgono un'azione antiossidante, antibatterica e antinfiammatoria. Riguardo al contenuto di fosforo, si avvicinano alle mandorle (500 milligrammi ogni 100 grammi di pistacchi sgusciati), mentre battono qualsiasi frutto secco quanto a potassio: ben 973 milligrammi!

Molto energetici (601 calorie ogni 100 grammi), sono consigliati a chi soffre di anemia o di ritenzione idrica.

I SEMI DI GIRASOLE

I semi di girasole sono fonte di vitamine, in particolare la B1 (che assicura la salute del cuore), la B6 (fondamentale per il sistema nervoso e la digestione) e la rarissima B12, il cui deficit può causare anemia e sintomi neurologici.

Altre due sostanze delle quali sono ricchi sono l'acido clo-

[3] S.K. Gebauer, S.G. West, C.D. Kay, P. Alaupovic, D. Bagshaw, P.M. Kris-Etherton, *Effects of Pistachios on Cardiovascular Disease Risk Factors and Potential Mechanisms of Action: A Dose-response Study*, in «The American Journal of Clinical Nutrition», settembre 2008, 88, 3, pp. 651-59 (www.nutrition-foundation.it).

rogenico, che protegge l'organismo dalle infezioni e dai tumori, e i fitoestrogeni, che aiutano a prevenire molte patologie, tra le quali rientrano i tumori di tipo ormono-dipendente.

I SEMI DI SESAMO

Ricchi di calcio più del latte (100 grammi di semi di sesamo contengono 815 milligrammi di calcio, in un bicchiere di latte intero ce ne sono 120), i semi di sesamo sono una vera e propria assicurazione sulla salute. Non per niente sono indicati come integratore per i bambini (dai due anni di età in poi): nei casi in cui la crescita è inferiore alla norma danno risultati straordinari, proprio perché sono fonte di fosforo, grassi insaturi (acido linoleico e linolenico, ma anche Omega-3 e Omega-6), istamina, vitamine B, D, E e T.

Come non citare, poi, il contenuto in proteine di questi potentissimi, piccoli amici: il sesamo è composto per oltre il 25 per cento da proteine di ottima qualità, ricche di aminoacidi essenziali tra cui la metionina, che è molto raro trovare nei vegetali.

E non è finita! In uno spazio così piccolo troviamo anche ben tre antiossidanti naturali: sesamina, sesamolina e sesamolo. Queste sostanze proteggono le nostre cellule dall'invecchiamento, ma non solo: le ultime due sono utili anche per controllare i livelli di colesterolo nel sangue, mentre la sesamina tutela il fegato dai danni derivanti da ossidazione. Niente male, vero?

I SEMI DI ZUCCA

I semi di zucca godono di una fama ingiusta e ingiustificata: quella di «ancelle» del gruppo. Si tratta evidentemente di un errore: basti pensare al loro ricco contenuto di sali minerali (in particolare ferro, zinco e fosforo), di fitoestrogeni e di cucurbitina.

I fitoestrogeni sono «ormoni vegetali», molecole non steroidee che si legano al recettore degli estrogeni imitandone o modulandone l'azione. Prevengono e riducono i sintomi della menopausa, il rischio cardiovascolare, osteoporotico, del cancro mammario e dell'endometrio.

La cucurbitina, invece, protegge l'apparato urinario, contribuisce a ridurre il rischio di ipertrofia della prostata e svolge un'azione vermifuga, specialmente nei confronti della tenia.

PREPARARE LA SALSA THAIN

Il thain è una salsa a base di semi di sesamo e olio d'oliva, molto diffusa nella cucina mediorientale. È densa e spalmabile, perfetta per insaporire verdure, cereali e legumi. In commercio se ne trova una versione iperconcentrata, 100 per cento sesamo, che va diluita prima dell'utilizzo. Allungata con un po' di latte di soia (e con una spolverata di noce moscata) si trasforma in una fantastica besciamella vegetale; mentre mescolando 3 cucchiai di salsa con 3 d'acqua, prezzemolo tritato, aglio e succo di limone si ottiene un condimento fenomenale per crostini o intingoli di ogni sorta.
Preferite prepararla? Facilissimo! Basta tostare in una padella antiaderente i semi di sesamo a fuoco dolce. Pochi minuti sono sufficienti: attenti a non bruciarli! Una volta raffreddati, tritateli con un mixer o un macinino, aggiungendo l'olio d'oliva (3 cucchiai per 200 grammi di sesamo). Continuate a mescolare fino a che non avrete ottenuto una salsa liscia e omogenea.

L'UVETTA

Uno studio pubblicato sul «Journal of the International Society of Sport Nutrition» ha mostrato che giovani corridori di età compresa tra i venti e i trent'anni ottengono le medesime prestazioni in pista, che si affidino per l'integrazione alle barrette energetiche o all'uvetta. Questo perché l'uvetta è energia allo stato puro.

La riflessione sorge spontanea: perché ricorrere a cibi artificiosi, quando Madre Natura ci offre tutto ciò di cui abbiamo bisogno? L'uvetta, infatti, non solo è un vero e proprio concentrato di zuccheri, ma contiene anche fibre, calcio e acido oleanolico (un potente antinfiammatorio). Ricca di ferro e di rame, è indicata in caso di anemia e, grazie ai fitonutrienti polifenolici, protegge la vista e previene il cancro.

Ora che sapete tutto, ma proprio tutto, sul mondo dei semi oleosi e della frutta disidratata, è il momento di passare in cucina... Mano dunque a teglie, stampi, pentole e cucchiai: che la sperimentazione abbia inizio!

CAROTE AL MIELE E PISTACCHI

Gluten Free

- 500 g di carote
- 2 limoni
- 1 cucchiaio di miele
- 2 cucchiai di aceto di mele
- 1 spicchio d'aglio
- 3 cucchiai di olio EVO
- pochissimo sale
- 3 cucchiai di granella di pistacchi

Tagliate le carote a julienne e conditele con il succo dei 2 limoni. A parte, in una ciotolina stemperate il miele con l'aceto di mele. Sbucciate l'aglio e mettetelo a imbiondire in una padella antiaderente con l'olio EVO a fiamma dolcissima: dovrà scaldarsi ma non soffriggere. Unite le carote e cuocetele per circa 15 minuti nell'olio caldo e profumato dall'aglio. Aggiungete poi il composto di miele e aceto. Mescolate e regolate di sale, quindi cospargete con la granella di pistacchi prima di servire.

COUS-COUS DI FARRO CON UVETTA, ZAFFERANO E CECI

- 250 g di ceci lessati
- 300 g di cous-cous di farro (o integrale)
- 300 ml di acqua tiepida
- 3 pizzichi di sale circa
- 1 bustina di zafferano
- 1 manciata di uvetta
- 1 mazzolino di prezzemolo
- 3 cucchiai di olio EVO

Per cuocere il cous-cous avrete bisogno di una quantità di acqua pari al suo volume: misurate quindi il volume del cous-cous e dell'acqua usando una tazza o un mestolo. Versate l'acqua in un pentolino, salate e scioglietevi lo zafferano. Mettete il pentolino sul fuoco e portate l'acqua a ebollizione. A quel punto, spegnete la fiamma e unite il cous-cous a pioggia. Coprite con un coperchio e lasciate che il cous-cous cuocia con il vapore. Nel frattempo, fate saltare in padella i ceci con l'uvetta e il prezzemolo spezzettato grossolanamente con le mani. Aggiungete 4 cucchiai di olio EVO e, quando è pronto, il cous-cous ben sgranato.

FINOCCHI CARAMELLATI CON SESAMO

Gluten Free

- 4 finocchi
- 2 cucchiai di miele
- 2 cucchiai di acqua
- 2 cucchiai di olio EVO
- semi di sesamo

Tagliate i finocchi a spicchi alti circa 1 cm. Lessateli, quindi ripassateli in una padella antiaderente con 2 cucchiai di miele, 2 di acqua e 2 di olio EVO. Lasciate insaporire (senza agitare troppo la padella), finché i finocchi non cominceranno a caramellare. A quel punto cospargete con i semi di sesamo, spegnete il fuoco e lasciate riposare qualche minuto prima di servire. Se volete, potete rendere i finocchi croccanti passandoli per qualche minuto al forno con modalità grill.

FORMAGGIO DI ANACARDI

Gluten Free

- 100 g di anacardi non salati
- 3 cucchiai di olio EVO
- 1 pizzico di aglio in polvere
- 2 cucchiai di lievito alimentare in scaglie
- pepe bianco

Mettete gli anacardi in una ciotola, copriteli d'acqua e lasciateli in ammollo per una decina di ore. Acquisteranno volume, quindi li vedrete gonfiarsi un po'. Trascorso questo tempo, frullateli con la loro acqua e la dose prevista di olio EVO. Otterrete una cremina: continuate a frullare finché sarà fluida e liscia, senza grumi. A quel punto, incorporate il lievito in scaglie, il pepe e l'aglio in polvere, e ponete il tutto in frigorifero per almeno 1 ora. Il formaggio di anacardi è spaziale con la verdura cruda o spalmato su crostini di pane di segale tostato: una vera delizia! Per di più, si conserva a lungo: se lo riporrete in un vasetto a chiusura ermetica, rimarrà buono per settimane.

INSALATA DI PERE E NOCI

Gluten Free

- 300 g di indivia
- 2-3 pere Williams
- origano fresco
- 20 noci
- olio EVO
- 2 cucchiai di aceto balsamico
- 100 g di valeriana
- pepe nero e pochissimo sale

Mondate l'indivia, eliminando le foglie esterne, quindi affettatela a rondelle sottili. Lavate bene le pere e tagliatele a dadini (senza sbucciarle). Tritate finemente l'origano e spezzettate le noci con le mani. Siete pronti per assemblare il piatto: unite indivia e valeriana in una ciotola, cospargete con l'origano fresco, aggiungete le noci, i dadini di pera e condite con un filo di olio EVO, l'aceto balsamico, una spruzzata di pepe nero e, per chi non potesse farne a meno, un pizzico di sale. Se doveste sentire la mancanza di carboidrati, vi suggerisco di gustare questa insalata con una calda e croccante fetta di pane di segale tostato: l'insieme dei sapori è una bomba.

INSALATA UN PO' DOLCE

Gluten Free

- 100 g di rucola
- 50 g di valeriana
- 100 g di mais lessato
- 1 cipolla rossa
- 10 ciliegie
- 1 manciata di noci

- 1 manciata abbondante di uvetta
- 2 cucchiai di olio EVO
- 1 cucchiaio di miele
- 1 limone
- pochissimo sale

Spezzate la rucola con le dita e mescolatela alla valeriana in un'insalatiera. Unite il mais (dopo averlo fatto sgocciolare), la cipolla tagliata finissima, le ciliegie denocciolate e la frutta secca. Non resta che condire: 2 cucchiai di olio EVO, un po' di miele, il succo di limone, un pizzico di sale e questa deliziosa insalata è pronta a stupire il vostro palato.

ORECCHIETTE INTEGRALI CON MANDORLE E CIME DI RAPA

- 400 g di cime di rapa fresche
- 320 g di orecchiette integrali
- 60 g di mandorle
- 4 cucchiai di olio EVO
- 1 pizzico di sale
- pepe nero
- qualche spicchio d'aglio (facoltativo)

Pulite le cime di rapa: eliminate le foglie rovinate e gli steli più duri, tenete da parte le foglie più tenere e il resto dei gambi, staccate le cimette a una a una. Cuocete le cime di rapa in acqua leggermente salata, quindi scolatele tenendo da parte l'acqua. La riporterete a bollore e vi cuocerete le orecchiette integrali. Tritate grossolanamente le mandorle e tostatele in un padellino antiaderente. Scolate le orecchiette e sciacquatele sotto l'acqua fredda (in questo modo, ridurrete il rilascio degli amidi). Munitevi ora di un'ampia ciotola da portata nella quale unire la pasta con le cime di rapa e le mandorle tostate. Condite con l'olio EVO, pepate e servite. Nota per gli stomaci più temerari: è possibile far saltare le cime di rapa con qualche spicchio d'aglio tritato e le mandorle.

PASTA INTEGRALE CON MELANZANE E MANDORLE

- 100 g di melanzane
- 2 cucchiai di acqua
- 1 spicchio d'aglio
- 1 ciuffo di prezzemolo
- olio EVO
- 2 cucchiai di concentrato di pomodoro
- 320 g di pasta integrale
- 50 g di mandorle a filetti
- pochissimo sale

Lavate le melanzane e tagliatele a cubetti. Fatele saltare in padella con un paio di cucchiai di acqua e lo spicchio di aglio. Quanto al sale: se volete proprio aggiungerlo, dovrà essere pochissimo, visto che utilizzeremo il concentrato di pomodoro. Unite ora in padella il prezzemolo tritato e un paio di cucchiai di concentrato. Condite con un filo d'olio EVO e mescolate. Mentre il sugo termina la cottura, lessate la pasta e, appena è pronta, scolatela e ripassatela in padella, cospargendo con mandorle a filetti. Un tocco di classe? L'aggiunta di uvetta sultanina!

PASTA INTEGRALE CON ZUCCA, PEPERONI E PINOLI

- 320 g pasta corta integrale
- 2 peperoni rossi
- ½ zucca
- 1 pizzico di sale
- 1 spicchio di aglio
- 1 cucchiaio di olio EVO
- 100 g di pinoli
- pepe nero in grani

Buttate la pasta e, nel frattempo, dedicatevi alla preparazione del sugo. Lavate i peperoni e tagliateli a quadretti; riducete anche la zucca a cubetti. Stufate le verdure in padella con un po' d'acqua, un pizzico di sale e uno spicchio di aglio tritato grossolanamente. Quando saranno quasi pronte, aggiungete un cucchiaio di olio EVO e una bella macinata di pepe. Lasciate insaporire per qualche minuto. Scolate la pasta, passatela sotto l'acqua fredda e buttatela in padella, dove la farete saltare con il sugo. Cosa manca? I pinoli e un'ultima macinata di pepe, e siete pronti per servire. Buona anche fredda, questa pasta si può preparare con anticipo. Se la preferite calda, basterà una spolverata di pangrattato integrale e una passata in forno in modalità grill: una gratinata e diventerà ancora più golosa!

PESTO DI RUCOLA E MANDORLE Gluten Free

- 100 g di rucola
- 160 g di caprino
- 50 g di mandorle
- 5 cucchiai di olio EVO
- 5 cucchiai di olio di semi di mais
- 1 spicchio di aglio sbucciato
- pochissimo sale

Frullate tutti gli ingredienti con un frullatore a immersione. Se il pesto dovesse risultare troppo poco fluido, per raggiungere la consistenza desiderata basterà aggiungere un po' di acqua tiepida.
La salsa che otterrete è ideale per condire paste integrali, ma anche orzo e farro! Provatelo con qualche pomodoro secco al posto del sale: frullatene 4 insieme agli altri ingredienti, sentirete che bontà!

POLPETTE CON LA FRUTTA SECCA

- 150 g di seitan fresco (o alla piastra)
- 1 zucchina
- 1 cipolla piccola
- 30 g di frutta secca mista (pistacchi, mandorle, noci)
- 3 cucchiai di fiocchi di avena
- 2 cucchiai di farina integrale
- 1 spicchio di aglio
- prezzemolo
- pepe bianco
- pane integrale grattugiato

Tenete da parte il pane integrale grattugiato e ponete tutti gli altri ingredienti nella tazza di un robot da cucina. Azionate le lame e tritate fino a che non si sarà formato un impasto umido ma sodo. Formate delle polpette di forma rotonda e schiacciata, che passerete nel pangrattato prima di disporle su una teglia foderata con carta da forno. Infornate per 40 minuti a 180-200 gradi.

Un altro abbinamento imperdibile è quello della frutta secca con i legumi... Volendo, potete aggiungerli (cotti) all'impasto precedente, ma secondo me vale la pena testare anche questa variante.

- 400 g di fagioli borlotti lessati
- 50 g di ricotta salata
- 150 g di ricotta fresca
- 100 g di mandorle tritate
- 1 cucc.no di prezzemolo fresco
- 100 g di semi di papavero
- 3 cucchiai di olio EVO
- pepe nero e pochissimo sale

Bucce sì o bucce no? Io preferisco tenerle (sono un condensato di fibre), e quindi mi limito a frullare i fagioli con un robot da cucina. Chi volesse eliminarle, dovrà prima passarli al passaverdure. Unite ai fagioli la ricotta salata e grattugiata, quella fresca e il prezzemolo fresco tritato, olio, sale e pepe. Con questo impasto, formate delle palline e rotolatele nel trito di mandorle e semi di papavero. Le polpette dovranno rassodarsi in frigorifero per almeno 6 ore prima di essere servite.

RAVIOLI DI MAGRO INTEGRALI CON SALSA DI NOCI

PER LA PASTA

- 300 g di farina integrale
- 180 g di farina 0
- 80 g di farina di riso integrale
- 3 cucchiai di olio EVO
- 2 pizzichi di sale
- 150 ml di acqua tiepida circa

PER IL RIPIENO

- 300 g di erbette già lavate
- 200 g di ricotta oppure tofu
- ½ spicchio d'aglio
- 2 cucchiai di olio EVO
- 2 manciate di pinoli
- noce moscata
- sale e pepe nero

PER LA SALSA DI NOCI

- 500 ml di latte di soia non zuccherato
- 3 manciate di noci
- ½ spicchio d'aglio
- 3 cucchiai di pane integrale grattugiato
- olio EVO
- sale e pepe nero

Innanzitutto le erbette: sbollentatele in pochissima acqua; scolatele e lasciatele raffreddare prima di strizzarle bene. Impastate ora la farina con 2 pizzichi di sale e 3 cucchiai d'olio EVO, aggiungendo l'acqua tiepida poco per volta. Valutate voi se utilizzare l'intera dose o fermarvi prima: l'impasto dovrà risultare morbido e non appiccicoso. Con la pasta ottenuta formate una palla, avvolgetela nella pellicola e ponetela a riposare in frigorifero per circa 20 minuti. Nel frattempo, terminate la preparazione del ripieno: frullate la ricotta con le erbette, il mezzo spicchio di aglio, 2 cucchiai di olio EVO, i pinoli, una spolverata di noce moscata, un pizzico di sale e di pepe. Preparate ora la salsa di noci: frullate il latte di soia con le noci e il pane grattugiato, mezzo spicchio d'aglio (o aglio in polvere), l'olio EVO, il sale e il pepe. Quando la pasta sarà pronta, estraetela dal frigo e stendetela in una sfoglia spessa circa 0,5 cm. Cercate di formare un rettangolo largo circa 10 cm. Con un cucchiaino, distribuite dei mucchietti di ripieno a 3 cm di distanza l'uno dall'altro, al centro del rettangolo. Ripiegate la pasta e fate combaciare bene le due estremità. Premendo con le dita, sigillate ogni mucchietto di ripieno anche lateralmente. Con un tagliapasta separate i ravioli uno dall'altro. Cuoceteli in acqua bollente e salata fino a quando verranno a galla. A quel punto, recuperateli con una schiumarola e conditeli con la salsa di noci.

RISO ALLE NOCI

- 300 g di riso venere
- 100 g di noci
- 1 mazzetto di prezzemolo
- 2 cipolle
- 4 cucchiai di olio EVO
- 2 cucchiai di pane integrale grattugiato
- sale

- pepe
- 3 cucchiai di ricotta dura non stagionata grattugiata (facoltativo)

Cuocete il riso come vuole la tradizione giapponese, cioè facendolo bollire nel doppio della sua quantità di acqua salata per 20 minuti e poi lasciandolo a coperchio chiuso e fuoco spento per altri 20 minuti, così che termini la cottura e assorba completamente l'acqua e il vapore. Nel frattempo, tritate grossolanamente le noci insieme al prezzemolo. Mondate le cipolle e sminuzzatele, quindi fatele rosolare con l'olio EVO a fiamma dolcissima. Oliate quindi una pirofila e cospargetela di pane integrale grattugiato. Versatevi il riso, le cipolle e il trito noci-prezzemolo e pepate. Mescolate per bene, cospargete la superficie di pane integrale grattugiato e infornate per 15 minuti a 200 gradi. Se desiderate, potete aggiungere una spolverata di ricotta dura non stagionata.

Pazzi per il riso ma non per le noci? Che ne dite di provare questa variante alle nocciole?

- 300 g di riso integrale
- 1 mazzetto di basilico fresco
- 1 mazzetto di menta
- olio EVO
- sale e pepe nero
- 3 cucchiai di pane integrale grattugiato
- 150 g di granella di nocciole (o di mandorle)

Cuocete il riso (lessatelo in modo tradizionale o giapponese, a voi la scelta!) e scolatelo bene. Nel frattempo, tritate il basilico e la menta e fateli saltare in una padellina antiaderente con un filo d'olio EVO. Mi raccomando, la fiamma dovrà essere dolce: gli aromi non dovranno soffriggere. Quando il riso sarà pronto, passatelo in questo condimento profumatissimo, aggiungete il pane integrale grattugiato e solo in ultimo la granella di nocciole (o di mandorle), il sale e il pepe. Potete servire subito, dalla padella al piatto, oppure farlo gratinare in una pirofila per qualche minuto in forno in modalità grill: la croccantezza è garantita!

SPAGHETTI CON AGRETTI E PINOLI

- 320 g di spaghetti integrali
- 2 scalogni
- 4 acciughe sott'olio
- 400 g di agretti
- 1-2 spicchi di aglio
- sale
- pepe nero
- 50 g di pinoli

Mettete sul fuoco la pentola per gli spaghetti. Tritate finemente gli scalogni e spezzettate le acciughe. Sbollentate gli agretti in pochissima acqua. Dopo pochi minuti, trasferiteli in padella con le acciughe e l'aglio. Unite lo scalogno, regolate di sale e di pepe e proseguite la cottura per altri 15 minuti. Appena gli spaghetti sono pronti, scolateli e saltateli nella padella con il sugo, aggiungendo i pinoli all'ultimo momento.

Come sapete amo i broccoli alla follia. Che ne dite di una variante che li contiene?

- 1 broccolo
- 4 cucchiai di olio EVO
- 2 spicchi di aglio
- 2 cucchiai di pinoli
- peperoncino
- sale e pepe
- 320 g di maccheroni integrali
- parmigiano reggiano

Mondate il broccolo: staccate le cimette e dividete in 2 o in 4 quelle più grandi; tagliate il gambo a dadini e mettete tutto a bollire nell'acqua salata. Mentre il broccolo cuoce, preparate un soffritto con olio EVO, aglio, pinoli e peperoncino (non smettete di mescolare, per evitare che i pinoli si brucino). Quando il broccolo sarà ammorbidito, scolatelo tenendo da parte l'acqua di cottura e trasferitelo in padella. Terminate la cottura del broccolo e pepate. Riportate l'acqua a bollore e cuocetevi i maccheroni. Appena la pasta sarà pronta, fatela saltare con il sugo, dopo aver aggiunto una spolverata di parmigiano reggiano!

SPAGHETTI CON PESTO DI PISTACCHI

- 320 g di spaghetti integrali
- 1 cipolla
- 3 cucchiai di acqua
- 100 g di ricotta

- 100 g di pistacchi
- ½ spicchio di aglio
- 6 cucchiai di olio EVO
- pepe nero
- pochissimo sale (solo se i pistacchi non sono salati!)

Lessate gli spaghetti in acqua leggermente salata; scolateli al dente e fateli raffreddare. Nel frattempo tritate la cipolla e stufatela in padella con 3 cucchiai di acqua. Dopo pochi minuti unite la ricotta e proseguite la cottura per altri 5 minuti, quindi spegnete la fiamma. Frullate i pistacchi con mezzo spicchio d'aglio e unite questo composto al sugo, mescolando bene. Saltate gli spaghetti in padella, condite con l'olio EVO e il pepe, e la pasta è pronta per planare sulla vostra tavola.

VELLUTATA DI CAROTE E MANDORLE

Gluten Free

- 8-10 carote
- 1 porro (2, se sono piccoli)
- 1 manciata di mandorle (meglio se pelate)
- pinoli tostati
- 3 cucchiai di olio EVO
- timo fresco
- sale
- noce moscata (facoltativa)

Lavate le carote, tagliatele in pezzi e ponetele in un contenitore per microonde. Aggiungete un po' d'acqua e cuocetele nel microonde per circa 10 minuti. Affettate il porro a rondelle e saltatelo in padella con le mandorle, qualche cucchiaio di acqua di cottura delle carote e un pizzico di sale. Dopo un paio di minuti unite le carote con l'acqua di cottura rimanente e 2-3 cucchiai di olio EVO. Terminata la cottura del porro, trasferite il tutto nel bicchiere di un robot da cucina e frullate. Qualora la crema risultasse troppo densa, aggiungete acqua fino a ottenere la cremosità desiderata. Servite guarnendo ogni piatto con una manciata di pinoli tostati, un filo di olio EVO e qualche fogliolina di timo. Per chi la ama, non guasta una spolverata di noce moscata. Se sentite la mancanza dei carboidrati, l'accompagnamento ideale per questo piatto è il riso, venere o rosso thailandese, lessato in acqua nel doppio del suo volume.

Ricette dolci

BACI DI MARCO

- 200 g di nocciole
- 60 g di zucchero di canna
- 200 g di fecola di patate
- 200 g di frumina
- 200 g di farina di mais fioretto
- 140 g di olio di semi di mais
- crema di cacao e nocciole

Ponete nel recipiente di un robot da cucina le nocciole e lo zucchero. Azionate le lame e tritate il tutto fino a quando le nocciole cominceranno a rilasciare gli oli (ve ne accorgerete perché le lame faticheranno a girare). A quel punto, trasferite il composto in una ciotola (o nel bicchiere di una planetaria) e lavoratelo con il resto degli ingredienti (esclusa la crema di cacao e nocciole), fino a ottenere un impasto liscio e compatto. Se dovesse risultare troppo appiccicoso, aggiungete poca fecola di patate o un po' di frumina. Avvolgete l'impasto nella pellicola e mettetelo a riposare in frigorifero per 1 ora. Volendo, potete congelarlo e conservarlo per un paio di settimane, estraendolo dal freezer al momento di preparare i biscotti, portandolo a temperatura ambiente prima di procedere alla lavorazione. Trascorso il tempo di riposo, suddividete l'impasto in tante palline di circa 3 cm di diametro e schiacciatele delicatamente con le dita, ottenendo delle semisfere. Disponetele su una teglia foderata con carta da forno e infornate per circa 12 minuti a 150-160 gradi. I biscotti dovranno rapprendersi ma non colorirsi né, tantomeno, bruciare. All'inizio risulteranno decisamente friabili, ma una volta freddi non vi deluderanno. A quel punto, per realizzare i baci non dovrete far altro che incollare le semisfere a due a due, unendole con un sottile strato di crema di cacao e nocciole (vedi ricetta a p. 53).

BARRETTE DELLA SANA ENERGIA

- 100 g di uvetta
- 100 g di nocciole
- 50 g di noci
- 30 g di semi di lino
- 40 g di zucchero di canna
- 250 g di avena
- 50 g di farro soffiato
- 50 g di riso integrale soffiato
- 2 cucchiai di miele
- 80 ml di acqua

Come prima cosa tritate con un robot da cucina tutta la frutta secca e i semi (noci, nocciole, semi di lino e uvetta) con lo zucchero di canna. In un secondo momento aggiungete nel recipiente l'avena, il farro e il riso: tritate per pochi secondi. Unite il miele e 80 ml di acqua, e tritate per altri 20 secondi. Prelevate ora l'impasto umido e stendetelo su una teglia ricoperta con carta da forno. Usate le mani bagnate per compattarlo bene e renderne la superficie uniforme. Scegliete lo spessore in funzione del vostro gusto. Infornate per circa 15 minuti a 170 gradi e voilà: le vostre barrette sono pronte per essere sgranocchiate!

BELLI&BUONI

- 1 tazza di fiocchi d'avena
- ½ tazza di uvetta
- ½ tazza di mandorle tritate grossolanamente
- ½ tazza d'acqua
- 1 tazza di succo di mela
- 1 cucc.no di cannella

Unite tutti gli ingredienti in una ciotola e lavorateli con le mani. L'impasto, una volta pronto, dovrà riposare per almeno 2 ore (meglio di più, anche un'intera notte, purché sia conservato in frigorifero). Al momento di preparare i biscotti, rovesciatelo su una teglia rivestita con carta da forno e infornatelo per 15 minuti a 180 gradi. Una volta cotto, sfornatelo, lasciatelo raffreddare e tagliatelo a quadrotti, un po' come capita. Potete conservare i Belli&Buoni a lungo, in un barattolo con la chiusura ermetica.

BISCOTTI AL CIOCCOLATO

- 110 g di farina di tipo 2
- 100 g di farina 0
- 30 g di frumina
- 100 g di noci tritate
- 40 g di zucchero di canna
- 2 cucchiai di acqua tiepida
- 7 cucchiai di olio di semi di mais
- 3 cucc.ni di cacao in polvere
- 80 g di cioccolato fondente 80 per cento in scaglie

Amalgamate tutti gli ingredienti, aggiungendo i 2 cucchiai di acqua tiepida uno per volta e solo mentre impastate: l'umidità (dell'ambiente e della farina) potrebbe renderli superflui. Quando l'impasto è compatto, stendetelo in modo che sia spesso circa 0,5 cm. Con dei tagliabiscotti ritagliate le forme che preferite e trasferitele su una placca foderata di carta da forno. Infornate per circa 15-20 minuti a 170 gradi.

BISCOTTI ALLE NOCI

- 50 g di farina di quinoa
- 50 g di farina di tipo 1
- 50 g di farina di mais fioretto
- 50 g di zucchero di canna
- 1 pizzico di lievito per dolci
- 10 noci tritate a coltello
- 30 g di olio di semi di mais
- 4-5 cucchiai di acqua

Setacciate insieme le farine in una ciotola (o nel bicchiere di una planetaria). Unite poi il lievito, lo zucchero, le noci, l'olio e l'acqua. Lavorate gli ingredienti fino a ottenere un impasto compatto, con il quale formerete una palla. Avvolgetela con la pellicola e ponetela in frigorifero per circa 30 minuti. Trascorso questo tempo, riprendete l'impasto e stendetelo. Dovrà essere spesso circa 0,5 cm. Con dei tagliabiscotti ricavate le forme che preferite. Man mano che li ottenete, posizionate i biscotti su una teglia foderata con carta da forno. Infornate per circa 20-30 minuti a 170 gradi. Prima di avventarvi su queste bontà, mi raccomando: lasciate che si raffreddino almeno un po'!

BRUTTI MA BUONI AI SEMI OLEOSI

- 1 tazza di uvetta
- 1 tazza di mela disidratata
- ½ tazza di succo di mela tiepido
- ½ tazza di pinoli
- 1 tazza di farina di segale
- 1 tazza di semi di girasole tostati
- ½ tazza di farina di mandorle
- 3 cucchiai di olio di semi di mais

Preriscaldate il forno a 200 gradi. Ammorbidite l'uvetta e la mela disidratata in mezza tazza di succo di mela tiepido. Quando saranno pronte, strizzatele e lavorate tutti gli ingredienti con le mani, fino a incorporarli. Quando l'impasto sarà omogeneo, prelevatene delle piccole dosi e fatele cadere senza troppa cura su una placca rivestita di carta da forno. Una volta riempita la teglia dei tanti golosi mucchietti, abbassate la temperatura a 180 gradi e infornate per 20 minuti.

CANTUCCI

- 150 g di uvetta
- 200 g di mandorle
- 50 g di noci (o nocciole)
- 250 g di farina 0
- 150 g di farina integrale
- 100 g di farina di riso

- 120 g di zucchero di canna
- 50-70 ml di latte di soia
- 70 g di olio di semi di mais
- ½ bustina di lievito per dolci

Innanzitutto, ammorbidite l'uvetta in poca acqua. Prima di utilizzarla, strizzatela bene. Incorporate quindi tutti gli ingredienti, lavorandoli bene con le mani. Unite 4 cucchiai di acqua uno per volta: l'umidità dell'ambiente e della farina influiscono sulla fluidità dell'impasto, quindi valutate voi se aggiungerla e quanta. Terminato di impastare, dividete l'impasto in parti uguali, con le quali formerete dei salamini del diametro di circa 3 cm. Adagiateli su una teglia foderata con carta da forno ben distanziati tra loro. Infornate per circa 20 minuti a 160 gradi: i cantucci dovranno essere dorati. Sfornateli e, facendo attenzione a non scottarvi, tagliate i salamini in diagonale, realizzando la classica forma di questi biscotti. Serviteli freddi, quando si saranno ben induriti (anche se uno, morbido e tiepido, dovete per forza assaggiarlo!).

I MIEI COOKIES

- 220 g di farina integrale di farro
- 30 g di farina di mais fioretto
- 1 pizzico di sale
- 100 g di zucchero di canna
- 50 g di miele
- 70 g di olio di semi di mais
- 50 g di farina di mandorle
- 70 g di uvetta (o gocce di cioccolato fondente)
- 1 cucchiaio di semi di sesamo
- 2 cucchiai di pinoli
- 6-10 cucchiai d'acqua tiepida (o latte di mandorla)
- 1 bustina di lievito per dolci

Impastate tutti gli ingredienti, aggiungendo l'acqua tiepida (o il latte di mandorla) poco per volta, valutando la durezza del composto. Non abbiate fretta! Per formare i biscotti, prelevate piccole dosi di impasto e formate delle palline del diametro di circa 4 cm, che disporrete su una placca ricoperta con carta da forno. Esercitate su ognuna una lieve pressione con le dita, in modo da schiacciarla appena. Infornate per 15 minuti a 170 gradi. Verificate la cottura: se dopo

10 minuti i cookies fossero già dorati, sfornateli. Dovrete attendere qualche tempo prima di assaggiarli: i biscotti devono raffreddarsi per poter essere presi in mano, altrimenti rischiano di sbriciolarsi.

CREMA DI CACAO E NOCCIOLE

Gluten Free

- 150 g di nocciole
- 200 g di cioccolato fondente 70 per cento
- 50 g di sciroppo di agave
- 100-150 ml di latte di riso (oppure di avena, soia o mandorla)

Tostate leggermente (in padella o in forno) le nocciole. Mi raccomando: non dovete carbonizzarle, ne va del sapore della crema! Ponete ora le nocciole nel bicchiere del mixer e azionate le lame: otterrete un impasto umido e oleoso, dall'aroma inconfondibile! A quel punto, unite il cioccolato fondente sminuzzato e continuate a frullare. È ora il momento di aggiungere all'impasto lo sciroppo di agave e 100 ml di latte vegetale. Frullate finché avrete ottenuto la consistenza che desiderate: se volete una crema più morbida, basterà incorporare altro latte vegetale. Trasferite il tutto in una ciotola, nella quale cuocerete la crema a bagnomaria per circa 20 minuti, mescolando di tanto in tanto. Se la tentazione di assaggiare è irresistibile, attenzione a non ustionarvi il palato! Quando la crema sarà pronta e fredda, potete conservarla in un vasetto di vetro.

DOLCETTI DI PRUGNE, NOCI E CANNELLA

- 200 g di prugne secche
- 2 manciate di noci
- 1 vasetto di yogurt greco intero
- 250 g di farina 0
- 70 ml di olio di semi di mais
- 150 g di zucchero di canna

- ½ cucc.no di cannella in polvere
- 1 cucchiaio di semi di papavero
- ½ bustina di lievito per dolci
- 1 pizzico di sale

Frullate 150 g di prugne con lo yogurt: dovrete ottenere una crema omogenea. Sminuzzate le prugne rimanenti insieme alle noci. Unite questi due composti in una ciotola, dove porrete anche la farina, l'olio di semi di mais, lo zucchero, la cannella (volendo, abbondate pure!) e i semi di papavero. Lavorate gli ingredienti fino a ottenere un composto omogeneo. Il sale e il lievito andranno aggiunti all'ultimo momento. Trasferite infine il composto in una placca rivestita con carta da forno e infornate per 40 minuti a 180 gradi. Tagliate a quadrotti quando ancora il dolce è caldo e servite intiepidito.

MUFFIN DI CAROTE E MANDORLE

- 200 g di farina di tipo 1
- 100 g di frumina
- 4 cucchiai di zucchero di canna
- 4 cucchiai di olio di semi di mais
- 300 ml latte di soia
- 100 g di mandorle
- 70 g cioccolato 72% tritato
- 2 carote
- 1 bustina di lievito per dolci

Lavate le carote e grattugiatele fino a riempire una tazza. Tritate le mandorle grossolanamente e il cioccolato al coltello. Trasferite carote e mandorle in una ciotola. Unite le farine, il lievito, lo zucchero, l'olio di semi di mais, il latte e il cioccolato e lavorate energicamente gli ingredienti: dovrete ottenere un impasto morbido e omogeneo. Suddividete il composto in tanti pirottini di alluminio usa e getta e infornate a 170 gradi per 45 minuti. Ogni tanto ricordatevi di controllare la cottura e verificate che i muffin siano pronti con la prova dello stecchino prima di sfornarli.

MUFFIN ALLE NOCI

- 300 g di cioccolato fondente 70 per cento
- 120 g di farina integrale
- 150 g di noci tritate
- 200 g circa di latte di soia (o di mandorla)
- ½ bustina di lievito per dolci
- 50 g di zucchero di canna (o 2 cucchiai di miele)
- 40 g di olio di girasole (o EVO delicato)

In un pentolino piuttosto capiente sciogliete il cioccolato a bagnomaria e lasciatelo raffreddare per una decina di minuti. Trascorso questo tempo, unite tutti gli altri ingredienti e mescolate energicamente: dovrete ottenere un impasto compatto e ben amalgamato. Suddividete ora il vostro impasto nelle formine per muffin (dovrebbero risultarne circa 12) e infornate per circa 30-40 minuti a 170-180 gradi. Quando i muffin saranno cotti (mi raccomando, verificate la cottura con lo stecchino prima di sfornarli), lasciateli raffreddare e, solo allora, estraeteli dalle formine.

STRUDEL DI MELE E NOCI

PER LA BASE

- 100 g di farina 0
- 130 g di farina integrale
- 50 g di farina di castagne
- 1 cucc.no di lievito per dolci
- 150 ml circa di latte di soia
- 5 cucchiai di olio di semi di mais
- 1 cucchiaio di miele

PER IL RIPIENO

- 2-3 cucchiai di uvetta
- 10 noci
- 4 mele Renette
- 1 limone
- 2 cucchiai di marmellata di pere
- 1 grattugiata di zenzero

Innanzitutto, preparate la pasta. Setacciate le polveri in un'ampia ciotola, unite gli ingredienti liquidi e il miele e impastate. Quando avrete ottenuto un impasto morbido e omogeneo, coprite la ciotola con la pellicola trasparente e riponetela in frigorifero. La pasta dovrà riposare circa 30 minuti. Nel frattempo, dedicatevi al ripieno. Mettete l'uvetta in ammollo in acqua tiepida e sbriciolate le noci con le mani. Lavate le mele e tagliatele a pezzetti. Ponetele in una ciotola, dove le irrorerete con il succo di limone. Aggiungete la marmellata di pere, le noci, l'uvetta strizzata e una grattugiata di zenzero. Mescolate bene e tenete da parte. Trascorso il tempo di riposo, prendete l'impasto e stendetelo in una sfoglia spessa circa 0,5 cm. Distribuitevi sopra il ripieno uniformemente, lasciando circa 2 cm liberi dai bordi. Arrotolate lo strudel con delicatezza, raccogliendo e recuperando tutta la farcia che fuoriuscirà. Non resta che infornare per 25-30 minuti a 180 gradi, e lo strudel è pronto per stupirvi.

I CEREALI INTEGRALI: BENESSERE A PORTATA DI CHICCO

ZUPPA DI ORZO ALLA FORCHETTA

Benvenuti nel mondo dei cereali, la nostra energia quotidiana! Farro, orzo, grano, grano khorasan, avena e altri ancora: ormai possiamo proprio scegliere comodamente tra una varietà pazzesca e buona di cereali o pseudocereali, grezzi o raffinati (questi ultimi meglio evitarli...) e per lo più coltivati nel nostro bel paese. Questo capitolo vuole accompagnarvi alla scoperta dei cereali che contengono glutine, quelli che ovviamente gli amici celiaci o intolleranti NON potranno consumare.

La ricetta che ho scelto per introdurvi in questo mondo è semplicissima. Si tratta di una zuppa che ho presentato alla *Prova del cuoco*, durante un ciclo di puntate che abbiamo dedicato alle ricette vegane. Benché io non sia né vegano né vegetariano, lo scopo era raccontare che è sempre possibile ottenere piatti completi dal punto di vista nutrizionale e ricchi di gusto: bastano davvero pochi gesti.

- 240 g di lenticchie rosse decorticate
- 400 g di zucca mantovana
- 320 g di orzo decorticato
- 1 cucc.no di curcuma
- 2 fette di pane di semola di grano duro tostato
- 4 cucchiai di olio EVO

Come prima cosa, occupatevi delle lenticchie: devono stare in ammollo per 12 ore prima di venire cotte. Se volete, potete scegliere quelle in scatola, purché le risciacquiate in acqua tiepida prima dell'uso! Pulite quindi la zucca eliminando i semi, i filamenti interni e la buccia. Tagliatela a cubetti di circa 1 cm di lato. Cuocete poi l'orzo in una quantità di acqua leggermente salata pari al doppio del suo volume. Ci vorranno circa 20 minuti. Nel frattempo, lessate lenticchie e zucca in poca acqua. Dopo 20 minuti di cottura, estraetele (conservandone l'acqua) e passatele al passaverdure, ottenendo una crema. Quando l'orzo sarà pronto, saltatelo in padella con la purea di lenticchie e zucca. Unite la curcuma, l'olio EVO e qualche cucchiaio dell'acqua di cottura che avete tenuto da parte. La zuppa d'orzo è spettacolare anche da sola, ma lo è ancor di più con il pane di semola tostato e sbriciolato grossolanamente!

«Pane e pasta fanno ingrassare?» è uno dei ritornelli che scandiscono la mia giornata. Il perché mi è molto chiaro: anni e anni di convincimenti ormai superati da parte della scienza, ma evidentemente ancora in gran voga per i media, hanno fatto sì che generazioni di persone attente al peso e desiderose di mangiare sano considerassero pane e pasta alla stregua del babau.

Be', è giunto il momento di sollevare il velo su questo tema e di affermare con decisione che il pane e la pasta sono fondamentali per il buon funzionamento del nostro organismo e, dunque, non sarebbero mai da escludere da una dieta sana.

Questo per due principali motivi:

1. contribuiscono al nostro fabbisogno quotidiano di carboidrati, la nostra principale fonte di energia;
2. soprattutto se consumati integrali, contengono un'infinità di fibra, una vera e propria manna per il nostro corpo, e ora vedremo perché.

Prima, però, una precisazione. Non vi vedo, ma so che alla parola «integrali» un buon 30 (40? 50?) per cento di voi avrà drizzato le orecchie e starà ridacchiando sotto i baffi: «Marco penserà che soffriamo tutti di stitichezza...». Oppure starà pensando: «Non sono mica a dieta!».

Per scoprire che cosa vi siete persi fino a oggi, fermandovi a questa *vulgata* sui cereali integrali, basta continuare a leggere!

I cereali integrali non sono cibi per gente sfortunata, costretta a vivere per l'eternità in un mondo privo di sapori e soddisfazioni. Non solo sono delle bombe di gusto, ma sono soprattutto buoni: buoni per i nostri corpi. Ci fanno del bene.

«Integrale» significa semplicemente «non raffinato»: stiamo parlando quindi di alimenti che non sono stati privati, attraverso processi di trasformazione, di buona parte dei nutrienti che contengono. Infatti, gran parte delle molecole amiche della salute che i cereali possono offrirci (non solo fibra ma anche proteine, sali minerali, antiossidanti, vitamine e lignani) è contenuta proprio nello strato esterno del chicco, eliminato il quale resta poco altro a parte l'amido.

Consiglio vivamente agli scettici, a chi crede che integrale sia sinonimo di scialbo e a chi scambia i cereali per i cornflakes della prima colazione la lettura del box a p. 62, dedicato alle lavorazioni che i chicchi raffinati di questi nostri preziosissimi amici subiscono prima di giungere sugli scaffali dei supermercati. Questo sì che dovrebbe farvi drizzare le orecchie!

Per tutti gli altri, invece, via libera alla scoperta della fibra, una frazione commestibile che, però, non viene digerita né assimilata. La troviamo nei cereali, appunto, ma anche nelle verdure, nella frutta secca e in alcuni legumi. La fibra ha numerosi effetti positivi sul nostro metabolismo, tra i quali ricordiamo:

1. l'aumento della massa fecale e la limitazione del tempo di transito intestinale;
2. la riduzione della concentrazione di sostanze potenzialmente cancerogene e del loro tempo di permanenza a contatto con la mucosa intestinale;
3. la regolazione della glicemia postprandiale;
4. l'aumento del benessere della flora batterica intestinale;
5. l'aumento del senso di sazietà e la diminuzione dell'apporto energetico del pasto.

Proprio per tutti questi motivi, il fabbisogno stabilito dai LARN (Livelli di assunzione di riferimento di nutrienti ed energia, il documento di sintesi aggiornato ogni anno dalla Società italiana di nutrizione umana) è di 30 grammi al giorno. La Fondazione Veronesi[1] conferma questa quantità, che corrisponde alle ben note 5 porzioni quotidiane di frutta e verdura, cui se ne aggiungono 2 di pasta, pane o cereali integrali.

«E quanto al peso?» vi starete chiedendo. Mi rendo conto di non avere ancora risposto appieno alla domanda iniziale. Voglio citare uno studio che ha messo a confronto due gruppi di donne sovrappeso, affidando a ciascuno una dieta differente. La prima comprendeva cereali raffinati, la seconda cereali integrali. Tutte le donne sono dimagrite, ma quelle che hanno consumato cereali integrali hanno perso più massa grassa, le altre sono incorse in un aumento del colesterolo.

Altre ricerche, inoltre, provano che una dieta a base di vegetali e alimenti integrali in bambini dai 2 ai 10 anni riduce del 30 per cento il rischio di sovrappeso e obesità[2] e che consumare cibi integrali aiuta a mantenere nella norma la pressione arteriosa nei soggetti con ipercolesterolemia moderata.[3]

Pane e pasta integrali, quindi, non solo devono fare parte della vostra dieta per tutte le ragioni che ho esposto sopra, ma anche perché collaboreranno attivamente alla vostra lotta contro le maniglie dell'amore (cosa che i cereali raffinati non fanno).

Purtroppo, li mangiamo ancora troppo poco. Lo European Food Information Council ha calcolato che nel Regno Unito circa un terzo degli adulti e il 27 per cento dei bambini non ingeriscono alcun cereale integrale; solo il 5-6 per cento della popolazione raggiunge le porzioni giornaliere consigliate. Allo stesso modo, il Dipartimento dell'Agricoltura (USDA) ha osser-

[1] *Fibra alimentare, fibra salutare*, 26 maggio 2012 (www.fondazioneveronesi.it).
[2] V. Pala, L. Lissner, A. Hebestreit, A. Lanfer, S. Sieri, A. Siani, I. Huybrechts, L. Kambek, D. Molnar, M. Tornaritis, L. Moreno, W. Ahrens, V. Krogh, *Un'alimentazione ricca di vegetali, frutta e alimenti integrali fino dalla prima infanzia riduce il rischio di sovrappeso e obesità*, in «European Journal of Clinical Nutrition», ottobre 2013, 67, 10 (www.nutrition-foundation.it).
[3] K.M. Behall, D.J. Scholfield, J. Hallfrisch, *La dieta integrale abbassa la pressione*, in «Journal of the American Dietetic Association», settembre 2006, 106, 9, pp. 1445-49 (www.nutrition-foundation.it).

vato come negli Stati Uniti sia solo il 7 per cento a consumare il numero di porzioni di cereali integrali consigliate al giorno.

È decisamente giunto il momento di cambiare le cose.

Riassumiamo: i cereali integrali sono meno calorici e più sazianti, ci aiutano a ridurre la pancetta (sì, proprio lei, la temutissima e detestata adiposità addominale), i livelli ematici di colesterolo superiori alla norma, l'intolleranza al glucosio e un po' di ipertensione. In seguito alla loro ingestione la glicemia sale più lentamente e non si sollecita la secrezione di insulina. Tradotto, significa che riducono prima il senso di fame e producono un introito inferiore di energia. Se assunti in maniera regolare sin da bambini ci aiutano a evitare sovrappeso e obesità.

Cosa volere di più da un alimento? Be', scoprire le sue proprietà nutrizionali nel dettaglio e, poi, come cucinarlo!

L'AVENA

A colazione, la divoro: in fiocchi, rigorosamente senza zuccheri aggiunti, o sotto forma di snack. Ricca com'è di grassi buoni, l'avena è uno dei miei cibi energizzanti preferiti. Le sue proprietà, però, non si fermano certo qui!

Quanto a proteine, batte tutti gli altri cereali: ne conta ben 17 grammi ogni 100 di prodotto, mentre si distingue anche per la ricchezza di potassio e vitamine (circa il 13 per cento). Grazie a una ridotta quota di carboidrati ha un basso indice glicemico, ed è dunque indicata per i diabetici. Presenta poi un alto contenuto di fibre insolubili, che aiutano a controllare il livello di glucosio e di colesterolo nel nostro sangue.

Come se non bastasse, tutto ciò che la contiene dura a lungo: alcune delle sostanze che presenta agiscono come antiossidanti, evitando l'irrancidimento dei grassi. Questo la rende letteralmente perfetta per essere l'ingrediente di base di cibi che prepariamo ma non consumiamo subito, come per esempio le barrette energetiche (la ricetta la trovate a p. 49).

DA INTEGRALI A RAFFINATI: IL VIAGGIO DEI CHICCHI

La raffinazione, motivata dall'ottenere un sapore più vicino ai gusti dei consumatori e una maggiore conservabilità, causa la perdita di circa il 25 per cento delle proteine, ma anche della metà delle fibre, delle vitamine, dei sali minerali e dei grassi buoni.
Essa consiste in sostanza nello «spogliare» progressivamente i semi del loro involucro esterno, composto da diversi strati: il guscio (che deve sempre venire scartato); la crusca (l'«abito» del chicco, il più ricco di nutrienti) e il germe (che contiene antiossidanti, vitamine e minerali). Nel caso in cui si conservi solo l'endosperma, ovvero il cuore del seme, parliamo di cereali raffinati. Quando invece gli strati esterni vengono rimossi solo in parte, si parla di cereali semi-integrali. I cereali integrali sono appunto quelli lasciati interi, una volta privati del guscio.
Se parliamo di farine, poi, il discorso si amplia. Vengono infatti sottoposte a ulteriori passaggi, come la macinazione e lo sbiancamento. Più sono trattate, più calano i nutrienti: la farina 00, per esempio, contiene praticamente solo amido ad alto indice glicemico e glutine, niente di più. Attenzione perché questo principio vale per tutte le farine, non solo quelle di grano: se al supermercato doveste imbattervi in un pacchetto di farina bianca sul quale è stampata la scritta «farina di farro» o «farina di kamut», be', sappiate che si tratta comunque di farina raffinata.

IL BURGHUL

Direttamente dal Medio Oriente, ecco uno dei miei cereali preferiti, che alterno spesso al cous-cous. Si tratta del burghul, acca più, acca meno... Scherzo! La grafia corretta è proprio questa, ma in commercio lo troverete scritto in almeno dieci modi diversi: voglio rassicurarvi, il cereale è sempre lo stesso. È talmente buono che voglio suggerirvi subito una ricetta. È della mia amica turca Asli: burghul semplicemente lessato in acqua e concentrato di pomodoro e condito con un trito abbondante di prezzemolo e cipolla. Spaziale!

Letteralmente, burghul significa grano spezzato. La parola allude al delicato processo di lavorazione cui dobbiamo questa delizia: il grano duro viene fatto germogliare, quindi cotto al vapore, poi fatto seccare e infine – ed ecco il perché di quello «spezzato» – ridotto in piccoli pezzi. È possibile ottenere burghul a grana grossa (che si usa di solito per le minestre) e a grana fine (più indicato per piatti freddi e insalate).

Di qualsiasi grandezza lo scegliate, dovete tenere presente che è fonte di fibre (in abbondanza), ma anche di potassio, magnesio, ferro, calcio e fosforo, oltre a vitamine del gruppo B e A.

IL FARRO

Il farro ci riporta letteralmente agli albori dell'umanità: è il primo tipo di frumento che l'uomo ha raccolto. La sua coltivazione pare essere cominciata in Medio Oriente, oltre undicimila anni fa. La rivista «Science» riporta uno studio norvegese che sottolinea come «le varietà di farro coltivate all'epoca appaiono molto simili a quelle selvatiche. Scegliendo le spighe con chicchi più grossi, col fusto più robusto e usandole come sementi, le popolazioni dell'area avrebbero selezionato la pianta, favorendo nell'arco di poco tempo il passaggio da una civiltà di raccoglitori a una di agricoltori».[4]

Le sue proprietà sono strepitose: contiene vitamine del gruppo B e sali minerali come fosforo e potassio (rispettivamente 420 e 440 milligrammi ogni 100 grammi di prodotto), oltre a calcio e magnesio. Le sue fibre vegetali (ben il 7 per cento) riducono l'assorbimento intestinale del colesterolo e

[4] *Un chicco di farro agli albori della civiltà*, 4 luglio 2011 (www.fondazioneveronesi.it).

OCCHIO AL PANE!

Bianco o integrale? Il pane integrale, rispetto a quello bianco, presenta una bella serie di vantaggi: è ricco di fibra, che rallenta l'assorbimento dei carboidrati stessi presenti nel pane, dei grassi e del colesterolo, oltre ad aiutarci a ricavare un senso di sazietà che dura più a lungo. Poi, è molto più ricco di sapore! Il pane bianco, invece, viene digerito molto più velocemente, provocando un repentino aumento della glicemia, cioè della quantità di zuccheri presenti nel sangue: ci saziamo meno e presto ci ritorna la fame.
Prima di fiondarvi in panetteria, leggete qualche altra informazione utile:

1. se il vostro panettiere non sfornasse pane integrale, potete consumare quello di grano duro, prodotto con una farina comunque meno raffinata della 00;
2. i più golosi sappiano che la ricetta originale del pane non prevede aggiunte di grassi: dato che oggi si usa farlo, che almeno si tratti di olio EVO!
3. se impazzite per il pane integrale di quella bottega esattamente dall'altra parte della città, dove riuscite a passare se va bene una volta al mese, no problem: il freezer esiste apposta! Fate scorta del vostro pane preferito, tagliatelo a fette e congelatelo, così ne avrete sempre a disposizione la quantità che vi serve.

contribuiscono alla prevenzione del cancro al colon. Poco calorico, è adorato da chi segue una dieta.

La sua caratteristica che più amo, però, è quella di far vacillare chiunque consideri i cereali integrali cibo per uccellini: grazie alla sua quota proteica, maggiore di quella del grano (ben il 15 per cento del suo contenuto nutrizionale), il farro era la base dell'alimentazione dei guerrieri per eccellenza, vale a dire gli invincibili legionari romani!

IL KAMUT

Quello che siamo abituati a chiamare «kamut» in realtà è una varietà di grano di nome «khorasan». Per orientarmi correttamente in questa selva di grani, ricorro all'aiuto di un vero esperto, vale a dire Dario Bressanini che, nel suo *Le bugie nel carrello*, svela che:

> Quando i biologi parlano di frumento, intendono il «genere» *Triticum*, che comprende molte centinaia di specie diverse. [...] Oltre al frumento duro (*Triticum durum*) con cui facciamo la pasta, e quello tenero (*Triticum aestivum*), più usato per il pane e la pasticceria, troviamo per esempio anche il farro (*Triticum dicoccum*). Nel corso dei secoli sono state coltivate in giro per il mondo, anche se non in modo così diffuso, altre specie di *Triticum* geneticamente simili al grano duro, come il *Triticum turgidum*, specialmente le sottospecie *polonicum* e *turanicum*. Quest'ultimo è anche chiamato «grano orientale» o grano khorasan, dal nome della provincia dell'Iran dove ancora oggi si coltiva.[5]

È sempre Bressanini a svelarci come il nome «kamut» sia stato coniato nel 1987 da Bob Quinn, giovane esponente di una famiglia di agricoltori del Montana, con un dottorato in patologia vegetale e una buona propensione agli affari. Quinn, conscio della scarsa diffusione di questi semi nel mondo occidentale, decise di dare un nome a questo grano e di registrare il relativo marchio, fondando la Kamut International, alle cui linee guida devono di fatto rifarsi tutti i produttori di kamut. Quinn ha avuto fiuto: la richiesta del mercato è in continua crescita. L'Italia, poi, pensate un po', è il primo consumatore al mondo!

Il che è solo un bene: basta dare uno sguardo alle proprietà nutrizionali del grano khorasan per capirlo. Innanzitutto, il kamut è una fonte inesauribile di proteine: ha un contenuto proteico superiore del 40 per cento rispetto a quello del frumento, caratteristica che lo rende particolarmente adatto a chi stia seguendo un regime ipocalorico.

[5] Dario Bressanini, *Le bugie nel carrello*, Milano, Chiarelettere, 2013.

È fonte di minerali, soprattutto di selenio, un oligoelemento indispensabile ad azione antiossidante, e ha un notevole contenuto lipidico, che lo rende energizzante.

Quanto agli effetti di prevenzione, impossibile non citare uno studio italiano, che ha osservato la riduzione di fattori di rischio cardiovascolare in uomini e donne sani tra i 40 e i 60 anni sostituendo per sole 8 settimane i cereali della loro alimentazione con cibi a base di farina di kamut. In questi pazienti, la quantità totale di colesterolo si è ridotta del 4 per cento, la frazione LDL (quella «cattiva») del 7,8 per cento, e sono inoltre diminuiti i livelli circolanti di citochine pro-infiammatorie, anch'esse correlabili al rischio cardiovascolare.[6]

L'ORZO

Caratterizzato da una potente azione emolliente, calmante ed espettorante, l'orzo è un valido alleato contro le patologie invernali. Io però lo adoro anche d'estate, magari freddo e in insalata: si mastica facilmente ed è molto digeribile, oltre ad avere altre caratteristiche nutrizionali davvero strepitose.

Diversamente da tanti altri cereali che abbiamo passato in rassegna, l'orzo contiene ben il 65 per cento di carboidrati, e aiuta quindi a prolungare il senso di sazietà. È per questo che contribuisce alla prevenzione della sindrome metabolica, controllando il metabolismo glucidico. Lo prova uno studio svedese condotto dall'équipe della professoressa Elin Johansson, della Lund University, che ha mostrato come i carboidrati indigeribili presenti nell'orzo integrale siano in grado di facilitare la regolazione glucidica nell'arco delle 10-16 ore successive alla loro assunzione, riducendo anche alcuni marker infiammatori e incidendo sul senso di fame.[7]

[6] F. Sofi, A. Whittaker, F. Cesari, A.M. Gori, C. Fiorillo, M. Becatti, I. Marotti, G. Dinelli, A. Casini, R. Abbate, G.F. Gensini, S. Benedettelli, *Italia: con la farina di Kamut ridotti in 8 settimane colesterolemia (totale e LDL) e glicemia*, in «European Journal of Clinical Nutrition», 9 gennaio 2013 (www.nutrition-foundation.it).

[7] E.V. Johansson, A.C. Nilsson, E.M. Ostman, I.M. Björck, *L'orzo integrale è un*

È provato inoltre che la fibra dell'orzo contribuisce a ridurre l'ipercolesterolemia moderata: a sancirlo è un piccolo studio[8] condotto dalla nutrizionista Kay Behall, del Beltsville Human Nutrition Research Center, che ha osservato una riduzione del 10 per cento del colesterolo totale e di quello «cattivo» (LDL) e un aumento del 10 per cento del colesterolo «buono» (HDL). Tutto questo per dire che il consumo di orzo, oltre a tutto il resto, è positivamente correlato anche con la riduzione del rischio cardiovascolare.

IL SEITAN

Siccome di solito è considerato «roba da vegani», quando lo propongo sono stra-abituato a sfidare gli sguardi circospetti di amici, parenti, conoscenti e persone che incontro nei contesti più vari. Vorrebbero tutti domandarmi: «Che roba è?», e so che vorreste farlo anche voi. Quindi, bando alle ciance, svelerò subito questo segreto di Pulcinella: il seitan è glutine, un alimento completamente vegetale, che si ottiene a partire dalla farina del grano tenero, del farro o del kamut, aromatizzato con una miscela di diversi ingredienti. Dato che tutti e tre i cereali di partenza contengono appunto glutine, purtroppo non è un alimento indicato per i celiaci.

Ricco di proteine, povero di carboidrati, senza colesterolo, il seitan è fonte di minerali (tra gli altri, ferro, zinco, potassio, calcio e magnesio), presenta un bassissimo contenuto di grassi (solo lo 0,8 per cento, tra l'altro di origine vegetale, quindi salutari). Voglio ripeterlo, perché potrebbe esservi sfuggito: è senza colesterolo, dunque chiaramente indicato, caldamente consi-

importante alleato nella prevenzione della sindrome metabolica, attraverso il controllo del metabolismo glucidico, della sazietà e quindi dell'assunzione di cibo, in «Nutrition Journal», 11 aprile 2013, 12, 1, p. 46 (www.nutrition-foundation.it).
[8] K.M. Behall, D.J. Scholfield, J. Hallfrisch, *La fibra dell'orzo riduce l'ipercolesterolemia moderata*, in «The American Journal of Clinical Nutrition», novembre 2004, 80, 5, pp. 1185-93 (www.nutrition-foundation.it).

gliato, fortemente suggerito nelle diete di chi abbia la pressione alta e presenti qualsiasi fattore di rischio cardiovascolare.

È super versatile, quindi in cucina potete farci più o meno qualsiasi cosa: dallo spezzatino al polpettone, dalle scaloppine all'arrosto. Tutto sta nel superare l'iniziale diffidenza e nel decidere di lasciarsi stupire... Pronti a servirlo agli amici e a guardare i loro occhi stupefatti quando svelerete che si tratta di seitan?

SEITAN HOME MADE

Preparare il seitan in casa è facilissimo, basta procurarsi gli ingredienti e non avere fretta. Per ottenere circa 400 grammi di seitan vi serviranno:

- 1 kg di farina 0
- 1 carota
- 550 ml di acqua
- 1 gambo di sedano
- 10 cucchiai di salsa di soia
- 1 gambo di prezzemolo
- 3-4 pezzi di alga kombu
- 1 rametto di rosmarino
- 2 cucchiai di sale
- pepe nero in grani

Impastate la farina con l'acqua per 5 minuti, poi formate una palla e lasciatela in una ciotola capiente per 8 ore, a temperatura ambiente, coperta di acqua del rubinetto. Trascorso questo tempo, prendete l'impasto, lavoratelo per 1 minuto a secco, poi sotto l'acqua corrente: l'amido si separerà e scivolerà via. Quando l'impasto avrà la consistenza di una spugna, il seitan sarà pronto. Per aromatizzarlo dovrete preparare un brodo con gli altri ingredienti, quindi immergervelo e lasciarlo bollire a fuoco vivo per 40 minuti, mescolando ogni tanto.

So che per i più impazienti è stata una sofferenza, ma finalmente è giunto il momento di passare in cucina. Prima di suggerirvi idee à gogo per preparare piattini deliziosi a base di cereali integrali, voglio darvi qualche indicazione generale sui tempi di cottura.

ACQUA E TEMPO: CUOCERE I CEREALI

Quasi tutti i cereali per cuocere hanno bisogno del doppio del loro volume in acqua e di circa 30 minuti. Trascorso questo tempo, spegnete la fiamma, coprite la pentola con un coperchio e lasciate riposare per altri 10-20 minuti: la cottura si ultimerà grazie al vapore.
Per sicurezza, però, leggete sempre le istruzioni riportate sulla confezione e regolatevi di conseguenza: il vostro farro, per esempio, potrebbe essere perlato e avere quindi bisogno di un tempo di cottura inferiore.
In ogni caso, dato che siamo sempre di corsa, e spesso la fretta ci costringe a scegliere cibi dalla preparazione più rapida dei cereali in chicco, voglio passarvi un trucco: io li cuocio in grandi quantità, poi li lascio raffreddare e li congelo in porzioni: in questo modo, li ho sempre pronti durante la settimana!

ARROSTO DI SEITAN TONNATO

- 500 g di arrosto di seitan
- 150 g di rucola
- 150 ml di latte di soia
- 150 ml di olio EVO
- 1 pizzico di sale
- 1 pizzico di pepe
- ½ cucc.no di curcuma
- qualche filo di erba cipollina
- 2 cucchiai di aceto di mele (o di riso)
- 1 manciata di capperi
- 200 g di tonno al naturale in scatola

Affettate l'arrosto di seitan dello spessore che preferite (in commercio lo trovate anche già affettato) e adagiatelo su un letto di rucola. Dedicatevi quindi alla salsa tonnata: versate nel bicchiere del vostro robot da cucina il latte di soia, l'olio EVO, i pizzichi di sale e di pepe, la curcuma, l'erba cipollina tritata, l'aceto e i capperi. Frullate e lasciate che la salsa si addensi. La fretta è cattiva consigliera: ci vorranno circa 5 minuti, quindi abbiate pazienza e lasciate agire la chimica! Quando la salsa sarà pronta, incorporatevi il tonno sbriciolato grossolanamente con le mani: in questo modo il suo sapore si sentirà maggiormente nella salsa. Volendo, potete utilizzare la stessa tecnica con i capperi: invece di frullarli, tritateli a coltello e uniteli insieme al tonno. Potete ora passare all'ultima operazione: cospargere le fette di arrosto di salsa. Sentirete che bontà!

BURGHUL ALLE NOCI

- 500 ml di acqua
- 320 g di burghul
- 80 g di noci
- 1 cipolla
- olio EVO
- 1 bustina di zafferano
- 1 pizzico di sale

Prima di tutto, preparate l'acqua nella quale cuocerete il burghul. Scaldatene mezzo litro in una casseruola: quando sarà bollente, stemperatevi lo zafferano con l'aiuto di una forchetta. Sciacquate ora il burghul e versatelo nell'acqua: dovrete lasciarlo cuocere a fuoco basso per 30 minuti scarsi. Nel frattempo, pestate le noci e tritate molto finemente la cipolla. Fate saltare il tutto in una padella antiaderente senza aggiungere condimento: attenzione alla cipolla, che non dovrà carbonizzarsi. Quando il burghul sarà pronto, scolatelo e trasferitelo nella padella. Aggiungete un filo di olio EVO, salate e mescolate bene per amalgamare tutti gli ingredienti. Il burghul dovrà riposare 10 minuti prima di venire servito, quindi lasciatelo intiepidire prima di portarlo in tavola.

Golosi di burghul, a rapporto! Dato che questo cereale è spettacolare non solo con la frutta secca, ma anche con i legumi, eccovi un paio di varianti della ricetta precedente che contengono fagioli e lenticchie: da leccarsi i baffi!

Per la prima vi serviranno:

- 150 g di fagioli secchi
- 5 cipolle bianche
- 1 peperone verde
- olio EVO
- 250 g di burghul
- 1 pizzico di sale
- ½ cucc.no di timo
- 1 pomodoro maturo
- 1 spicchio di aglio
- 500 ml di acqua

Lasciate in ammollo i fagioli in acqua per 12 ore, quindi scolateli e lessateli. In alternativa potete optare per fagioli già lessati, quelli che trovate nei vasetti di vetro al supermercato! Preparate ora le verdure: affettate finemente le cipolle, lavate e tagliate il peperone a striscioline e mettete tutto a cuocere a fiamma dolce in una casseruola con un filo di olio. Quando le cipolle sono dorate unite il burghul, un pizzico di sale, il timo e fate rosolare per qualche minuto. Aggiungete quindi il pomodoro a pezzetti, i fagioli, l'aglio e 500 ml di acqua. Coprite con un coperchio e proseguite la cottura per altri 20 minuti, a fuoco basso.

Per la seconda procedete come segue:

Per 150 grammi di burghul vi serviranno altrettante lenticchie, 2 cipolle e 5 cucchiai di olio EVO. Procedete con le lenticchie come per i fagioli (ammollo per 12 ore, quindi cottura). Quando saranno quasi cotte, unite nella stessa casseruola il burghul, un pizzico di sale e acqua fino a coprire. Mescolate, chiudete la pentola con un coperchio e proseguite la cottura per 20 minuti. Nel frattempo, affettate le cipolle e fatele dorare in una padella con l'olio. Quando saranno pronte, unitele al burghul, e il gioco è fatto.

BURGHUL PILAF

- 350 g di burghul a grana grossa
- olio EVO
- 3 cucchiai di triplo concentrato di pomodoro
- peperoncino in polvere

Sciacquate il burghul, scolatelo e mettetelo a cuocere in una casseruola con una quantità di acqua pari a una volta e mezza il suo volume. Stemperate nell'acqua il concentrato di pomodoro, una spolverata di peperoncino, quindi coprite la pentola con un coperchio e proseguite la cottura a fiamma bassa per 10-15 minuti. Vi accorgerete che il burghul è pronto quando sarà morbido e avrà assorbito tutta l'acqua. Se doveste accorgervi che si sta asciugando troppo e che l'acqua sta terminando prima del tempo, aggiungetene un po': mi raccomando, calda! Terminata la cottura, unite un paio di cucchiai di olio EVO, mescolate e togliete dal fuoco. Se risultasse ancora troppo al dente, lasciatelo riposare, a fiamma spenta, con il coperchio: il vapore creato nella casseruola permetterà di ultimare la cottura del burghul e quindi il rigonfiamento del chicco. Avete ottenuto un'ottima base a cui abbinare pesci come sgombro o merluzzo o legumi (per esempio fagioli cannellini o fagioli rossi) e - perché no? - tanto ma tanto prezzemolo.

COUS-COUS INTEGRALE DOLCE SALATO

- 2 fette di zucca mantovana
- pochissimo sale e pepe
- 300 g di cous-cous integrale
- 1 melagrana
- 1 manciata di uvetta
- 1 manciata di pistacchi salati
- 10 noci
- 5 cucchiai di olio EVO

Tagliate la zucca a cubetti, conditela con un pizzico di sale e uno di pepe e infornatela per 20 minuti a 200 gradi. Attenzione al tempo di cottura: la zucca dovrà rimanere croccante, non disfarsi eccessivamente. Nel frattempo, cuocete il cous-cous in una quantità di acqua leggermente salata pari al suo stesso volume. Quando sarà pronto, lasciatelo raffreddare e sgranatelo. Passate ora al resto degli ingredienti: sgranate la melagrana e tritate grossolanamente la frutta secca. Quando siete pronti, riunite tutto in una ciotola, condite con 5 cucchiai di olio EVO, mescolate bene e servite.

COUS-COUS ALLO ZENZERO CON MAIS E SOIA EDAMAME

- 1 tazza di acqua
- 1 bustina di zafferano
- 2 zucchine
- 1 tazza di cous-cous integrale
- olio EVO
- 5 funghi champignon freschi
- zenzero fresco
- 250 g di mais lessato
- 150 g di soia edamame
- 1 limone
- sale e pepe

Mettete l'acqua sul fuoco, salatela e aromatizzatela con lo zafferano. Mentre la portate a ebollizione, lavate le zucchine e tagliatele prima a striscioline, quindi a cubetti piccolissimi (meno di 0,5 cm per lato). Sbollentate i vostri cubetti nell'acqua bollente per circa 3 minuti: non di più, dovranno risultare croccanti, non molli. Trascorso questo tempo, scolate le zucchine tenendo da parte l'acqua di cottura: rimettetela in un pentolino, versatevi il cous-cous a pioggia, unite un paio di cucchiai di olio EVO, mescolate e coprite con un coperchio. Lasciate riposare per circa 20 minuti, durante i quali il cous-cous cuocerà assorbendo l'acqua. Dedicatevi nel frattempo agli altri ingredienti: affettate sottilmente i funghi e grattugiate poco zenzero; in una ciotola, unite il tutto alle zucchine e mescolate. Scolate il mais e la soia edamame e uniteli ai funghi. Condite con 3 cucchiai di olio EVO, pepate e regolate di sale. Quando il cous-cous sarà pronto, sgranatelo e versatelo nella ciotola. Non vi resta che aggiungere il succo di limone e mescolare bene prima di servire.

FARRO AI CARCIOFI

- 3 carciofi
- ½ cespo di radicchio rosso
- 1 spicchio di aglio
- 2 cucchiai di olio EVO
- 250 g di farro
- sale
- 1 cucchiaio di aceto di riso
- 80 g di olive taggiasche
- 1 cucchiaio di tamari

Mondate i carciofi e il radicchio rosso e tagliateli a fettine sottili. Tritate l'aglio e saltatelo in un cucchiaio di olio EVO. Aggiungete ora i carciofi e cuocete per qualche minuto. Unite infine il farro, mescolate e aggiungete acqua (il doppio del volume del farro), un pizzico di sale e l'aceto di riso. Portate a bollore, spostate su un fuoco piccolo e cuocete a fiamma bassa per 35-40 minuti. Quando la cottura sarà quasi terminata unite le olive, il tamari, mescolate e fate intiepidire. Prima di servire decorate con il radicchio rosso e qualche goccia di olio EVO.

FARRO MANTECATO AL RADICCHIO ROSSO

- 400 g di farro
- 200 g di radicchio rosso di Treviso
- ½ cipolla rossa
- olio EVO
- grana padano
- brodo vegetale

Se volete, potete preparare voi il brodo vegetale, seguendo le indicazioni a p. 20. Lessate il farro per 20 minuti in acqua leggermente salata, quindi scolatelo e lasciatelo riposare. Lavate, asciugate e affettate a listarelle il radicchio. Tritate la cipolla e soffriggetela in padella con poco olio. Quando sarà imbiondita, unite il radicchio (tranne qualche listarella che terrete da parte) e fate appassire. Aggiungete il farro e cuocete per 15-20 minuti, aggiungendo ogni tanto un mestolo di brodo vegetale. Terminata la cottura, spolverizzate con il formaggio, decorate il mantecato di farro con il radicchio tenuto da parte e servite.

FUSILLI CON CREMA DI PEPERONI E CAPRINO

- 320 g di fusilli integrali
- 1 peperone rosso
- 4 cucchiai di olio EVO
- 200 g di caprino
- 2 cucchiai di concentrato di pomodoro
- 4 rametti di timo fresco

Cuocete i fusilli integrali in acqua poco salata. Nel frattempo riunite in un contenitore alto e stretto il peperone mondato e tagliato in 4 parti, l'olio EVO, il caprino e il concentrato di pomodoro. Frullate fino a ottenere una crema liscia e colorata. Qualora risultasse troppo densa, aggiungete qualche cucchiaio di acqua di rubinetto. Scolate i fusilli, conditeli con la crema e cospargeteli di timo fresco. Questo piatto è ottimo servito a temperatura ambiente!

LASAGNE DI PANE CARASAU E BROCCOLI

- 400 ml di brodo vegetale
- 3 teste di broccolo
- 250 g di pane carasau
- sale
- pepe rosa (bacche rosse)

PER LA BESCIAMELLA

- 1 l di latte di soia non zuccherato
- 80 g di farina integrale
- 60 g di olio EVO
- noce moscata
- pepe e 1 pizzico di sale

Preparate il brodo vegetale secondo le indicazioni di p. 20. Sbollentate le cime di broccolo in acqua leggermente salata. Nel frattempo, dedicatevi alla besciamella: riunite tutti gli ingredienti in una casseruola dai bordi alti e mescolate con una frusta. Ponete quindi la casseruola sul fuoco e portate a bollore, senza smettere di lavorare la besciamella. Quando il composto arriverà a bollore, abbassate la fiamma e lasciate sobbollire per 4 minuti circa, mescolando in continuazione. Quando tutti gli ingredienti saranno pronti, potete assemblare le lasagne. Immergete i fogli di pane carasau nel brodo e, quando saranno ammorbiditi (mi raccomando: ammorbiditi, non disfatti!), disponetene uno strato nella pirofila. Coprite con le cime di broccoli e la besciamella, quindi proseguite in questo modo fino a esaurimento degli ingredienti. Infornate per 20 minuti circa a 200 gradi. Servite le vostre lasagne di pane carasau calde o a temperatura ambiente (forse saranno ancora più buone!) con una macinata di pepe rosa in superficie.

Un super GRAZIE agli amici Taty e Igor GNG: sono stati proprio loro a farmi conoscere questa lasagna così semplice ma così gustosa... La loro besciamella? Di fagiolini verdi, basilico e tofu: spettacolare! E se ripenso in quanto poco tempo Bea, la loro bimba, le ha divorate... Insomma, questo è un piatto dal successo assicurato, per di più adatto anche ai più piccoli, con diversi condimenti.

MEDAGLIONI DI PATATE E SEITAN

- 800 g di patate
- 1 porro
- 100 g di seitan
- olio EVO
- pepe
- sale
- pane integrale grattugiato

Sbucciate, tagliate a tocchetti piuttosto piccoli e lessate le patate. Mondate poi il porro e tritatelo nel mixer; fate lo stesso con il seitan, che metterete successivamente a rosolare in una padella con poco olio. Quando sarà dorato, trasferitelo in un contenitore e tenetelo da parte, utilizzando la stessa padella per cuocere il porro, che dovrà appassire a fuoco moderato. Quando anche il porro sarà dorato, aggiungete le patate, regolate di sale e pepe e mescolate, lasciando asciugare. A cottura ultimata spegnete la fiamma, unite il seitan e lasciate raffreddare. Lavorate infine il composto con le mani, ottenendo dei medaglioni del diametro di circa 15 cm, spessi circa 1 cm. Passateli nel pane integrale grattugiato e disponeteli su una leccarda foderata di carta da forno. Infornate per 10 minuti a 180 gradi, girando i medaglioni sull'altro lato a metà cottura. Se non avete tempo per la cottura al forno, potete realizzare un unico, grosso burger di seitan, porri e patate: sarà buono lo stesso!

ORECCHIETTE CON BROCCOLI E SESAMO

- 320 g di orecchiette integrali
- 1 broccolo
- 2 spicchi di aglio
- 1 cucchiaio di salsa thain
- 4 cucchiai di semi di sesamo
- 4 cucchiai di olio EVO
- pochissimo sale

In una padellina antiaderente tostate i semi di sesamo per qualche minuto, facendo attenzione a non carbonizzarli, quindi teneteli da parte. Occupatevi quindi del broccolo: dividete le cimette dal gambo e lessatele insieme alle orecchiette in acqua leggermente salata. Quando saranno cotte, scolatele e fatele saltare con un cucchiaio di salsa thain e l'aglio schiacciato o tritato (come preferite). Condite con l'olio EVO a freddo e terminate il piatto con l'aggiunta dei semi di sesamo tostati.

ORECCHIETTE CON PESTO ALLA TRAPANESE

- 320 g di orecchiette integrali
- 50 g di pane integrale grattugiato
- 50 g di mandorle sgusciate
- 3 pomodori secchi
- 6 pomodori maturi
- 10 foglie di basilico
- 1 spicchio di aglio
- olio EVO
- 1 pizzico di pepe

Cuocete le orecchiette in acqua leggermente salata e tostate il pane grattugiato in una padella antiaderente. Nel frattempo, dedicatevi al pesto: ponete nel bicchiere del robot da cucina le mandorle, i pomodori secchi, i pomodori freschi tagliati a pezzetti, il basilico, uno spicchio di aglio schiacciato e qualche cucchiaio di olio (se avete pomodori secchi sott'olio, potete utilizzare quello come condimento). Azionate le lame e frullate fino a raggiungere una consistenza cremosa. Quando saranno pronte, scolate le orecchiette e conditele con il pesto appena preparato. Prima di servirle, completate i piatti con una spolverata di pane grattugiato, un pizzico di pepe e qualche pomodorino secco ridotto a listarelle.

PACCHERI RIPIENI

- 500 g di zucca
- 250 g di carote
- 400 g di paccheri integrali
- noce moscata
- pochissimo sale
- un filo di olio EVO
- 150 g di caprino (facoltativo)

Come prima cosa lavate e pulite la verdura, quindi riducete zucca e carote in piccoli pezzi. Lessatele in pochissima acqua non salata. Nel frattempo, cuocete i paccheri e scolateli al dente. Fate in modo che perdano l'acqua e separateli bene uno dall'altro. Passate poi le carote e la zucca al passaverdura. Aromatizzate il composto con una spolverata di noce moscata. Con la farcia appena ottenuta riempite delicatamente i paccheri e disponeteli in una pirofila rivestita con carta da forno. Condite la pasta con un filo d'olio EVO e mettete in forno a gratinare per circa 20 minuti a 180 gradi. Questa teglia di paccheri è letteralmente spaziale. Se però sentite il bisogno di «rinforzare» il ripieno, arricchitelo con la dose indicata di caprino.

PADELLATA DI FARRO E TONNO

- 200 g di farro
- sale
- 1 cipolla bianca
- 1 peperone rosso
- 1 carota
- 1 costa di sedano
- 1 zucchina
- 200 g di tonno all'olio EVO
- 4 cucchiai di olio EVO
- 1 bustina di zafferano
- basilico

Innanzitutto dovete cuocere il farro. Portate a ebollizione una pentola di acqua salata, nella quale avrete disciolto lo zafferano. Lavate il farro sotto l'acqua corrente e versatelo nell'acqua bollente. Cuocete per circa 25-30 minuti. Lavate ora le verdure e tagliatele a dadini. Sbucciate la cipolla e riducetela a spicchi. Scaldate la dose indicata di olio EVO in una larga padella antiaderente, fate saltare prima la cipolla, quindi aggiungete il peperone, la carota e il sedano. Salate e cuocete per alcuni minuti a fiamma vivace. In ultimo, unite anche la zucchina e continuate la cottura per altri 5 minuti. Nel frattempo il farro dovrebbe essersi cotto. Scolatelo e saltatelo in padella insieme alle verdure, aggiungendo il tonno sgocciolato e sbriciolato e qualche foglia di basilico spezzettata. Basteranno pochi istanti per amalgamare bene i sapori: sentirete che delizia!

PAGNOTTA INTEGRALE CON SEMI

- 250 g di farina 0
- 250 g di farina integrale
- ½ cubetto di lievito di birra (o ½ bustina di lievito disidratato)
- 1 cucc.no di zucchero integrale di canna
- 270 ml di acqua
- 2 cucchiai di olio EVO
- 3 cucchiai di semi di girasole

Mescolate le farine e disponetele su una spianatoia nella classica forma a fontana. Sciogliete bene il lievito e lo zucchero nell'acqua e versate il tutto al centro delle farine. Lavorate tutti gli ingredienti fino a ottenere un impasto liscio e omogeneo. Dategli la forma di una palla e lasciatelo lievitare per almeno 2 ore a temperatura ambiente o nel forno con la luce accesa in una ciotola leggermente infarinata, coperta con la pellicola. Trascorso il tempo di lievitazione, prelevate piccole dosi di impasto, rigiratevele tra i palmi delle mani e formate delle pagnotte da circa 100 g, che adagerete su una teglia foderata di carta da forno piuttosto distanziate. Incidete a croce la superficie delle pagnotte con un coltello e spennellatela con olio EVO, quindi lasciate lievitare le pagnotte per un'altra ora a temperatura ambiente, dopo averle coperte con un canovaccio pulito. Infornate per 40-50 minuti a circa 180 gradi. Prima di sfornare, verificate la cottura con il metodo dello stecchino.

PANE INTEGRALE AI SEMI OLEOSI COTTO A VAPORE

- 100 g di farina integrale
- 150 g di farina 0
- 50 g di farina di kamut
- 10 foglie di salvia
- ½ panetto di lievito fresco
- 200 ml di acqua tiepida
- 3 cucchiai di semi di zucca
- 1 cucchiaio di semi di papavero
- 3 cucchiai di semi di girasole
- 1 cucc.no di curcuma
- 1 cucc.no di sale
- 3 cucchiai di olio EVO

Mescolate le farine e disponetele su un piano di lavoro nella classica forma a fontana. Tagliate la salvia a striscioline sottili. Sciogliete il lievito nell'acqua e versate la miscela al centro. Unite i semi oleosi, la salvia, la curcuma, un cucchiaino di sale, l'olio EVO e impastate fino a quando avrete ottenuto un impasto liscio e omogeneo. Dategli una forma rotonda e lasciatelo lievitare per circa 45 minuti a temperatura ambiente in una ciotola leggermente infarinata ricoperta di pellicola. Trascorso il tempo di lievitazione, prelevate piccole dosi di impasto, con le quali formerete delle palline di circa 6 cm di diametro rigirandovele tra le mani. Spennellate ora la superficie dei panini con poco olio e lasciateli lievitare per altri 30 minuti circa a temperatura ambiente, dopo averli coperti con un canovaccio pulito. Nel frattempo, scaldate una pentola piena di acqua, nella quale avrete immerso un cestello di bambù o un colapasta. Trascorso il tempo della seconda lievitazione, cuocete i panini per circa 12 minuti al massimo del vapore. Bollenti sono buonissimi!

PASTA CON LE BIETOLE

- 320 g di conchiglioni integrali
- 300 g di bietole
- olio EVO
- 1 pizzico di noce moscata
- sale
- pepe
- 500 ml di salsa di pomodoro
- 150 g di feta light

Lessate i conchiglioni in acqua bollente salata, poi scolateli al dente. Mentre la pasta cuoce, lavate e mondate le bietole, riducendole a piccoli pezzetti. Ripassatele poi in padella per pochi minuti con poco olio EVO, la noce moscata, un pizzico di sale e uno di pepe. Quando le bietole saranno ammorbidite, lasciatele intiepidire, quindi farcite i conchiglioni e disponeteli uno accanto all'altro in una pirofila rivestita con carta da forno. Cospargete la superficie di salsa di pomodoro e infornate per circa 15 minuti a 180 gradi. Ancora un'ultima operazione: sbriciolate sulla pasta la feta. Finalmente ci siamo: i conchiglioni sono pronti per essere serviti!

PASTA DI FARRO CON LENTICCHIE

- 320 g di pasta corta di farro
- 7 pomodori secchi
- 200 g di lenticchie lessate
- 7 noci
- olio EVO
- 1 mazzetto di prezzemolo
- 1 limone

Cuocete la pasta al dente, quindi raffreddatela sotto l'acqua. Approfittate del tempo di cottura della pasta per reidratare i pomodori secchi in poca acqua tiepida. Quando saranno ammorbiditi, tagliateli a listarelle con le forbici. In una padella mescolate i pomodori secchi con le lenticchie lessate, le noci sbriciolate grossolanamente e un paio di cucchiai di olio EVO. Cuocete a fuoco basso per 10 minuti al massimo; unite la pasta e fate insaporire. Per servire non vi resta che cospargere di prezzemolo tritato e di scorza di limone grattugiata!

PASTA INTEGRALE AL PESTO DI SPINACI

- 320 g di maccheroni integrali
- 120 g di spinaci novelli lavati e puliti
- 30 g di noci sgusciate
- 8 pomodori secchi
- 30 g di germe di grano
- 3 alici sott'olio
- 60 g di caprino fresco
- 6 cucchiai di olio EVO
- ½ spicchio di aglio

Come prima cosa, cuocete la pasta in abbondante acqua non salata. Nel frattempo, preparate il pesto. Versate nel bicchiere di un robot da cucina gli spinaci, le noci e, dopo averli tagliati a listarelle, i pomodori secchi. Unite il germe di grano, le alici, il caprino, l'olio e l'aglio (un mezzo spicchio sarà sufficiente). Azionate le lame e frullate, fino a ottenere una consistenza cremosa. Scolate la pasta e trasferitela in una ciotola (se volete stoppare il rilascio degli amidi, consiglio un passaggio intermedio sotto l'acqua fredda). Conditela con il pesto e, se volete, un filo di olio EVO a crudo. Suddividetela nei piatti e decorate ogni porzione con qualche listarella di pomodoro secco: anche l'occhio vuole la sua parte! Il pesto di spinaci è buonissimo anche come condimento di orzo o farro.

PASTA AI PORRI

- 320 g di pasta corta integrale
- 4 porri
- 250 g di funghi prataioli
- 4 cucchiai di olio EVO
- 150 g di ricotta magra
- prezzemolo fresco

Cuocete la pasta in abbondante acqua poco salata. Quando è pronta, scolatela, lasciatela raffreddare e tenetela da parte. Mondate i porri, eliminando lo strato più esterno, e affettateli a rondelle sottili. Tagliate finemente anche i funghi, eliminando solo la parte più dura del gambo. Fate stufare porri e funghi insieme, in una padella antiaderente con poca acqua. Appena i porri cominceranno a colorire e i funghi si saranno ammorbiditi, aggiungete l'olio EVO, la ricotta sbriciolata e il prezzemolo tritato. Proseguite la cottura per pochi minuti, quindi mescolate la pasta al sugo e servite.

PENNETTE CON ZUCCHINE TRIFOLATE E NOCCIOLE

- 320 g di pennette integrali
- pochissimo sale
- 4 zucchine
- 70 g di nocciole
- pepe
- 2 spicchi di aglio
- 4 cucchiai di olio EVO
- 4 foglioline di menta

Lessate le pennette in acqua leggermente salata. Mentre la pasta cuoce, lavate e tagliate a cubetti le zucchine. Tostate quindi le nocciole tritate in una padella antiaderente nella quale, dopo pochi minuti, verserete anche le zucchine. Salate (poco) e pepate (molto).

Cuocete per circa 10 minuti a fiamma vivace, poi unite l'aglio tritato e l'olio EVO. Proseguite la cottura a fiamma dolcissima per altri 5 minuti. Quando la pasta sarà cotta, scolatela e fatela insaporire in padella. Al momento di servirla, cospargetela con le foglioline di menta spezzettate con le dita: sprigioneranno tutto il loro profumo!

PIZZA ALL'ITALIANA

- 1 cubetto di lievito di birra (o 1 bustina di lievito disidratato)
- 1 punta di cucchiaio di miele millefiori
- 350 ml di acqua calda
- 350 g di farina a basso impatto glicemico
- 100 g di farina di lenticchie
- 50 g di farina di segale
- 4 cucchiai di olio EVO
- 3 cucchiai di origano e timo secchi
- 200 g di concentrato di pomodoro
- 10 foglie di basilico
- pochissimo sale

Sciogliete il lievito e il miele nell'acqua calda. Mescolate le farine e il sale in una ciotola, unite l'acqua e cominciate a impastare. Aggiungete quindi l'olio EVO e, una volta ottenuto un impasto liscio ed elastico, dategli forma rotonda e lasciatelo lievitare 2 ore nella ciotola coperta con un canovaccio a temperatura ambiente. Trascorso questo tempo, riprendete l'impasto e incorporatevi l'origano e il timo secchi. Impastate per altri 5 minuti, quindi stendete la pizza con le mani sulla leccarda del forno oliata. Lasciate lievitare per altre 2 ore circa. Infine, cospargete la pasta con il concentrato di pomodoro leggermente diluito con acqua e infornate per 30-35 minuti a 200 gradi. Prima di servire, non dimenticate di guarnire con le foglie di basilico fresco spezzettate al momento!

POLPETTONE DI SEITAN

PER IL POLPETTONE

- 200 g di tofu
- 300 g di seitan
- pane integrale grattugiato
- 2 cucchiai di olio EVO
- mix di spezie in polvere: salvia, rosmarino e timo
- ¼ di bicchiere di Marsala
- 2 rametti di rosmarino

PER IL «PARMIGIANO VEGANO»

- 50 g di frutta secca mista (mandorle e noci)
- 50 g di lievito alimentare in fiocchi
- 1 pizzico di sale

La prima cosa da fare è il «parmigiano vegano», visto che vi servirà per il polpettone. Basterà frullare per qualche minuto la frutta secca con il lievito alimentare in fiocchi e il sale. Non dovrete sempre prepararlo al momento, perché questo composto si conserva bene e per una settimana in un vaso di vetro in frigorifero. Passate quindi all'impasto del polpettone. Ottenete una pasta morbida passando il tofu attraverso uno schiacciapatate e frullate il seitan in un robot da cucina, dopo averlo ridotto a piccoli pezzi. Unite in una ciotola i due ingredienti, quindi aggiungete le spezie e il «parmigiano vegano». Impastate subito con un cucchiaio di legno e poi, quando gli ingredienti si saranno incorporati, lavorate il composto a mano e conferitegli la forma che più vi piace. Rotolatelo nel pane integrale grattugiato prima di rosolarlo delicatamente in padella con un filo di olio. Fate sfumare il Marsala e lasciate che la parte esterna si caramelli leggermente. Una volta evaporato l'alcol, trasferite il polpettone in una pirofila unta con un filo di olio EVO, aggiungete un paio di rametti di rosmarino e infornate per 15-20 minuti a 200 gradi.

TAGLIATELLE ALLA CREMA DI ASPARAGI E PORCINI

- 1 cipolla
- 1 spicchio di aglio
- 300 g di porcini surgelati
- 1 mazzo di asparagi verdi
- latte di soia
- 320 g di tagliatelle di farro (o di kamut)
- prezzemolo

Sbucciate la cipolla e l'aglio, quindi preparate un battuto, che trasferirete in una padella antiaderente insieme a una quantità di acqua tale da coprirne il fondo. Mettete la padella sul fuoco e portate a ebollizione. A quel punto, unite i porcini surgelati, tenendone da parte qualcuno che, una volta ammorbidito, taglierete a cubetti. A parte, cuocete gli asparagi al vapore, quindi spezzettateli, tenendo da parte le punte. Quando i porcini saranno pronti, trasferite tutto il contenuto della padella nel bicchiere di un robot da cucina insieme ai gambi di asparagi. Frullate fino a ottenere una crema, che ripasserete in padella con un goccio di latte di soia, per ammorbidirla. Lessate ora le tagliatelle, scolatele e conditele con la salsa. Decorate il piatto con le punte degli asparagi e i porcini a cubetti. Una spolverata di prezzemolo, e il piatto è pronto per essere servito!

TAGLIATELLE INTEGRALI CON RAGÙ DI SEITAN

- 700 ml di salsa di pomodoro
- 3 cucchiai di concentrato di pomodoro
- 500 g di seitan al naturale lavorato a mano
- 2 cipollotti
- pepe
- 4 cucchiai di olio EVO
- ½ cucc.no di paprika affumicata
- 320 g di tagliatelle integrali
- 4 foglie di basilico

Come prima cosa, preparate il ragù. In una casseruola versate la salsa di pomodoro con un paio di cucchiai di acqua e il concentrato.

Accendete il fuoco e lasciate sobbollire dolcemente per circa 10 minuti, aggiungendo mezzo bicchiere di acqua qualora il sugo dovesse asciugarsi troppo. Nel frattempo, tritate il seitan e i cipollotti con un robot da cucina e uniteli alla salsa in cottura. Pepate e aggiungete l'olio e la paprika affumicata. Mi raccomando: il fuoco deve essere sempre molto basso. Proseguite la cottura per altri 10 minuti e, nel frattempo, cuocete la pasta. Quando il ragù sarà pronto, spegnete la fiamma e mescolatevi la pasta. Decorate i piatti con le foglie di basilico spezzettate e servite: pronti a gustare una vera goduria?

Ricette dolci

BIANCO BISCOTTO

- 220 g di farina 0
- 40 g di farina di mais fioretto
- 1 bustina di lievito per dolci
- 1 pizzico di sale
- 150 g di farina di cocco
- 50 g di farina di mandorle
- 60 g di zucchero di canna
- 100 ml di latte di cocco

In una ciotola, mescolate la farina 0 e quella di mais. Incorporate quindi il lievito e il pizzico di sale. È il momento di unire al vostro composto la farina di cocco e quella di mandorle. Passate ora ad aggiungere lo zucchero e il latte di cocco: impastate bene, fino a ottenere un composto omogeneo. È possibile che siate costretti a regolare di liquido (latte di cocco) o farina 0: capita piuttosto di frequente, in base all'umidità degli stessi ingredienti! Prelevate poco impasto per volta e formate delle palline di circa 4 cm di diametro. Dovrete schiacciarle leggermente prima di disporle su una teglia foderata di carta da forno e infornarle per 15 minuti a 180 gradi.

CRÊPES

- 70 g di farina di farro integrale
- 150 ml di latte di soia
- 30 g di zucchero a velo integrale
- olio EVO

In una ciotola sbattete con una frusta da pasticciere la farina con il latte di soia e lo zucchero a velo. Quando l'impasto è pronto, tenetelo da parte e scaldate una crepiera o una padella antiaderente leggermente oliata. Per creare le crêpes, versate l'impasto sulla padella un mestolo per volta, dandogli forma tonda. Attendete che si rapprenda prima di girarlo e di terminare la cottura. Come indicazione generale, le crêpes dovranno cuocere circa 2-3 minuti per lato. Non so voi, ma io le trovo buonissime con tutto, ma in particolare con la crema di nocciole che vi ho proposto a p. 230. Provare per credere!

FROLLINE DI FARRO AL CACAO E NOCCIOLE

- 50 g di nocciole tostate
- 80 g di zucchero integrale di canna
- 350 g di farina di farro
- 20 g di semola di grano duro
- 50 ml di olio di semi di girasole
- 2 cucchiai di cacao amaro in polvere
- ½ bustina di lievito per dolci
- 150 ml di succo di mela
- 150 g di confettura di albicocche

Ponete le nocciole, lo zucchero e le farine nel bicchiere di un robot da cucina e azionate le lame: dovrete frullare finché non avrete ottenuto una consistenza polverosa, una sorta di farina. A quel punto, trasferitela in una ciotola e impastatela con tutti gli altri ingredienti, a parte il succo di mela, che dovrete aggiungere poco alla volta, e la confettura. Quando l'impasto sarà omogeneo, dategli la forma di una palla, avvolgetelo nella pellicola e lasciatelo riposare per 15 minuti a temperatura ambiente. Trascorso questo tempo, stendetelo in una sfoglia spessa circa 1 cm, con la quale fodererete gli stampini per crostatine. Farcite infine le vostre tortine con la confettura e, volendo, decoratele con la pasta avanzata (potete realizzare delle strisce o le forme che preferite). Non vi resta che infornare per 30 minuti a 190 gradi per poter addentare una di queste bontà!

TORTA AL LIMONE

PER L'IMPASTO
- 140 g di farina 0
- 140 g di farina integrale
- 70 g di zucchero integrale di canna
- 1 bustina di lievito per dolci
- 180 ml di spremuta di arance bionde
- 100 ml di olio di semi di mais
- la scorza grattugiata di 1 limone
- la scorza grattugiata di 2 arance
- 120 g di yogurt di soia al limone
- 40 g di semi di papavero
- sale

PER LA SALSA
- 3 cucchiai di miele
- 100 ml di spremuta di arance bionde

A dispetto della lunga lista di ingredienti, preparare questa torta è semplicissimo. Per l'impasto, dovrete lavorare tutti gli ingredienti in una ciotola o, meglio ancora, in una planetaria. L'impasto sarà pronto quando vi accorgerete che cola lentamente sollevando il cucchiaio di legno. A quel punto trasferitelo in una tortiera foderata con carta da forno per circa 40-45 minuti a 180-200 gradi. Mentre la base cuoce, preparate la salsa. Basterà mescolare il miele con la spremuta e far restringere il tutto a fiamma vivace in un tegame. Una volta sfornata la torta, bucherellate la superficie e cospargetela con la salsa, oppure servite con la salsa a parte, oppure tagliate a metà e farcite... a voi la scelta!

BANDO AL GLUTINE: UNO SGUARDO AI GRANI DAL MONDO

TIMBALLINI DI RISO INTEGRALE AL PESTO VERDE CON POMODORI

Gluten Free

Il glutine è un complesso proteico formato dall'unione di più proteine: la prolamina (che nel frumento prende il nome di gliadina, nella segale di secalina, nell'avena di avenina e nell'orzo di ordeina) e la glutenina, presenti in moltissimi cereali tra cui frumento, farro, avena, orzo, segale, kamut e spelta.

Di solito viene digerito e trasformato in sostanze nutritive ma, se viene ingerito da una persona celiaca – cioè intollerante al glutine – può provocare gravi danni all'intestino, causando l'atrofia dei villi intestinali. Ecco perché i celiaci devono escludere dalla loro dieta qualsiasi alimento ne contenga anche soltanto poche tracce.

Come evitarlo? Be', grazie a una vasta famiglia di cereali e pseudocereali, che sono comunque ricchi di proteine (12-17 per cento) e fibre (10-15 per cento). Parlo per esempio di amaranto, quinoa, grano saraceno e miglio.

Eccovi un capitolo dedicato ai cereali senza glutine, perché tutti noi (intolleranti o meno) dovremmo variare la dieta sfruttando i diversi cereali che abbiamo a disposizione in natura. Voglio inaugurarlo con una ricetta nuova di zecca e davvero appetitosa, per raccontarvi sin da subito quanto l'alimentazione *gluten free* possa essere golosa, oltre che benefica.

- 320 g di riso integrale
- 400 g di pomodori ciliegino
- 1 spicchio di aglio
- 4 cucchiai di olio EVO
- 400 g di cimette di broccolo
- 1 mazzetto di basilico fresco
- 1 pizzico di sale

Innanzitutto, cuocete il riso integrale in una capiente casseruola piena di acqua leggermente salata: verificate le istruzioni sulla confezione, ma ci dovrebbero volere circa 30 minuti. Nel frattempo, lavate e tagliate i pomodori in 4 parti, quindi saltateli in padella con lo spicchio di aglio, un po' di acqua e un cucchiaio di olio EVO. Mondate le cimette di broccolo e, quando mancano 8-10 minuti alla fine della cottura del riso, tuffatele nella casseruola. A cottura ultimata, con una schiumarola estraete le cimette, tenetene da parte 50 grammi e frullate le rimanenti insieme a 3 cucchiai di olio EVO e alle foglie di basilico. Scolate il riso e conditelo con il pesto ottenuto. Per un super impiattamento, potete procedere così: create al centro del piatto un timballino di riso, premendone bene una porzione in un coppapasta dai bordi alti 3-5 cm. Sfilate il coppapasta e decorate il riso con i pomodori saltati e le cimette tenute da parte.

Talvolta avere «qualcosa in meno» costituisce un vantaggio. In questo specifico caso, poi, un vantaggio enorme! Sto parlando di una classe di alimenti talmente speciale da meritare un capitolo tutto per sé. Dato il tipo di uso che se ne fa in cucina, l'abbondante contenuto di fibra e diverse proprietà di alcuni di essi avrei potuto accorparli al capitolo precedente (anche se non tutti gli alimenti che passeremo in rassegna sono scientificamente descrivibili come cereali), ma ho preferito sottolineare sin dall'indice una loro caratteristica davvero preziosa: quella di essere privi di glutine.

Sto parlando di amaranto, grano saraceno, miglio, quinoa e riso (di ogni tipo, dal basmati all'integrale, dal venere al thai), che costituiscono spesso la base dell'alimentazione per i celiaci.

Prima di approfondirli uno per uno, però, vorrei dare un po' di spazio alla celiachia, una patologia autoimmune di origine genetica che può essere diagnosticata a ogni età e che consiste in un'intolleranza permanente al glutine.

Stando agli studi condotti dai professori Catassi e Fasano, membri del Centro per la ricerca sulla celiachia (CFRC) dell'Università del Maryland di Baltimora, la celiachia è in continua espansione a livello mondiale.[1] In Italia si stima che ne soffra 1 persona su 100, prevalentemente donne. «Si stima» perché sotto il profilo della diagnosi c'è ancora molto da fare: i due studiosi hanno osservato come in Europa solo il 21 per cento dei casi di celiachia sia riconosciuto e adeguatamente trattato. Questo perché non sempre i sintomi chiave si manifestano con virulenza tale da far sospettare l'esistenza di una patologia. Se il 50 per cento dei pazienti circa non può ignorare la diarrea cronica e la perdita di peso (cui talvolta si aggiungono uno stato di generale affaticamento, dolori addominali, anemia e manifestazioni cutanee), in altrettanti casi la celiachia può essere «silente», asintomatica, e provocare danni più o meno gravi.

L'unica terapia attualmente esistente – che garantisce ai celiaci un perfetto stato di benessere – è la dieta senza glutine.

Diversa invece è la situazione di chi è semplicemente intollerante al glutine, anche se i sintomi possono avvicinarsi a quelli della celiachia. In questo caso, la scelta di ingerire glutine non pregiudica la salute del paziente, mentre sicuramente decidere di non farlo porterà benefici.

[1] *La dieta è la terapia per la celiachia*, 22 giugno 2013 (www.fondazioneveronesi.it).

CHE COS'È IL GLUTINE?

Il glutine è un complesso proteico presente in alcuni cereali (frumento, segale, orzo, avena, farro, spelta, kamut, triticale), che si sviluppa nel momento in cui le farine derivate vengono impastate con l'acqua e altre sostanze. Il glutine è ciò che consente appunto all'impasto di lievitare. La frazione proteica che lo compone e che risulta tossica per i celiaci si chiama prolamina: venendo percepita dall'organismo come sostanza «velenosa», provoca danni alla mucosa intestinale e reazioni immunitarie a livello sistemico, coinvolgendo quindi anche altri organi del corpo.

Lucia Santoro, farmacista che collabora al mio blog Bello&Buono, da quando ha scoperto di essere celiaca, ed è dunque stata costretta a eliminare il glutine dalla sua tavola, ha sviluppato un approccio che mi piace moltissimo. Secondo lei (e secondo me), doversi abituare a mangiare senza glutine è un'opportunità per imparare a conoscere i cibi che ingeriamo e a prestare maggiore attenzione a ciò che mangiamo.

Inutile girarci intorno: di primo acchito, l'alimentazione *gluten free* può apparire punitiva, limitata, una sequenza infinita di rinunce. Però, una volta capito come fare, può diventare l'occasione per nutrirsi con amore, sperimentare, per conoscere nuove combinazioni di sapori e nutrienti in grado di migliorare la salute non solo del celiaco, ma di tutti quanti. Depurare il nostro organismo da una sostanza dalla digestione complessa come il glutine, infatti, non è certo negativo, anche se non si soffre di celiachia: capito, divoratori di pane?!?

Le competenze fondamentali che il celiaco deve acquisire per riuscire a mangiare bene sono innanzitutto conoscere i cibi permessi e quelli vietati; in secondo luogo leggere sempre le etichette dei cibi, per evitare contaminazioni involontarie; infine provare e imparare a sostituire gli alimenti che contengono glutine con altri che non lo contengono, ma che sono comunque saporiti.

Altra regola base: imparare a memoria i contenuti del sito www.aic.it (Associazione italiana celiachia), che raccoglie tutto lo scibile umano su questa patologia. Lì è possibile trovare tutte le informazioni e i riferimenti per capire come comportarsi, ma anche uno strumento indispensabile: il prontuario aggiornato annualmente dei prodotti alimentari che, pur non essendo pensati per i celiaci, sono comunque permessi.

SFUGGIRE ALLE CONTAMINAZIONI

Con «contaminazione» si intende l'aggiunta accidentale di sostanze contenenti glutine ai prodotti per celiaci. Ne esistono di due tipi:

1. contaminazioni crociate, che sono causate dall'incrocio del prodotto senza glutine con altri contenenti invece glutine durante il processo produttivo;
2. contaminazioni ambientali, dovute a scarsa attenzione o igiene da parte di chi prepara il cibo.

Le prime sono segnalate sulle etichette: leggetele con cura, soprattutto la dicitura «Può contenere tracce di». Se dopo avete ancora dubbi, non esitate a consultare il prontuario dell'AIC!

Per evitare le seconde, invece, bisogna ricordarsi di lavare sempre le mani, i piani e gli attrezzi dopo aver lavorato qualsiasi alimento contenente glutine (anche se la cosa migliore sarebbe disporre di superfici e strumenti dedicati); evitare di cuocere gli alimenti per celiaci nella stessa acqua di cottura o nello stesso olio utilizzati per pasta o prodotti contenenti glutine; cuocere in forno in due tempi diversi.

Anche in questa sede, comunque, vale la pena dare un'occhiata alle alternative per celiaci che, a ben guardare, non solo esistono, ma sono numerose e prelibate.

Tante ce le offre la stessa dieta mediterranea: oltre a tutti i cibi che ho elencato prima, e che sono naturalmente privi di glutine, il celiaco può spaziare anche tra i legumi, le patate, il pesce conservato, la carne, le uova, il latte, i formaggi, gli ortaggi e la frutta. Leggendo le etichette e preferendo i prodotti a basso contenuto di zucchero e sale, e contenenti grassi «buoni» (come l'olio EVO, l'olio di girasole e di mais), è possibile volersi bene a tavola comunque, celiachia o no.

Potrei sfidare chiunque a sostenere che con queste vastissime famiglie di alimenti a disposizione non si possa creare non solo una dieta bilanciata e varia, ma una bella serie di piattini deliziosi.

Prima di lasciarvi addentrare nell'ormai consueta montagna di ricette, vi chiedo ancora qualche istante di pazienza, perché vorrei soffermarmi sul concetto di «dieta bilanciata e varia».

Come abbiamo già approfondito in precedenza (vedi pp. 7-8), il nostro corpo per funzionare in maniera ottimale ha bisogno di una combinazione di tre sostanze indispensabili alla vita e che ci forniscono energia: sto parlando dei macronutrienti, vale a dire carboidrati, proteine e grassi.

L'INRAN (Istituto nazionale di ricerca per gli alimenti e la nutrizione) nelle sue *Linee guida* ha stimato che il 55 per cento delle calorie che ingeriamo deve provenire da carboidrati di origine vegetale (cereali, legumi, tuberi, ortaggi e frutta); i grassi totali non devono superare il 30 per cento dell'apporto calorico giornaliero, e il restante 15 per cento del fabbisogno energetico deve essere coperto dalle proteine.

Questo discorso, tradotto in porzioni, significa che bisognerebbe assumere:

1. 2-4 porzioni al giorno di carboidrati;
2. 3-5 porzioni al giorno di frutta e verdura;
3. 1-2 porzioni al giorno di latte e derivati;
4. 1-2 porzioni al giorno di carne o pesce o uova;
5. 1-3 porzioni al giorno di grassi da condimento.

Per quanto riguarda i carboidrati, il celiaco deve tassativamente evitare frumento (grano), segale, orzo, avena, burghul, cracked grano, cous-cous, farro, monococco e spelta, frik, kamut, seitan, taboulé e triticale.

Con ciò, la scelta rimane assai ampia: amaranto, grano saraceno, miglio, quinoa, riso e patate sono tutti carboidrati naturalmente senza glutine di semplice reperibilità, per di più fonti di energia e altri benefici micronutrienti. A questi alimenti vanno ovviamente aggiunti i prodotti per celiaci in commercio, come pasta, pane e altri prodotti da forno. Di tutti i cereali (o pseudotali) sopra indicati, comunque, si possono – anzi, si devono! – utilizzare anche le farine, per scatenarsi nella preparazione di pizze, focacce, snack salati e chiaramente dolci. Lucia per esempio cucina una pastiera divina!

La frutta e la verdura – ricche di fibre, vitamine, minerali e antiossidanti – sono permesse al 100 per cento, purché trattate adeguatamente e non contaminate con alimenti contenenti glutine.

Dei latticini è sempre meglio scegliere la versione light (latte scremato e formaggi a basso contenuto di grassi), ma anche questi, purché non trattati, sono assolutamente idonei e forniscono calcio e proteine ricche di aminoacidi essenziali e vitamine.

Quanto a carne, pesce e uova (fonti di proteine, oligoelementi e, nel caso del pesce, acidi grassi essenziali), valgono i discorsi che faccio di solito: le uova non più di una volta la settimana, meglio la carne magra e preferire – se possibile – il pesce azzurro, talmente notevole dal punto di vista nutraceutico che ho sentito il bisogno di dedicargli un intero capitolo. Vi state domandando se è possibile per i celiaci sostituire la carne con proteine vegetali, come quelle dei legumi? La risposta è sì! Avanti quindi con fagioli, ceci, piselli, lenticchie e così via, che apportano all'organismo anche una notevole quantità di fibra e minerali.

Quanto ai grassi, be', il loro consumo va limitato: ma questo vale per tutti! Meglio naturalmente i grassi di origine vegetale (olio EVO, di girasole, di mais... mi raccomando: sempre spremuti a freddo!) per fornire al nostro corpo gli acidi grassi essenziali e le vitamine liposolubili.

I piatti che suggerisco di seguito o le loro alternative indicate per celiaci (ma più in generale tutti quelli segnalati con il bollino «Gluten free») sono pensati nel rispetto di queste linee guida.

Vediamo ora più nel dettaglio quali sono le componenti di questi piatti perfettamente bilanciati ascrivibili alla classe dei carboidrati *gluten free*. Cominciamo con uno dei miei «pseudocereali» preferiti.

L'AMARANTO

Sospetto che quasi nessuno l'abbia mai nemmeno sentito nominare... Poniamo subito rimedio!

I grani, sferici e brillanti, sono racchiusi in splendide spighe color – indovinate? – amaranto, ovvero un bel rosso acceso. Questa pianta, originaria dell'America centrale, proprio come la quinoa non è un cereale, ma gli assomiglia per aspetto e uso in cucina.

Ricco di proteine di alta qualità (fino al 16 per cento), contiene lisina, un aminoacido essenziale di cui i cereali sono carenti. Apporta al nostro organismo anche calcio, fosforo, magnesio e ferro, oltre a una gran quantità di fibre, che – come abbiamo detto – aumentano il senso di sazietà, regolano la funzionalità intestinale e aiutano a mantenere sotto controllo i livelli di glicemia e colesterolo.

Come tutti gli altri cereali (o pseudotali) è da preferirsi integrale ed è indicato anche nell'alimentazione della prima infanzia, che sarebbe bene comprendesse già tante diverse tipologie di cereali.

IL GRANO SARACENO

Non è una graminacea (ma una poligonacea) né è nato in Turchia (ma in Mesopotamia), eppure si chiama proprio così: gra-

LEGUMI E CEREALI: UN PUZZLE PERFETTO

L'OMS (Organizzazione mondiale della sanità) raccomanda di assumere quotidianamente 0,75 grammi di proteine per ogni chilo corporeo. Le proteine contengono 20 aminoacidi (di cui 8 «essenziali», vale a dire che l'organismo umano non può produrli in autonomia); quelle di origine animale li presentano tutti e 8 in quantità sufficienti e proporzioni adeguate, mentre nel mondo vegetale questo equilibrio non esiste. È quindi necessario applicare il principio della complementarità, cioè imparare a combinare durante la giornata gli alimenti in modo tale da coprire il nostro fabbisogno proteico.

Uno studio pubblicato sul «Journal of Agricultural and Food Chemistry», svolto da ricercatori statunitensi di Baton Rouge, afferma che «i componenti nutrizionali dei legumi, abbinati a quelli naturalmente presenti nei cereali integrali, assicurano un effetto sinergico benefico per la salute».* La Fondazione Veronesi sottolinea come ciò sia dovuto – oltre che alle vitamine e a diversi composti bioattivi – alle fibre che, pur non essendo digeribili e non avendo alcun valore nutritivo, possiedono tutte le caratteristiche che abbiamo esplorato nel capitolo precedente, e all'interazione tra queste due classi di alimenti. In pratica, cereali e legumi si «completano» a vicenda: se singolarmente mancano di alcuni elementi, assunti insieme costituiscono un pasto completo non solo dal punto di vista della buona tavola, ma anche da quello nutraceutico.

Per questo scopo, alcuni cereali sono più indicati di altri, dato il loro notevole contenuto di proteine ad alto valore biologico: la quinoa e il grano saraceno sono sicuramente i primi tra questi.

* *Cereali integrali e legumi: ecco il piatto completo per la salute*, 10 settembre 2014 (www.fondazioneveronesi.it).

no saraceno. È decisamente assimilabile a un cereale, ed è dunque questa la classe di alimenti nella quale lo collochiamo.

In Italia, in particolare in Valtellina, siamo abituati a utilizzarne soprattutto la farina (che trasformiamo in pizzoccheri e polenta taragna), ma in commercio esiste anche sotto forma di chicchi, ottimi per fungere da base di differenti preparazioni.

Il grano saraceno non è indicato solo per i celiaci, ma ha proprietà che lo rendono consigliabile a tutti. Grazie al suo basso indice glicemico, è perfetto per chi ha la glicemia un po' alta; uno studio canadese dell'Università di Manitoba, inoltre, ha approfondito gli effetti del chiro-inositolo, che nessun altro cibo contiene, sui livelli di zucchero nel sangue. Pare che questa sostanza, infatti, sia in grado di abbassare la glicemia del 19 per cento, il che aprirebbe nuovi scenari nel trattamento del diabete.

Il suo notevole valore proteico (il grano saraceno presenta tutti gli 8 aminoacidi essenziali), simile a quello della carne e della soia, lo rende adatto in caso di deperimento fisico e come cereale complementare ai legumi in ottimi e bilanciatissimi piatti unici.

Infine, irrobustisce le ossa e, grazie alla vitamina P, è un vero e proprio tonificante. Oltre ad agire come fluidificante del sangue, poi, è ottimo per la salute dell'intestino, perché aiuta a ridimensionare gli intestini troppo «espansi» e rilassati.

IL MIGLIO

Tradizionalmente povero, per di più bollato come «cibo per uccellini», il miglio sicuramente non svetta sulle tavole di noi italiani. È giunto il momento di riabilitarlo: grazie alla sua digeribilità, è adatto anche ai bambini e si rivela come una base ideale per un signor primo piatto o secondi morbidosi, come polpette o burger.

Ricco di vitamine (in particolare la A, la B1 e la PP), di fosforo e di ferro, svolge un'azione purificante per stomaco, pancreas e milza, oltre che una riconosciuta azione diuretica.

LA QUINOA

1. Le proteine di alto valore biologico (paragonabili a quelle dei latticini) sono ben l'11 per cento;
2. glutine: 0 per cento;
3. fonte di aminoacidi e di acidi grassi polinsaturi e acido linoleico;
4. ricca di sali minerali (magnesio, calcio, potassio, manganese, fosforo, zinco e ferro);
5. un alto contenuto di vitamine (in particolare dei gruppi B e C).

Signore e signori: ecco a voi la quinoa, la gran dama della complementarità!

Come ho scritto qualche pagina addietro, infatti, i piatti composti da legumi e cereali integrali sono i migliori dal punto di vista nutraceutico, proprio perché combinati forniscono tutti gli aminoacidi necessari al nostro fabbisogno. I semi di quinoa, in particolare, contengono una quantità di proteine maggiore rispetto ad altri cereali e, in abbondanza, aminoacidi rari come la lisina, la metionina e la cisteina.

Gli effetti positivi non finiscono qui. Cominciamo dalla stessa lisina, per esempio, che favorisce la formazione di anticorpi, di ormoni (come quello della crescita) e degli enzimi, oltre a fissare il calcio nelle ossa. La gran quantità di acidi grassi polinsaturi e di acido linoleico, poi, rende la quinoa un alimento indicatissimo nelle diete volte a prevenire l'arteriosclerosi e l'ipercolesterolemia. In generale, la ricerca ha rilevato che le prestazioni di questo cereale in relazione al rischio cardiovascolare sono simili a quelle dell'olio di semi di lino che, oltre a prevenire il cancro, contribuisce a ridurre la pressione sanguigna e abbassare i livelli del colesterolo «cattivo».

Che ne dite: vi ho convinti che la quinoa è decisamente un alimento magnifico e che è ora di cominciare a consumarne un po' di più?

IL RISO

Il riso è il cereale per eccellenza: la quota di carboidrati che contiene può variare dall'80 all'88 per cento, mentre la frazione proteica si assesta tra il 6 e l'8 per cento. Senza glutine come tutti gli altri alimenti presentati in questo capitolo, il riso viene assorbito abbastanza velocemente dal nostro organismo e risulta dunque digeribilissimo. Talmente tanto che devo consigliarvi di non consumarlo da solo. In questo caso, infatti, i suoi carboidrati verrebbero digeriti e trasformati in zuccheri semplici alla velocità della luce, causando un repentino aumento della glicemia. Se, invece, al riso uniamo altri alimenti, in particolare legumi e verdure (entrambi ricchi di fibra), riusciamo a rallentare questo meccanismo.

Le qualità di riso che troviamo in commercio sono numerosissime: il mio consiglio è sempre di preferire l'integrale (quello rosso, per capirci, ma vanno bene anche il venere, il thai, il basmati, purché integrali, a seconda delle ricette; e naturalmente il semintegrale). L'integrale, infatti, contiene una quantità di fibra nettamente maggiore rispetto al riso bianco, che è stato trattato con la brillatura, un processo che causa la perdita quasi totale della fibra alimentare e conferisce un indice glicemico molto elevato. Il «rosso» e il «venere», poi, agiscono come forti disintossicanti grazie all'efficace sinergia tra zinco, magnesio e vitamine del gruppo B: ovvero un trio di amici che aiutano il nostro organismo a eliminare le tossine.

Anche il tipo di cottura che scegliamo di impiegare può influire sulle proprietà di questo cereale: rispetto alla bollitura in molta acqua (che causa la dispersione di tanti micronutrienti solubili) è da preferirsi un metodo «tipo risotto», che invece comporta l'assorbimento da parte dei chicchi di una gran quantità di acqua.

Riassumendo, il messaggio finale è: largo a varietà dense di micronutrienti e di fibra (vale a dire integrali), possibilmente mescolate con legumi, verdure o pesce azzurro. Sentirete che piatti unici!

I TEMPI DI COTTURA

Dal momento che i cereali o pseudotali trattati in questo capitolo sono meno noti, voglio dedicare qualche riga ai metodi di cottura. Di seguito trovate delle indicazioni che valgono in generale, ma per sicurezza date sempre un'occhiata alle istruzioni riportate sulla confezione del prodotto che avete acquistato: talvolta, per alcune tipologie di cereali, viene eseguita una leggera precottura dal produttore, cosa che dimezza i tempi di cottura del consumatore.

In tutti i casi, innanzitutto, è possibile cuocere i cereali in acqua profumata con curcuma o con altre spezie o aromi.

L'**amaranto** ha bisogno di essere risciacquato sotto l'acqua corrente per diversi minuti. Di solito viene lessato in una quantità di acqua (leggermente salata) pari al doppio del suo volume per circa 45 minuti. Trascorso questo tempo, coprite con un coperchio e lasciate che riposi con il suo vapore.

Anche il **grano saraceno** va sciacquato con cura in acqua fredda corrente, quindi va scolato e lasciato asciugare prima di tostarlo a secco in una casseruola. Dopo pochi minuti, unite una quantità di acqua pari al doppio del suo volume e lasciate cuocere per 20 minuti.

Per preparare il **miglio**, invece, dovrete risciacquarlo sotto l'acqua corrente, quindi lessarlo in una quantità di acqua pari al doppio del suo volume e lasciarlo cuocere per circa 15 minuti.

Anche la **quinoa** va risciacquata per eliminare le saponine, sostanze che la renderebbero amara al palato. Ciò fatto, potete buttarla in pentola con una quantità di acqua pari al doppio del suo volume. Fate sobbollire per 15-20 minuti a fuoco dolce e il gioco è fatto.

Del **riso** non dico niente: le modalità di cottura sono numerosissime e nelle ricette troverete le indicazioni adatte a ogni piatto.

Sono sicuro che sarete allibiti: come abbiamo visto, amaranto, grano saraceno, miglio, quinoa e riso posseggono tutte le proprietà dei cereali, unite a una qualità preziosa come l'assenza di glutine!

Se ancora non foste convinti dell'immensa varietà di piatti a disposizione dei celiaci (e non desiderosi di provare questi alimenti), tuffatevi nelle prossime pagine. Spero che uscirete soddisfatti dal vostro viaggio nel mondo del *gluten free*.

AMARANTO AL CAVOLFIORE VERDE

Gluten Free

- 250 g di amaranto
- sale
- 2 spicchi di aglio
- 1 cavolfiore verde grosso
- 1 acciuga sott'olio
- pane integrale di grano saraceno grattugiato
- olio EVO

Sciacquate l'amaranto sotto l'acqua corrente per diversi minuti, quindi lessatelo in una quantità di acqua (leggermente salata) pari al doppio del suo volume per circa 45 minuti. Nel frattempo, tritate l'aglio e lavate, mondate e dividete in cimette il cavolfiore verde. Portate a bollore un'altra pentola di acqua e sbollentatevi il cavolfiore. Dopo 10 minuti scolatelo e stufatelo in padella per 5 minuti con qualche cucchiaio di acqua, gli spicchi di aglio tritati e l'acciuga sott'olio spezzettata. Quando l'amaranto sarà cotto, scolatelo e ripassatelo in padella con le verdure. Non resta che completare il piatto con una nota croccante (una spolverata di pane integrale di grano saraceno grattugiato) e un filo di olio EVO a freddo.

BURGER DI MIGLIO E PISELLI

Gluten Free

- 1 tazza di piselli freschi
- sale
- 150 g di miglio
- 50 g di cous-cous integrale
- 1 pizzico di curcuma
- 1 pizzico di zafferano in polvere
- olio EVO

Prima di tutto, i piselli. Dovete sbollentarli per pochi minuti in una pentola di acqua bollente leggermente salata. Terminata questa operazione, scolateli con una schiumarola, tenendo da parte l'acqua. Lì, infatti, cuocerete il miglio dopo averlo risciacquato sotto l'acqua corrente e reidraterete il cous-cous. Tenete presente che dovete suddividere l'acqua: il miglio ha bisogno di una quantità di acqua pari al doppio del suo volume, mentre per il cous-cous il rapporto è di 1:1. Il primo deve sobbollire per una ventina di minuti, il secondo riposare coperto con un coperchio per 10-15 minuti (fino a che avrà assorbito tutta l'acqua). Quando i cereali sono pronti, lasciateli raffreddare, quindi scolateli bene e mescolateli con i piselli, un pizzico di sale e le spezie, dopo averle sciolte in un cucchiaio di olio EVO. Impastate bene tutti gli ingredienti con le mani e formate i burger. Se necessario, frullate brevemente i cereali per renderli «poltigliosi» e malleabili. Se amate le forme perfette, nulla vi vieta di realizzarli con l'aiuto di un coppapasta! Foderate una placca con carta da forno e disponetevi quindi i burger. Dovrete infornarli per 30 minuti a 200 gradi, ricordandovi di girarli a metà cottura. Dorati, croccanti e saporiti: rimarrete stupiti!

CROCCHETTE AL MAIS

Gluten Free

- 150 g di fiocchi di mais
- 1 cipolla
- 1 mazzetto di prezzemolo
- 1 manciatina di funghi
- olio EVO
- 50 g di pecorino grattugiato
- 2 cucchiai di salsa di soia
- peperoncino in polvere
- farina integrale di grano saraceno
- pane integrale di grano saraceno grattugiato
- sale

Mettete i fiocchi di mais a bagno in acqua tiepida per circa 30 minuti. Tritate la cipolla e il prezzemolo, separatamente. Pulite i funghi (se sono secchi fateli rinvenire, lasciandoli in ammollo in acqua tiepida) e stufateli in pochissima acqua, quindi affettateli e ripassateli in padella per 10 minuti con poco olio EVO e la cipolla. Quando i fiocchi sono pronti, scolateli e amalgamateli ai funghi, al prezzemolo e al pecorino. Insaporite con la salsa di soia e il peperoncino, secondo il vostro gusto. Regolate di sale e, prelevando l'impasto a piccole dosi, formate le crocchette. Se l'impasto dovesse essere troppo morbido, unite un po' di farina integrale di grano saraceno. Terminato l'impasto, rotolate le crocchette nel pane integrale di grano saraceno grattugiato e disponetele su una teglia rivestita con carta da forno. Un goccio di olio e infornatele per 20 minuti a 220 gradi rigirandole a metà cottura. Mi raccomando: la doratura dovrà essere perfetta!

Il mondo delle crocchette è quanto mai vasto e variegato, quindi vale decisamente la pena di approfondire l'argomento. Che ne dite di qualche alternativa all'impasto precedente per scatenarvi nel «crocchettare» altri cereali? Provate con il miglio, la quinoa e con il riso e curry.

- 250 g di miglio
- 1 mazzetto di prezzemolo tritato
- 1 cipolla
- 2 cucchiai di farina integrale di grano saraceno
- 2 cucchiai di salsa di soia
- 1 cucchiaio di fiocchi di frumento
- pane integrale di grano saraceno grattugiato
- sale
- olio EVO

Lessate il miglio seguendo le istruzioni riportate sulla confezione, scolatelo e lasciatelo raffreddare, quindi frullatelo per pochi secondi. Impastatelo con il prezzemolo e la cipolla tritati, la farina integrale di grano saraceno, i fiocchi di frumento, la salsa di soia e un pizzico di sale. Formate le crocchette, passatele nel pane integrale di grano saraceno grattugiato e disponetele su una placca rivestita con carta da forno. Spruzzatele con un filo di olio e infornate per circa 20 minuti a 220 gradi, rigirandole a metà cottura.

- 250 g di quinoa (anche precotta)
- 1 ciuffo di prezzemolo
- 1 cipolla
- 100 g di pane integrale di grano saraceno grattugiato
- 50 g di basilico
- 50 g di pinoli
- 50 g di rucola
- 40 ml di olio di girasole
- sale e pepe
- olio EVO

Lessate la quinoa in una quantità di acqua salata pari al doppio del suo volume dopo averla risciacquata sotto l'acqua corrente per 5 minuti. Ci vorranno circa 20 minuti affinché la quinoa assorba tutta l'acqua. Lasciatela raffreddare e nel frattempo tritate il prezzemolo e la cipolla: li impasterete con la quinoa, un pizzico di sale e uno di pepe. Per un impasto più maneggevole, frullatelo. Formate quindi le polpette, rotolatele nel pane integrale di grano saraceno grattugiato e disponetele su una placca foderata con carta da forno. Spruzzatele con un goccio di olio EVO e infornate per circa 20 minuti a 220 gradi, rigirandole a metà cottura. Nel frattempo, frullate il basilico con i pinoli, la rucola e l'olio di girasole: ecco la salsa con cui condire le crocchette.

- 180 g di riso semintegrale
- 200 g di funghi freschi
- olio EVO
- 1 spicchio di aglio
- 1 l di brodo vegetale
- 1 cucchiaio di curry in polvere
- 30 g di parmigiano grattugiato
- 3 cucchiai di prezzemolo tritato
- 100 g di fiocchi di mais
- sale e pepe

Scaldate il brodo vegetale. Volendo, potete prepararlo voi: il procedimento lo trovate a p. 20. Pulite i funghi, tagliateli a pezzetti e rosolateli in una casseruola con 2 cucchiai di olio EVO e lo spicchio di aglio. Quando avranno assorbito l'acqua di vegetazione, salate (poco), pepate (a piacere), eliminate l'aglio e versate il riso. Fatelo tostare, quindi cuocetelo aggiungendo piano piano il brodo vegetale, come per fare un risotto. Dopo 15 minuti unite il curry. Dopo altri 20 minuti spegnete la fiamma, unite il prezzemolo tritato e il parmigiano, mescolate, coprite con un coperchio e lasciate riposare per altri 15 minuti. Sbriciolate nel frattempo i fiocchi di mais. Quando il riso sarà pronto, formate le crocchette, rotolatele nel mais e disponetele su una placca foderata con carta da forno. Spruzzatele con un filo d'olio e infornate per 8 minuti a 180 gradi, girandole a metà cottura.

CROSTINI DI POLENTA TARAGNA CON PORRO

Gluten Free

- 400 g di farina per polenta taragna
- 2 l di acqua
- sale e pepe
- 4 porri
- 3 cucchiai di concentrato di pomodoro
- 4 cucchiai di olio EVO
- 5 cucchiai di pane integrale di grano saraceno grattugiato

Innanzitutto, la polenta: portate a ebollizione l'acqua leggermente salata in una casseruola dai bordi alti e versatevi la farina a pioggia. Mescolate fino a che non si sarà cotta e addensata, quindi trasferite la polenta su un tagliere di legno (o un piano di lavoro), spalmatela in modo da ottenere uno strato spesso circa 1 cm e lasciatela raffreddare prima di tagliarla in rettangoli della dimensione di un crostino. Nel frattempo, lavate e mondate i porri, affettateli e stufateli in padella con qualche cucchiaio di acqua e il concentrato di pomodoro. Dopo 5 minuti circa, insaporite con un po' di olio EVO. Quando i porri saranno pronti, spennellate i crostini di polenta con l'olio EVO, spolverizzateli di pane integrale di grano saraceno grattugiato e ripassateli in forno per 5 minuti sotto il grill. Usciranno supercroccanti! Non resta che completarli con pepe macinato al momento e il porro stufato.

INSALATA AUTUNNALE

Gluten Free

- 200 g di miglio
- pochissimo sale e pepe
- 1 gambo di sedano
- 1 mela Golden
- 1 peperone giallo
- 12 mandorle tritate
- 3 cucchiai di olio EVO
- prezzemolo (facoltativo)

Mentre il miglio cuoce in acqua leggermente salata, lavate, mondate e tagliate il sedano, la mela e il peperone prima a listarelle, poi a cubetti. Per renderli croccanti, dovrete saltarli in padella pochi minuti con un filo di olio. Quando ritenete che siano della giusta consistenza, regolate di sale e di pepe. Tritate le mandorle. Una volta cotto, scolate il miglio e unitelo alle verdure. L'insalata autunnale è quasi pronta: non resta che cospargerla con le mandorle tritate e aggiungere, se vi piace, un po' di prezzemolo tritato al momento.

INSALATA DI MIGLIO

Gluten Free

- 200 g di miglio
- 1 gambo di sedano
- 1 peperone giallo
- olio EVO
- sale
- pepe
- 1 manciata di uvetta
- 6 pomodori secchi
- 12 mandorle
- prezzemolo (facoltativo)

Per prima cosa lessate il miglio in acqua leggermente salata. Nel frattempo, tagliate il sedano e il peperone a listarelle e poi in piccoli cubetti. Fateli saltare leggermente in una padella antiaderente con un filo di olio EVO. Mi raccomando: dovranno restare croccanti! Regolate di sale e pepe. Aggiungete ora l'uvetta e i pomodori secchi (dopo averli reidratati in acqua). Scolate il miglio, lasciatelo raffreddare e unitelo alle verdure. Tritate le mandorle nel mixer e utilizzatele per cospargere la superficie della vostra insalata. Se vi piace, nulla vi vieta di aggiungere una abbondante manciata di prezzemolo tritato: per me è buonissimo!

INSALATA DI QUINOA E LENTICCHIE CON NOCI E PESTO DI SPINACI

Gluten Free

- 280 g di quinoa
- 10 noci
- 240 g di lenticchie lessate
- limone (scorza per condire o succo da bere)

PER IL PESTO DI SPINACI

- 4 pomodori secchi
- 150 g di spinaci (quelli in busta, freschi)
- 80 g di caprino fresco
- 2 cucchiai di olio EVO

Lessate la quinoa in una quantità di acqua salata pari al doppio del suo volume dopo averla risciacquata sotto l'acqua corrente per 5 minuti. Ci vorranno circa 20 minuti affinché la quinoa assorba tutta l'acqua. Nel frattempo, reidratate i pomodori secchi in acqua tiepida per qualche minuto, sbriciolate le noci con le mani e sciacquate le lenticchie lessate. Lavate quindi gli spinaci e frullateli con il caprino, 2 cucchiai di olio EVO e i pomodori reidratati. La crema di spinaci è pronta: versatela sul fondo di un piatto, quindi aggiungete uno strato di quinoa, una manciata di lenticchie e qualche noce sbriciolata. Per assimilare al meglio il ferro contenuto in questo piatto, completatelo con un po' di scorza di limone (oppure bevete una miscela di acqua e succo di limone durante il pasto).

PIZZA SENZA GLUTINE

Gluten Free

PER LA PASTA

- 150 g di farina di riso integrale
- 50 g di farina di grano saraceno
- 150 g di fecola di patate
- 100 g di amido di mais (o di tapioca)
- 50 g di farina di ceci (o di piselli)
- 400 ml di acqua
- ½ panetto di lievito di birra fresco (o 1 bustina di lievito di birra secco)
- 1 cucc.no di miele (o zucchero)

PER LA FARCIA

- zucchine
- melanzane
- salsa di pomodoro
- capperi (facoltativo)
- fiocchi di ricotta fresca (facoltativo)

Preparare la pizza è molto semplice: unite tutti gli ingredienti per la pasta in una ciotola capiente e impastateli. Unica accortezza: se state utilizzando il lievito di birra secco, prima di aggiungerlo scioglietelo in 25 grammi di acqua. Quando l'impasto sarà pronto, dategli la forma di una palla, ponetelo in una ciotola leggermente infarinata, copritelo con un canovaccio pulito e lasciatelo riposare a temperatura ambiente da un minimo di 3 fino a un massimo di 12 ore. Nel frattempo, preparate le verdure: lavatele e tagliatele a listarelle o a fettine sottili. Trascorso il tempo di riposo, stendete l'impasto su una leccarda rivestita con carta da forno e cospargetelo con la salsa di pomodoro, le verdure e, se vi piacciono, i capperi e i fiocchi di ricotta. Infornate per 30 minuti circa a 200 gradi, e il gioco è fatto!

PIZZOCCHERI

Gluten Free

- 350 g di farina di grano saraceno
- 50 g di farina di riso integrale
- qualche pizzico di sale
- acqua tiepida

Mescolate insieme le farine, unite 3 pizzichi di sale e cominciate a impastare aggiungendo poca acqua tiepida per volta. Valutate voi quanta ne servirà: dovete ottenere un impasto omogeneo e bello sodo, quindi non esagerate! Quando sarà pronto, dategli la forma di una palla e ponetelo a riposare per 20 minuti in una ciotola leggermente infarinata, coperta con un canovaccio pulito. Trascorso questo tempo, trasferite l'impasto su un piano di lavoro e con un matterello tirate la pasta in una sfoglia spessa circa 3 mm. Aiutandovi con una rotella tagliapasta o un coltello, ricavate delle strisce larghe circa 10 cm, dalle quali dovrete ottenere delle listarelle larghe meno di 1 cm. Prima di condirli, dovrete cuocere i pizzoccheri in acqua bollente salata per una decina di minuti.

I pizzoccheri (un formato di pasta, non una ricetta!) sono considerati una prelibatezza della Valtellina, quasi nessuno pensa di poterli preparare anche a casa propria e in stagioni che non siano esattamente l'inverno più rigido. Eppure, è proprio così ☺ Per questo, ho pensato di darvi qualche spunto per sughi adatti a ogni stagione: ecco a voi i pizzoccheri profumati e quelli al verde.

- 350 g di pizzoccheri
- sale e pepe
- 250 g di peperoni rossi
- olio EVO
- 2 cipolle
- 2 spicchi di aglio
- qualche rametto di timo (o di menta)

Mentre i pizzoccheri cuociono, lavate e tagliate i peperoni a listarelle, quindi fateli stufare in una padella chiusa con il coperchio con un po' di acqua. Appena diventeranno morbidi aggiungete un filo di olio EVO, le cipolle tagliate finemente e l'aglio. Scolate i pizzoccheri e saltateli insieme al condimento. Aromatizzate con il timo o la menta e servite immediatamente, pepando un poco.

- 350 g di pizzoccheri
- 2 zucchine
- 300 g di piselli surgelati (o in scatola)
- 2 bustine di zafferano
- 5 cucchiai di olio EVO
- sale

Mentre i pizzoccheri cuociono affettate le zucchine in rondelle sottili e fatele stufare per circa 15 minuti in una casseruola con poca acqua, salando appena in superficie. Unite i piselli (se sono surgelati, dovrete prima sbollentarli per qualche minuto) e lo zafferano. Se necessario, aggiungete un po' di acqua di cottura dei pizzoccheri. Lasciate cuocere le verdure per 10 minuti e aggiungete l'olio EVO. Quando i pizzoccheri saranno cotti, raffreddateli sotto l'acqua corrente e poi uniteli al condimento. Fate insaporire a fuoco dolce e servite.

PIZZOCCHERI RIVISITATI PER LO SVEZZAMENTO

Gluten Free

DOSI PER UNA PORZIONE

- ½ patata
- 1 gambo di costa
- 5 fagiolini surgelati
- 2 cucchiai di farina di grano saraceno per neonati
- 1 cucc.no di crescenza
- 1 cucc.no di olio EVO

Lavate la patata, sbucciatela e riducetela a pezzetti; sciacquate bene la costa e tagliatela grossolanamente. Cuocete tutto a vapore, compresi i fagiolini surgelati, inserendo le verdure nella vaporiera da quella che ha un tempo di cottura più lungo fino a quella col tempo di cottura più breve. Quando tutti gli ingredienti saranno cotti, frullateli insieme alla farina, la crescenza e l'olio EVO. A seconda del livello raggiunto dal bambino nella masticazione, potete decidere di proporgli una crema piuttosto liscia oppure una che contiene qualche pezzetto di patata, fagiolino o costa.

Una postilla sui fagiolini: li ho scelti surgelati appositamente, per ricordare a tutti i genitori che utilizzare prodotti surgelati non è reato! Questo tipo di conservazione, anzi, consente di preservare proprietà nutrizionali che sarebbero più deperibili nel prodotto fresco, conservato a temperatura ambiente per giorni e giorni.

Voglio ringraziare ancora una volta il professor Massimo Agosti, che ha collaborato con me alla stesura di alcune ricette dedicate allo «svezzamento alternativo e consapevole». Prof, la stimo moltissimo, grazie!

POLENTA HOME MADE CON SPEZZATINO DI MELANZANE

Gluten Free

- 2 melanzane
- 500 ml di salsa di pomodoro
- ½ cucc.no di zucchero integrale di canna

- 3 spicchi di aglio
- 6 cucchiai di olio EVO
- sale
- 6 pannocchie di mais fresche
- 500 ml di acqua
- 200 g di feta (o quartirolo lombardo)
- origano

Per prima cosa, occupatevi dello spezzatino di melanzane. Lavate e mondate le melanzane, tagliatele a cubetti e ponetele in una padella antiaderente insieme alla salsa di pomodoro, all'aglio, allo zucchero e a 3 cucchiai di olio EVO. Salate, accendete una fiamma dolce e lasciare cuocere per 20 minuti. Nel frattempo, sgranate le pannocchie. Si procede così: prendetene una per volta, appoggiatela su un piano di lavoro (o un tagliere) in verticale e fate scorrere un coltello sui bordi, staccando i chicchi. Alcuni si spappoleranno, ma non preoccupatevi. Ponete i chicchi di mais in una casseruola, copriteli con l'acqua, salate appena e portate a bollore. Dopo 20 minuti, frullate con un frullatore a immersione e proseguite la cottura per altri 10 minuti, senza smettere di mescolare. A questo punto, spegnete il fuoco, unite i restanti 3 cucchiai di olio EVO e la feta (o il quartirolo) sbriciolata a mano e mantecate. Suddividete la polenta fatta in casa nei piatti e, sopra, servite lo spezzatino di melanzane, dopo averlo profumato con una bella dose di origano.

POLENTA PASTICCIATA CON FUNGHI PORCINI

Gluten Free

- 1 l di latte di soia
- sale
- timo
- 80 g di amido di mais (maizena)
- 2 spicchi di aglio
- 1 cipolla
- 1 mazzetto di prezzemolo
- 200 g di funghi porcini
- 400 g di funghi champignon
- olio EVO
- 500 g di farina di mais integrale
- 2 l di acqua
- parmigiano grattugiato
- 200 g di caprino

Prima di tutto, la salsa: in una casseruola dai bordi alti versate il latte di soia con il sale, l'amido di mais, il timo e uno spicchio di aglio schiacciato a purea (con una lama di coltello o uno schiaccia aglio). Accendete il fuoco e a fiamma dolcissima portate a bollore, mescolando in continuazione. Assaggiate, regolate di sale e addensate fino alla consistenza desiderata. La salsa dovrà essere cremosa, un po' come una besciamella. Dovendo subire una seconda cottura in forno mi raccomando: non fatela addensare troppo! Tritate ora la cipolla, l'aglio e il prezzemolo, tenendoli separati. Pulite quindi i funghi e tagliateli a fettine. Fateli saltare in padella con poco olio EVO e la cipolla tritata. Aggiustate di sale e unite il prezzemolo e l'aglio. È il momento di preparare la polenta: portate a ebollizione una pentola di acqua leggermente salata e versatevi la farina di mais integrale a pioggia. Mescolate fino a che non si sarà cotta e addensata, mantenendola di una consistenza morbida. Quando sarà pronta, componete la vostra teglia disponendovi uno strato di polenta, uno di salsa, quindi il parmigiano e i funghi. Fate in modo di avere in superficie la polenta, così da poterla cospargere con il caprino a fiocchetti. 15 minuti di cottura in forno a 200 gradi, poi potrete avventarvi su questa bontà!

POLPETTE DI BROCCOLI

Gluten Free

- 2 broccoli
- 150 g di cous-cous integrale di riso
- 5 cucchiai di olio EVO
- 1 cucc.no di paprika affumicata
- sale
- 5 cucchiai di grana grattugiato (facoltativo)
- ½ cucc. no di aglio in polvere (facoltativo)
- pane integrale di grano saraceno grattugiato

Mondate i broccoli, separate le cimette e tagliate i gambi a cubetti. Sbollentate il tutto in acqua leggermente salata. Quando i broccoli saranno cotti, estraeteli con una schiumarola, tenendo da parte l'acqua di cottura: la sfrutterete per cuocere il cous-cous, seguendo le istruzioni riportate sulla confezione. Quando sarà pronto, riunite broccoli, cous-cous, olio EVO, paprika affumicata e un pizzico di sale nel bicchiere di un robot da cucina e frullate. Se vi piacciono, inserite l'aglio e il grana. Otterrete un composto morbido, con il quale formerete delle polpettine. Rotolatele nel pane integrale di grano saraceno grattugiato, quindi disponetele su una placca foderata con carta da forno. Una spruzzata di olio e non resta che infornare per 40 minuti a 200 gradi.

POLPETTE DI GRANO SARACENO (Gluten Free)

- 250 g di grano saraceno
- 50 g di amaranto
- 2 porri
- 2 carote
- 8 cucchiai di olio EVO
- sale e pepe
- curcuma
- pane integrale di grano saraceno grattugiato
- 1 cucchiaio di aglio in polvere

Sciacquate bene l'amaranto e il grano saraceno sotto l'acqua corrente, quindi cuoceteli in due pentole piene di acqua leggermente salata, seguendo le istruzioni riportate sulla confezione. Mentre amaranto e grano cuociono, occupatevi delle verdure: mondate i porri e riduceteli a fettine, pelate le carote e tagliatele a rondelle sottili. Fate colorire entrambi in una padella antiaderente con un paio di cucchiai di olio EVO. Quando i cereali saranno pronti, scolateli e lasciateli raffreddare, quindi mescolateli con tutti gli altri ingredienti (pane integrale di grano saraceno grattugiato e aglio a parte). Ottenuto un impasto, formate le polpette, passatele nel pane grattugiato aromatizzato con l'aglio e disponetele in una pirofila rivestita con carta da forno. Infornate per 20 minuti a 200 gradi, e buon appetito!

RISO BASMATI CON ANACARDI E SPINACI

Gluten Free

- 170 g di spinaci
- sale
- olio EVO
- 1 foglia di alloro
- peperoncino
- 240 g di riso basmati
- 400 ml di acqua
- 80 g di anacardi tostati e salati

Iniziamo dagli spinaci. Lavateli e mondateli, eliminando i gambi, quindi scottateli in una pentola di acqua bollente leggermente salata. Non appena le foglie cominceranno ad accartocciarsi, scolateli e tagliateli a pezzetti. Ora, in una casseruola scaldate 2 cucchiai di olio EVO con l'alloro e il peperoncino. Unite il riso e fatelo tostare mescolando per un paio di minuti. È il momento di aggiungere gli spinaci e 400 ml di acqua bollente. Lasciate cuocere a fuoco bassissimo, coprendo con un coperchio, fino a che tutta l'acqua si sarà assorbita (ci dovrebbero volere circa 20 minuti). E gli anacardi? vi starete chiedendo. Uniteli al resto degli ingredienti dopo 15 minuti di cottura.

Il riso (integrale, basmati, thai, venere...) è una meraviglia della natura: e non parlo solo delle sue proprietà nutraceutiche, ma della sua versatilità in cucina. Ecco perché ho deciso di «aggiungere» a questa ricetta almeno una variante, quella con le melanzane!

- 350 g di melanzane
- 200 g di riso basmati
- 400 ml di acqua
- 2 cucchiai di piselli secchi
- 5 cucchiai di olio EVO
- 2 cucchiai di semi di coriandolo
- 1 stecca di cannella di 4 cm
- ¼ di peperoncino rosso essiccato
- ½ limone
- 2 cucc.ni di curcuma
- 1 pizzico di sale e sale grosso

Lavate, spelate e tagliate le melanzane a cubetti. Ponetele in uno scolapasta, cospargetele di sale grosso e lasciatele riposare per 30 minuti: perderanno la loro acqua. Sciacquate il riso e cuocetelo in 400 ml di acqua bollente leggermente salata. Dopo 20 minuti spegnete il fuoco, coprite con un coperchio e lasciate riposare per altri 10 minuti. Ponete i piselli in una padella con 2 cucchiai di olio EVO, il coriandolo, la cannella e il peperoncino spezzettati. Quando i piselli cominceranno a dorarsi, tritateli finemente (vi servirà un macinacaffè o un mortaio) e trasferite il composto in una ciotola capiente. Riprendete ora le melanzane, privatele del sale in eccesso, ponetele in una leccarda foderata con carta da forno, nebulizzatele con l'olio EVO e infornatele per circa 20 minuti a 180 gradi. Dovranno dorarsi. A quel punto sfornatele e unitele alle spezie. Preparate ora il condimento: fate bollire per 2 minuti il succo di limone con 2 cucchiai di acqua, la curcuma e un pizzico di sale. Aggiungete agli altri ingredienti. Non resta che unire nella ciotola il riso: mescolate, condite con 2 cucchiai di olio EVO e servite.

RISO BASMATI CON TONNO, FAGIOLI BORLOTTI, CIPOLLA ROSSA DOLCE E CURRY

Gluten Free

- 320 g di riso basmati
- 240 g di tonno pescato a canna
- 150 g di fagioli borlotti lessati
- 1 piccola cipolla rossa
- olio EVO
- ½ cucc.no di curry
- sale

Sciacquate bene il riso sotto l'acqua corrente, quindi cuocetelo al microonde oppure al vapore (potete usare un forno a vapore oppure una vaporiera o un colapasta appoggiato su una pentola con acqua a bollore). Mentre il riso cuoce, sgocciolate il tonno e i fagioli borlotti, affettate finemente la cipolla e unitela al resto degli ingredienti. Quando il riso sarà pronto, conditelo con il tonno, i fagioli e la cipolla; cospargete con un po' d'olio, il curry e un pizzico di sale: mescolate bene, e il gioco è fatto!

RISO INTEGRALE AI CARCIOFI

Gluten Free

- 300 g di riso integrale
- 5 carciofi
- 2 spicchi di aglio
- olio EVO
- sale
- gomasio

Sciacquate il riso sotto l'acqua corrente, quindi lessatelo a fuoco leggero per circa 1 ora. Nel frattempo pulite i carciofi, tagliateli a spicchi e disponeteli in un solo strato sul fondo di una casseruola insieme all'aglio sbucciato e schiacciato, a un po' di olio EVO, poco sale e abbastanza acqua per coprirli per metà. Coprite con un coperchio e cuoceteli finché saranno teneri. Una volta pronto il riso, unitelo ai carciofi, quindi rovesciate il tutto su un piatto da portata. Spolverizzate con il gomasio e condite con un filo d'olio prima di servire.

Come nel caso del riso basmati, anche in questo del riso integrale non resisto: le varianti sono troppo buone per tenerle per me... Eccovene un paio, ai porri la prima e con il sedano rapa la seconda. Buon appetito!

- 1 cipolla
- 5 porri
- olio EVO
- 300 g di riso integrale
- 1 foglia di alloro
- 1 rametto di timo
- 1 cucchiaio di salsa di soia
- 600 ml di acqua
- 150 g di ricotta

Tritate la cipolla; mondate i porri, affettateli a rondelle e fateli stufare per qualche minuto in una pentola capiente con un po' di olio EVO e la cipolla. Sciacquate il riso e unitelo nella pentola con l'alloro, il timo, la salsa di soia e 600 ml di acqua. Portate a bollore, quindi abbassate la fiamma, coprite con un coperchio e lasciate cuocere per 1 ora (o il tempo indicato sulla confezione del riso). A fine cottura mantecate con la ricotta, condite con un filo di olio EVO e servite.

- 300 g di riso integrale
- 600 ml di acqua
- 1 cipolla
- 2-3 cucchiai di olio EVO
- 1 sedano rapa
- 1 cucc.no di semi di sesamo
- sale
- 1 caprino

Sciacquate il riso e ponetelo in una casseruola con 600 ml di acqua fredda; portate a ebollizione, abbassate la fiamma e lasciate sobbollire per circa 1 ora (o il tempo indicato sulla confezione). Nel frattempo affettate finemente la cipolla e fatela imbiondire in padella con l'olio EVO. Pulite il sedano rapa, tagliatelo a dadini e unitelo alla cipolla, insieme ai semi di sesamo lavati e asciugati. Salate, coprite con un coperchio e fate stufare per 20 minuti. Infine, mescolate il riso con le verdure e mantecate con il caprino.

RISO AL LIMONE

Gluten Free

- 350 g di riso thai integrale
- sale
- 1 grosso pomodoro
- 1 peperone rosso
- 2 cipollotti
- 1 limone
- olio EVO

Lessate il riso in acqua bollente leggermente salata. Mentre cuoce, occupatevi delle verdure: lavate e tagliate a pezzetti il pomodoro e il peperone rosso, affettate invece i cipollotti dopo averli privati degli strati duri più esterni. Quando il riso sarà pronto, scolatelo, lasciatelo raffreddare e aggiungetelo alle verdure riunite in una ciotola. Mescolate bene, condite con il succo di limone e l'olio EVO ed ecco pronto il riso al limone. Suggerimento: avete bisogno di cucinare con anticipo per avere già tutto pronto? Questo riso può essere un'idea, visto che freddo è davvero buonissimo.

RISO THAI CON VERZA E CUMINO

Gluten Free

- 1 cipolla
- 250 g di verza
- 2 cucchiai di olio EVO
- 320 g di riso thai integrale
- sale
- 1 l di acqua
- cumino

Tritate finemente la cipolla; pulite la verza e tagliatela a listarelle sottili sottili. Fate saltare il tutto in una casseruola con 2 cucchiai di acqua e 2 di olio EVO, quindi abbassate la fiamma e cuocete per circa 10 minuti. A questo punto, unite il riso e regolate di sale. Mescolate bene, aggiungete circa 1 litro di acqua e fate sobbollire a fuoco dolce per 30 minuti circa: il riso dovrà risultare morbido ma non spappolato, mentre la verza dovrà quasi disfarsi. Prima di servire, ricordate di insaporire con un pizzico di cumino!

RISOTTO CON INSALATA BELGA E PREZZEMOLO FRESCO

Gluten Free

- 2 porri
- 3 cespi di insalata belga
- 2 cucchiai di olio EVO
- 320 g di riso integrale
- 700 ml di acqua circa
- 1 cucc.no di curcuma
- 170 g di caprino light
- pepe
- 1 ciuffo di prezzemolo

Tagliate i porri a rondelle e l'insalata belga a tocchi e stufateli con un pochino di acqua in un wok leggermente oliato. Cuocete finché non si saranno inteneriti e imbionditi (il liquido dovrà evaporare). Aggiungete il riso e fatelo rosolare per 1 minuto, 1 minuto e mezzo, quindi allungate il tutto con una quantità di acqua pari al doppio del volume del riso (circa 700 ml) e unite il cucchiaino di curcuma. Lasciate cuocere mescolando di tanto in tanto per non fare attaccare e allungando con ulteriore acqua, se necessario. Quando mancano 5 minuti al termine della cottura, lasciate «mantecare» il riso utilizzando il suo amido, dando cioè qualche veloce passata di frullatore a immersione a una piccola parte di riso in cottura, quindi continuate a mescolare. Completate la mantecatura aggiungendo il caprino light e mescolando velocemente. Infine, condite con un paio di cucchiai di olio EVO a crudo, una spolverata di pepe (anche in grani, se vi piace) e il prezzemolo tritato al momento e grossolanamente (gambi inclusi).

SOBA IN BRODO CON VERDURE

Gluten Free

- 10 cimette di broccoli
- 1 carota
- 1 cipollotto
- 1 porro
- 1 l di acqua
- 300 g di tofu al naturale
- 5 cucchiai di salsa di soia (o 1 pizzico di sale)
- 1 pezzetto di zenzero
- 320 g di soba di grano saraceno

Pulite il broccolo e riducetelo in piccole cimette; pelate la carota, il cipollotto e il porro e affettateli finemente (del porro utilizzate anche la parte verde, che insaporirà decisamente il nostro brodo). Mettete tutte le verdure in pentola con l'acqua, unite la salsa di soia e lo zenzero tagliato a velo e portate a bollore. Dopo 20 minuti circa, aggiungete la soba e il tofu tagliato a cubetti e spegnete la fiamma. Mescolate e attendete qualche minuto a fuoco spento. Prima di servire, potete condire ulteriormente con un filo d'olio EVO oppure di sesamo.

SUSHI VEGETARIANO

Gluten Free

- 2 carote nere (o arancioni)
- 1 cetriolo
- 1 avocado
- 1 tazza di riso integrale (o semintegrale)
- 2 tazze di acqua
- 1 cucc.no di sale
- 2 cucchiai di zucchero di canna
- 2 cucchiai di aceto di mele (o di riso)
- 4 fogli di alga nori per sushi
- salsa wasabi
- 1 cucchiaio di semi di sesamo tostati
- 4 cucchiai di salsa di soia

Pelate le carote, lessatele e tagliatele in quattro parti per la lunghezza. Lavate e pelate il cetriolo, pulite l'avocado, e tagliate anche loro a striscioline sottili. Occupatevi quindi del riso: per ottenerlo della giusta pastosità, seguite questo procedimento. Per ogni tazza di riso, ve ne serviranno due di acqua. Mettete il tutto in una casseruola, portate a bollore, unite un cucchiaino di sale, 2 di zucchero e, dopo 10-12 minuti, 2-3 cucchiai di aceto di mele (o di riso). Dopo 15-20 minuti di fuoco vivace, spegnete la fiamma, coprite la pentola con un coperchio e lasciate riposare per altri 10 minuti: il riso completerà la cottura con il solo vapore. Pronto il riso, potete cominciare a realizzare i rotolini. Per evitare di impiastricciarvi, è meglio lavorare con le dita umide. Per questo, vi consiglio di tenere a portata di mano una ciotolina piena di acqua, nella quale intingere le mani tra un passaggio e l'altro. Prendete un foglio di alga nori e stendete su metà di esso un rettangolo di riso, schiacciandolo con le mani. Al centro, create una striscia con la salsa wasabi, quindi disponete una listarella di carota. Affinché la carota sia presente in tutti i rotolini, aggiungetene eventuali altri pezzetti, se la vostra striscia non arriva a toccare entrambe le estremità dell'alga. Ora, chiudete il vostro rotolino (maki) avvolgendo l'alga attorno alla carota, cominciando dalla parte con il riso. Stringete bene, compattando il ripieno e infine inumidite l'alga: servirà per sigillarla. Proseguite nello stesso modo fino a esaurimento degli ingredienti, preparando rotolini con le carote, ma anche con cetriolo e avocado. Non resta che procedere al taglio dei rotolini! Con un coltello a lama molto affilata (meglio se inumidita) affettate i rotolini. Disponete i vostri maki sul piatto di portata, spolverizzate con i semi di sesamo tostato e servite! Mi raccomando, non dimenticate di accompagnare con la classica ciotolina di salsa di soia!

TERRINA DI ZUCCA, CAVOLFIORE E RISO BASMATI

Gluten Free

- 320 g di riso basmati
- 700 ml di acqua
- 1 pizzico di sale
- 1 cavolfiore
- 1 zucca mantovana
- ½ spicchio di aglio
- 1 rametto di timo
- 5 cucchiai di olio EVO

Sciacquate il riso sotto l'acqua corrente, quindi mettetelo in una casseruola con 600-700 ml di acqua fredda. Portate a bollore, abbassate la fiamma, salate appena, coprite con un coperchio e proseguite la cottura per 20 minuti: a questo punto, l'acqua dovrebbe essere stata completamente assorbita. Se avete particolarmente fretta, nulla vi vieta di servirvi dei risi precotti, quelli pronti in 2 minuti! Pulite il cavolfiore e la zucca mantovana, riducendo in cimette il primo e a cubetti la seconda dopo aver eliminato la buccia. Stufateli in una padella antiaderente insieme a mezzo spicchio di aglio e a un rametto di timo fresco, allungando il tutto con mezzo bicchiere di acqua. Dopo circa 10 minuti aggiungete un paio di cucchiai di olio e spegnete il fuoco. Radunate la verdura in terrine monoporzione, dove la condirete con un paio di cucchiai di olio e un pizzico di sale. Infornate per 5-10 minuti a 220 gradi sotto il grill (ogni forno è differente, quindi valutate voi quanto tempo sarà necessario per dorare le verdure senza bruciarle!). Servite le terrine aggiungendo un cucchiaio di olio a crudo, il timo fresco e il riso basmati in superficie.

TORTINO DI QUINOA CON ZUCCA E NOCCIOLE

Gluten Free

- 250 g di quinoa
- 500 g di zucca
- sale
- 1 porro
- 1 cipollotto
- 1 spicchio di aglio
- 5 cucchiai di olio EVO
- 130 g di nocciole tritate
- 3 cucchiai di pane integrale di grano saraceno grattugiato

Sciacquate la quinoa sotto l'acqua corrente per 5 minuti, quindi cuocetela in una quantità di acqua pari al doppio del suo volume. Ci vorranno circa 20 minuti. Nel frattempo, pulite la zucca ottenendo solo la polpa, riducetela a cubetti e lessatela in pochissima acqua salata. Una volta cotta, passatela al passaverdure e raccogliete la purea, alla quale andrete a mescolare la quinoa cotta. Mondate ora il porro e il cipollotto e affettateli a rondelle sottili. Tritate l'aglio e saltatelo in padella con l'olio insieme al porro e al cipollotto. Appena prendono colore, unite la quinoa e la zucca e amalgamate bene il tutto. Trasferite quindi il composto in una teglia rivestita con carta da forno, cospargetelo di nocciole tritate e pane integrale di grano saraceno grattugiato e infornate per 30-45 minuti a 200 gradi. Questa ricetta vi conquisterà anche sostituendo la zucca con fagiolini verdi e un mazzetto di basilico e sarà ancora più gustosa il giorno dopo averla sfornata!

BISCOTTI ALL'AMARANTO

Gluten Free

- 100 g di amaranto
- 200 ml di latte di mandorla
- 100 g di farina di grano saraceno
- 6 cucchiai di miele
- la punta di 1 cucc.no di zenzero in polvere
- 5 cucchiai di olio di semi di mais

Sciacquate bene l'amaranto sotto l'acqua corrente, quindi ponetelo in una pentola con il latte di mandorla, accendete una fiamma dolce e cuocete per circa 40 minuti. Trascorso questo tempo, lasciate che si raffreddi prima di unire la farina, il miele, lo zenzero e l'olio di semi di mais. Mescolate bene: dovrete ottenere un composto appiccicoso ma compatto, con il quale formerete delle palline che adagerete su una leccarda rivestita con carta da forno. Infornate per 15 minuti a 180 gradi, o fino a doratura. Sentirete che bontà!

BISCOTTI ALLE NOCI GLUTEN FREE

Gluten Free

- 50 g di farina di quinoa
- 50 g di farina di riso integrale
- 50 g di farina di mais fioretto
- 1 pizzico di lievito per dolci
- 50 g di zucchero di canna
- 10 noci tritate a coltello
- 30 g di olio di semi di mais
- 4-5 cucchiai di acqua

Setacciate insieme le farine in una ciotola (o nel bicchiere di una planetaria). Unite poi il lievito, lo zucchero, le noci, l'olio di semi di mais e l'acqua. Lavorate gli ingredienti fino a ottenere un impasto compatto, con il quale formerete una palla. Avvolgetela con la pellicola e ponetela in frigorifero per circa 30 minuti. Trascorso questo tempo, riprendete l'impasto e stendetelo. Dovrà essere spesso circa 0,5 cm. Con dei tagliabiscotti ricavate le forme che preferite. Man mano che li ottenete, posizionate i biscotti su una teglia foderata con carta da forno. Infornate per circa 20-30 minuti a 170 gradi. Prima di avventarvi su queste bontà, mi raccomando: lasciate che si raffreddino almeno un po'!

BISCOTTI DI RISO

Gluten Free

- 200 g di farina integrale di riso
- 100 g di granella di mandorle
- 100 g di farina di mandorle
- 70 g di zucchero di canna
- 60 g di olio di mais
- 50-70 g di yogurt di soia

PER AROMATIZZARE

- la scorza di 1 limone
- oppure gocce di cioccolato fondente (100 g)
- oppure qualche cucchiaio di cocco disidratato
- oppure pezzetti di dattero

Innanzitutto, decidete con che cosa aromatizzare i vostri biscotti di riso: li preferite al limone, al cioccolato, al cocco o ai datteri? Compiuta l'ardua scelta, impastate tutti gli ingredienti e, con il composto ottenuto, formate un rotolino. Con un coltello dalla lama inumidita, affettatelo ottenendo biscotti spessi circa 1 cm. Disponeteli su una placca foderata con carta da forno e infornate per 17 minuti circa a 180 gradi. Se volete esagerare, potete servire i biscotti accompagnandoli con la crema di nocciole! La ricetta la trovate a p. 230.

CRUMBLE DI MELE SENZA GLUTINE

Gluten Free

- 2 mele
- 20 g di fecola di patate senza glutine
- 40 g di granella di nocciole
- 20 g di farina di ceci senza glutine
- 80 g di farina di riso senza glutine
- 20 g di farina di mais integrale senza glutine
- 1 bustina di lievito per dolci senza glutine
- 100 ml circa di latte di soia
- 30 g di olio di semi di mais
- 50 g di zucchero di canna

Lavate le mele e riducetele a cubetti. Mi raccomando, non eliminate la buccia: è ricca di micronutrienti! Ora, in una ciotola, versate la fecola, la granella di nocciole, il lievito e tutte le farine. Amalgamate bene, aggiungete il latte di soia poco alla volta e impastate, aggiungendo da ultimo l'olio di semi di mais e lo zucchero. Dovrete ottenere un composto omogeneo. Inumidite poi la carta da forno e utilizzatela per rivestire una tortiera. Sul fondo, create uno strato con la dadolata di mele. Ricoprite con l'impasto e infornate per 20-25 minuti a 180 gradi. Mi raccomando, il crumble ha bisogno di raffreddare prima di venire divorato... Attendere sarà dura ma giuro che ne varrà la pena!

Un enorme grazie a Lucia per questa sua dolce versione del mio tanto amato crumble!

SARACENA DAL CUORE ROSSO

Gluten Free

- 220 g di farina di grano saraceno
- 100 g di zucchero di canna
- 140 g di mandorle macinate
- 1 cucc.no di lievito per dolci
- 60 ml di olio di semi di girasole
- 300 g di yogurt di soia
- 6 cucchiai di confettura di lamponi

Cominciate a mescolare la farina di grano saraceno con lo zucchero, le mandorle macinate (tritate molto finemente) e il lievito. Quando gli ingredienti saranno incorporati, amalgamate anche l'olio e lo yogurt di soia. Se l'impasto dovesse risultare troppo compatto e poco lavorabile, aggiungete un paio di cucchiai di acqua: l'umidità delle farine e dell'ambiente influenza il dosaggio dei liquidi. Quando l'impasto sarà morbido e omogeneo, trasferitelo in una tortiera foderata con carta da forno e infornate per circa 40 minuti a 180 gradi. Prima di sfornare, verificate la cottura della saracena con uno stecchino: valutate voi se lasciarla cuocere ancora qualche minuto o se spegnere il forno ed estrarla. Per completare il piatto dovrete attendere che la base di grano saraceno si raffreddi per tagliarla a metà e farcirla con la confettura di lamponi.

I LEGUMI: PROTEINE AL NOSTRO SERVIZIO

BURGER DI SOIA EDAMAME

Quando ero piccolo mai e poi mai avrei immaginato che un burger vegetale potesse essere più gustoso di quello classico di manzo. Fino a poco tempo fa sembrava una specie di legge: «Burger di carne per incamerare proteine», «Burger di carne per un rapido secondo»... Adesso, per fortuna, si comincia a ragionare diversamente: i burger di lenticchie, di ceci, di fagioli o di soia sono altrettanto utili al nostro organismo e, anzi, contribuiscono più di quelli di manzo a mantenerci in salute e far crescere sani e forti anche i più piccoli!

Questo burger di soia verde nasce un po' per caso, ma è stato amore a prima vista. Anzi, a primo morso! Provare per credere...

- 50 g di carote
- sale
- 200 g di soia edamame surgelata
- 200 g di quinoa
- 70 g di pane integrale grattugiato
- 1 cipolla rossa
- 1 spicchio di aglio
- 1 ciuffo di prezzemolo fresco
- 4 cucchiai di olio di semi di mais
- 2 pomodori maturi
- 4 panini da burger al sesamo (all'olio EVO oppure di semi di mais)
- 2 cucc.ni di ketchup
- 1 cespo di lattuga
- 1 cucc.no di senape

Mettete sul fuoco una casseruola di acqua leggermente salata. Lavate le carote e tagliatele a rondelle sottili. Prendete ora sia la soia che le carote e tuffatele nell'acqua bollente: dovrete cuocerle circa 10-15 minuti. Se avete la soia fresca, vale la stessa procedura ma il tempo aumenterà di altri 15 minuti circa. A parte, lessate la quinoa in una quantità di acqua salata pari al doppio del suo volume dopo averla risciacquata sotto l'acqua corrente per 5 minuti. Ci vorranno circa 20 minuti affinché la quinoa assorba tutta l'acqua. Quando tutti gli ingredienti sono pronti, radunate in una ciotola capiente gli edamame, la quinoa e le carote; unite il pane integrale grattugiato, mezza cipolla, lo spicchio di aglio, il prezzemolo fresco tritato, l'olio di semi di mais e un pizzico di sale, quindi frullate il tutto fino a ottenere un composto omogeneo e compatto. Scaldate ora sul fuoco una padella con un goccio d'olio, posizionate al centro un coppapasta e riempitelo con l'impasto ottenuto. I burger dovranno cuocere circa 5-6 minuti per lato. Quando avrete terminato questa operazione, tagliate il pomodoro a fette e la mezza cipolla rimasta ad anelli. Mentre i burger cuociono, scaldate il pane a vapore: posizionate sulla casseruola uno scolapasta con dentro i panini tagliati a metà e coprite con un canovaccio. Siete ora pronti per assemblare i panini: spalmate su una metà un cucchiaino di ketchup, aggiungete una foglia di lattuga croccante, un burger, un cucchiaino di senape, qualche anello di cipolla, un paio di fette di pomodoro, un altro cucchiaino di ketchup, richiudete e addentate!

Se vi dico «ferro», che cosa vi viene in mente? Gli spinaci, è ovvio!

E se dicessi «proteine», a cosa pensate? Alla carne, ne sono certo.

Proviamo con «vitamine»: avete già visualizzato una bella arancia rotonda?

Be', i legumi contengono più ferro degli spinaci (7,5 milligrammi per ogni 100 grammi di prodotto, contro i 2,9 degli spinaci), sono veri e propri concentrati di proteine vegetali e di vitamine del gruppo B e C, ma siamo abituati a considerarli un cibo «povero». Scarsi quanto a reputazione lo sono di sicuro, ma in termini di nutrienti assolutamente no!

Scansiamo dunque anni di propaganda detrattrice e passiamo a riabilitare una volta per tutte queste meraviglie della natura.

LE PROTEINE NON SONO TUTTE UGUALI

Ne abbiamo già parlato altrove: le proteine sono uno dei tre macronutrienti (insieme a carboidrati e grassi) e sono fondamentali per fornire energia e materiale di crescita e rigenerazione al nostro organismo. Sono composte da 20 aminoacidi, dei quali 8 «essenziali»: l'essere umano non li produce e, dunque, deve assumerli attraverso l'alimentazione.

La caccia agli aminoacidi essenziali ci porta dritti verso la carne e il pesce, che li contengono tutti e 8 in buona quantità. Gli alimenti vegetali, invece, li presentano, ma non tutti insieme.

D'altra parte, è più che indicato in tutte le diete sostituire spesso e volentieri le proteine animali con quelle vegetali. I nutrizionisti sono concordi nell'affermare che è importante assumere proteine, ma non per forza provenienti dalla carne. Le proteine animali «sono sì ricche di aminoacidi essenziali, ma si trovano generalmente in alimenti che contengono anche grassi saturi e colesterolo», il che rende preferibili le seconde, quelle vegetali, contenute nei legumi e nella frutta secca. Inoltre, le proteine vegetali creano meno prodotti di scarto durante il loro metabolismo, e di conseguenza causano un minor affaticamento a livello renale. «Questi alimenti, se combinati con altri altrettanto ricchi di proteine vegetali complementari come, ad esempio, i cereali» afferma la Fondazione Veronesi, «sono in grado di coprire il totale fabbisogno proteico giornaliero».*

* D. Banfi, *Un piatto di lenticchie è meglio di una bistecca?*, 4 luglio 2011 (www.fondazioneveronesi.it).

Intanto, dove nascono i legumi? (Non barate, «spuntano tra gli scaffali del supermercato» non vale come risposta). Scherzi a parte, esatto: nascono nell'orto. Come le verdure, come la frutta. Eppure, hanno una composizione completamente differente da quella degli altri prodotti dell'orto. A compiere questo piccolo miracolo sono le radici delle leguminose, nelle quali sono presenti microrganismi capaci di fissare l'azoto come nessuno, e azoto significa – ebbene sì – proteine.

I legumi contengono proteine in quantità pari o superiore rispetto alla carne, e doppia rispetto ai cereali. Contengono inoltre almeno 4 aminoacidi essenziali (lisina, treonina, valina e triptofano) e, se combinati con i cereali, permettono di soddisfare il nostro fabbisogno giornaliero di queste sostanze.

Oltre alla riduzione di grassi saturi e colesterolo (un beneficio non da poco!), l'assunzione di proteine vegetali comporta anche altri vantaggi.

Per esempio, i legumi e i cereali aumentano di volume durante l'ammollo e la cottura, mentre la carne diminuisce; i primi saziano di più e sono meno calorici, al contrario della seconda. Senza contare che uno studio condotto dalla professoressa Teresa Fung, dell'Harvard School of Public Health, ha osservato una maggiore incidenza di diabete di tipo 2, prevalentemente associata al consumo di carne, nelle donne che seguono una dieta cosiddetta «occidentale», a base di carni rosse, insaccati, dolci e cereali raffinati.[1]

Scommetto che siete pronti a farvi sotto. Se vi state chiedendo: «Dove le troviamo, però, queste proteine vegetali?», eccovi la risposta.

[1] T.T. Fung, M. Schulze, J.E. Manson, W.C. Willett, F.B. Hu, *L'elevato consumo di carne aumenta il rischio di diabete di tipo 2 nelle donne*, in «Archives of Internal Medicine», 8 novembre 2004 (www.nutrition-foundation.it).

Gruppo alimentare	Alimento specifico (esempio)	Proteine (g) ogni 100 g di prodotto
LEGUMI	Soia	37 g
	Ceci	19 g
	Fagioli	10-24 g (dipende dalla qualità del fagiolo)
	Lupini	36 g
	Piselli	5-21 g (se freschi o secchi)
	Lenticchie (secche)	22 g
CEREALI	Farro	15 g
	Orzo	10 g
	Frumento	12 g
	Riso	7 g
	Miglio e grano saraceno	12 g
	Quinoa	14 g
FRUTTA SECCA	Pinoli	31 g
	Nocciole	13 g
SEMI	Sesamo, zucca, ecc.	18 g circa
ALGHE (contengono tutti gli aminoacidi essenziali equamente proporzionati)	Alga spirulina	65 g
DERIVATI DELLA FARINA (di frumento, di kamut, di farro)	Seitan	36 g
DERIVATI DELLA SOIA	Tofu	8 g
	Tempeh	18 g

Come procedere, dunque? L'importante, ci ricorda la dottoressa Benedetta Raspini, è saper combinare gli alimenti nella maniera corretta: «È possibile soddisfare il proprio fabbisogno proteico rispettando il principio della complementarità» del quale abbiamo parlato a p. 99, «ricordando che, anche dissociando in due pasti separati il consumo di legumi e cereali, per esempio, il nostro corpo è comunque perfettamente in grado di regolare la sintesi proteica, implementando gli aminoacidi limitanti con quelli presenti nelle riserve endogene».[2]

Non resta che capire che cosa combinare e come, consultando la seguente tabella e, ovviamente, sperimentando in cucina!

ASSOCIAZIONI PROTEICHE			
Alimento vegetale	AMINOACIDO LIMITANTE	ALIMENTO COMPLEMENTARE	ESEMPIO DI COMBINAZIONE
FRUMENTO	Lisina, treonina	LEGUMI	Pasta e fagioli
SOIA E ALTRI LEGUMI	Metionina	FRUTTA SECCA E SEMI, CEREALI	Insalata di ceci e noci, Riso e piselli
SEITAN	Lisina	LEGUMI	Seitan e piselli
MAIS	Triptofano, lisina	LEGUMI	Tortillas e fagioli

Del ferro abbiamo già parlato, ma i legumi contengono anche altri sali minerali (fosforo, potassio, magnesio) e amido, uno zucchero complesso, fonte di energia per le nostre cellule. Soia a parte, presentano pochi grassi (circa il 3 per cento, di quelli «buoni», Omega-3 e Omega-6): se siete a dieta, sono l'alimento che fa per voi!

Pensate che sia finita qui? I legumi sono una specie di borsa di Mary Poppins: le meraviglie che nascondono sono infinite!

È il momento infatti di parlare della fibra, sia solubile che insolubile. La prima regola i livelli di colesterolo e di glucosio nel sangue, la seconda facilita la funzione intestinale. A questo proposito voglio citare due studi.

Il primo, condotto da David Jenkins dell'Università di Toronto, afferma che una tazza di legumi al giorno contribuisce a migliorare il controllo glicemico e a ridurre il rischio cardio-

[2] *Proteine vegetali: alimenti e consigli* (www.vegolosi.it).

vascolare nei pazienti diabetici. Nei pazienti con diabete di tipo 2 coinvolti che hanno arricchito la loro dieta con una tazza di legumi al giorno si sono riscontrati una riduzione dei valori di emoglobina A1c (HbA1c) e un minore rischio coronarico. La conclusione del professor Jenkins è che il consumo di legumi – già raccomandato dalle linee guida italiane per il diabete mellito di tipo 2 nella misura di 3 porzioni alla settimana – rappresenta una strategia valida anche per ridurre l'indice glicemico della dieta per il controllo di questa patologia.[3]

Il secondo studio riguarda invece i tumori al colon-retto che, con ben 38.000 nuovi casi all'anno, secondo i dati dell'Associazione italiana per la ricerca sul cancro si piazzano come sede al terzo posto tra gli uomini e al secondo tra le donne. È risaputo che la dieta può giocare un ruolo fondamentale nella prevenzione, e in particolare il consumo di fibra, grazie a meccanismi come la riduzione del tempo di transito e lo stimolo alla fermentazione batterica. Uno studio della Public School of Health dell'Imperial College of London rafforza questa conoscenza, sottolineando come esista un'associazione inversa tra l'apporto di fibre e il rischio di tumore al colon-retto.[4]

Quanto alle vitamine, le più presenti sono quelle del gruppo B (la B1 e B2 si prendono cura di occhi e pelle, regolano l'appetito e proteggono il sistema nervoso centrale) e la preziosissima C, a patto che si tratti di legumi freschi.

Veniamo ora a un neo arcinoto, vale a dire il fastidioso gonfiore che spesso si accompagna all'ingestione di legumi. Questo accade perché il nostro intestino non è in grado di digerire il raffinosio, lo stachiosio e il verbascosio, ovvero tre zuccheri contenuti nei legumi. In assenza di enzimi specifici, queste

[3] D.J. Jenkins, C.W. Kendall, L.S. Augustin, S. Mitchell, S. Sahye-Pudaruth, S. Blanco Mejia, L. Chiavaroli, A. Mirrahimi, C. Ireland, B. Bashyam, E. Vidgen, R.J. de Souza, J.L. Sievenpiper, J. Coveney, L.A. Leiter, R.G. Josse, *Legumi, controllo glicemico e rischio cardiovascolare*, in «Archives of Internal Medicine», 22 ottobre 2012, pp. 1-8 (www.nutrition-foundation.it).

[4] D. Aune, D.S. Chan, R. Lau, R. Vieira, D.C. Greenwood, E. Kampman, T. Norat, *Apporto di fibre e rischio di cancro al colon-retto*, in «British Medical Journal», 10 novembre 2011 (www.nutrition-foundation.it).

sostanze vengono «attaccate» dalla comune flora batterica, che però durante la sua azione produce gas. Questo problema, che passa per essere insormontabile, è in realtà risolvibilissimo: basta «abituare» il nostro intestino al consumo di legumi, lasciando per ultimi i piselli, i fagioli borlotti e i fagioli bianchi di Spagna. Introducete per prime le farine (meglio quella di ceci), quindi le lenticchie rosse decorticate e i fagioli cannellini. Inoltre, un piccolo trucco è aggiungere un pizzico di bicarbonato (o di semi di finocchio) all'acqua di cottura: la buccia, che è la fonte di tutti i nostri disagi, si ammorbidirà, facilitando la digestione.

E ora via, verso la scoperta di legumi di ogni forma e colore!

LEGUMI? SÌ, ESPRESSO!

Non faccio che ripetere che bisogna aumentare il consumo di legumi, ma vi assicuro che non sono pazzo: so che richiedono ore e ore di ammollo e una lunga cottura, delle quali nessuna organizzazione familiare a prova di bomba potrebbe farsi carico quotidianamente. La mia, di sicuro, no! Come fare, dunque? Da paladino dello scatolame quale sono, non posso che rispondere: semplice, utilizziamo i legumi già lessati, oppure surgelati. Non solo non fanno male, ma mantengono pure intatte le quantità di principi nutritivi del loro corrispettivo fresco. Certo, bisogna sempre verificare con attenzione gli ingredienti sull'etichetta, ma questi prodotti sono per lo più vittime di preconcetti: in realtà sono comodi, veloci e ci permettono di realizzare facilmente ricette che, altrimenti, richiederebbero ore di preparazione. Sì, è vero: i legumi in scatola contengono più sodio di quelli cotti in casa, ma la loro buccia sarà più morbida e, quindi, meglio tollerata dal nostro intestino. In pratica basta un risciacquo con acqua tiepida (ben fatto) e dietro l'angolo c'è un delizioso piattino.

I CECI

Ricchi di magnesio e folati, i ceci sono in grado di ridurre l'omocisteina, un aminoacido che – se presente in quantità eccessiva nel sangue – aumenta la possibilità di infarto e ictus. Non è però questo il solo modo in cui i ceci apportano benefici alla nostra salute (e al nostro cuore): abbassano i livelli di colesterolo LDL (quello «cattivo») e, grazie agli Omega-3, che contengono in quantità, collaborano alla prevenzione degli stati di depressione e diminuiscono i trigliceridi, favorendo un ritmo cardiaco regolare ed evitando l'insorgere di aritmie.

Infine, pronti a spalancare gli occhi, e lo stomaco? Il binomio pasta e ceci (ma anche pasta e fagioli) contiene tutti e 8 gli aminoacidi essenziali, che il nostro corpo non produce e dei quali ha bisogno. Decisamente tutto fuorché un cibo povero!

I FAGIOLI

I ceci non sono gli unici a prendersi cura del nostro cuore. Una ricerca pubblicata su «Nutrition, Metabolism and Cardiovascular Diseases» attesta che il consumo di 80-140 grammi al giorno di fagioli, piselli, lenticchie o fave, per almeno 3 settimane, comporta una riduzione media di 11,8 mg/dl per il colesterolo totale e di 8 mg/dl per il colesterolo LDL.[5] Incrementare il consumo di legumi, dunque, è una delle strade possibili per prevenire il rischio cardiovascolare. In particolare, poi, i fagioli rossi sono amicissimi del nostro cuore: grazie al loro ricco contenuto di ferro, di potassio e di fibre sono efficaci nel controllo della pressione, oltre che contro il colesterolo.

Le sorprese, però, non sono finite. Ricchi anche di calcio, hanno un alto contenuto proteico, differente a seconda della varietà: si va dal 2 per cento dei fagiolini al 23,6 per cento dei fagioli secchi (borlotti, cannellini e bianchi di Spagna).

[5] L.A. Bazzano, A.M. Thompson, M.T. Tees, C.H. Nguyen, D.M. Winham, *Legumi e colesterolemia*, in «Nutrition, Metabolism and Cardiovascular Diseases», 23 novembre 2009 (www.nutrition-foundation.it).

Per fare un paragone, 100 grammi di vitello contengono circa 23 grammi di proteine: quanto 100 grammi di fagioli. Basterà combinarne 60 grammi con 100 di pasta per ottenere tutti e 8 gli aminoacidi essenziali e godersi un piatto unico equilibrato e bilanciato in termini nutrizionali.

LE FAVE

Le fave secche vincono la medaglia d'oro quanto a proteine: ben 27 grammi ogni 100 di prodotto (quelle fresche, invece, ne contengono solo 5 grammi). Tutta un'altra storia, invece, se parliamo di vitamina C e di potassio, che sono presenti in quelle fresche e non pervenuti in quelle secche e sgusciate. Questa differenza è dovuta all'essiccazione: durante il processo, l'alimento perde acqua e i nutrienti si concentrano, eccetto quelli termolabili (cioè sensibili a luce e temperatura), che ahimè si perdono per strada, lasciando solo poche tracce o nessuna presenza.

Tra i legumi meno calorici, le fave apportano circa 40 kcal per 100 grammi e sono costituite all'84 per cento da acqua. Contengono un aminoacido, L-dopa, che contribuisce a regolare l'umore alzando la quantità di dopamina presente nel cervello, e i cosiddetti «ormoni vegetali», i fitoestrogeni, la cui azione preventiva nei confronti dei tumori femminili e delle malattie cardiovascolari è al momento sotto la lente d'ingrandimento della scienza.

Unica accortezza che bisogna avere, seguire le indicazioni di cottura riportate a p. 138: la buccia delle fave, insieme a quella dei fagioli borlotti, non è seconda a nessuno per contenuto di fibra insolubile e dunque potrebbe risultare fastidiosa durante la digestione. D'altra parte, dove c'è un problema c'è anche una soluzione! E in questo caso è sbollentare questo legume per qualche minuto: dopo sarà semplicissimo sbucciarlo.

LE LENTICCHIE

Con che cosa il buon Giacobbe riuscì ad assicurarsi la primogenitura? Esatto, un piatto di lenticchie! Possiamo disquisire sul fatto che valgano davvero così tanto, ma dal punto di vista nutrizionale posso assicurarvi che le lenticchie sono preziosissime.

Ricche di proteine vegetali (ne contengono più del 25 per cento), collaborano a tenere sotto controllo la pressione, ad abbassare il colesterolo cattivo e a prevenire l'insorgenza di tante forme tumorali. Disponibili in numerose varietà – gialle, rosse o verdi, piccole o grandi – contengono fosforo, calcio, potassio e ferro, oltre alla vitamina PP (la cui carenza causa la pellagra) e ai lignani, fitoestrogeni che contribuiscono a potenziare il sistema immunitario.

Sarà per tutte queste loro proprietà che ogni 1° gennaio le addentiamo convinti che siano di buon auspicio?

I PISELLI

Meno calorici degli altri legumi grazie a un maggiore contenuto di acqua, soprattutto nella versione fresca, i piselli sono ricchi di ferro, calcio, potassio e vitamina C, oltre a una classe particolarmente benefica di fitoestrogeni: gli isoflavoni. Tra i loro effetti ricordiamo quello di prevenzione dell'osteoporosi e delle malattie cardiovascolari, e quello di inibire certe fasi dello sviluppo del tumore al seno. Niente male, vero?

Contengono tantissime proteine, ben il 22 per cento (in pratica più di una fetta di manzo), e in più apportano tanta fibra, con una percentuale che si aggira intorno al 15 per cento. I 15 grammi di fibra presenti in 100 grammi di piselli ci consentono di raggiungere la metà della dose giornaliera consigliata, pari a 30 grammi. Pensate che contengono anche una quantità di fosforo (che supera i 320 milligrammi) maggiore di quella del pesce azzurro (lo sgombro, ad esempio, ne ha 270 milligrammi).

Oltre tutto, se accoppiati a un cereale i piselli (vi dice niente l'immortale accoppiata «risi e bisi»?) possono coprire il fabbisogno di aminoacidi giornaliero del nostro organismo.

I FITOESTROGENI

Visto che li sto citando a proposito di numerosi legumi credo che valga la pena dedicare loro qualche riga. Sto parlando dei fitoestrogeni, ormoni vegetali che rivestono un ruolo importante nel campo della prevenzione di molte malattie.

I fitoestrogeni sono molecole non steroidee, che si legano al recettore degli estrogeni imitandone o modulandone l'azione. Rispetto agli ormoni femminili sono da 1000 a 10.000 volte meno potenti.

Una volta ingeriti e resi disponibili dal processo di digestione, oltre a regolare lo scambio di calcio attraverso le membrane cellulari, svolgono un'azione preventiva nei confronti del tumore endometriale e di quello al seno; contribuiscono a ridurre i sintomi menopausali (medio-lievi); prevengono il rischio cardiovascolare e osteoporotico. Inoltre, sono correlati con un'azione eulipidemizzante (in parole povere, regolano i lipidi circolanti nel sangue) e una antiradicalica.

Dove li troviamo: in primis nella soia, nella rucola, nei cereali integrali in genere, nelle lenticchie, nei fagioli (e nei ceci, nelle fave, nei piselli), nei semi di lino, di zucca, di girasole, nelle Crucifere (cavolo nero, cavolfiore, broccolo, cavolino di Bruxelles), e ancora nei datteri, nell'anice, nei finocchi, nel trifoglio rosso, nella menta piperita, nel ginseng, nella cipolla, nell'aglio, nei lamponi e nelle more.

LA SOIA

Inevitabile dedicarle più spazio rispetto agli altri legumi, date le proprietà fantascientifiche che ci porta in dono!

Leggete e stupite: la soia è il legume più ricco di calcio in assoluto. Ne contiene ben 257 milligrammi ogni 100 di prodotto. La medesima quantità di latte ne contiene 120 milligrammi: tradotto, in 100 grammi di soia c'è più calcio che in 100 millilitri di latte.

Altra meraviglia, un indice glicemico davvero davvero basso: è pari a 20. Per fare qualche esempio, quello delle lenticchie è 40, quello del riso 125, quello della zucca 104. Questa caratteristica si rivela preziosa non solo per i diabetici e chi debba tenere sotto controllo la glicemia nel sangue, ma per tutti, visto che il rapido aumento dell'insulina è correlato con un innalzamento del livello dei fattori di crescita che determinano la maggior parte dei tumori e con l'obesità (i picchi di insulina, infatti, ci mandano in ipoglicemia e ci inducono a mangiare ancora). In questo contesto è evidente l'importanza della soia, che ci aiuta a tenere basso il livello di insulina!

Inoltre, la soia contiene isoflavoni in quantità che, come abbiamo visto, hanno un potere preventivo nei confronti soprattutto dei tumori ormono-dipendenti come quelli dell'ovaio, dell'endometrio, di prostata e mammella. È una mano santa contro i sintomi medio-lievi della menopausa (in particolare le vampate di calore) e della sindrome premestruale.

Ricca di proteine, ha un alto valore biologico benché non raggiunga carne, uova o latte (ma per questo basta accompagnarla a un cereale a vostra scelta). In compenso, contiene prevalentemente grassi insaturi e polinsaturi «buoni» (tra i quali gli Omega-3), più semplici da digerire e protettivi nei confronti del sistema cardiovascolare.

Dal momento che non siamo ancora abituati a consumarla (forse i più coraggiosi conoscono il latte e gli edamame), voglio dedicare un po' di spazio alle varie «forme» che la soia può assumere.

Cominciamo dall'inizio, vale a dire dai germogli.

Ottimi in insalata, i *germogli* contengono proteine, vitamina C, ferro, calcio e zinco. Sono inoltre ricchi di acido folico, il che li rende indicatissimi nella dieta delle donne in gravidanza.

Gli *edamame*, invece, altro non sono che fagioli di soia. Scommetto che li avete visti (e spero assaggiati!) al ristorante giapponese, dove li servono cotti dentro il loro baccello. Gli edamame, una volta «sgusciati», sono versatili almeno quanto i piselli e possono davvero essere preparati in mille modi, per i quali vi do appuntamento tra qualche pagina...

Oggi in commercio sono abbastanza diffusi anche i prodotti derivati dalla soia: vanno benissimo a patto che si segua l'antica regola di leggere l'etichetta con cura e di verificare che non contengano aggiunte di zuccheri o grassi vegetali non meglio specificati, e quindi sicuramente dannosi per la salute!

Questi prodotti sono:

1. il *tempeh*, una specie di «formaggio» a base di soia gialla che si prepara a partire dai fagioli cotti, che vengono poi privati della buccia e mescolati con una particolare muffa che, nell'arco di 24 ore, a una temperatura costante di 31 °C, li trasforma in questo prodotto dolce e saporito;
2. il *tofu*, un «formaggio-non-formaggio» del quale parleremo diffusamente a p. 207;
3. il *latte*, con il quale si possono realizzare davvero deliziosi cappuccini. È un'ottima alternativa al latte vaccino: non contiene lattosio (per la fortuna di chi è intollerante) né colesterolo o caseina, mentre è ricchissimo di calcio;
4. l'*okara*, cioè la fibra alimentare che resta dopo la preparazione del latte di soia: viene usata nei ripieni e nelle polpette, ma anche negli impasti delle torte, dei biscotti e persino del pane;
5. infine, il *miso*, una sostanza cremosa che si ottiene dalla fermentazione della soia e di un cereale (riso oppure orzo) per 18-24 mesi in grossi barili di cedro. Il miso è ricchissimo di aminoacidi essenziali, e dunque di proteine, mentre presenta un basso contenuto di sodio e di grassi: non lo trovate il condimento ideale?

E ora, visto che sono di parola, è tempo di ricettare! Spero di ispirarvi e di aiutarvi ad aumentare il consumo di legumi nella vostra dieta perché – che li scegliate freschi, surgelati o già lessati – ne vale davvero la pena!

BESCIAMELLA DI SOIA

- 5 cucchiai di olio EVO
- 40 g di farina di tipo 1
- 500 ml di latte di soia
- sale, pepe e noce moscata

Scaldate l'olio in un pentolino antiaderente, quindi unite la farina e mescolate energicamente con una frusta, per evitare la formazione di grumi (mi raccomando, se la casseruola è antiaderente scegliete una frusta di silicone e non di acciaio, così le regalerete una vita più lunga!). Quando l'impasto sarà denso e omogeneo unite poco alla volta il latte di soia, continuando a mescolare. Appoggiate la frusta e sostituitela con un cucchiaio di legno. Salate, pepate, spolverizzate di noce moscata (io ne uso tanta... quanto la amo!) e proseguite la cottura per altri 5 minuti circa, senza smettere di mescolare. Morbida, saporita e super salutare: per me, questa è la besciamella perfetta!

CANNELLINI AI 4 POMODORI

Gluten Free

- 1 porro
- 30 g di pomodori secchi
- 15 pomodori pachino
- 1 spicchio di aglio
- 1 cucchiaio di concentrato di pomodoro
- 300 ml di salsa di pomodoro
- 1 cucchiaio di zucchero integrale di canna
- 5 cucchiai di olio EVO
- 450 g di fagioli cannellini lessati
- peperoncino (facoltativo)

Affettate il porro a rondelle; tagliate i pomodori secchi a striscioline e i pachino in quattro parti; tritate lo spicchio di aglio. Stufate ora il porro in una padella antiaderente con 4 cucchiai di acqua e i pomodori secchi. Dopo 10 minuti a fiamma vivace, aggiungete il concentrato, la salsa, lo zucchero, l'aglio tritato e l'olio EVO. Fate restringere leggermente il sugo, quindi unite i cannellini (se li avete in scatola, dopo averli risciacquati), i pomodori e mezzo bicchiere di acqua. Ecco i miei cannellini ai quattro pomodori: pachino, secchi, in salsa, «concentrati»! Vi svelo un segreto: un'aggiunta di peperoncino rende questo piatto davvero memorabile!

CICORIA E FAVE

Gluten Free

- 1 kg di cicoria
- 500 ml di acqua
- 600 g di fave fresche
- 3 spicchi di aglio
- olio EVO
- pepe

Pulite la cicoria e tagliatela grossolanamente. Lessatela quindi in una casseruola dai bordi alti con poca acqua (ne basterà meno di 500 ml). A parte, sbollentate le fave per circa 30 minuti con gli spicchi di aglio tagliati a metà. Quando tutti gli ingredienti saranno cotti, riuniteli nel bicchiere di un robot da cucina e frullate: otterrete un passato dal sapore delizioso. Per portarlo in tavola, non vi resta che condirlo con un filo d'olio EVO e una macinata di pepe.

COTOLETTE DI CANNELLINI

- 200 g di fagioli cannellini lessati
- 40 g di grana grattugiato
- 40 g di farina integrale
- 1 spicchio di aglio
- 1 cucchiaio di prezzemolo tritato
- 1 pizzico di peperoncino
- sale
- 300 g di spinaci

- 80 g di pinoli
- olio EVO
- 50 g di pane integrale grattugiato

Risciacquate bene i cannellini lessati sotto l'acqua corrente, se sono in scatola, quindi passateli con un passaverdure. Otterrete una purea, che dovrete amalgamare con il grana, la farina, lo spicchio di aglio schiacciato, il prezzemolo e il peperoncino. Regolate di sale (senza esagerare), quindi dividete l'impasto in 6-8 parti, con le quali formerete delle fettine. Pressatele bene, quindi impanatele nel pane integrale grattugiato e disponetele su una teglia unta con un po' d'olio. Infornate per 15-20 minuti circa a 200 gradi. Le cotolette dovranno essere croccanti e dorate. Nel frattempo, lessate gli spinaci (o cuoceteli a vapore, ancora meglio!), quindi scolateli prima che si ammoscino del tutto e ripassateli in una padellina con un filo di olio EVO, i pinoli e un pizzico di sale. Servite infine le vostre cotolette su un letto di spinaci: sentirete che bontà!

COUS-COUS CON FAVE, ASPARAGI E PISELLI

- 200 ml di acqua
- 200 g di cous-cous integrale
- 2 manciate di fave
- 8 asparagi
- 200 g di piselli
- 1 cucchiaio di olio EVO

Portate a bollore 200 ml di acqua. Spegnete la fiamma, tuffate in pentola il cous-cous, coprite con un coperchio e lasciate cuocere per 10 minuti. Nel frattempo, lavate le fave e sbollentatele in poca acqua per 15 minuti circa. Quando sono trascorsi 5 minuti di cottura unite gli asparagi, dopo altri 2 minuti aggiungete i piselli. Al termine della cottura, scolate le verdure e lasciatele intiepidire. Tagliate quindi gli asparagi a tocchetti, tenendo da parte qualche punta intera per la decorazione. Sgranate il cous-cous con una forchetta, conditelo con un cucchiaio di olio EVO e mescolatelo con le verdure prima di servire.

CREMA DI CECI E CANNELLINI CON OLIVE TAGGIASCHE

Gluten Free

- 200 g di ceci lessati
- 200 g di fagioli cannellini lessati
- 1 limone
- 150 g di caprino light
- 4 cucchiai di salsa thain
- 2 cucchiai di olio EVO
- pepe
- 20 olive taggiasche
- 1 ciuffo di erba cipollina

Risciacquate i ceci e i cannellini, se sono in scatola. Spremete il limone e grattugiatene la scorza. In un robot da cucina, frullate i legumi con il caprino, la salsa thain, il succo del limone (di cui conserverete la scorza), un paio di cucchiai di olio EVO e una macinata di pepe, fino a ottenere la cremosità che desiderate. Se la salsa dovesse risultare troppo densa, aggiungete un paio di cucchiai di acqua. Sminuzzate ora le olive e l'erba cipollina a coltello. Trasferite la crema nei bicchieri e guarnite con il trito di olive sminuzzate ed erba cipollina. Una spolverizzata di scorza di limone e tutto è pronto per planare sulla vostra tavola!

CREMA DI FAGIOLI DI SPAGNA

Gluten Free

- ½ zucca mantovana (delicia)
- 2 porri
- 250 g di fagioli di Spagna lessati
- 1 spicchio di aglio
- pochissimo sale
- 1 cucc.no di curry
- 2 cucchiai di olio EVO
- pepe

Pulite la zucca, ricavandone solo la polpa. Tagliatela a tocchetti e tenete da parte (se avete della zucca già cotta da parte, ottimo! Potete convertirla in un nuovo piatto squisito). Affettate i due porri a rondelle e poneteli a stufare insieme alla zucca in un dito di acqua. Risciacquate bene i fagioli di Spagna, se sono in scatola, quindi uniteli in pentola dopo 10 minuti dall'inizio della cottura insieme a uno spicchio di aglio, un pizzico di sale e curry in abbondanza. Continuate a cuocere finché la zucca e i porri non saranno morbidi, quindi condite con un paio di cucchiai di olio EVO e trasferite il tutto nel bicchiere di un robot da cucina (o in un contenitore dai bordi alti). Azionate le lame (o il frullatore a immersione): otterrete una bella crema densa, che vi consiglio di servire con dei cereali integrali, per esempio farro o riso venere. Una macinata di pepe, e la crema è prontissima!

I morbidissimi fagioli di Spagna sono ideali come base per creme aromatizzate a qualsiasi verdura! Voglio farvi un altro esempio, con bietole e funghi:

- 280 g di fagioli di Spagna secchi
- 80 g di funghi secchi
- 700 ml di acqua
- 2 spicchi di aglio
- 150 g di bietole
- sale e pepe
- 4 cucchiai di olio EVO

Mettete in ammollo i fagioli di Spagna per 24 ore. Fate rinvenire i funghi secchi, poi strizzateli. Lessate tutto in 700 ml di acqua con l'aglio. Verso la fine della cottura (che richiederà in totale circa 50 minuti), quando i fagioli sono quasi pronti, unite le bietole, che si ammorbidiranno in pochi minuti. Salate (poco) e pepate, quindi passate tutto al frullatore a immersione. Condite con l'olio EVO a crudo e servite.

CROSTINO CON LA BARBA

- 500 g di ceci lessati
- 2 cucchiai di salsa thain
- ½ spicchio di aglio
- 1 pizzico di cumino in polvere
- 1 pizzico di paprika dolce
- 4 cucchiai di olio EVO
- 1 limone
- 300 g di pane di segale
- 200 g di agretti (o barba dei frati)

Preparate l'hummus di ceci seguendo la ricetta a p. 152, quindi spalmatelo su un crostino di pane di segale tostato. Sopra, disponete a forma di nido la barba dei frati. Completate con una spruzzata di limone e, per i più temerari, una grattata di scorza.

FALAFEL

Gluten Free

- 1 cucchiaio di prezzemolo
- 1 cucchiaio di cipolla
- 1 spicchio di aglio
- 300 g di ceci lessati
- 25 g di farina di mais fioretto
- 1 cucchiaio di succo di limone
- 1 cucchiaio di cumino macinato
- 3 cucchiai di olio EVO
- sale
- 2 cucchiai di semi di sesamo (facoltativo)

Tritate il prezzemolo, la cipolla e l'aglio. Scolate i ceci e risciacquateli bene sotto l'acqua corrente, se sono in scatola. Mettete tutti gli ingredienti (semi di sesamo a parte) nel bicchiere di un robot da cucina e azionate le lame: otterrete un composto compatto, che dovrete assaggiare e regolare di sale. Se volete aggiungere il sesamo, è questo il momento di farlo: trasferite il composto in una ciotola e amalgamatevi i semi con un cucchiaio di legno. Prelevando una piccola dose di composto per volta, formate delle polpettine di 3-4 cm di diametro. Man mano che sono pronte, disponetele in una pirofila rivestita con carta da forno e infornate per almeno 15 minuti a 200 gradi. I falafel dovranno essere dorati: valutate voi il tempo che dovranno trascorrere in forno sulla base della coloritura, ricordandovi di girarli a metà cottura.

FRITTATA SENZA UOVA AI BROCCOLI

Gluten Free

- 200 g di farina di ceci
- 400 ml di acqua tiepida
- 200 g di broccoli
- 1 scalogno
- 5 cucchiai di olio EVO
- pepe

In una ciotola capiente sbattete la farina di ceci con 2 cucchiai di olio EVO e l'acqua tiepida, finché non si formerà una pastella omogenea e liscia. Per svolgere questa operazione potete usare una frusta da pasticciere, una forchetta o un frullatore a immersione. Quando la pastella sarà pronta, dovrete lasciarla riposare per circa 1 ora, a temperatura ambiente. Nel frattempo, pulite i broccoli, ricavate le cimette e lessatele in acqua leggermente salata per circa 7 minuti: dovrete scolarle ancora croccanti, per poi ripassarle velocemente in padella con lo scalogno tagliato fine e un paio di cucchiai di olio EVO. Trascorso il tempo di riposo della pastella, ungete leggermente una padella antiaderente (e nuova... non scalfita dal tempo!!!) con l'olio EVO, scaldatela e versatevi la pastella con i broccoli. Pepate appena e lasciate cuocere a fiamma dolce per una decina di minuti per lato. Volendo, potete cuocere la frittata senza uova anche al forno, in una teglia rivestita con carta da forno, per 15 minuti a 180-200 gradi. Mi raccomando, dovrete partire per tempo: la frittata senza uova deve riposare per una ventina di minuti prima di essere servita.

Se questo piatto dovesse piacervi quanto a me, cioè moltissimo, sappiate che potete variarlo a piacere aggiungendo altre verdure, spezie (la pastella si può aromatizzare al curry, alla curcuma o con le erbe, per esempio prezzemolo, basilico o erba cipollina), oppure funghi: con i broccoli sono un'accoppiata fenomenale! Ed è giunto il momento di proporvi qualche variante, una molto classica (la frittata senza uova con le cipolle) e una più creativa, con ceci, zucchine e salvia.

- 200 g di farina di ceci
- 400 ml di acqua tiepida
- 2 cipolle bianche
- olio EVO
- 1 pizzico di pepe

Preparate la pastella seguendo il procedimento indicato nella ricetta precedente. Tagliate finemente le cipolle e stufatele in poca acqua e un cucchiaio di olio EVO. Unite la pastella, pepate e lasciate cuocere una decina di minuti per lato. Anche in questo caso, lasciate intiepidire prima di servire.

- 200 g di farina di ceci
- 400 ml di acqua tiepida
- 4 zucchine
- 20 g di salvia
- 1 cucchiaio di olio EVO
- pepe

Preparate la pastella seguendo il procedimento indicato nella ricetta precedente e lasciatela riposare. Affettate le zucchine a rondelle sottilissime, quindi unitele all'impasto insieme alle foglie di salvia spezzettate grossolanamente. Cuocete il tutto in una padella antiaderente calda con un cucchiaio di olio EVO. Pepate e cuocete per circa 3 minuti per lato. Servite bollente.

HUMMUS DI CECI

Gluten Free

- 500 g di ceci lessati
- 2 cucchiai di salsa thain
- ½ spicchio di aglio
- 1 pizzico di cumino in polvere
- 1 pizzico di paprika dolce
- 4 cucchiai di olio EVO
- 1 limone (succo)

Frullate insieme tutti gli ingredienti, omettendo l'aglio qualora risultasse indigesto! Qualche raccomandazione: l'hummus non va servito troppo freddo (traduco: freddo di frigo), perché diventa troppo solido anche per essere spalmato; vi consiglio di gustarlo con la barba dei frati (come nella ricetta a p. 149), ma anche sul pane di segale tostato, oppure sulle gallette di riso integrale. È ottimo come colazione salata (quando preparato senza aglio).

Se avete voglia di variare, poi, potete preparare l'hummus con l'aggiunta di altri ingredienti. Per esempio, io lo adoro quando si sposa con la barbabietola: frullatela insieme agli altri ingredienti (vi consiglio di acquistarla già lessata sottovuoto, la trovate in tutti i supermercati!) e decorate l'hummus ottenuto con semi di sesamo.

LEGUMI VERDI CON AROMI

Gluten Free

- 300 g di fave fresche sgranate
- 500 g di fagiolini (surgelati o freschi)
- 3 pizzichi di sale
- 300 g di piselli freschi sgranati
- 2 cipolle
- 1 peperoncino piccante
- 3-4 spicchi di aglio
- 1 cucc.no di paprika dolce
- ½ cucc.no di curcuma
- ½ cucc.no di pepe
- 10 foglie di salvia
- 5 cucchiai di olio EVO
- aceto balsamico (facoltativo)

Innanzitutto, le fave: se sono le prime di stagione tenete pure la buccia, che sarà molto tenera; altrimenti, sbollentatele per qualche minuto, quindi sbucciatele. Se avete fagiolini freschi, lavateli e mondateli, privandoli delle estremità. Mettete sul fuoco una casseruola con acqua leggermente salata e portate a bollore. Tuffatevi i piselli, le fave e i fagiolini (anche quelli surgelati), quindi lasciate cuocere sulla base del vostro gusto. Io amo le verdure croccanti, quindi spengo la fiamma dopo 8 minuti. Tritate quindi le cipolle e il peperoncino e schiacciate gli spicchi di aglio. Dovrete farli stufare in poca acqua, in una padella antiaderente con la paprika, la curcuma, il pepe e le foglie di salvia. Quando la cipolla sarà diventata trasparente, unite 5 cucchiai di olio EVO e i legumi lessati. Cuocete a fuoco vivace per circa 15 minuti, fin quando l'acqua non sarà asciugata. Lasciate raffreddare e servite la zuppa intiepidita. Un tocco di classe? Qualche goccia di aceto balsamico!

LENTICCHIE IN ZUPPA CON ARANCIA

Gluten Free

- 1 cipolla
- 1 spicchio di aglio
- 500 g di lenticchie rosse
- 1 l di acqua
- 4 manciate di miglio
- 5 cucchiai di olio EVO
- pochissimo sale
- pepe
- 1 cucc.no di curry
- 1 arancia rossa

Tritate finemente la cipolla e stufatela in padella con poca acqua. Quando sarà diventata trasparente, unite l'aglio schiacciato, poi le lenticchie rosse e 1 litro di acqua. Mentre i legumi cuociono, risciacquate bene il miglio e, a 10 minuti dall'inizio della cottura, aggiungetelo in padella. Continuate a cuocere per altri 45 minuti, mescolando ogni tanto. Verso la fine di questo tempo, condite con l'olio EVO, un pizzico di sale e uno di pepe. Mescolate alla zuppa il curry e, in ultimo, la spremuta di arancia. Fate sobbollire per 5 minuti e servite!

LU MACCU

Gluten Free

- 2 cipolle
- olio EVO
- 800 g di fave lessate (anche surgelate)
- 2 cucchiai di concentrato di pomodoro
- pepe

Da Palermo, una vera prelibatezza a base di fave! Pronti a cominciare? Affettate finemente le cipolle e fatele stufare in padella con poca acqua fino alla loro doratura. A quel punto, aggiungete un filo di olio EVO e un cucchiaio di acqua. Risciacquate bene le fave sotto l'acqua corrente, se sono in scatola, asciugatele e frullatele: dovrete ottenere una crema omogenea, che unirete alle cipolle. Mescolate, stemperate in padella il concentrato di pomodoro, pepate e proseguite la cottura per altri 15 minuti circa. Servite bollente: è superbuono!

MAIONESE SENZA UOVA

Gluten Free

- 100 ml di latte di soia
- 220 ml di olio di semi di girasole
- 1 cucc.no di senape
- 2 cucchiai di aceto di mele (o succo di limone)
- 1 pizzico di sale
- 1 spolverata di curcuma

In un contenitore dai bordi alti miscelate il latte di soia con l'olio di semi di girasole. Unite tutti gli altri ingredienti e frullate con un frullatore a immersione. Valutate voi se aumentare lievemente la dose di aceto di mele a seconda di quanto acidula volete che sia la vostra salsa.

Come tutti sanno, la maionese è la base per mille altre salse, e fra queste ce n'è una che uso spesso per insaporire non solo il seitan (come nella ricetta a p. 70) ma anche patate lesse o altre verdure. Sto parlando della salsa tonnata, che è semplicissima: ora vi spiego come si fa.

- 300 g di maionese senza uova
- 160 g di tonno al naturale

Il procedimento è fulmineo: sbriciolate il tonno nella maionese senza uova seguendo la ricetta qui sopra e mescolate bene il tutto. Voilà: niente di più rapido, vero?

MEDAGLIONI DI ERBETTE E LEGUMI

- 250 ml di brodo vegetale
- 100 g di legumi in fiocchi
- 250 g di erbette
- ½ cipolla bianca
- 2 cucchiai di olio EVO
- la scorza grattugiata di ½ limone
- erba cipollina
- 1 cucchiaio di farina
- sale
- pepe
- 1 bicchiere di pane grattugiato
- ½ cucc.no di paprika
- ½ cucc.no di curcuma

Ve volete preparare voi il brodo vegetale, potete seguire il procedimento a p. 20. Quando sarete pronti, versatelo bollente sui fiocchi di legumi, mescolate e lasciate riposare, coperto, per 10 minuti. Il brodo dovrà venire completamente assorbito. Nel frattempo, lavate le erbette e fatele sgocciolare, quindi cuocetele in una padella antiaderente finché non si ammorbidiscono. A quel punto, spegnete il fuoco e, quando saranno tiepide, tritatele finemente. Quando i legumi saranno pronti, tritate finemente la cipolla e fatela dorare in 2 cucchiai di olio EVO. Dopo qualche istante, unite le erbette e i legumi e fate asciugare il tutto per 5 minuti. Nel frattempo, lavate il limone e grattugiatene la scorza; sminuzzate l'erba cipollina. Quando il composto sarà tiepido, trasferitelo in una capiente ciotola. Dovrete amalgamarlo con la farina, un pizzico di sale e uno di pepe, l'erba cipollina e la scorza. Se doveste accorgervi che l'impasto è troppo asciutto, aggiungete qualche cucchiaio di brodo; in caso contrario, un po' di farina. Quando avrete terminato la lavorazione, dividete l'impasto in 4 parti e formate i medaglioni. Preparate una panatura mescolando il pangrattato con le spezie, un pizzico di sale e uno di pepe e passatevi i medaglioni, facendo aderire bene. Disponete infine i medaglioni su una teglia foderata con carta da forno e infornate per 20 minuti a 200 gradi. Mi raccomando: ricordatevi di rigirarli a metà cottura!

PANCAKE ALL'ERBA CIPOLLINA CON BURGER DI LENTICCHIE E QUINOA E CREMA DI YOGURT E RAFANO

PER I PANCAKE

- erba cipollina
- 350 g di latte di soia
- 20 g di olio di semi di mais
- 220 g di farina di ceci
- ½ bustina di lievito per dolci non vanigliato
- sale
- 1 cucchiaio di olio EVO

PER I BURGER

- 200 g di quinoa
- 250 g di lenticchie lessate
- ½ cipolla
- 3 cucchiai di olio EVO
- sale
- 70 g di pane integrale grattugiato

PER LA SALSA

- 150 g di yogurt greco magro
- 1 cucc.no di pasta di rafano
- 2 cucchiai di olio EVO
- 10 fili di erba cipollina

Prima di tutto, preparate i burger. Lessate la quinoa in una quantità di acqua salata pari al doppio del suo volume dopo averla risciacquata sotto l'acqua corrente per 5 minuti. Ci vorranno circa 20 minuti affinché la quinoa assorba tutta l'acqua, quindi lasciatela raffreddare e sgocciolare ben bene. Nel frattempo, preparate gli altri ingredienti: risciacquate sotto l'acqua corrente le lenticchie lessate e sgocciolatele molto bene, se sono in scatola, e tritate la cipolla; frullate il tutto con 3 cucchiai di olio EVO e regolate di sale. Quando la quinoa sarà pronta, amalgamatela al resto degli ingredienti. Per renderla più maneggevole, frullatene una parte con un frullatore a immersione. Formate quindi i burger (se li volete belli rotondi potete aiutarvi con dei coppapasta), disponeteli su una placca ricoperta con carta da forno e infornateli per circa 20 minuti a 200 gradi. Questi sono i tempi di cottura per dei burger del diametro di circa 10 cm: regolatevi di conseguenza se li preparate più grandi. Se preferite, potete cuocerli anche in padella. Dedicatevi quindi ai pancake. Tritate finemente l'erba cipollina. Sbattete il latte con l'olio di mais, la farina di ceci e il lievito, ottenendo una pastella nella quale incorporerete l'erba cipollina e un pizzico di sale. Scaldate una padellina antiaderente dopo averne unto il fondo con poco olio EVO e versatevi un mestolo di pastella per volta. I pancake dovranno cuocere 1 minuto per lato circa. Non resta che preparare la salsa: con una forchetta sbattete lo yogurt greco con la pasta di rafano, l'olio EVO e l'erba cipollina tritata fine. Siete pronti per assemblare il piatto: un pancake, un burger, un cucchiaio di salsa e il gioco è fatto!

PASSATO DI ZUCCA E LENTICCHIE

Gluten Free

- 1 spicchio di aglio
- 1 cipolla
- 600 g di zucca mantovana
- 200 g di lenticchie rosse decorticate
- 700 ml di acqua
- sale e pepe
- 1 mazzetto di prezzemolo
- olio EVO

Sbucciate e tagliate a metà lo spicchio di aglio; tritate la cipolla. Pulite la zucca, eliminando semi, filamenti interni e la buccia, ottenendo solo la polpa. Riducete quest'ultima a cubetti e lessatela in circa 700 ml di acqua insieme alle lenticchie rosse decorticate, all'aglio e alla cipolla. Dal momento in cui l'acqua sfiorerà il bollore, dovrete cuocere a fiamma dolce per circa 20 minuti. Trascorso questo tempo, frullate con un frullatore a immersione e regolate di sale e pepe. Se trovate che il passato sia troppo compatto, aggiungete un mestolo o due di acqua. Servitelo con olio EVO a crudo e abbondantissimo prezzemolo tritato. Questa vellutata è fenomenale con i funghi secchi, reidratati e arrostiti velocemente in padella, distribuiti in superficie.

PASTA E FAGIOLI

- 1 cipollotto
- ¼ di verza
- 1 l di acqua
- 400 g di fagioli borlotti surgelati
- sale
- pepe
- 320 g di pasta integrale
- paprika affumicata
- olio EVO

Affettate finemente il cipollotto e tritate la verza. Fateli cuocere entrambi in 1 l di acqua con i borlotti, sale e pepe. A 10 minuti circa dal bollore, prelevate un paio di mestoli di legumi e verdure, frullateli e ributtateli in pentola. A parte, buttate la pasta. Quando sarà cotta scolatela al dente, fatela raffreddare e unitela a borlotti e verza. Aggiungete un cucchiaino di paprika affumicata e un paio di cucchiai di olio EVO e proseguite la cottura per altri 20 minuti. Il mio consiglio è di lasciar riposare la pasta e fagioli per una mezz'ora, una volta pronta: con i sapori tutti armonizzati, sarà molto più buona!

PÂTÉ DI BORLOTTI CON MELA VERDE

Gluten Free

- 500 g di fagioli borlotti lessati
- 2 cucchiai di olio EVO
- 1 limone
- pepe
- 200 g di mela verde
- 150 g di radicchio
- sale

Risciacquate i fagioli, se sono in scatola, quindi passateli al passaverdura. Condite la purea ottenuta con un cucchiaio di olio EVO, il succo del limone (o mezzo limone, in base al vostro gusto) e una macinata di pepe, quindi ponetela in frigorifero a riposare per 2 ore. Nel frattempo, lavate e affettate la mela verde e il radicchio e fateli saltare in padella con un goccio di olio EVO per qualche minuto. Spegnete la fiamma prima che il radicchio appassisca completamente. Regolate di sale e di pepe. Quando il pâté sarà bello sodo, sformatelo e servitelo accompagnato con la mela e il radicchio saltati in padella: sono sicuro che questo piatto vi sorprenderà!

PENNE CON PESTO DI SOIA EDAMAME

- sale e pepe
- 300 g di soia edamame surgelata
- 320 g di penne integrali
- 2 cucchiai di mandorle pelate
- prezzemolo (o basilico o menta)
- 3 cucchiai di olio EVO

Lessate la soia edamame in poca acqua bollente salata per 4 minuti. Scolate e conservate l'acqua di cottura. Se scegliete la soia fresca i tempi di cottura saranno di 30 minuti. Lasciate da parte qualche fagiolo e frullate il resto con le mandorle e un'erba aromatica a vostra scelta, aggiungendo via via un po' di acqua di cottura e l'olio EVO. Dovrete ottenere un composto cremoso ma grossolano, che aggiusterete di sale. Cuocete ora la pasta in abbondante acqua leggermente salata. Quando sarà cotta, scolatela e conditela con il pesto di soia edamame, i fagioli interi e una buona macinata di pepe.

PESTO DI FAVE

- 280 g di avena in chicchi
- 600 ml di acqua
- 300 g di fave fresche (o surgelate)
- 1 spicchio di aglio
- 10 mandorle
- qualche foglia di menta fresca
- sale
- 3 cucchiai di olio EVO

Lessate l'avena in una quantità di acqua leggermente salata pari al doppio del suo volume (ce ne vorranno circa 600 ml). Nel frattempo, cuocete le fave in acqua bollente per 30 minuti (se fresche), scolatele e sbucciatele, quindi frullatele con un po' della loro acqua di cottura, l'olio EVO, lo spicchio di aglio schiacciato, le mandorle e la menta. Regolate di sale, ed ecco il pesto. Scolate bene l'avena e conditela con questa crema vellutata: è un piatto squisito, provare per credere!

POLPETTONE DI PEPERONE

- 1 grosso peperone rosso
- 4 cucchiai di pane integrale grattugiato
- 2 cucchiai di parmigiano grattugiato (oppure scaglie di lievito alimentare)
- 180 g di farina di ceci
- pepe
- sale
- olio EVO
- 1 limone

Lavate il peperone, quindi arrostitelo in forno per 20 minuti a 200 gradi. Trascorso questo tempo, lasciatelo raffreddare e spellatelo. Mondatelo, tagliatelo a dadini e mescolateli al pane integrale grattugiato, al parmigiano grattugiato e alla farina di ceci. Pepate e regolate di sale. Se il composto dovesse risultare troppo molle, compattatelo aggiungendo altro pane integrale grattugiato, se troppo sodo aggiungete un paio di cucchiai di acqua e uno di olio EVO. Stendetelo quindi su un canovaccio, dandogli la forma di un polpettone. Arrotolate il panno stringendolo bene attorno al composto e fermate il rotolo con dello spago da cucina. Mettete ora sul fuoco una capiente pentola piena di acqua e portate a bollore. Adagiatevi il polpettone, che dovrà cuocere a fuoco basso per 20 minuti. A quel punto scolatelo, lasciatelo raffreddare e, solo allora, aprite il canovaccio. Servite il polpettone irrorandolo con un'emulsione di olio EVO e succo di limone.

RIBOLLITA

Gluten Free

- 1 cipolla
- 1 cavolo nero
- 1 cavolo verza
- 1 mazzetto di bietole
- 3 porri
- 3 patate
- 3 carote
- 2 gambi di sedano
- 2 pomodori
- 1,5 l di acqua
- sale
- 3 cucchiai di concentrato di pomodoro
- 600 g di fagioli cannellini già ammollati o lessati
- pepe

Come prima cosa, preparate le verdure: lavatele e tagliatele grossolanamente (tranne la cipolla, che dovrete affettare finemente). Mettete sul fuoco una pentola con qualche cucchiaio di acqua e fatevi stufare la cipolla. Quando si sarà ammorbidita, aggiungete via via tutte le altre verdure e fate appassire a fuoco dolce per circa 20 minuti. Trascorso questo tempo unite 1,5 litri di acqua, il sale, il concentrato di pomodoro e i cannellini (se sono in scatola dovrete risciacquarli bene). Dopo circa 20 minuti di dolce bollore, recuperate un paio di mestoli di zuppa, passatela al mixer, pepatela e unitela nuovamente alla restante in cottura. Lasciate cuocere a fuoco basso per circa 1 ora. La ribollita andrebbe servita con pane toscano raffermo o tostato al forno (o pane di segale, quello nero!), ma è buona anche senza!

SPEZZATINO DI SOIA AI CINQUE COLORI

Gluten Free

- 400 g di spezzatino di soia
- sale
- 1 cipolla rossa
- 1 peperone giallo
- 1 peperone rosso
- 1 zucchina
- 2 carote
- 1 spicchio di aglio
- ½ cucchiaio di olio EVO
- pepe
- 2 cucchiai di doppio concentrato di pomodoro

Cuocete lo spezzatino di soia in acqua bollente leggermente salata, quindi scolatelo e tenetelo da parte. Nel frattempo, pulite e affettate la cipolla, i peperoni, la zucchina e le carote. Fateli appassire con l'aglio, l'olio e 2 cucchiai di acqua. Regolate di sale e pepe e, a metà cottura, unite in padella lo spezzatino di soia e i cucchiai di concentrato di pomodoro. Lasciate insaporire il tutto per 15 minuti a fuoco basso, prima di servire.

TEMPEH IN AGRODOLCE

Gluten Free

- 200 g di tempeh
- olio di sesamo
- 3 porri
- 1 peperone rosso
- 2 strisce di alga kombu
- 3 cucchiai di salsa di soia
- 40 g di zucchero di canna
- 3 cucchiai di aceto di mele

Tagliate il tempeh in rettangoli di 3-4 cm per 7 e metteteli a dorare in una padella con un po' di olio di sesamo: ci vorranno circa 3 minuti per parte. Mondate e tagliate i porri a rondelle e il peperone a listarelle. Li metterete a stufare in una pentola con qualche cucchiaio di acqua e l'alga kombu. Cuocete per 10 minuti, aggiungendo solo la salsa di soia. Trascorso questo tempo, unite il tempeh, lo zucchero e l'aceto di mele e, se ce ne fosse bisogno, altra acqua. Proseguite la cottura per altri 10 minuti a fiamma media (i liquidi dovranno quasi completamente evaporare), quindi servite. Buono? Delizioso!

VELLUTATA DI PISELLI E SALVIA

Gluten Free

- 200 g di piselli secchi
- sale
- 2 finocchi piccoli
- 8 foglie di salvia
- 4 cucchiai di olio EVO
- 2 cucchiai di semi di papavero

I piselli secchi non hanno bisogno di ammollo, quindi procedete subito con la cottura, lessandoli in una casseruola con un po' di acqua leggermente salata. Pulite ora i finocchi, tagliateli grossolanamente e uniteli ai piselli. Dopo una ventina di minuti, quando i legumi e i finocchi saranno morbidi, frullate il tutto: otterrete una crema abbastanza densa anche senza l'aggiunta di patate, semplicemente grazie al fatto di non aver utilizzato troppa acqua durante la cottura. Condite la vellutata con un paio di cucchiai di olio EVO e lasciatela raffreddare. Nel frattempo, «tostate» le foglie di salvia scottandole in una padella antiaderente con pochissimo olio: diventeranno belle croccanti. È il momento di servire: riempite dei bicchieri con la crema, completate con dei semi di papavero, un goccio d'olio EVO e una fogliolina di salvia croccante.

ZUPPA DI LUPINI

Gluten Free

- 500 g di lupini secchi
- 1 costa di sedano
- 1 cipolla
- 1 carota
- 1 l di acqua
- 800 g di verdure miste (cavolo verza, cime di rapa, cicoria, indivia)
- sale
- olio EVO

Innanzitutto, fate ammollare i lupini per 24 ore, quindi privateli della loro buccia. Occupatevi quindi della verdura: lavate e tagliate in piccoli pezzi il sedano, la cipolla, la carota, il cavolo verza, le cime di rapa, la cicoria e l'indivia. Tenete tutto separato, perché ogni ortaggio ha un tempo di cottura differente. Mettete sul fuoco una casseruola e stufate in qualche cucchiaio di acqua la carota, il sedano e la cipolla. Quando le verdure saranno ammorbidite, aggiungete circa 1 l di acqua e portate a bollore. A quel punto, unite le cime di rapa e il cavolo verza. Fate cuocere per circa 15 minuti, poi versate nella casseruola anche i lupini, la cicoria e l'indivia. Regolate di sale, condite con l'olio EVO e fate sobbollire per altri 50 minuti. Un giro di olio EVO a crudo e siete pronti per servire.

ZUPPA DI ORZO E FAGIOLI CANNELLINI

- 2 spicchi di aglio
- 1 rametto di rosmarino
- 2 foglie di alloro
- 5 pomodori secchi
- 320 g di orzo
- 1 manciata di funghi secchi
- 1,2 l di acqua
- 300 g di fagioli cannellini lessati
- sale
- olio EVO
- pepe

Sbucciate l'aglio, tritate gli aromi, tagliate i pomodori secchi a striscioline. Ponete tutto in una pentola insieme all'orzo, ai funghi secchi e a 1,2 litri di acqua. Dopo circa 20 minuti dal bollore, unite i cannellini che avete lessato in precedenza (o in scatola, in questo caso risciacquateli). La zuppa dovrà cuocere per circa 40 minuti. Infine, regolate di sale e servite con un giro di olio EVO e una bella macinata di pepe.

IN FONDO AL MAR, OMEGA-3: IL PESCE AZZURRO

TERRINA DI SALMONE CON ZENZERO

Gluten Free

Cucinare il pesce è questione di delicatezza: bisogna saperlo cuocere il tempo giusto e impreziosirlo nel modo corretto, senza coprire il suo sapore né lasciarlo impregnato del cosiddetto «sapore di mare», che tollero poco.

Questa ricetta nasce dalle tante cene con gli amici, occasioni nelle quali mi piace sperimentare e mettermi in gioco. Essendo molto eterogenea, sono la mia giuria più importante: tredici persone con gusti e abitudini differenti, anche se ormai tutti più consapevoli che mangiare sano vuole dire mangiare bene e farsi del bene.

- 600 g di tranci di salmone
- il succo e la scorza di 3 limoni
- 4 cucchiai di salsa di soia
- 1 manciata di semi di sesamo
- 1 radice di zenzero fresca
- 3 cucchiai di olio EVO

Grattugiate la scorza dei limoni e spremeteli. Schiacciate lo zenzero, ottenendone il succo con l'aiuto di uno schiaccia aglio. Pulite il salmone, eliminando le lische e la pelle, quindi tagliatelo a cubotti più o meno della stessa dimensione. Ponete il pesce in una ciotola e irroratelo con il succo di limone, quello di zenzero, l'olio, la salsa di soia. Infine, cospargetelo con la scorza di limone. Mescolate per far assorbire bene tutti questi profumi da ciascun cubotto di salmone, quindi suddividete il tutto in tante terrine da forno. Spolverizzate con i semi di sesamo e infornate per circa 10 minuti a 170 gradi. Il salmone è buonissimo se viene servito ancora roseo, sia esternamente sia internamente: occhio, quindi, alla cottura. Se vi piace, potete perfezionare il piatto con un'ultima grattugiata di zenzero prima di servire.

Alzi la mano chi da bambino non si è mai sentito dire: «Mangia il pesce che fa bene». A me è successo un sacco di volte! Frase trita e ritrita priva di ogni fondamento o saggezza popolare? Decisamente saggezza popolare: a confermarcelo è la scienza.

Oltre a fornire proteine animali di eccellente qualità, sali minerali preziosi (per esempio fosforo, magnesio, potassio, selenio, calcio e iodio fra gli altri), il pesce presenta anche un contenuto davvero significativo di acidi grassi polinsaturi, e principalmente Omega-3 e Omega-6.

Ma cominciamo dall'inizio.

In questo capitolo vi parlerò in particolare del pesce azzurro, chiamato così per la colorazione del suo dorso, che è appunto grigio-azzurra. Rientrano in questa famiglia soprattutto pesci di piccola taglia, come sardine, acciughe, sgombri e altre meraviglie del mare, che tendono ad accumulare una quantità di inquinanti decisamente minore rispetto a quella che assorbono pesci più grandi.

In generale, il pesce è composto da acqua per il 60-80 per cento, proteine per il 15-23 per cento e grassi per lo 0,5-20 per cento. Le proteine sono ad alto valore biologico: contengono, cioè, numerosi aminoacidi essenziali. In particolare, possiamo citare la metionina e la lisina (la stessa presente nella quinoa), che collabora a fissare il calcio nelle ossa e favorisce la formazione di anticorpi, di ormoni e di enzimi.

Il contenuto di aminoacidi essenziali non è identico in tut-

MERCURIO, VADE RETRO!

Tra gli inquinanti che il pesce può assorbire in mare il principale è certamente il mercurio, metallo dal provato effetto neurotossico e oggi sotto la lente dei ricercatori per il suo impatto sugli altri organi (uno studio dell'Indiana University, per esempio, ne sta osservando i nefasti effetti sulla funzionalità del pancreas). Secondo uno studio pubblicato dall'UNEP (Programma delle Nazioni Unite per l'ambiente), nel Mediterraneo sono più di 9000 le industrie che scaricano mercurio, fino a 85.000 tonnellate l'anno. Parte di questo mercurio viene convertito dai batteri in metilmercurio che, se assorbito dal tratto gastrointestinale, può danneggiare il sistema nervoso (o altri organi). Il danno si crea con l'accumulo, quindi per evitare ogni rischio basta tenerne sotto controllo l'eventuale ingestione in due modi: scegliendo pesce di piccola taglia e limitandone il consumo.

Il professor Agostino Consoli, ordinario di Endocrinologia dell'Università di Chieti, spiega che «il pesce è uno degli alimenti più sani della nostra dieta». Per limitare i rischi, «è meglio scegliere quello di piccola taglia, come il pesce azzurro, ed evitare quello di grossa taglia».* In pratica: più grossi e «anziani» sono i pesci, maggiore è la probabilità che contengano sostanze nocive. Ecco perché si raccomanda di consumare pesce azzurro e più saltuariamente tonno o pescespada.

In generale, comunque, nessun allarmismo: una review pubblicata sul «Journal of the American Medical Association» assicura che il pesce apporta più benefici che rischi.** La soglia di sicurezza per l'assunzione di mercurio stabilita dall'OMS è di 0,1 milligrammi per chilo di peso corporeo alla settimana. Per superarla, bisognerebbe divorare almeno 1 chilo di pesce ogni sette giorni: improbabile, non trovate? Basta fermarsi a 2-3 porzioni di pesce la settimana, e si potrà godere in tutta tranquillità dei suoi benefici effetti sulla nostra salute. Inoltre la gran parte del pesce pescato e surgelato o inscatolato, in Italia, viene sottoposta a differenti analisi (tra le quali i dosaggi di mercurio) e viene messa in vendita solo se non supera le dosi stabilite per legge.

* C. Pozzi, *Ottimo il pesce se è senza mercurio*, 26 giugno 2013 (www.fondazioneveronesi.it).

** D. Mozaffarian, E.B. Rimm, *Per il pesce più benefici che rischi*, in «Journal of the American Medical Association», 18 ottobre 2006 (www.nutrition-foundation.it).

ti i pesci, a causa della variabilità della componente grassa, che permette di classificare gli abitanti del mare in tre gruppi:

1. pesci magri (meno del 3 per cento di grassi): per esempio acciuga, luccio, merluzzo, orata, palombo, rombo, sogliola, spigola;
2. pesci semigrassi (grassi fra il 3 e l'8 per cento): sono carpa, cefalo, dentice, sardina, triglia, trota;
3. pesci grassi (più dell'8 per cento di grassi): parliamo di anguilla, salmone, sgombro e tonno.

È chiaro che, di conseguenza, cambierà anche l'apporto calorico: 100 grammi di acciughe si traducono in 96 kilocalorie, mentre 100 grammi di sgombro equivalgono a 170 kilocalorie circa.

Un'evidenza scientifica: l'Università di Uppsala e il Karolinska Institutet, entrambi in Svezia, hanno pubblicato su «Diabetes» i risultati di uno studio secondo il quale i grassi saturi (quelli tipici degli alimenti di origine animale) favoriscono l'accumulo di grasso a livello addominale e intorno agli organi, mentre quelli polinsaturi (abbondanti nel pesce) sono associati a un aumento della massa muscolare e a una riduzione della massa grassa. Questa scoperta ha risvolti importanti in termini di prevenzione del diabete e di malattie cardiovascolari, patologie il cui sviluppo è correlato più alla localizzazione del grasso corporeo che alla sua quantità. «Il grasso epatico e quello viscerale sembrano contribuire a una serie di disturbi del metabolismo» ha spiegato Ulf Risérus, coordinatore dello studio. Per questo una giusta composizione della dieta in termini di grassi potrebbe aiutare a ridurre il rischio di sviluppare queste patologie.[1]

Il colesterolo, invece, è basso in tutti i casi: 50-70 milligrammi ogni 100 grammi di pesce. La differenza significativa è con i crostacei, come scampi e gamberi, che ne contengono decisamente di più (95-180 milligrammi ogni 100 grammi).

Tradotto, significa che ridurre il consumo di carne rossa e burro a favore di una dieta più ricca di cibi contenenti gras-

[1] *Alimentazione, contro la pancetta largo a salmone e noci*, 4 marzo 2014 (salute24.ilsole24ore.com).

si polinsaturi, come il salmone e le noci, potrebbe aiutare a proteggere la salute, riducendo il rischio di diabete e malattie cardiovascolari.

Lo European Food Information Council riassume efficacemente così: una porzione di 100 grammi della maggior parte dei pesci e dei crostacei fornisce all'incirca 20 grammi di proteine (circa un terzo della razione giornaliera raccomandata) di ottima qualità e molto digeribili a ogni età. Queste proteine vengono assunte con una minore quantità di grassi e calorie, a parità di peso, rispetto alle carni di manzo, pollo e maiale.[2]

Proseguendo nell'esaminare i micronutrienti che il pesce azzurro apporta al nostro organismo, notiamo i sali minerali, tra i quali è impossibile non citare il fosforo, un minerale essenziale (che, cioè, il nostro corpo non produce), indispensabile per il buon funzionamento cellulare. Esso, infatti, è uno dei principali componenti non solo delle ossa e delle membrane cellulari, ma anche degli acidi nucleici (DNA e RNA), che immagazzinano e trasmettono le informazioni genetiche. Inoltre, aiuta a mantenere il normale bilancio acido/base (pH), permette l'immagazzinamento dell'energia, favorisce il funzionamento degli ormoni e il dialogo tra cellule.[3] Fondamentale, che ne dite?

Pensate, poi, che il suo contenuto viene regolato da due sostanze, l'ormone paratiroideo (o PTH) e la vitamina D: guarda caso, anche quest'ultima è contenuta in abbondanza nel pesce azzurro, insieme alla vitamina A e a quelle del gruppo B.

Più che pesce, questo alimento sembra davvero un principe azzurro! E non vi ho ancora sfoderato il meglio, cioè l'alto contenuto di grassi polinsaturi e i loro strepitosi effetti sul rischio cardiovascolare, sulla salute delle ossa e del sistema nervoso.

Gli Omega-3 contenuti nel pesce, infatti, contribuiscono a

[2] *Acidi grassi Omega-3: dove trovarli?* (www.eufic.org).

[3] F. Visioli, *Fosforo, essenziale per lo scheletro, l'energia, il buon funzionamento di ormoni, enzimi e il dialogo tra cellule*, 23 dicembre 2014 (www.nutrition-foundation.it).

LA SCOPERTA DEL CIBO: LO SVEZZAMENTO

Lungo le pagine di questo libro vi capiterà di imbattervi in qualche ricetta per lo svezzamento. Si tratta di piatti nati in collaborazione con il dottor Massimo Agosti, direttore del Dipartimento Materno-infantile presso l'azienda ospedaliera di Varese, che condivide il mio approccio sulle scelte proteiche da compiere nei primi mesi di vita del bambino. Ma andiamo con ordine: lo svezzamento è il momento in cui i genitori abituano gradualmente il figlio ai cibi solidi e alla scansione dei quattro pasti, che lo accompagnerà per molti anni. La Fondazione Veronesi, in un «Quaderno della Scienza» tutto dedicato a *Svezzamento e prima infanzia*, scaricabile gratuitamente dal sito, dà diversi suggerimenti utilissimi per fare fronte alle varie fasi di questo momento importante. Voglio riportarvene alcuni:

1. è più importante che i piccoli ascoltino il loro stomaco, non che finiscano ciò che hanno nel piatto, imparando così a conoscere la sensazione di sazietà;
2. è importante insegnare a masticare lentamente (e farlo a propria volta...);
3. è importante che a tavola si mangi, e basta! Niente tv accesa e niente giochi sul tavolo: il momento del pasto deve durare un tempo giusto.

Io qui preferisco concentrarmi sulle proteine, provando a dare una mia risposta alla atavica domanda: vegetali o animali? Credo che – e il dottor Agosti con me – il bambino nei primi mesi di vita possa tranquillamente vivere di mondo vegetale. Basta pensare ai tempi dello sviluppo dentale: i primi dentini spuntano non prima del sesto-settimo mese, per non parlare dei canini (ovvero i denti utili a mordere e masticare cibi più consistenti), che crescono non prima dell'anno e mezzo. Nel secondo semestre di vita, dunque, è indispensabile che riceva i carboidrati, i minerali, le vitamine, le proteine e i grassi buoni. Le proteine animali, dunque, possono arrivare con calma e, mi raccomando, ricordiamoci sempre di considerare come ottima alternativa quelle del pesce!

prevenire l'infarto nei soggetti a rischio o con patologie cardiovascolari conclamate, a inibire il rilascio di agenti che favoriscono l'insorgenza di placche aterosclerotiche e a controllare l'ipertensione.

La loro azione sul colesterolo è comprovata da numerosi studi, che attestano come i prodotti ittici ricchi di acido eicosapentaenoico (EPA) e di acido docosaesaenoico (DHA), ovvero i cosiddetti Omega-3, se introdotti in quantità adeguate nella dieta siano non solo in grado di diminuire i livelli di trigliceridi plasmatici (e la loro incorporazione da parte del fegato) ma anche di aumentare il colesterolo HDL a favore di quello LDL. Gli Omega-3, inoltre, sono «produttori» di eicosanoidi (prostaglandine, prostacicline, lipossine, trombossani e leucotrieni), superormoni in grado di regolare la coagulazione del sangue, l'infiammazione, la funzione renale e la risposta immunitaria. In particolare, essi svolgono un'azione antitrombotica, diminuendo l'aggregabilità delle piastrine circolanti: aumentando la fluidità del sangue, riducono il rischio di malattie coronariche.

L'AGE-IM (Acidi Grassi Essenziali e Infarto Miocardico), una ricerca italiana condotta dalla Nutrition Foundation of Italy (NFI) nelle unità coronariche di Bologna, Cremona, Ancona, Napoli e Palermo, ha dimostrato che alti livelli di Omega-3 (misurati nel sangue) possono ridurre il rischio di infarto del 65 per cento e, nel caso degli Omega-6, fino all'85 per cento. Andrea Poli, direttore scientifico di NFI, ha spiegato che «i grassi saturi, di origine animale, presentavano concentrazioni più elevate nel sangue di soggetti colpiti da infarto, mentre quelli polinsaturi erano più rappresentati nel sangue dei soggetti sani di controllo». Una differenza che si spiega facilmente: gli Omega-6 abbassano il tasso di colesterolo LDL (che i saturi invece tendono ad alzare), mentre gli Omega-3 svolgono un'azione antiaritmica, antinfiammatoria e antiaggregante. «Considerati nel loro insieme, si tratta di meccanismi che prevengono l'infarto».[4]

[4] F. Morelli, *Gli acidi grassi che salvano il cuore*, 16 febbraio 2014 (www.fondazioneveronesi.it).

QUALE OMEGA-3 STO ASSUMENDO?

Diversa la fonte, diverso l'acido grasso: l'**EPA**, a 20 atomi di carbonio, si trova nel pesce, negli integratori e nei farmaci a base di olio di pesce; il **DHA**, a 22 atomi di carbonio, è contenuto nel pesce, negli integratori e nei farmaci a base di olio di pesce, ma anche in prodotti di origine algale; l'**ALA** (acido alfa linolenico), a 18 atomi di carbonio, è esclusivamente di origine vegetale, ed è presente in concentrazioni significative nelle noci, in alcuni semi oleosi (lino e colza) e in oli vegetali (canola o colza, soia). In misura minore, lo si trova nei vegetali a foglie verdi e nei legumi. Una dieta varia ed equilibrata dovrebbe apportare tutti e tre questi acidi grassi, che possono essere considerati tutti e tre essenziali. Per semplificare la vostra caccia all'Omega-3, voglio inserire una tabella, che mostra la concentrazione di EPA, DHA e ALA in differenti cibi, sia di origine vegetale che di origine animale:

Livelli di Omega-3 (g/100 g) in alcuni alimenti				
Alimento	**ALA**	**EPA**	**DHA**	**Omega-3 totali**
Olio di semi di soia	7,60			7,60
Olio di canola	9,08	-	-	9,08
Noci	6,64	-	-	6,64
Salmone	0,09	0,89	1,19	2,17
Sgombro	0,15	0,73	1,26	2,14
Trota	0,10	0,15	0,50	0,75
Cozze	0,04	0,27	0,11	0,42
Branzino	0,01	0,09	0,20	0,30
Tonno in scatola sgocciolato*	0,01	0,05	0,22	0,28
Coscia di pollo	0,03	0,03	0,11	0,17
Merluzzo	0,00	0,03	0,08	0,11
Uovo di gallina*	0,04	-	0,05	0,09
Latte vaccino	0,05	-	-	0,05

Fonte INRAN, *Tabelle di composizione degli alimenti.*

* ANSES/Ciqual, *Tabelle di composizione degli alimenti 2012.*

Dal punto di vista dell'infiammazione, gli Omega-3 impediscono la formazione di «leucotrieni», molecole di natura lipidica appartenenti al sistema immunitario, che rivestono un ruolo di agente infiammatorio (azione pro-infiammatoria) nell'asma e nella bronchite, e sono responsabili di diverse patologie di tipo osteoarticolare (come l'artrite reumatoide), gastroenterologico e dermatologico. Siete soggetti a dermatiti o eczemi? Be', gli Omega-3 possono aiutarvi a prevenirli!

E non è finita: essi proteggono le cellule dall'invecchiamento, comprese quelle cerebrali. Gli studiosi ne stanno valutando le proprietà benefiche nella prevenzione delle patologie degenerative del cervello: per ora, sembra che siano in grado di migliorare la memoria e la concentrazione nei bambini.

Una postilla necessaria: nel caso delle persone anziane, la loro assunzione attraverso l'alimentazione è indispensabile. Con il progressivo declino di attività dell'enzima delta-6-desaturasi, infatti, l'organismo non riesce più a sintetizzarli a partire dall'acido linolenico. Largo, quindi, ad acciughe, aringhe e sgombri, per poter godere di tutte le loro proprietà.

Uno studio pubblicato nel 2011 su «The American Journal of Clinical Nutrition»[5] correla poi un consumo elevato di pesce ricco di Omega-3 (più di 3 porzioni alla settimana) con il mantenimento della densità ossea femorale sia negli uomini che nelle donne, supportando il ruolo protettivo sia del pesce che degli acidi grassi polinsaturi a lunga catena negli anziani. La ricerca, svolta su un campione di 623 adulti con più di 75 anni, ha osservato come a una dieta più ricca di Omega-3 EPA e DHA corrisponda una minore perdita della densità ossea.

Secondo gli esperti, la dose di Omega-3 associata a questi benefici è, più o meno, equivalente a 2-3 porzioni settimanali di pesce (soprattutto quello grasso), e corrisponde a circa 250-500 mg al giorno degli Omega-3 «a lunga catena» (EPA e DHA).

[5] E.K. Farina, D.P. Kiel, R. Roubenoff, E.J. Schaefer, L.A. Cupples, K.L. Tucker, *Consumo di pesce, grassi polinsaturi e salute delle ossa*, in «The American Journal of Clinical Nutrition», 2 marzo 2011 (www.nutrition-foundation.it).

INTEGRATORI SÌ O INTEGRATORI NO?

Gli acidi grassi Omega-3 sono generalmente poco presenti nella dieta occidentale, mentre lo sono largamente nelle alimentazioni ricche di pesce di altre popolazioni, come gli eschimesi o i pescatori giapponesi, tra le quali il rischio cardiovascolare è decisamente più basso: da questa osservazione derivano gli studi sui loro effetti benefici. Dato un fabbisogno di 250-500 milligrammi al giorno di Omega-3, come fare dunque a incamerarli, se non viviamo nel Circolo polare artico? Dal momento che gli Omega-3 sono acidi essenziali, e dunque non sintetizzabili dal nostro organismo, bisogna per forza assumerli attraverso l'alimentazione. Per esempio, 10 grammi di noci apportano 600 milligrammi di Omega-3 di origine vegetale (ALA), mentre 2 porzioni da 100 grammi ciascuna di salmone alla settimana garantiscono l'assunzione di più di 600 milligrammi di EPA e DHA al giorno (di origine naturale). Oltre agli alimenti, poi, sono disponibili numerosi integratori, a base di oli ricchi in Omega-3 sia di origine marina sia vegetale, indicati specificamente nei casi in cui la dieta non fornisca una quantità sufficiente a soddisfare il nostro fabbisogno. Sarà il vostro medico a consigliarvi l'assunzione di questi preparati: mi raccomando, quando e se doveste sceglierne uno, verificate sempre la quantità di principio attivo per ogni dose, nonché la composizione e la qualità dell'olio utilizzato.

Riassumendo: pesce sì, soprattutto azzurro. È di piccole dimensioni, quindi non immagazzina mercurio; viaggia molto in mare, non può essere allevato e, dunque, è il più sano dei doni che i nostri mari possano farci. Solo lui, inoltre, ci regala simili importanti dosi di Omega-3. Lui e altre due specie, merluzzo e salmone, che, pur non essendo «azzurri», sono comunque consigliati. Per capire perché, basta dare uno sguardo alla seguente tabella:

Contenuti di Omega-3 nel pesce (la quantità è in grammi rispetto a una porzione da 100 grammi)	
Salmone dell'Atlantico, di allevamento, cotto al forno/alla piastra	1,8
Acciuga europea, sott'olio, sgocciolata	1,7
Sardina del Pacifico, in salsa di pomodoro, sgocciolata, con lische	1,4
Aringa dell'Atlantico, cotta al forno/alla piastra	1,2
Sgombro dell'Atlantico, cotto al forno/alla piastra	1,0
Trota arcobaleno, di allevamento, cotta al forno/alla piastra	1,0
Pescespada, cotto a secco	0,7
Tonno bianco, conservato in acqua, sgocciolato	0,7
Ippoglosso nero dell'Atlantico, cotto al forno/alla piastra	0,5
Pesci piatti (tipo sogliola/platessa), cotti al forno/alla piastra	0,4
Halibut del Pacifico e dell'Atlantico, cotto al forno/alla piastra	0,4
Aglefino, cotto al forno/alla piastra	0,2
Merluzzo dell'Atlantico, cotto al forno/alla piastra	0,1

Fonte: USDA Nutrient Database for Standard Reference

Pronti ora a passare in rassegna le proprietà di ciascuna di queste meraviglie?

Cominciamo dalle più piccole tra i pesci azzurri, eppure le più dense di acidi grassi essenziali. Sto parlando di...

LE ACCIUGHE

Più piccole rispetto alle sarde, le acciughe (o alici) impazzano sulle tavole dei paesi affacciati sul Mediterraneo: sono diffusissime nelle salse, nei ripieni, sulle tartine... le mettiamo persino sulla pizza! Be', è un'ottima notizia perché le acciughe, con un contenuto di 1,7 grammi di Omega-3, sono le regine degli acidi grassi polinsaturi.

Ciò nonostante, sono vittime di un pregiudizio (lo stesso che riguarda i legumi e tanti dei loro «cugini»): sono considerate un cibo «povero». Pazienza, non resta che far cambiare idea ai detrattori stupendoli con deliziosi piattini. Tanti li troverete nelle pagine seguenti, anche se le acciughe, a dir la verità, non hanno bisogno di molto: sono deliziose anche marinate nel limone, preparazione che permette di conservare intatte le loro caratteristiche nutrizionali.

LE ARINGHE

Le prendiamo in considerazione forse a Natale, da servire su tartine piene di burro... Suggerirei di togliere il burro e di tenere le aringhe, allargando però il loro consumo a tutto l'anno!

Innanzitutto, sono bombe di sali minerali: il potassio la fa da padrone, con 320 milligrammi ogni 100 grammi di prodotto, ma svetta anche il fosforo, con 113 milligrammi (che raddoppiano in caso l'aringa sia affumicata, arrivando a 240-262 milligrammi).

Quanto agli Omega-3, l'aringa in salamoia (quella che mangiamo più di frequente) ne contiene 1,2 grammi; quella fresca, invece, la bellezza di 2,10.

IL MERLUZZO

Il merluzzo è insospettabile. Considerato un pesce di seconda scelta, ha in realtà proprietà davvero straordinarie, pur non essendo azzurro. È povero di grassi (e quelli che presenta sono Omega-3), ricco di proteine e di vitamine del gruppo B, indicato nelle diete ipocaloriche (100 grammi apportano appena 80 kilocalorie).

La sostanza che contiene e con la quale voglio stupirvi, però, è un'altra e si chiama astaxantina, appartenente alla famiglia dei carotenoidi. In pratica, l'astaxantina è il Wolverine degli antiossidanti: esercita un'azione più forte persino del betacarotene contenuto in zucca e carote!

Inoltre, quando si parla di merluzzo non si può evitare di citare i sali minerali: sodio, potassio, calcio, fosforo, magnesio

PESCE CONSERVATO, PESCE SALATO

Il pesce surgelato, soprattutto con le nuove tecniche di surgelazione veloce, mantiene le stesse caratteristiche nutrizionali del pesce fresco. Al supermercato, però, capita spesso e volentieri di trovarlo (e acquistarlo) affumicato, sott'olio o al naturale. Queste tecniche di conservazione influiscono sulle proprietà nutrizionali del pesce? L'affumicatura non influisce granché sul contenuto di grassi essenziali e di sali minerali del pesce. Ha però un difetto: si accompagna alla salatura. Il mio consiglio, pertanto, è di «diluire» questa quantità di sodio utilizzando il pesce affumicato come ingrediente per primi o insalate, evitando ovviamente di aggiungere altro sale.
Stesso discorso vale per il pesce in scatola: nutriente quanto quello fresco ma spesso trattato con sale: quando lo utilizzate (magari come base di polpette o di appetitosi piatti unici) ricordatevi di non aggiungere altro sale!

e selenio, che proprio recentemente si è distinto come «amico della vescica», visto che è correlato con una drastica riduzione dell'insorgenza di tumore in quella sede.

Infine, un quiz: sapevate che il merluzzo è un «Viagra naturale»? È tutta questione di arginina, un aminoacido che facilita la dilatazione dei vasi sanguigni (e che è presente anche in sedano, carciofi, avena e miele oltre ai soliti noti cioccolato, ostriche, peperoncino e caffè).

IL SALMONE

Ecco il secondo esemplare «non azzurro» di questa nostra galleria di pesci.

Campione indiscusso di Omega-3 (con un contenuto di ben 1,8 grammi per 100 di prodotto, una volta cotto o alla piastra), il salmone esercita una potente azione antinfiammatoria e antitrombotica, cosa che lo rende consigliatissimo a chi soffre di problemi cardiovascolari.

È un ottimo alimento, indicato anche per le donne in gravidanza e in allattamento: è stato calcolato che durante la gestazione l'apporto ideale di pesce si aggira intorno ai 340-350 grammi alla settimana, quantità che assicura un buon apporto di Omega-3 e una buona crescita del feto.

LE SARDINE

Molto ma molto più grandi delle acciughe, le sardine contengono Omega-3 in quantità anche se cotte nella salsa di pomodoro: ben 1,5 grammi ogni 100 di prodotto (4,8 da fresche). Come quasi tutti gli altri pesci azzurri, siamo abituati a consumarle sott'olio o sotto sale: benissimo, a patto che le risciacquiamo bene prima di utilizzarle nella preparazione di zuppe, salse e altre delizie.

LO SGOMBRO

Insieme al salmone, è uno dei pesci che più amo, quindi preparatevi a trovarlo nelle prossime pagine veramente in tutte le salse!

Lo sgombro è uno dei pesci più salutari: digeribilissimo, è energetico al punto di essere paragonato a un vero e proprio integratore proteico e vitaminico. Contiene notevoli quantità di sali minerali. Prendiamo il potassio: ne presenta ben 360 milligrammi ogni 100 grammi di prodotto. Quanto agli Omega-3, non è secondo a nessuno: ne fornisce quasi 2 grammi se fresco o cotto al cartoccio, 1 se preparato alla piastra. Grazie alla sua tendenza a contrastare il colesterolo e, in generale, l'accumulo di tossine nel sangue è indicatissimo nelle diete di persone cardiopatiche o sovrappeso.

Avrete notato nei paragrafi precedenti che i pesci freschi presentano un contenuto di Omega-3 differente rispetto a quello dei pesci cotti. Questo accade perché i grassi insaturi si deteriorano facilmente alle alte temperature. Come fare dunque per preservare le proprietà nutrizionali del pesce azzurro, senza trasformarlo per forza in sushi? Basta saperlo cuocere nella maniera giusta.

Un ottimo metodo è il cartoccio: si cuoce il pesce in forno dopo averlo avvolto in un foglio di alluminio. In questo modo, oltre al sapore, alla morbidezza e all'aroma, si salvano anche gli Omega-3. Sotto questo profilo, sono ottimi anche la cottura al vapore e la marinatura nel limone.

Lo saprete di sicuro, ma un ripassino non guasta mai... Potendo, sarebbe bene evitare di friggere il pesce, di carbonizzarlo alla piastra o di tenerlo per lunghissimi minuti in padella. Lo giuro, esistono decine di modi creativi per valorizzare il pesce senza privarlo di tutte le sue caratteristiche nutrizionali. Pronti a scoprirli insieme?

ALICI AL PROFUMO DI LIMONE

Gluten Free

- olio EVO
- 300 g di alici già pulite (senza lisca)
- 60 g di pinoli
- qualche cucchiaio di pane di grano saraceno grattugiato
- sale
- 2-3 limoni

Prima di tutto, ungete con un cucchiaio di olio EVO il fondo di una teglia, quindi stendetevi le alici fresche (senza lisca) tutte in fila. Spolverizzatele con il pane di grano saraceno grattugiato, cospargete con i pinoli, un pizzico di sale e la scorza di limone grattugiata. Procedete così, creando strati su strati, fino a esaurimento degli ingredienti. Per garantirvi una maggiore croccantezza, il segreto sarà tenere in superficie uno strato realizzato con il pane grattugiato e gli altri aromi. Infornate a 180-200 gradi e passate i 20 minuti di cottura a stupirvi per il profumo di limone che si spande per la vostra cucina.

UNA BELLA PASTA BUONA

- 280 g di spaghetti integrali
- 8 pomodori secchi reidratati
- 6 alici sott'olio
- 5 noci
- 1 manciata di uvetta
- 1 spicchio di aglio
- 1 mazzolino di prezzemolo
- 4 cucchiai di olio EVO
- 3 cucchiai di pane grattugiato integrale

Cuocete gli spaghetti al dente, utilizzando qualche cucchiaio dell'acqua di cottura per reidratare i pomodori secchi. Quando saranno morbidi, tagliateli a listarelle e saltateli in padella con le alici, le noci sbriciolate, l'uvetta, lo spicchio di aglio tritato (o in camicia, dipende dai gusti), il prezzemolo tritato e l'olio EVO. Quando gli spaghetti saranno pronti, fateli saltare qualche istante con questo sugo prelibato, per amalgamare i sapori. Una spolverizzata di pane integrale grattugiato poco prima di servire, e anche questo piatto è pronto per conquistare la vostra tavola!

BOCCONCINI DI SALMONE CROCCANTI

- erbe aromatiche a piacere (io di solito uso 3 rametti di timo e 1 ciuffo di prezzemolo)
- 1 limone
- 1 arancia
- semi di sesamo
- 300 g di pane integrale grattugiato
- sale
- 4 filetti di salmone fresco

Innanzitutto, la panatura: tritate a coltello le erbe aromatiche e grattugiate le scorze degli agrumi; radunate questi ingredienti in una ciotola insieme al sesamo, al pane integrale grattugiato e a un pizzico di sale. Mescolate bene e tenete da parte. Tagliate ora il salmone a bocconcini (eliminando la pelle, nel caso sia presente) e rotolateli nella panatura, facendola aderire bene. Man mano che sono pronti, disponete i bocconcini in una teglia ricoperta con carta da forno. Infornate per 15-20 minuti al massimo a 200 gradi. Il salmone dovrà essere croccante, quindi ogni tanto verificate il grado di cottura: ogni forno è diverso, meglio dare un'occhiata! Impiattate con qualche spicchio di limone e i bocconcini di salmone sono pronti per conquistarvi!

BURGER DI SALMONE

- 2 limoni
- 300 g di salmone fresco
- 4 cipollotti
- sale (o salsa di soia)
- 120 g di pane integrale grattugiato

PER LA MAIONESE SENZA UOVA

- 200 ml di latte di soia
- 440 ml di olio di semi di girasole
- 2 cucchiai di aceto di mele (o succo di limone)
- 1 cucc.no di senape
- 1 pizzico di sale e pepe
- 1 spolverata di curcuma
- zenzero

Spremete i limoni. Pulite il salmone estraendo le lische ed eliminando la pelle, quindi riducetelo a cubetti e mettetelo in una ciotola. Mondate e tagliate i cipollotti in pezzettini sottili e uniteli al salmone. Aggiungete un pizzico di sale (o, in alternativa, un filo di salsa di soia), un paio di cucchiai di pane integrale grattugiato e il succo di limone (metà, se preferite limitare l'acidità). Mescolate bene per amalgamare gli ingredienti. Mettete ora sul fuoco una padella antiaderente: dovrete cuocervi i burger. Potete scegliere di prepararli con le mani, premendo per compattare l'impasto, o di formarli direttamente in padella, pressando il salmone nei coppapasta di metallo che avrete posizionato al centro. In ogni caso, i burger avranno bisogno di 4-5 minuti di cottura per lato. Nel frattempo, preparate la maionese senza uova (il procedimento lo trovate a p. 154). Aromatizzatela con limone e zenzero, una macinata di pepe e miscelate tutti gli ingredienti. Quando i burger saranno pronti, impiattate servendoli con una bella cucchiaiata di maionese senza uova.

CREMA DI RISO VENERE CON BROCCOLI E MERLUZZO

Gluten Free

- 30 g di riso venere
- 1 broccolo
- 1 carota
- 70 g di merluzzo surgelato
- 1 cucchiaio di olio EVO

Mettete sul fuoco una pentola piena di acqua e portatela a bollore, buttate il riso e lessatelo allungando un po' i tempi riportati sulla confezione: in questo modo sarà più morbido quando andrete a frullarlo. Mondate quindi il broccolo e ottenete le cimette; riducete a rondelle sottili la carota: disponete le verdure sul piano della vaporiera, insieme al merluzzo da scongelare. Per la cottura, utilizzate il vapore che sale dalla stessa pentola nella quale sta cuocendo il riso. Dopo 15 minuti, ponete i broccoli e il merluzzo in un contenitore dai bordi alti. Unite il riso, un cucchiaio di olio EVO e uno dell'acqua di cottura, quindi frullate con un frullatore a immersione. Questa ricetta, totalmente priva di sale, è superindicata anche per lo svezzamento dei bambini.

CROCCOLE DI TONNO E MELANZANE CON SALSA ALLO YOGURT

- 2 melanzane grosse
- 160 g di tonno al naturale (o sott'olio)
- 1 mazzetto di prezzemolo
- 2 spicchi di aglio (facoltativi)
- sale
- pepe
- 150 g di pane integrale grattugiato
- 100 g di farina di mais fioretto
- 2 cucchiai di olio EVO

PER LA SALSA

- 1 cipolla bianca piccola
- 200 g di yogurt greco
- 1 cucc.no di senape
- 1 cucchiaio di aceto
- 2 cucchiai di olio EVO

Innanzitutto, le croccole: tagliate le melanzane a metà, adagiatele su una teglia foderata con carta da forno e infornatele per 20-25 minuti a 200 gradi. Nel frattempo, dedicatevi alla salsa. Tritate la cipolla e incorporatela nello yogurt insieme ai restanti ingredienti. Mescolate con una forchetta o una frusta da pasticciere, quindi riponete la salsa in frigorifero. Quando le melanzane saranno cotte, sfornatele e lasciate che si raffreddino. A quel punto, raschiate via la polpa con una forchetta. Se risultasse troppo umida, mettetela in uno scolapasta a perdere l'acqua in eccesso per circa 15 minuti. Ponete ora nel bicchiere di un robot da cucina la polpa di melanzane, il tonno sgocciolato, il prezzemolo e, se vi piace, l'aglio sbucciato. Frullate a intermittenza (non dovrete ottenere una purea troppo omogenea), quindi trasferite il composto in una grossa ciotola. Regolate di sale e di pepe e incorporate poco alla volta il pane integrale grattugiato. Quando l'impasto avrà preso consistenza, lavoratelo fino a formare tante polpettine che andrete a impanare nella farina di mais. Disponete le polpette impanate su una leccarda rivestita con carta da forno, oliatene leggermente la superficie e infornate fino a doratura (ci vorranno circa 25 minuti a 220 gradi). Al momento di servire, componete i piatti con qualche polpetta e una bella cucchiaiata di salsa allo yogurt: sentirete che bontà!

CROSTINI AL SALMONE

- 6 fette di pane integrale
- 200 g di filetto di salmone fresco
- olio EVO
- sale
- 1 piccola radice di zenzero fresco
- pepe rosa in grani

Tagliate a metà le fette di pane integrale nel senso della loro diagonale, così da formare dei triangoli, e tostatele in padella fino a doratura. Lasciate raffreddare. Nel frattempo, pulite il salmone estraendo le lische ed eliminando la pelle. Tagliatelo grossolanamente, quindi fatelo cuocere in una padella antiaderente leggermente oliata. Unite un pizzico di sale e, a metà cottura, una grattugiata di zenzero fresco. Terminata la cottura, profumate il salmone con una spolverata di pepe rosa in grani pestato con il dorso di un cucchiaio. Condite le fette di pane con un goccio di olio, quindi farcitele con i cubotti di salmone spadellato allo zenzero e servite.

CUBOTTI DI SGOMBRO CON TOPINAMBUR ALL'ARANCIA ROSSA

- 4 sgombri freschi
- 300 g di topinambur
- 150 g di ceci lessati
- olio EVO
- sale e pepe
- 2 arance rosse
- 1 cucchiaio di pane integrale grattugiato

Pulite e sfilettate gli sgombri e tagliate i filetti a cubetti piuttosto grossi, quindi tenete da parte. Mondate i topinambur e affettateli il più sottile possibile. Ora, sciacquate bene i ceci sotto l'acqua tiepida, ungete leggermente una casseruola antiaderente con un filo di olio EVO e fateli saltare con i topinambur. Quando si saranno ammorbiditi, regolate di sale e di pepe. Aggiungete i cubotti di sgombro e scottateli a fiamma vivace per circa 5 minuti. Nel frattempo, spremete le arance e versatene il succo nella casseruola. Ancora 15 minuti (o anche meno, valutate voi sulla base del grado di cottura dello sgombro, che dovrà rimanere morbido) e siete pronti per portare in tavola. Prima, però, spolverizzate con il pane integrale grattugiato e completate con una macinata di pepe.

FILETTI DI SGOMBRO AL FORNO CON PANATURA AGLI AGRUMI

- 2 arance
- 1 limone
- 3 cucchiai di origano e timo essiccati
- 150 g di pane integrale grattugiato
- 150 g di farina di mais fioretto
- 800 g di filetti di sgombro
- 4 cucchiai di olio EVO
- zenzero

Grattugiate la scorza degli agrumi e spremeteli. Riunite ora in una ciotola le erbe aromatiche, il pane integrale grattugiato, la farina di mais e la scorza. Mescolate bene. Dovrete ora rotolare i filetti di sgombro nella panatura, premendo per farla aderire bene. Quando i filetti saranno tutti pronti, disponeteli su una teglia foderata con carta da forno, oliatene leggermente la superficie e spruzzateli con il succo degli agrumi. Infornate per 20 minuti a 200 gradi. Mentre il pesce cuoce, grattugiate lo zenzero: è il tocco di freschezza con il quale completerete il piatto prima di servirlo.

INSALATA AGRUMATA DI SGOMBRO E QUINOA

Gluten Free

- 320 g di quinoa
- 1 pompelmo
- 50 g di olive taggiasche
- 160 g di sgombro sott'olio
- olio EVO
- aceto balsamico

Lessate la quinoa in una quantità di acqua salata pari al doppio del suo volume dopo averla risciacquata sotto l'acqua corrente per 5 minuti. Ci vorranno circa 20 minuti affinché la quinoa assorba tutta l'acqua. Trascorso questo tempo, raffreddatela sotto l'acqua e fatela scolare bene in un colino a maglia fine. Passate ora al pompelmo: dovrete pulirlo accuratamente, riducendo ogni spicchio almeno in 3 parti. Tritate a coltello le olive taggiasche; fate sgocciolare e spezzettate lo sgombro. Trasferite ora la quinoa in un'insalatiera, aggiungete lo sgombro e, tutto intorno, il trito di olive e gli spicchi di pompelmo. Condite con poco olio e qualche goccia di aceto balsamico.

MACCHERONI CON OLIVE, SGOMBRI E POMODORI GRATINATI

- sale
- 400 g di pomodori ciliegino
- 1 spicchio di aglio
- ½ cucc.no di origano
- 40 g di pane integrale grattugiato (o farina di mais)

- 40 ml di olio EVO
- 320 g di maccheroni integrali
- 160 g di filetti di sgombro sott'olio
- 1 pugno di olive nere taggiasche denocciolate
- 1 rametto di origano fresco

Scaldate il forno a 220 gradi e mettete sul fuoco una pentola con abbondante acqua leggermente salata. Lavate e tagliate a metà i pomodori, quindi disponeteli in una pirofila rivolti verso l'alto con l'aglio tagliato a fette; insaporite con il sale e l'origano, spolverizzate con il pane integrale grattugiato e condite con l'olio EVO. Infornate per circa 20 minuti. Nel frattempo, cuocete la pasta e scolatela al dente. Condite i maccheroni con i pomodori gratinati e il loro condimento. Unite i filetti di sgombro spezzettati, le olive e guarnite con origano fresco prima di servire.

MELANZANE CON ALICI E CUORE MORBIDO DI MOZZARELLA

Gluten Free

- 2 melanzane lunghe
- sale
- 400 g di alici fresche
- 200 g di mozzarella
- 6 foglie di basilico
- olio EVO

Lavate le melanzane e tagliatele per il lungo, ottenendo delle fette spesse circa 0,5 cm. Dovrete cuocerle alla piastra, quindi salarle e lasciarle raffreddare. Nel frattempo, pulite le alici (eliminando interiora e lische), facendo attenzione a non romperle, e tagliate la mozzarella a cubetti. Per comporre il piatto, vi serviranno 6 stampini da muffin usa e getta: foderateli con le fette di melanzana, disponete anche le alici, quindi, al centro, inserite qualche cubetto di mozzarella e una foglia di basilico. Richiudete su questo «cuore» di formaggio le melanzane e le alici, sigillate gli stampini con i lembi delle melanzane e infornate per circa 6 minuti a 150 gradi.

MEZZE MANICHE CON VERZA E SGOMBRO FUMÉ

- 320 g di mezze maniche integrali
- sale
- 1 verza
- 1 spicchio di aglio
- paprika affumicata
- 240 g di filetto di sgombro sott'olio

Cuocete la pasta in una casseruola piena di acqua leggermente salata e scolatela al dente. Nel frattempo, tagliate la verza a tocchetti e stufatela in un wok insieme a uno spicchio di aglio in camicia e alla paprika affumicata, finché non si ammorbidisce. Ci vorranno davvero pochi minuti. Quando la pasta sarà raffreddata, fatela saltare nel wok insieme alle verze, quindi aggiungete in superficie i filetti di sgombro sgocciolati e servite.

MILLEFOGLIE DI TOPINAMBUR E ALICI

- 800 g di topinambur
- sale e pepe
- 4 cucchiai di olio EVO
- salsa di soia
- 3 cucchiai di pane integrale grattugiato
- 12 alici fresche
- 100 g di granella di nocciole

Lavate i topinambur e riduceteli in fettine sottili con una mandolina, senza eliminare la buccia. Tuffateli in acqua bollente e leggermente salata per circa 2 minuti, quindi scolateli e tenete da parte (in un colapasta o su una gratella, così che possano perdere l'acqua in eccesso). Rivestite una teglia con carta da forno e create la base della millefoglie sovrapponendo più fettine di topinambur. Condite con un filo di olio EVO, una spolverata di pane integrale grattugiato, un pizzico di pepe e un paio di gocce di salsa di soia. Procedete così fino a esaurire le sfoglie di topinambur. Sulla superficie disponete le alici, condite con poco olio e cospargete di granella di nocciole. Infornate per 15-20 minuti in forno a 200 gradi e il gioco è fatto!

PANINO AI CINQUE CEREALI CON SGOMBRO E CREMA DI YOGURT GRECO

- 4 panini multicereali
- 4 melanzane grigliate surgelate
- 4 zucchine grigliate surgelate
- 240 g di sgombro sott'olio (o grigliato)
- 4 pomodori secchi

PER LA SALSA

- 200 g di yogurt greco
- 2 cucc.ni di senape
- 5 fili di erba cipollina
- 1 cucchiaio di olio EVO

Tagliate i panini a metà e tostateli. Scongelate le verdure grigliate, utilizzando il microonde o una padellina antiaderente. Nel frattempo, sgocciolate i filetti di sgombro e reidratate i pomodori secchi in acqua calda. Preparate ora la salsa: sbattete con una forchetta lo yogurt con la senape, l'erba cipollina sminuzzata a forbice e l'olio EVO. Quando tutti gli ingredienti saranno pronti, farcite i panini: uno strato di crema di yogurt, uno di sgombro e uno di verdure grigliate.

PEPERONI CON ALICI

Gluten Free

- 3 peperoni
- 100 g di rucola
- 1 mazzetto di prezzemolo
- 15 filetti di alici sott'olio
- erba cipollina fresca
- 6 cucchiai di olio EVO

Lavate i peperoni, eliminate i semi e i filamenti chiari, quindi tagliateli in quattro parti. Adagiate le falde su una teglia rivestita con carta da forno e infornate per circa 20 minuti a 220 gradi. Quando saranno ammorbiditi, lasciateli raffreddare. Nel frattempo, tritate grossolanamente a coltello (o con una mezzaluna) sia la rucola sia il prezzemolo, gambi inclusi. Infine, componete gli involtini: farcite le falde dei peperoni con le alici e la rucola, quindi arrotolatele, fermandole con un filo d'erba cipollina sbollentata. Condite con un filo di olio EVO e il prezzemolo tritato: sono strepitose!

POLPETTINE DI MERLUZZO E NOCI

- 400 g di filetti di merluzzo surgelato
- 4 fette di pane integrale in cassetta
- 70 g di noci
- sale e pepe
- 2 cucchiai di prezzemolo tritato
- 150 g di farina di mais fioretto
- olio EVO

Scongelate i filetti di merluzzo. Dovrete frullarli grossolanamente con il pane integrale in cassetta, le noci e il prezzemolo. Regolate di sale e di pepe, quindi trasferite l'impasto in una ciotola e lavoratelo con le mani, formando delle polpettine: rotolatele nella farina di mais, quindi disponetele su una teglia rivestita con carta da forno. Nebulizzate con olio EVO e infornate per circa 20 minuti a 220 gradi, ricordandovi di passare alla modalità grill durante gli ultimi 5 minuti di cottura. La croccantezza è garantita!

RISO VENERE CON SALMONE E PEPERONI GRIGLIATI

Gluten Free

- 320 g di riso venere
- sale
- peperoni grigliati surgelati
- 500 g di salmone fresco
- olio EVO
- 2 gambi di sedano
- 2 limoni
- erbe aromatiche miste

Lessate il riso in una quantità di acqua leggermente salata pari al doppio del suo volume (ci vorrà circa 1 ora); lasciate scongelare i peperoni. Nel frattempo, pulite il salmone, eliminando le lische e la pelle, quindi riducetelo a dadini, che scotterete in padella con un filo di olio EVO a fiamma bassa. Attenzione alla cottura: il salmone dovrà rimanere rosa all'interno, quindi questa sarà un'operazione rapida. Cotto il pesce, occupatevi del sedano: lavatelo, pelatelo e tagliate le coste a pezzetti. Dovrete ridurre a cubetti anche i peperoni, una volta scongelati. Quando tutti gli ingredienti saranno pronti, unite sedano, peperone e riso in una ciotola, grattugiate sulla superficie la scorza di limone e spolverizzate con le erbe aromatiche che preferite (io di solito in questo caso uso l'origano fresco), quindi aggiungete la dadolata di salmone scottato.

Il mio amore per il salmone è noto... Che ne dite di un altro suggerimento per servirlo con il riso venere? Si tratta di un piatto semplicissimo ma delizioso, ideale anche da portare in ufficio per la pausa pranzo (e far morire d'invidia i colleghi!): sto parlando del riso venere al salmone fresco.

- 320 g di riso venere
- sale
- 500 g di salmone fresco
- 2 cucchiai di salsa di soia
- la scorza di 1 limone
- prezzemolo
- 80 g di noci

Lessate il riso in una quantità di acqua leggermente salata pari al doppio del suo volume. Dopo 20 minuti, spegnete il fuoco, coprite con un coperchio e lasciate che il riso termini la sua cottura semplicemente con il vapore. Nel frattempo, pulite il salmone e tagliatelo a pezzetti. Fatelo saltare a fiamma bassa in una padella appena unta, aggiungendo un paio di cucchiai di salsa di soia. Grattugiate ora la scorza di limone e tritatela insieme al prezzemolo e a qualche gheriglio di noce. Quando il riso sarà cotto, scolatelo e unitelo al salmone. In ultimo, insaporite con il trito.

RISOTTO CON BROCCOLI E CREMA DI SOGLIOLA PER LO SVEZZAMENTO

Gluten Free

DOSI PER UNA PORZIONE

- 4 cimette di broccolo
- 50 g di sogliola
- 2 cucc.ni di olio EVO
- 2 cucchiai di farina di riso venere per neonati (o 30 g di riso venere)

Mondate il broccolo, ricavando le cimette; pulite la sogliola, ottenendo i filetti. Cuocete tutto a vapore, rispettando i vari tempi di cottura. Per i broccoli serviranno circa 8 minuti, mentre per la sogliola 2. Se avete il riso venere in chicchi, lessatelo in una quantità di acqua pari al doppio del suo volume. Quando tutti gli ingredienti saranno pronti, frullateli insieme. Valutate voi sulla base del grado di masticazione del bambino se offrirgli una crema molto liscia o se lasciare intero qualche bocconcino di pesce e di broccolo.

SALMONE AL FORNO CON CAVOLFIORE

Gluten Free

- 300 g di cimette di cavolfiore
- 700-800 g di filetto di salmone
- 1 spicchio di aglio
- 4 cucchiai di olio EVO
- 1 ciuffo di timo fresco
- la scorza e il succo di 1 limone

Mettete sul fuoco una casseruola piena di acqua e portate a bollore. Dovrete sbollentarvi le cimette di cavolfiore per circa 8 minuti: dovranno rimanere belle croccanti. Eliminate le lische dai filetti di salmone, quindi disponeteli su una teglia foderata con carta da forno. Quando le cimette saranno pronte, aggiungetele insieme allo spicchio di aglio schiacciato (o tritato), a un paio di cucchiai di olio EVO e a qualche rametto di timo fresco. Infornate per 7 minuti a 180 gradi in modalità ventilata, quindi attivate la modalità grill per i restanti 3 minuti di cottura. Condite infine con un paio di cucchiai d'olio, la scorza grattugiata di limone e il succo, e siete pronti per servire.

SALMONE CON PATATE DOLCI AL FORNO

Gluten Free

- 4 patate dolci
- sale
- olio EVO
- 350 g di salmone affumicato
- ketchup

Lavate le patate dolci sotto l'acqua corrente, quindi tagliatele in piccole parti senza sbucciarle. Disponetele su una teglia foderata con carta da forno, salate e irrorate con un po' di olio EVO, quindi infornate per circa 40 minuti a 220 gradi. Quando le patate saranno morbide, servitele con il salmone sgocciolato e la salsa ketchup a parte.

SARDE CON CICORIA E PINOLI

Gluten Free

- 2 mazzetti di prezzemolo
- 2 manciate di pistacchi
- 1 spicchio di aglio
- 8 cucchiai di olio EVO
- 1 pompelmo (o 3 limoni)
- 1 limone
- 350 g di sarde fresche e pulite
- 4 mazzetti di cicoria
- 1 manciata di pinoli

Per prima cosa mettete nel bicchiere del mixer il prezzemolo insieme ai pistacchi e allo spicchio di aglio. Versate l'olio EVO e azionate le lame alla massima velocità. Aggiungete un paio di cucchiai di acqua fredda e preferibilmente gassata. La crema è pronta: potete tenerla da parte. A questo punto, spremete gli agrumi. Disponete le sarde in una padella antiaderente con la pelle rivolta verso il basso e fatele cuocere con un po' di acqua e il succo di frutta. Non serve altro condimento, quindi non aggiungetelo! Le sarde saranno pronte in 5 minuti. Una volta cotte, mettetele da parte. Grigliate ora la cicoria o, se preferite, fatela stufare in padella con i pinoli, poca acqua e il succo di 1 limone. Appena appassirà, sarà pronta! È il momento di impiattare: create un letto con la crema di prezzemolo e disponetevi le sarde e la cicoria appassita.

SGOMBRO E AVOCADO

Gluten Free

- 1 mazzetto di cipollotti
- 200 g di pomodori datterini
- 1 avocado maturo
- 300 g di sgombri sott'olio
- 1 lime
- sale
- pepe
- 2 cucchiai di olio EVO (facoltativo)
- 1 ciuffo di prezzemolo

Mondate i cipollotti e tagliateli a rondelle sottilissime. Lavate e tagliate i datterini in 4 parti, quindi riuniteli in una ciotola insieme ai cipollotti. Pulite l'avocado e riducetelo a cubotti, che terrete da parte, in una ciotolina, irrorati con il succo di lime per evitare che si ossidino. Rivestite ora una teglia con carta da forno e create uno strato con i pomodori e i cipollotti. Sopra, adagiate gli sgombri e infine l'avocado con il succo di lime. Salate, pepate e, se necessario, aggiungete un paio di cucchiai di olio EVO. Infornate per 20 minuti a 200 gradi. Nel frattempo, tritate il prezzemolo: lo userete per cospargere la vostra teglia appena prima di servire.

SGOMBRO CON DADOLATA DI MELANZANE E POMODORI

Gluten Free

- 320 g di sgombro sott'olio
- 2 melanzane
- 15 pomodori ciliegino
- 5 pomodori secchi
- olio EVO
- origano

Fate sgocciolare lo sgombro. Lavate e tagliate le melanzane a dadini, quindi stufatele in padella con pochissima acqua per circa 15 minuti. Nel frattempo, lavate e tagliate i pomodori in 4 parti, quindi uniteli in padella insieme ai pomodori secchi ridotti a striscioline con le forbici (non è necessario l'ammollo). Dopo circa 10 minuti dall'aggiunta dei pomodori, unite l'olio EVO e l'origano. Lasciate intiepidire, unite lo sgombro spezzettato e servite.

SGOMBRO ALLA FRANCESCA

Gluten Free

- 40 g di nocciole
- ½ porro
- 400 g di filetto di sgombro fresco
- 1 pizzico di sale
- 10 pomodori secchi
- pepe macinato
- ½ radice di zenzero fresco
- 2 mazzetti di origano fresco
- ½ limone

Tritate le nocciole e tostatele in una padellina antiaderente. Affettate finemente il porro e unitelo in padella insieme a 2 cucchiai di acqua. Quando i porri cominceranno a colorirsi, aggiungete lo sgombro: la pelle dovrà essere a contatto con la padella, quindi potete utilizzare gli altri ingredienti per ricoprirlo. La cottura dovrà essere a fiamma bassissima: lo sgombro non dovrà bruciare né stracuocere, ma rimanere roseo all'interno. Aggiustate di sale e unite in padella anche qualche pomodoro secco e un pizzico di pepe. Ora pulite lo zenzero e riducetelo a cubetti (se non vi piace, potete spremerlo, ma il suo gusto forte si sposa in modo davvero eccellente con la ricetta). Profumate infine il tutto con dell'origano e qualche fettina di limone. Questo sgombro, se accompagnato con un cereale, per esempio un cous-cous di farro, potrebbe rappresentare un piatto unico davvero completo e ricco di sapori differenti.

Francesca Moraldi lavora nel mio team, ormai è un'amica. Ci tengo a proporvi questa sua ricetta perché ha fatto sua la mia cucina, riempiendomi di soddisfazione!

SGOMBRO IMPANATO AL FORNO

- 1 manciata di capperi sotto sale
- 1 cucchiaio colmo di summako (o 1 cucc.no di paprika affumicata)
- pepe
- 150 g di pane integrale grattugiato
- 80 g di farina di riso integrale
- 8 filetti di sgombro pulito
- olio EVO

Sciacquate i capperi sotto sale e tritateli finemente a coltello. Unite il summako o la paprika affumicata, un pizzico di pepe, il pane integrale grattugiato e la farina di riso: mescolate bene. Passate i filetti di sgombro puliti nella panatura che avete appena preparato, quindi infornateli a 200 gradi per circa 20 minuti, oliando leggermente la superficie della teglia. Volendo, potete servire i filetti impanati con una salsa al pomodoro piuttosto ristretta, della consistenza quasi di una maionese: io la preparo facendo cuocere a fuoco vivace una dadolata di 2 pomodori maturi a cui aggiungo 2 cucchiai di triplo concentrato di pomodoro, 2 cucchiai di olio EVO, un cucchiaino di cipolla disidratata e qualche fogliolina di basilico fresco. Bastano 10 minuti ed è pronta.

SGOMBRO IN SALSA AL MIELE E YOGURT

Gluten Free

- 480 g di filetti di sgombro fresco
- 4 cucchiai di olio EVO
- 1 vasetto di yogurt bianco
- 2-3 cucchiai di miele millefiori
- 1 mazzetto di erba cipollina
- pochissimo sale e pepe

Con la carta alluminio preparate dei cartocci nei quali avvolgerete i filetti di sgombro leggermente oliati in superficie. Infornateli per circa 15 minuti a 200 gradi. Nel frattempo, mescolate lo yogurt con il miele, l'erba cipollina tritata fresca, il sale e il pepe. Servite lo sgombro con questa meravigliosa salsa!

SUSHI DI TONNO E AVOCADO IN FOGLIE DI VERZA

Gluten Free

- 10 foglie di verza
- 2 carote
- 1 cucchiaio di zucchero integrale di canna

- sale
- 1 tazza di riso per sushi
- 2 cucchiai di aceto di mele
- 1 avocado
- 4 cetrioli sottaceto grandi
- 2 scatolette di tonno sott'olio
- salsa wasabi (o rafano)
- 1 cucchiaio di semi di sesamo tostati
- 4 cucchiai di salsa di soia

Come prima cosa, sbollentate in acqua le foglie di verza per circa 2 minuti, scolatele e fatele raffreddare su un canovaccio pulito. Nella stessa acqua di cottura lessate le carote, dopo averle pelate. Mettete sul fuoco una quantità di acqua pari al doppio del volume del riso, unite un cucchiaino di sale e lo zucchero, quindi versate il riso a pioggia. Portate a bollore e lasciate cuocere con il coperchio per circa 12 minuti, mescolando di tanto in tanto. A quel punto, aggiungete l'aceto di mele e spegnete la fiamma. Il riso dovrà riposare coperto per circa 20 minuti. Nel frattempo, tagliate a listarelle le carote lessate, i cetrioli e l'avocado; fate sgocciolare il tonno sott'olio. Per assemblare i rotolini (maki), procedete così: disponete su metà di ogni foglia di verza 3 cucchiai di riso. Appiattitelo con le dita inumidite di acqua tiepida. Al centro della striscia che si sarà creata, adagiate un ripieno a vostra scelta tra il tonno sbriciolato, le carotine lessate, i pezzetti di avocado e i cetrioli. Se vi piace, è il momento di aggiungere anche un po' di salsa wasabi, leggermente diluita in acqua calda. Arrotolate con estrema pazienza, pressando bene il cilindro che otterrete, cercando di compattarlo. Infine, con un coltello ben affilato tagliate i vostri maki e decorateli con i semi di sesamo. Come servirli? Con la salsa di soia, naturale!

TAGLIATA DI SALMONE ALLA MIDDLE EAST

Gluten Free

- 400 g di cavolini di Bruxelles
- sale
- 600 g di filetto di salmone fresco
- 1 mazzetto di cipollotti con gambo verde (400 g circa)
- 1 radice di zenzero fresco
- salsa di soia

- 4 cucchiai di olio EVO
- paprika dolce

PER LA MAIONESE SENZA UOVA

- 100 ml di latte di soia
- 220 ml di olio di semi di girasole
- 2 cucchiai di aceto di mele (o succo di limone)
- 1 cucc.no di senape
- 1 pizzico di sale
- 1 spolverata di curcuma

Preparate la maionese senza uova secondo il procedimento indicato a p. 154. Sbollentate i cavolini di Bruxelles in acqua leggermente salata per circa 8 minuti, quindi lasciateli raffreddare. Pulite il filetto di salmone, eliminando le lische, e ponetelo in padella, con la pelle verso il basso. Qualora fosse necessario, potete aggiungere durante la cottura un po' di acqua. Salate leggermente e tenete da parte. Il salmone dovrà rimanere rosa al suo interno, quindi non esagerate né con il fuoco né con i tempi di cottura. Tritate i cipollotti e un pezzetto di radice di zenzero, e ponete il tutto in un wok, con un goccio di acqua. Affettate i cavolini e uniteli in pentola insieme alla salsa di soia e a un filo di olio EVO. Grattugiate un po' di zenzero e mescolate bene. A questo punto, non resta che impiattare: accanto al salmone e ai nostri cavolini di Bruxelles con cipollotti e zenzero, disponete un cucchiaio di maionese senza uova, con un tocco finale di paprika dolce. Una vera delizia!

A TUTTO CALCIO:
I FORMAGGI (E NON)

CROCCANTEZZA IN PADELLA

Gluten Free

Da piccolo amavo il fast food e facevo a gara per mangiare «bocconcini di pollo fritti» come se non ci fosse un domani. Con questa ricetta ho voluto unire la passione per il «croccante» di ieri con quella della salute di oggi. La panatura si adatta a moltissimi alimenti, anche al pesce o alle verdure, ma secondo me dona particolarmente a questo «formaggio-non-formaggio», perfetto per ricreare la carne bianca in termini di consistenza e valori nutrizionali.

Quello che segue è un capitolo importante, tutto da leggere e rileggere, perché i formaggi sono sicuramente buoni ma dobbiamo imparare a consumarne la giusta quantità, scegliendo i migliori (vedremo dopo cosa intendo), e – perché no? – alternandoli al tofu, protagonista di questa ricetta.

- 150 g di farina di mais fioretto
- 1 cucchiaio di pepe macinato
- 300 g di tofu al naturale
- 1 cucchiaio di olio di semi di mais
- 1 cucchiaio di olio EVO
- 3 cucchiai di salsa di soia

Preparate una panatura mischiando bene la farina di mais e il pepe. Tagliate quindi il tofu a cubetti e impanatelo, facendo aderire bene la panatura. Dovrete poi spadellarlo in una padella antiaderente con un cucchiaio di olio di semi di mais e uno di olio EVO. Proseguite la cottura finché non sarà dorato: mi raccomando, questi bocconcini hanno bisogno di delicatezza, quindi utilizzate una fiamma dolce e non prolungate la cottura più del necessario. Quando si formerà una crosticina, «sfumate» con la salsa di soia e servite. Io di solito accompagno questo piatto con tante verdure di stagione ripassate in padella oppure leggermente grigliate e, poi, condite con olio EVO, prezzemolo (tritato) e limone: ne esce un piatto unico davvero equilibrato e goloso!

Pronti a parlare di calcio? Tranquilli, per vostra fortuna non sono un tifoso e dunque non vi stordirò con discorsi da Bar Sport su fuorigioco e calci d'angolo. Per me il calcio è un sale minerale, il più presente nel corpo umano: pensate che un adulto in salute dovrebbe contenerne almeno 1200 grammi, un'enormità! Il 99 per cento del calcio si trova, ovviamente, nelle ossa e nei denti, il restante 1 per cento, invece, nei tessuti molli e nei liquidi extracellulari.

La sua importanza è evidente, ed elevato è il suo fabbisogno: ben 800-1000 milligrammi al giorno per l'uomo, 1200-1500 milligrammi per la donna.

Cito il calcio ora perché siamo appena entrati in un capitolo dedicato a un'altra fonte di proteine, vale a dire i formaggi (e surrogati).

Premessa doverosa, visto che viviamo in Italia: il formaggio è una valida alternativa al secondo piatto. Non è un antipasto e, meno che meno, è da servire a fine pasto: queste sarebbero dosi eccessive, e noi non vogliamo eccedere, vero?

Prima di gettarmi a capofitto su questo alimento, però, voglio dilungarmi ancora per qualche riga sul calcio, e in particolare sul rapporto esistente tra questo minerale e l'osteopo-

IL CALCIO

A parte le sedi nelle quali si accumula, il calcio è coinvolto in numerosi e fondamentali processi del nostro organismo: la trasmissione dell'impulso nervoso, la contrazione e il rilassamento muscolare, la regolazione della pressione sanguigna, la coagulazione del sangue e l'attivazione della difesa immunitaria.

Il suo livello nel corpo è affidato agli «ormoni» calcio-regolatori: la calcitonina (ipocalcemizzante), il paratormone (ipercalcemizzante) e la vitamina D, che si occupa dell'assorbimento intestinale del macrominerale. Pertanto, ogni eventuale eccesso viene smaltito fisiologicamente, salvo in casi di squilibrio. Piuttosto, è la carenza a creare problemi: è dimostrato che provoca osteoporosi, con fratture frequenti alla spina dorsale e ad altre ossa ma anche riduzione della statura, dolori lombari, contrazioni muscolari e disordini compulsivi. Al contrario, l'assunzione di calcio ha un effetto preventivo per le malattie che coinvolgono le ossa.

rosi, una malattia a prevalenza femminile che si sta allargando a macchia d'olio: colpisce il 33 per cento delle donne tra i 60 e i 70 anni e ben il 66 per cento delle ultraottantenni. Il motivo è presto detto, ed è anche positivo: la vita media si è allungata e la donna vive oggi anche più di trent'anni in post-menopausa, privata dell'azione protettiva degli estrogeni. Ciò comporta, tra le altre conseguenze, una riduzione della quantità di calcio che si fissa nelle ossa: ed ecco spiegate le cause del rischio di osteoporosi. Oltre alla diagnosi precoce, a essere superimportante è – indovinate... – la prevenzione, attraverso uno stile di vita e alimentare corretto.

La dieta consigliata, naturalmente, prevederà alimenti ricchi di calcio e di vitamina D. Questo vale non solo per le donne oltre i 50 anni, ma per tutti: il fabbisogno di calcio solo raramente viene soddisfatto; gli adulti tendono infatti ad assumerne una dose inferiore ai 700-800 mg al giorno, molto meno di quanto prevedano gli esperti.

Le *Linee guida per una sana alimentazione italiana* raccomandano infatti 3 porzioni al giorno di latte/yogurt da 125 grammi, che apportano proteine ad alto valore biologico (dal 21 al 24 per cento della dose giornaliera raccomandata, o RDA), calcio (55 per cento della RDA), altri sali minerali e una buona quantità di vitamina A. I grassi del latte, nonostante siano soprattutto saturi, non sono correlati con un aumento del rischio di incorrere in eventi a carico del sistema cardiocircolatorio, ma piuttosto a una loro riduzione. Il latte parzialmente scremato (che contiene l'1,5-1,6 per cento di grassi, contro il 3,6 per cento del latte intero), invece, svolge effetti favorevoli sulla pressione arteriosa e sul rischio cardiovascolare.[1]

LA VITAMINA D, UN'AIUTANTE FONDAMENTALE

La conosciamo perché «fa bene alle ossa», ed è proprio così. La vitamina D, detta anche «antirachitica», gioca un ruolo di primissimo piano nella mineralizzazione delle ossa e migliora l'assorbimento del calcio e del fosforo. La troviamo nel pesce azzurro (o quasi), e in particolare nelle aringhe, nelle sardine, negli sgombri, nel salmone e nell'olio di fegato di merluzzo. Il nostro fabbisogno giornaliero è pari a 1-15 milligrammi.

Dove si nasconde, dunque, l'utilissimo calcio?

Sicuramente in latte e derivati, ma non solo. Anche nella soia e nei suoi derivati (più avanti parleremo del tofu), nei legumi, nei vegetali a foglia verde scuro, nei broccoli e nelle cime di rapa. E ancora nei finocchi, nei porri e in alcuni semi

[1] «Alimentazione, prevenzione e benessere», 3 giugno 2014.

oleosi, come sesamo e mandorle. Anche certe erbe aromatiche ne sono ricche: parlo di erba cipollina, cerfoglio, prezzemolo, crescione e salvia (100 grammi di salvia ne apportano addirittura 600 milligrammi). Utilizzarle per profumare i nostri piatti è un modo creativo per assumere calcio!

Alimento	Calcio (mg) per 100 g
Formaggi a lunga stagionatura (grana, emmental)	900-1100
Formaggi a media stagionatura (taleggio, fontina, provolone)	600-900
Formaggi freschi (ricotta, mozzarella, robiola)	400-600
Pesce azzurro	350
Rucola	300
Mandorle, noci, nocciole	250-300
Cavoli, rape, verze	250
Broccoli, fagioli	100-125
Gamberetti	120
Latte e yogurt magri	100-120
Latte e yogurt interi	80-100
Spinaci	80-100

Fonte: Fondazione Veronesi [2]

I cibi più ricchi di calcio, comunque, sono e restano il latte, i latticini e in particolare i formaggi. Buone notizie, dunque, per chi li ama: in una dieta varia ed equilibrata sono concessi per 2-3 porzioni a settimana. Bisogna, questo sì, saper scegliere: i formaggi non sono tutti uguali e non tutti hanno lo stesso contenuto nutrizionale.

Quando vi troverete di fronte all'immenso banco frigo del supermercato, non fatevi prendere dalla golosità, non pensate a

[2] F. Morelli, *Calcio e vitamina D per prevenire l'osteoporosi*, 7 giugno 2013 (www.fondazioneveronesi.it).

quanto uno potrebbe essere cremoso e l'altro profumato: guardate le etichette. Perché? Be', ogni formaggio viene prodotto a partire da tre ingredienti fondamentali, e cioè latte, caglio (oggi molti formaggi sono prodotti con caglio microbico, enzimatico o vegetale) e sale. A fare la differenza sono tre fattori:

1. il latte con cui sono prodotti: quelli caprini sono da preferire (anche il latte!) rispetto a quelli vaccini perché la capra è un animale che nasce «biologico». Cosa significa? Che non è un mammifero che si presta all'allevamento intensivo, non viene alimentato con insilati (ovvero mangimi industriali) e si trova bene nel suo habitat naturale, cioè l'alpeggio. Rispetto al latte vaccino, inoltre, il latte di capra contiene più ferro e fosforo;
2. la stagionatura, un processo naturale che ci permette di distinguere i formaggi tra freschi, semistagionati e stagionati;
3. eventuali additivi, cioè aromi, ma non solo: vi capiterà di trovare anche voci come «crema di latte» o «panna», che arricchiscono il prodotto di una sola cosa, grassi saturi. Meglio, ovviamente, preferire formaggi che non presentano queste aggiunte, a maggior ragione visto che quelli prodotti con i soli tre ingredienti base sono comunque saporiti e appetitosi.

Riassumendo: scegliete formaggi con liste di ingredienti di tre sole voci e *magri*: focalizzatevi sulla tabella nutrizionale: quanti grassi e quanto sale contengono? I formaggi vengono considerati «magri» quando i grassi sono inferiori al 25 per cento (quindi 25 grammi su 100 di prodotto).

Ancora: lista di ingredienti di tre sole voci, magri e *freschi*. Questi formaggi non vanno incontro a una lunga stagionatura e, pertanto, contengono generalmente meno sale. Inoltre sono più ricchi di acqua, mentre i formaggi stagionati presentano una maggiore concentrazione di grassi, soprattutto saturi, i più dannosi per la salute. Infine, sono un ingrediente straordinario in cucina: danno morbidezza e cremosità a qualsiasi preparazione e sono perfetti per sostituire grassi da con-

UNA SFIDA PER GLI OCCHI (MA NON SOLO): DECIFRARE LE ETICHETTE

La maggior parte di noi non le legge per pigrizia, altri per presbiopia, altri per la fretta, eppure dedicare qualche istante alle etichette dei prodotti che portiamo in tavola ci permette di essere consumatori più consapevoli e di mangiare in modo più sano. Tradotto: vale la pena sforzarsi. L'ho sperimentato su di me e posso assicurarvi che dopo qualche volta la curiosità avrà la meglio e addirittura vi appassionerete a quel rito che all'inizio vi sembrava un incubo!

Dovrete fare attenzione innanzitutto ai grassi aggiunti:

1. no a generici «grassi vegetali», dicitura che solitamente significa olio di palma e cocco, entrambi dannosi per la salute;
2. sì all'olio EVO, agli oli di mais, di semi vari e di girasole, meglio se spremuti a freddo.

Per ciò che riguarda il sale, invece, un discorso a parte: viene spesso indicato come «sodio», quindi per conoscere il reale contenuto di sale del prodotto dovrete moltiplicare per 2,5. Un esempio: alcuni formaggi contengono 400 milligrammi di sodio per 100 grammi; moltiplicate per 2,5 e scoprirete che 100 grammi di quel formaggio contengono 1000 milligrammi di sale, ovvero 1 grammo! Vale la pena ricordare che gli esperti consigliano di assumere al massimo 4-6 grammi di sale al giorno, quindi scegliete bene come preferite consumarlo!

dimento poco salutari. Mi preme ricordarvi quanto sia buono un risotto mantecato con ricotta o caprino freschi al posto di burro e parmigiano!

Voglio semplificarvi la vita e incrociare per voi tutte le informazioni che vi ho appena passato. I formaggi suggeriti sono la ricotta, la mozzarella vaccina, il caprino, il quartirolo e la feta.

Basta dare uno sguardo alla tabella di seguito per comprendere come questi formaggi (insieme al tofu, che merita un discorso a parte) siano nella top ten di quelli consigliati: calcio a volontà e un contenuto di grassi il più basso possibile.

Scopriamone alcuni insieme.

Formaggio per 100 g	Kcal	Acqua	Proteine totali	Lipidi totali	Carboi-drati	Calcio
Emmental	403	34,6	28,5	30,6	3,6	1145
Feta	250	57,1	15,6	20,2	1,5	360
Fontina	343	41,1	24,5	26,9	0,8	870
Formaggio cremoso spalmabile	313	59,2	8,6	31	tr	110
Mozzarella di bufala	288	55,5	16,7	24,4	0,4	210
Mozzarella vaccina	253	58,8	18,7	19,5	0,7	350
Caprino	268	60,75	18,52	21,8	0,89	140
Pecorino	392	34	25,8	32	0,2	607
Ricotta di pecora	157	74,1	9,5	11,5	4,2	166
Ricotta di vacca	146	75,7	8,8	10,9	3,5	295
Stracchino	300	53,5	18,5	25,1	tr	567
Tofu	78		8,1	4,8	0,7	105

Fonte: INRAN

IL CAPRINO

Il caprino fresco naturale viene prodotto solo con latte crudo (di capra, sanissimo, come abbiamo appena detto) e per spontanea coagulazione acida (senza l'aggiunta di caglio). Durante questo processo, i fermenti lattici trasformano il lattosio in acido lattico, rendendo il prodotto più digeribile e conferendogli un sapore leggermente asprigno. Evitando la pastorizzazione, il patrimonio vitaminico del latte viene salvaguardato. I batteri buoni che si producono spontaneamente rendono il caprino un alimento utile al buon funzionamento del nostro intestino. In commercio esistono anche formaggi di capra prodotti con l'aggiunta di caglio e/o ottenuti con latte lavorato ad alte temperature, ma sarebbero da evitare.

Il caprino fresco è tra i formaggi che preferisco: non solo per il suo gusto e per il suo ricco contenuto di calcio, ma per la sua versatilità in cucina. Allungato con un po' di latte è perfetto per sostituire condimenti più grassi, come la panna, ma io lo uso anche come base per salse e pesti. Fa parte dei pochi formaggi notoriamente magri, ma occhio alle etichette: al vero caprino, a base di latte di capra, si sono aggiunti negli anni formaggi mascherati da caprini. Sto parlando di quelli prodotti con latti misti o addirittura solo con latte vaccino. La consistenza è identica, ma il gusto risulta più delicato.

LA RICOTTA

È talmente magra da non essere nemmeno considerata un formaggio! Sembra uno scherzo, ma è proprio così: la ricotta viene prodotta a partire da siero di latte, ovvero il liquido che viene «scartato» durante la lavorazione dei formaggi, acido citrico (succo di limone), caglio e un po' di sale. Tutto qui.

È un alimento che straconsiglio di consumare nelle 2-3 porzioni settimanali di formaggi: è ricco di proteine e povero di grassi. Occhio, come sempre, alle etichette: alcune ricotte industriali sono addizionate con la panna... saranno più cremose, ma sono proprio un'altra cosa!

IL TOFU

Lo chiamiamo «formaggio di soia» perché si ottiene con un procedimento simile a quello che si segue per creare formaggi freschi, ma a partire dal latte di soia. Nell'aspetto il tofu assomiglia ai formaggi, ma è nelle caratteristiche nutrizionali che se ne distanzia: le calorie calano drasticamente (78 kilocalorie ogni 100 grammi di prodotto contro le 313 di un formaggio fresco spalmabile), le proteine sono di altissimo valore biologico (anche se per assumere tutti gli aminoacidi essenziali bisognerà combinarlo con un cereale, come detto a p. 133), i grassi sono prevalentemente insaturi e polinsaturi, più facili da digerire e con la tendenza a fluidificare il sangue e abbassare il livello di colesterolo. Quanto ai minerali, calcio e ferro resistono abbastanza bene al processo di trasformazione in tofu, e dunque sono presenti in abbondanza. Solo le fibre si degradano, e quindi non sono presenti.

Anche in questo caso, come in tutti i precedenti, un'occhiata all'etichetta è d'obbligo: taluni produttori potrebbero addizionare il tofu con zuccheri e grassi poco salutari.

UN RIPASSINO SULLA SOIA

Molti di voi ne avranno fin sopra i capelli di sentirmi disquisire di soia, ma ne sono talmente entusiasta che un richiamino ci sta, qui accanto al tofu!
Per chi se lo fosse dimenticato, dunque, la soia è un legume ed è utilizzabile in cucina proprio come fagioli, ceci e lenticchie: possiamo aggiungerla nelle zuppe, tramutarla in crema o in burger, lessarla e usarla come ingrediente per un'insalata. Ma non è tutto: la soia ci stupisce non solo con le sue proprietà nutraceutiche, ma anche con il suo trasformismo: tra i prodotti derivati troviamo appunto il tofu, ma anche il tempeh, l'okara e il miso, oltre al latte. Tutti, in diversa misura, hanno le medesime proprietà nutraceutiche: proteine vegetali in abbondanza (fino al 37 per cento), fibra a non finire (fino al 12 per cento) e – ciliegina sulla torta – una pioggia di grassi «buoni», vale a dire gli Omega-3, oltre a calcio e ferro in buona quantità.

LO YOGURT

Prima di lasciarvi tuffare tra le ricette, voglio dedicare un paragrafo allo yogurt, un alimento che deriva dalla fermentazione del latte: durante questo processo il lattosio, lo zucchero del latte, si divide in due componenti più semplici e digeribili, il glucosio e il galattosio, producendo l'acido lattico, responsabile del piacevole sentore acidulo. È tutto merito del *Lactobacillus bulgaricus* e dello *Streptococcus thermophilus*, fermenti che lo yogurt, per essere efficace dal punto di vista nutrizionale, deve contenere in abbondanza: almeno 2 milioni per grammo.

Le sue proprietà nutrizionali sono degne di nota:

1. favorisce l'assorbimento del calcio e del fosforo, contribuendo a prevenire l'osteoporosi;
2. esercita un'azione antibiotica sui microrganismi intestinali patogeni, migliorando le difese immunitarie;
3. stimola la flora intestinale, facilitando la regolarizzazione della funzione intestinale.

Inoltre, proprio perché «in fermento», lo yogurt è adatto a svolgere la funzione di starter, sia per composti come il lievito madre, che per se stesso. In pratica, è possibile produrlo a casa! Avete mai provato? È semplicissimo: basta scaldare 1 litro di latte fresco a circa 40 gradi (non di più, i fermenti morirebbero) e unire 2-3 vasetti di yogurt naturale usando un frullino. Da questo momento bisognerà mantenere il composto a 40 gradi, per consentire la fermentazione. Il mio consiglio è quello di piazzarlo in forno, coperto, per una notte. Il mattino seguente potrete gustare il vostro yogurt appena fatto.

Se ora siete entusiasti almeno quanto me di queste alternative alle proteine animali, fatevi sotto e buttatevi nelle prossime pagine: vi aspettano decine di idee per trasformare i formaggi in piatti stupefacenti!

BACI DI PRATAIOLO CON CAPRINO

Gluten Free

- 20 funghi prataioli
- 1 manciata di capperi sottaceto
- 1 ciuffo di prezzemolo fresco
- 200 g di caprino (preferibilmente light)
- 3 cucchiai di olio EVO

Pulite i funghi, eliminando il gambo e la pelle della cappella con un coltellino. Tritate i capperi a coltello insieme al prezzemolo. In una ciotolina sbattete, con una forchetta, il caprino con i capperi e il prezzemolo fresco tritati, con l'aggiunta di un paio di cucchiai di olio EVO. Dovrete ottenere una consistenza densa, non troppo liquida. Con la crema ottenuta riempite i funghi: per aiutarvi, potete utilizzare un cucchiaino o una sac à poche. Uniteli a due a due e disponete i «baci» di prataiolo sul piatto di portata, irrorate con un filo di olio, quindi servite come finger food.

BURGER DI CECI E FETA

- 300 g di ceci lessati
- 2 zucchine
- 3 pomodori secchi sott'olio
- 200 g di feta
- sale
- pane integrale grattugiato

Se avete ceci in scatola, risciacquateli sotto l'acqua corrente. Lavate e tagliate le zucchine a pezzettini; riducete la feta a cubetti. Frullate quindi i legumi con le zucchine e i pomodori secchi. A questo composto unirete la feta, il sale e pane integrale grattugiato quanto basta per ottenere la consistenza dei burger (di solito bastano 3 cucchiai). Dividete l'impasto in 6 parti e con ciascuna formate un burger. Man mano che sono pronti, disponeteli su una teglia rivestita con carta da forno. Infornate per circa 20 minuti a 200 gradi, o fino a quanto i burger non saranno belli dorati.

CAPRINO HOME MADE

Gluten Free

- 2 l di latte intero di capra
- 2 limoni
- 1 pizzico di sale
- semi di sesamo
- semi di girasole
- semi di lino

Scaldate il latte a fuoco medio. Nel frattempo, spremete i limoni e filtratene il succo: non dovrà contenere né semi né pellicine né polpa. Quando il latte avrà raggiunto il bollore, unite il succo di limone e proseguite la cottura per 3-4 minuti, abbassando leggermente la fiamma. Prima di spegnere, aggiungete il pizzico di sale e mescolate bene. Spegnete e lasciate «riposare» il latte che avete trattato per circa 10 minuti. Munitevi ora di uno scolapasta, foderatelo con un canovaccio pulito e poggiatelo nel lavello. Versate al suo interno il latte cagliato: il siero colerà attraverso il panno. Quando il formaggio si sarà raffreddato, prendete il canovaccio e arrotolatelo, strizzando il suo contenuto: in questo modo, eliminerete completamente i liquidi. Trasferite ora il formaggio morbido in uno stampo in silicone (o in tanti stampini da muffin) e ponetelo in frigorifero a raffreddare. Potrete assaggiarlo anche caldo, appena preparato, ma freddo (dopo qualche ora) sarà superlativo e voi molto soddisfatti! Tostate i semi in una padellina antiaderente e utilizzateli per cospargere la superficie del formaggio. Se vi state chiedendo quanto durerà questa meraviglia, la risposta è semplice: a patto che non venga divorata immediatamente, si conserva per un paio di giorni in frigorifero, meglio se chiusa in un contenitore per alimenti.

CREMA DI CANNELLINI E FORMAGGIO FRESCO

Gluten Free

- 250 g di cannellini lessati
- 120 g di caprino fresco (o yogurt greco)
- ½ limone
- 1 cucchiaio di capperi sottaceto
- 2 cucchiai di olio EVO
- pepe

Riunite tutti gli ingredienti nel bicchiere del mixer e frullate. Una volta pronta, lasciate la crema in frigorifero per circa 1 ora prima di servirla!

Stupiti, vero? Veloce e semplicissima, questa crema è perfetta. Talmente perfetta che voglio proporvene una variante: i cannellini ci sono sempre, ma il formaggio cambia. In questo caso useremo la feta:

- 300 g di cannellini secchi già ammollati
- sale e pepe
- 1 spicchio di aglio
- 280 g di avena in chicco
- 1 ciuffo di prezzemolo fresco
- 2 cucchiai di olio EVO
- 250 g di feta

Prima di tutto: avete già ammollato i cannellini, vero? Se non è così, rimandate la preparazione di questa ricetta a domani: i cannellini devono stare in ammollo per 24 ore. Se invece i cannellini sono già ammorbiditi, potete cominciare con il lessarli in acqua leggermente salata con uno spicchio di aglio. Ci vorranno dai 90 ai 120 minuti. Cuocete anche l'avena in chicco nel doppio del suo volume di acqua. Ci vorranno circa 45 minuti di bollore. Un forno a vapore vi semplifica la vita (se l'avete): potete svolgere le medesime operazioni lì, a 100 gradi. Mettete l'avena in una prima teglia, immersa in una quantità di acqua pari al doppio del suo volume e i cannellini in una seconda teglia, con acqua in un rapporto 1:1. Infornate per prima l'avena e, quando il forno ve lo chiederà, i cannellini. Tritate il prezzemolo (se volete, potete aggiungere anche uno spicchio di aglio) e tenetelo da parte. Una volta terminata la cottura dei cannellini, frullateli con un frullatore a immersione, mantenendo anche parte della loro acqua di cottura. Unite un paio di cucchiai di olio EVO, una macinata di pepe e la feta spezzettata grossolanamente a mano: continuate a frullare fino a ottenere una consistenza omogenea. Suddividete la vellutata di cannellini nei piatti e disponete al centro di ciascuno un «cuore» di avena. Prima di servire, non resta che condire con una spruzzata di prezzemolo e una macinata di pepe.

CROSTINI DI PANE DI SEGALE CON PERA GRIGLIATA E CAPRINO

- 8 fette di pane di segale
- 2 pere
- 1 manciata di pinoli
- 1 manciata di semi di zucca
- 1 grande cespo di radicchio
- 400 g di caprino
- 1 limone
- pepe
- 1 cucchiaio di olio EVO

Tagliate le fette di pane ottenendo dei triangoli, che tosterete in forno o su una padella antiaderente. Mi raccomando, non carbonizzatele! Dovranno semplicemente diventare più croccanti. Lavate quindi le pere e dividetele a metà. Eliminate i torsoli, quindi tagliatele a fettine dello spessore di circa 0,5 cm. Le griglierete in una padella antiaderente insieme ai pinoli e ai semi di zucca. Passate ora alle foglie di radicchio: staccatele dal cespo e lavatele, quindi cuocetele sulla piastra o padella antiaderente per circa una decina di minuti. In una ciotola, condite il caprino con il succo di limone, una macinata di pepe e un filo di olio EVO, quindi mescolate fino a ottenere una crema liscia e omogenea. Non resta che comporre i crostini: su ogni fetta di pane tostato, disponete una foglia di radicchio, un po' di crema di caprino e una fetta di pera grigliata. Cospargete con i semi di zucca e i pinoli tostati e servite.

EMPANADAS

- 100 g di farina 0
- 100 g di farina integrale
- 50 g di farina di farro
- 120 ml di olio EVO
- 125 ml di acqua tiepida
- 1 pizzico di sale

PER IL RIPIENO

- 250 g di crescenza light
- 1 cipolla
- pomodori secchi

Impastate il mix di farine con l'olio EVO, 125 ml di acqua tiepida e un pizzico di sale. Formate una palla, avvolgetela con la pellicola trasparente e lasciate riposare per circa 30 minuti a temperatura ambiente. Nel frattempo, dividete la crescenza in tanti bocconcini, tagliate la cipolla a julienne, reidratate i pomodori secchi e tagliateli con le forbici. Stendete ora l'impasto in una sfoglia molto sottile (pochi millimetri), dalla quale con un coppapasta otterrete dei dischetti del diametro di circa 12 cm. Farcite ogni disco di pasta con un pezzetto di crescenza, un po' di cipolla e qualche striscia di pomodoro secco. Ripiegate la pasta su se stessa e sigillatene bene i bordi premendo con le dita (come se si trattasse di un raviolo) o aiutandovi con i rebbi di una forchetta. Disponete le empanadas su una teglia foderata con carta da forno e infornate per circa 15-20 minuti a 200 gradi.

INVOLTINI DEL CAVOLO

Gluten Free

- 100 g di funghi freschi
- 180 g di patate
- 2 cucchiai di ricotta magra
- 4 foglie grandi di cavolo bianco
- 1 cucchiaio di capperi
- olio EVO
- 2 cucchiai di erba cipollina tritata
- 1 cucchiaio di prezzemolo tritato
- 70 g di mandorle affettate
- curcuma
- sale

Mondate, lavate, asciugate e tritate i funghi. Lessate le patate (senza sbucciarle); quando sono morbide, pelatele e affettatele a rondelle.

Sbollentate le foglie di cavolo, scolatele, fatele raffreddare e asciugatele. Tritate i capperi e le erbe aromatiche a coltello. Scaldate ora una padella antiaderente e scaldatevi le patate insieme alla ricotta e a un po' di olio EVO, ai funghi sminuzzati, alle erbe, alle mandorle e ai capperi. Mescolate bene per amalgamare tutti gli ingredienti e proseguite la cottura per 5 minuti. Disponete davanti a voi le foglie di cavolo e farcitele con il ripieno appena preparato. Avvolgetele come se fossero involtini e richiudetele con uno stuzzicadenti. Fate dorare gli involtini in una padella antiaderente con poco olio, profumandoli con la curcuma e regolando di sale. Quando si saranno coloriti su tutti i lati, unite 4 cucchiai di acqua calda, coprite con un coperchio e proseguite la cottura finché l'acqua sarà completamente evaporata. A quel punto, togliete il coperchio, cuocete per un altro minuto, quindi spegnete la fiamma e servite gli involtini belli caldi.

MUFFIN CON TOFU E BIETOLE

- 150 g di bietole
- sale
- 4 cucchiai di olio EVO
- 60 g di pinoli
- 200 g di farina di tipo 1
- 30 g di amido di mais
- 2 cucc.ni di lievito per salati
- 30 g di fecola di patate
- 150 g di tofu al naturale
- 1 bicchiere di latte di soia

Lavate e mondate le bietole, quindi stufatele con un paio di cucchiai di acqua, un pizzico di sale e insaporitele con un cucchiaio di olio EVO e i pinoli (da aggiungere passato il primo minuto di cottura). Una volta pronte, lasciatele raffreddare. Nel frattempo, riunite in una ciotola la farina, il lievito, l'amido di mais e la fecola di patate. Tagliate ora grossolanamente le bietole a coltello e frullate il tofu con un cucchiaio di latte di soia e l'olio rimasto. Incorporate sia il tofu sia le bietole nel misto di farine. Mescolate e, eventualmente, aggiungete altro latte, qualora l'impasto risultasse troppo denso (non è detto che serva: la quantità di liquido necessaria varia in base all'acqua contenuta nelle bietole e alla cremosità del tofu). Con l'impasto ottenuto riempite dei pirottini da muffin, che infornerete per circa 30-40 minuti a 200 gradi.

ORECCHIETTE FETA E NOCI

- 320 g di orecchiette integrali
- sale e pepe
- 70 g di gherigli di noci
- 1 arancia
- 2 cucchiai di olio EVO
- 150 g di feta

Cuocete le orecchiette in acqua leggermente salata. Nel frattempo, tritate i gherigli delle noci e grattugiate la buccia d'arancia. Spadellate velocemente le orecchiette con le noci e la scorza di arancia, pepate e condite con olio EVO. Spegnete la fiamma e impiattate, sbriciolando a mano la feta in superficie. Buon appetito!

PARMIGIANA DI MELANZANE

- 1 l di salsa di pomodoro
- 300 g di ricotta di pecora
- 1 tubetto di concentrato di pomodoro
- sale
- 300 g di melanzane grigliate surgelate
- 4 cucchiai di olio EVO
- origano secco in abbondanza
- 200 g di pane integrale grattugiato
- qualche foglia di basilico fresco

Innanzitutto, la salsa: radunate in una ciotola la salsa di pomodoro, la ricotta e il concentrato; condite con un pizzico di sale e i cucchiai di olio EVO. Mescolate bene (se necessario, usate una frusta) e tenete da parte. Foderate ora una pirofila con carta da forno e componete la parmigiana: create strati alternati di melanzane grigliate e di salsa. Tra uno e l'altro, spolverizzate di origano (se vi piace). Cospargete la superficie di pane integrale grattugiato, e siete pronti a infornare: per completare la cottura ci vorranno 30 minuti a 200 gradi. Che cosa manca? Una bella foglia di basilico fresco al momento di servire. Come tutte le ricette preparate al forno, anche per la parmigiana l'ideale sarebbe lasciarla raffreddare e consumarla qualche ora dopo, se non addirittura il giorno dopo.

Una variante strepitosa e decisamente più estiva? Con la crema di tofu e il sesamo! Almeno una volta, dovete provarla!

- 300 g di melanzane grigliate surgelate
- 1 cucchiaio di semi di girasole
- 4 cucchiai di semi di sesamo
- 50 g di olive nere denocciolate
- 50 g di capperi sottaceto
- 150 g di tofu
- 1 spicchio di aglio
- 4 cucchiai di olio EVO
- 1 punta di cucchiaio di curcuma

Scongelate le melanzane e fate perdere loro l'eventuale acqua tamponandole o ripassandole in padella. Tostate i semi in una padella antiaderente. Frullate quindi nel mixer le olive e i capperi (risciacquati), il tofu (sbriciolato), l'aglio (tritato), l'olio EVO e 3 cucchiai di acqua. Trasferitevi in una ciotola, unite la curcuma e i semi e mescolate con un cucchiaio. Componete tante torrette alternando melanzane con la crema preparata. Servite la vostra parmigiana fredda rivisitata con olio EVO a filo in superficie.

PASTA ALLA GRECA

- 320 g di pasta integrale
- 350 g di melanzane
- 6 cucc.ni di olio EVO
- 200 g di pomodori datterini
- basilico fresco
- 20 olive taggiasche
- 120 g di feta
- rosmarino secco
- 1 cucchiaio di yogurt greco
- rucola

Cuocete la pasta e scolatela al dente. Nel frattempo, lavate le melanzane e riducetele a dadini, quindi fatele appassire in una padella antiaderente con un cucchiaio di olio EVO e 1 di acqua. Lavate i pomodori e tagliateli in 4 parti, quindi radunateli in una ciotola con il basilico, le olive taggiasche e la feta sbriciolata. Mescolate, unite le melanzane e aromatizzate con del rosmarino secco. Unite lo yogurt greco e, in ultimo, la pasta. Mischiate tutti gli ingredienti, quindi impiattate su un letto di rucola.

PASTA INTEGRALE AL FORNO CON FUNGHI, ZUCCA E BESCIAMELLA DI CAPRINO

- 60 g di funghi secchi
- 1 zucca mantovana
- 2 spicchi di aglio
- 320 g di pasta corta integrale
- 6 cucchiai di olio EVO
- 200 g di caprino fresco
- 200 ml di acqua
- sale e pepe

Reidratate i funghi in acqua calda per 20 minuti. Nel frattempo, mondate la zucca, eliminando la buccia, i filamenti interni e i semi, quindi riducete la polpa a cubetti. Tritate l'aglio. Preparate la besciamella sbattendo con una forchetta il caprino con circa 200 ml di acqua. Tenete da parte. Ora, in una capiente padella, stufate con qualche cucchiaio di acqua sia la dadolata di zucca sia i funghi, sfruttando anche la loro acqua di ammollo qualora quella aggiunta a inizio cottura dovesse risultare insufficiente. Regolate di sale e di pepe e, dopo 10 minuti, unite l'aglio e l'olio EVO. In totale, le verdure dovranno cuocere circa 10 minuti. Cuocete la pasta integrale al dente, lasciatela raffreddare, quindi unitela alla verdura stufata. Trasferite il tutto in una pirofila, creando strati di pasta condita e di besciamella. Infornate per 20 minuti a 200 gradi: preparatevi a rimanere stupiti!

PIADINA HOME MADE FARCITA CON CREME SALATE A PIACERE

PER LE CREME SALATE

- 2 carote
- 50 g di mandorle pelate
- 1 mazzo di prezzemolo
- 150 g di fagioli cannellini lessati
- 200 g di caprino fresco
- 100 ml di olio EVO delicato
- origano fresco
- sale

PER LE PIADINE

- 100 g di farina integrale
- 100 g di farina di grano saraceno
- 4 cucchiai di olio EVO
- ½ cucc.no di sale
- 2 pizzichi di bicarbonato

Innanzitutto, preparate le creme salate. Per quella arancione, mondate le carote, quindi lessatele (anche al microonde) e frullatele con un po' di olio EVO, di acqua di cottura e di mandorle. Regolate di sale e aggiungete il prezzemolo tritato a coltello. La crema dovrà essere piuttosto densa, quindi aggiungete acqua solo se necessario. Per la crema ai cannellini dovrete innanzitutto risciacquare i fagioli sotto l'acqua corrente, quindi frullarli con il caprino e un paio di cucchiai di olio EVO. Una spolverata di origano fresco e tenete il tutto da parte. Dedicatevi ora alle piadine: impastate tutti gli ingredienti in una ciotola capiente, aggiungendo acqua poco per volta, finché non si verrà a formare un impasto morbido ed elastico ma non appiccicoso. Suddividete l'impasto in tante palline, allargatele con le mani o con un matterello creando delle forme rotonde e cuocetele in una pentolina antiaderente riscaldata e leggermente unta di olio EVO. La piadina dovrà diventare dorata su entrambi i lati prima di venire farcita con una delle creme salate a vostra scelta.

POLENTA INTEGRALE CON SPEZZATINO DI FAGIOLI E TOFU

Gluten Free

- 2 l di acqua
- 2 scatole di fagioli rossi lessati
- 200 g di tofu affumicato
- 1 spicchio di aglio
- 1 tubetto di triplo concentrato di pomodoro
- olio EVO
- 1 pacchetto di polenta di mais integrale istantanea

Mettete sul fuoco una pentola con 2 litri di acqua e portate a bollore. Nel frattempo, sciacquate i fagioli rossi e riducete il tofu a dadini. Ponete il tutto in una casseruola con il triplo concentrato di pomodoro, uno spicchio di aglio, 2-3 cucchiai di olio EVO e un paio di acqua. Accendete il fuoco e scaldate lo «spezzatino» per 10 minuti circa. L'acqua che avete scaldato dovrebbe ora essere giunta a bollore: versatevi la polenta a pioggia e cominciate a mescolare. La polenta dovrà cuocere per circa 6-7 minuti. Non resta che impiattare! Tenete presente che questo piatto sarà altrettanto buono anche a distanza di qualche giorno, quindi è perfetto se dovete organizzare una cena con anticipo.

POLPETTE DI CAPRINO

Gluten Free

- 100 g di semi di sesamo
- 100 g di semi di papavero
- 5 albicocche disidratate
- 50 g di noci sgusciate
- 400 g di caprino
- 2 cespi di insalata indivia
- 2 cucchiai di olio EVO
- ½ limone

Suddividete i semi in due ciotole. Tagliate a pezzetti le albicocche disidratate e lasciatele reidratare in acqua tiepida per pochi minuti. Nel frattempo, in una ciotola sbriciolate le noci sgusciate con le dita e amalgamatele al caprino (il formaggio non dovrà trasformarsi in una crema: dovrete solo incorporare i due ingredienti). Aggiungete ora le albicocche, mescolate e riponete il composto in frigorifero per circa 1 ora (in alternativa potete metterlo in freezer, ma per non più di 15 minuti). Mentre il composto rassoda, sfogliate l'indivia, selezionando le foglie migliori. Tenete da parte le altre: saranno perfette per una bella insalata! Recuperate ora l'impasto e, usando le mani o due cucchiai (io uso il porzionatore per il gelato!), formate delle palline, che rotolerete nei semi di papavero o in quelli di sesamo, a vostra scelta. Disponete ora le polpette sulle foglie di indivia nel piatto di portata e rimettete in frigorifero per almeno 5 ore. Quando le porterete in tavola, consiglio personale: un filo di olio EVO e una spruzzata di limone!

POMODORI RIPIENI CON MOUSSE DI TOFU

Gluten Free

- 8 pomodori rossi
- 350 g di tofu al naturale
- 80 g di olive taggiasche denocciolate
- 4 pomodori secchi (non sott'olio)
- 1 spicchio di aglio
- 50 g di capperi sottaceto
- 3 cucchiai di olio EVO
- pepe
- 2 rametti di timo fresco

Lavate i pomodori e tagliateli a metà: svuotateli della polpa e dei semi e lasciateli capovolti, affinché perdano ulteriormente l'acqua. Occupatevi ora della mousse: ponete nel bicchiere di un robot da cucina il tofu, le olive, i pomodori secchi tagliati in quattro con le forbici, lo spicchio di aglio, i capperi (sciacquati), l'olio, un paio di macinate di pepe e, infine, mezzo bicchiere di acqua. Azionate le lame: otterrete una crema morbida e vellutata, con la quale farcirete i pomodori. Completate il piatto sbriciolando sulla superficie il timo fresco e servite.

SALSA VERDE AL TOFU

Gluten Free

- 250 g di tofu al naturale
- 1 mazzo di prezzemolo
- 6 cucchiai di olio EVO
- 2 pizzichi di sale
- ½ cucc.no di pepe rosa
- acqua

Frullate insieme tutti gli ingredienti in un mixer alla velocità massima. Mi raccomando, non escludete i gambi del prezzemolo, che sono pieni di sapore (oltre che di proprietà nutraceutiche!). Regolate la densità della salsa con l'acqua, se volete renderla più spalmabile. È ottima fredda o a temperatura ambiente. Io la uso di solito in accompagnamento a piatti di pesce o alle verdure lesse. Talvolta, quando sono fuori città per lavoro e mi porto dietro una «schiscetta», la inserisco tra gli ingredienti del mio panino con sgombro e verdure grigliate.

SANDWICH CON ZUCCA, FUNGHI E CAPRINO

- 300 g di zucca mantovana
- rosmarino
- alloro
- 3 cucchiai di olio EVO
- salsa di soia
- 3 funghi prataioli freschi
- 200 g di caprino fresco
- sale
- pepe
- 6 fette di pane integrale
- qualche fogliolina di prezzemolo

Mondate la zucca, eliminando i semi e i filamenti interni. Tagliatela quindi a fette spesse circa 2 cm, che disporrete su una teglia foderata con carta da forno insieme a un po' di rosmarino e di alloro. Irrorate con un filo di olio EVO e un paio di cucchiai di salsa di soia. Infornate per circa 15-20 minuti a 200 gradi. Nel frattempo, tagliate i funghi a fettine. Ponete ora il caprino in una ciotola insieme a un pizzico di sale, uno di pepe e un giro di olio EVO: mescolate fino a ottenere una crema omogenea. Tostate le fette di pane in forno per qualche minuto (dovranno diventare croccanti); spezzettate il prezzemolo. Quando la zucca sarà cotta, assemblate il sandwich spalmando sul pane arrostito una base di caprino. Unite qualche foglia di prezzemolo, i funghi e un paio di fette di zucca aromatizzata. Ora, assaggiate: buono, vero? Se sì (e sarà sicuramente così) dovrete solo dire grazie agli amici Stefano e Riccardo di www.gnambox.com.

SPIEDINO DELL'ESTATE

Gluten Free

- 1 melone a pasta bianca
- 1 melone a pasta arancione
- 16 pomodori ciliegino
- 200 g di feta
- 4 cucchiai di olio EVO
- timo fresco

Aprite i meloni a metà, eliminate i semi e i filamenti interni, quindi tagliateli a cubotti di 3 cm di lato, privandoli della buccia. Lavate e dividete i pomodori in due; riducete la feta a cubi della stessa dimensione di quelli del melone. Quando tutti gli ingredienti saranno tagliati, componete gli spiedini, alternando gli ingredienti a vostro piacere. Per concludere, condite con un filo di olio EVO e qualche fogliolina di timo, in grado di rendere questo piatto davvero freschissimo.

Di fronte agli spiedini, il pensiero è solo uno: pancia mia, fatti capanna! Ne sono golosissimo... per questo non posso esimermi dall'offrirvi una variante (un po' più invernale) della ricetta precedente.

- 1 cipollotto
- 4 cucchiai di olio EVO
- 1 cucchiaio di salsa di soia
- 1 cucchiaio di aceto balsamico
- sale e pepe
- 2 mele verdi tipo Granny Smith
- 200 g di feta
- 16 pomodori ciliegino

Lavate il cipollotto e tritatelo in un mixer con l'olio EVO, la salsa di soia, l'aceto balsamico, poco sale e un po' di pepe. Sbucciate ora le mele, eliminate il torsolo e tagliatele a cubetti di 3 cm di lato. Riducete in cubetti della stessa misura anche la feta. Lavate e asciugate i pomodori, quindi divideteli a metà. Componete gli spiedini infilzando gli ingredienti a vostro piacimento. Prima di servire, condite con la salsina preparata all'inizio.

TOFU GRATINATO

Gluten Free

- 350 g di tofu al naturale
- 200 ml di latte di soia
- 1 mazzetto di basilico
- 1 mazzetto di prezzemolo
- 100 g di farina di ceci
- 100 g di olive nere denocciolate
- 100 g di farina di riso
- olio di sesamo (o EVO)

Tagliate il tofu a quadrettoni e metteteli a marinare in una ciotola con il latte di soia aromatizzato con il basilico spezzettato con le mani. Mentre il tofu si insaporisce, tritate il prezzemolo con le olive. Mischiateli con la farina di ceci e quella di riso e lasciate da parte. Scolate ora i quadrettoni di tofu e rotolateli nel mix, facendo aderire bene la panatura. Man mano che sono pronti, disponeteli su una teglia foderata con carta da forno, condite con un filo di olio di sesamo (o EVO) e metteteli in forno a gratinare per 20 minuti a 220 gradi.

TOFU CON PEPERONI VELLUTATI

Gluten Free

- 4 peperoni rossi
- 4 cucchiai di olio EVO
- 2 spicchi di aglio
- 1 cipolla rossa
- 1 cucchiaio di aceto di mele
- sale
- 1 cucchiaio di farina di riso
- 200 g di tofu

Mondate i peperoni, eliminando i semi e la parte bianca, quindi affettateli finemente. Fateli saltare in una padella antiaderente con l'olio EVO e gli spicchi di aglio schiacciati. Nel frattempo, tritate la cipolla rossa e unitela ai peperoni in cottura. Aggiungete 2 cucchiai di acqua e 1 di aceto di mele e regolate di sale. Fate cuocere fino a quando i peperoni si saranno ammorbiditi (dovranno quasi disfarsi), togliete dal fuoco e passate rapidamente al mixer. Unite il cucchiaio di farina di riso, frullate al mixer e rimettete sul fuoco. Aggiungete il tofu tagliato a cubetti e fate addensare per circa 5 minuti. Se necessario, aggiustate di sale. Questo piatto può essere servito caldo, anche se io vi consiglio di provarlo a temperatura ambiente: mi piace ancora di più!

TOFU STRAPAZZATO

Gluten Free

- 150 g di polpa di zucca
- olio EVO
- 5 foglie di radicchio rosso
- sale
- 120 g di tofu al naturale
- curcuma

Mondate la zucca, eliminando i semi, i filamenti interni e la buccia. Una volta ottenuta la polpa, tagliatela a cubetti. Cuocetela in una padella antiaderente con un cucchiaio di olio EVO per 8-10 minuti circa. Ricordate di mescolare di tanto in tanto. Trascorso questo tempo, aggiungete il radicchio tagliato molto sottile. Proseguite la cottura fino a quando il radicchio non sarà morbido. Regolate di sale e aggiungete il tofu sbriciolato con una forchetta, la curcuma a piacere e un filo di acqua. Ancora 2-3 minuti sul fuoco (senza smettere di mescolare) e siete pronti per servire.

Ricette dolci

BIANCO CUORE

PER LA FROLLA

- 100 g di farina integrale
- 120 g di farina 0
- 30 g di frumina
- 150 g di nocciole tritate fini
- 1 pizzico di lievito per dolci
- 40 g di acqua fredda
- 50 g di olio di semi di mais
- 50 g di salsa thain
- 1 pizzico di sale
- 80 g di zucchero integrale di canna

PER LA FARCIA

- 300 g di ricotta magra
- 20 g di zucchero a velo integrale
- 40 g di nocciole tritate
- 1 cucchiaio di miele nocciolato (o cacao amaro)

Innanzitutto, la frolla: riunite tutti gli ingredienti in una ciotola e lavorateli. Quando l'impasto sarà liscio e compatto, formate una palla, avvolgetela con la pellicola trasparente e mettetela a riposare in frigorifero per 10 minuti. Nel frattempo, dedicatevi al ripieno: con una frusta da pasticciere montate la ricotta con tutti gli altri ingredienti. Dovrete ottenere una crema morbida. Trascorso il tempo di riposo della frolla, prendete tre quarti di pasta e stendetela in una sfoglia rettangolare, delle dimensioni della vostra teglia da forno (mi raccomando: state larghi perché dovrete realizzare anche i bordi!). Foderate la teglia con carta da forno, quindi rivestitela con la frolla. Riempite la pasta con la farcia alla ricotta, stendendola in modo uniforme, quindi prendete il quarto di frolla avanzato e sbriciolatelo sulla superficie. Infornate per 30 minuti a 200 gradi. Sentirete che bontà!

BISCOTTI DELLA TATY

- 250 g di ricotta
- 80 g di zucchero di canna
- la scorza di 1 limone
- 280 g di farina di farro
- 1 cucc.no di lievito per dolci

Setacciate la ricotta e amalgamatela con lo zucchero. Lavate il limone e grattugiatene la scorza, quindi incorporatela all'impasto. Aggiungete la farina e il lievito e lavorate ancora il composto: dovrete ottenere una specie di pasta frolla. Stendetela in una sfoglia spessa circa 1,5 cm. Un trucco infallibile: se durante questa fase volete evitare che la pasta si attacchi al piano di lavoro, ma anche di aggiungere farina, potete stenderla tra due fogli di carta da forno. A questo punto, con dei tagliabiscotti ricavate le forme che preferite: li disporrete su una teglia rivestita con carta da forno e li infornerete per 15 minuti circa a 170 gradi. Per una versione superlight di questa ricetta potete sostituire la ricotta con il tofu e aggiungere all'impasto, oltre alla scorza, anche il succo di limone: un altro modo per gustare i biscotti della Taty e fare il pieno di proteine!

CHEESECAKE AL CIOCCOLATO

PER LA BASE

- 250 g di biscotti secchi integrali
- 2 cucchiai di latte di mandorle (o altro latte vegetale o acqua)
- 1 cucchiaio di miele

PER LA CREMA

- 170 g di cioccolato fondente 80 per cento
- 600 g di ricotta fresca
- 100 g di zucchero di canna a velo (o 3 grossi cucchiai di miele di acacia)
- 1 cucc.no da caffè colmo di agar agar (circa 6 g)
- 8 cucchiai di acqua

Tritate i biscotti con un robot da cucina, quindi trasferite la polvere ottenuta in una ciotola, dove la amalgamerete con il latte vegetale e il miele. Impastate e verificate la consistenza: se il composto fosse troppo asciutto, aggiungete un cucchiaio di acqua; se risultasse troppo liquido, frullate qualche altro biscotto e incorporatelo. Foderate con carta da forno uno stampo a cerniera di 23 cm di diametro e, aiutandovi con il dorso di un cucchiaio o con una spatola, spalmate bene sul fondo l'impasto, creando uno strato uniforme. Mettete il tutto in frigorifero a rassodare per almeno 30 minuti. Nel frattempo, occupatevi della crema. Riducete a scaglie il cioccolato fondente e tenetelo da parte (in frigo andrà benissimo). In una ciotola, ponete la ricotta setacciata con lo zucchero a velo (o il miele): mescolate con una frusta per amalgamare gli ingredienti. A parte, in un pentolino sciogliete l'agar agar nell'acqua, scaldate a fuoco dolcissimo e fate sobbollire per 3 minuti. Spegnete la fiamma, quindi unite al composto di ricotta. Mescolate bene. Riprendete ora le scaglie di cioccolato e incorporatele nella crema. Dovrebbe essere a questo punto trascorso il tempo di rassodamento della base: riprendetela e riempitela con la crema. Riponete in frigo. Ora viene la parte difficile: dovrete attendere ben 8 ore prima di gustare la cheesecake, ma vi giuro che ne varrà la pena! Se volete personalizzare la base, potete bagnare i biscotti con il caffè amaro (al posto del latte): il gusto sarà più deciso e la cheesecake ugualmente buona.

CIOCCORICOTTA

Gluten Free

- 1 manciata di uvetta
- 600 g di ricotta fresca
- 1 cucchiaio di miele di acacia
- 200 g di cioccolato fondente (almeno al 70 per cento)
- 1 manciata di pinoli
- 100 ml di latte di riso
- 100 g di confettura di lamponi

Fate rinvenire l'uvetta in acqua bollente, quindi strizzatela con forza. In una ciotola, lavorate la ricotta con il miele. Quando li avrete incorporati, grattugiate sul composto la metà del cioccolato fondente. Aggiungete i pinoli e l'uvetta, amalgamate bene e riponete in frigorifero per 10 minuti. Nel frattempo, sciogliete il resto del cioccolato in un pentolino con il latte di riso. Dovrete mescolare costantemente, fino a ottenere una miscela densa. Per comporre i dolcetti, vi consiglio di servirvi di un coppapasta rotondo. Disponetelo al centro di un piatto e create un primo strato con un paio di cucchiai di crema di ricotta rassodata, inserite una noce di confettura di lamponi e ricoprite con un secondo strato di ricotta. In superficie versate la salsa di cioccolato. Ripetete l'operazione fino a terminare gli ingredienti. Riponete il tutto in frigorifero e non osate servire prima di 5-8 ore!

DOLCE DEL BOSCO

Gluten Free

- 100 g di mirtilli
- 50 g di fragole
- 300 g di ricotta magra
- 3 cucchiai di miele
- 100 g di lamponi
- 80 g di mandorle a lamelle

Lavate i mirtilli e le fragole; mondate queste ultime e tagliatele a cubetti. Setacciate la ricotta e raccogliete la crema ottenuta in una ciotola. Aggiungete il miele, incorporandolo delicatamente. Per comporre il dolce, disponete sul fondo delle coppe (o dei bicchieri) prima i mirtilli, quindi uno strato di crema e infine i lamponi, le fragole e le mandorle a lamelle. Se le mandorle non vi piacciono, potete sostituirle con un mix di nocciole e pistacchi.

MONOPORZIONE ALLA NOCCIOLA

PER LA FROLLA

- 50 g di farina integrale
- 60 g di farina di tipo 1
- 15 g di frumina
- 80 g di nocciole tritate fini
- 1 pizzico di lievito per dolci
- 40 g di acqua fredda
- 40 g di olio di semi di mais

- 20 g di salsa thain
- 30 g di zucchero di canna
- sale
- 1 cucchiaio di cacao amaro

PER LA CREMA
ALLE NOCCIOLE

- 250 ml di latte alla nocciola
- 20 g di frumina
- 1 cucchiaio abbondante di zucchero a velo integrale
- 2 cucc.ni di cacao magro in polvere

Come prima cosa, preparate la frolla: riunite tutti gli ingredienti in una ciotola e lavorateli. Quando l'impasto sarà liscio e compatto, formate una palla, avvolgetela con la pellicola trasparente e mettetela a riposare in frigorifero per 10 minuti. Nel frattempo, dedicatevi alla crema: anche in questo caso, dovrete radunare tutti gli ingredienti in una ciotola e lavorarli con una frusta finché si saranno sciolti i grumi. Versate il composto in una casseruola dai bordi alti e portate a ebollizione, senza smettere di mescolare. Per ottenere una cremosità praticamente perfetta ci vorranno circa 8-10 minuti. Trascorso il tempo di riposo della frolla, prendete metà della pasta e stendetela larga a sufficienza in modo da poter ricoprire il fondo e i bordi di 4 stampi monoporzione. Farcite con la crema e sbriciolate in superficie la pasta rimanente. Infornate per 30 minuti a 200 gradi. Attenti: genera dipendenza!

TIRAMISÙ

- 300 ml di caffè amaro
- 150 g di cioccolato fondente 72 per cento
- 5 albumi
- 80 g di zucchero a velo integrale
- 500 g di ricotta
- 300 g di biscotti integrali

Preparate il caffè e lasciatelo raffreddare. Riducete il cioccolato in scaglie. Montate gli albumi a neve fermissima, quindi incorporate lo zucchero a velo e la ricotta mescolando con un cucchiaio di legno dal basso verso l'alto. Bagnate i biscotti nel caffè amaro. Siete ora pronti per comporre il tiramisù: nel vostro contenitore create uno strato di biscotti, uno di polvere di caffè, uno di scaglie di cioccolato amaro e uno di crema di ricotta. Proseguite così fino a terminare gli ingredienti. Ponete in frigorifero a rassodare per almeno 5 ore prima di servire. Ricordate: più il tempo passa, più il tiramisù diventa spaziale! Una postilla: molti di voi preparano questo tiramisù omettendo gli albumi, montando quindi semplicemente la ricotta. Ho provato anche io e viene squisito!

Talmente spaziale che vale la pena provare anche il tiramisù al cioccolato fondente.

- 300 ml di caffè amaro
- 200 g di cioccolato fondente 85 per cento
- 500 g di ricotta
- 70 g di zucchero a velo integrale
- 300 g di biscotti integrali
- cacao amaro in polvere

Preparate il caffè e lasciatelo raffreddare. Riducete il cioccolato in scaglie. Montate la ricotta con lo zucchero a velo integrale e, una volta ottenuto un composto omogeneo, incorporatevi il cioccolato a scaglie. Inzuppate velocemente i biscotti nel caffè. Componete il tiramisù creando un primo strato con i biscotti, uno di crema di ricotta e così via, fino a esaurire gli ingredienti. Spolverizzate la superficie con cacao amaro e lasciate in frigorifero almeno 6 ore prima di servire.

IL SAPORE CHE PIACE AL CUORE: IL «NON SALE»

VELLUTATA DI BROCCOLI E PATATE DOLCI CON POMODORI SECCHI E YOGURT ALL'AGLIO

Gluten Free

Una vita con poco sale è davvero difficile da immaginare, ma vi posso assicurare che, gradualmente, è possibile ridurre la quantità che utilizziamo per cucinare. Diminuire il sale è sinonimo di salute e, per farlo, dobbiamo essere furbi: per esempio, sostituendolo sempre più spesso con aromi, spezie o alimenti che hanno una certa sapidità, e imparando a «regolare di sale» solo all'ultimo, se è proprio necessario. Siamo abituati a sentir dire che il sale esalta i sapori: è vero in taluni casi, ma il più delle volte li nasconde. La verità è che non riusciamo a farne a meno perché siamo assuefatti. Eccomi a proporvi una trentina di ricette gustose dove il sale è l'ultimo dei protagonisti, spesso presente in piccolissime quantità, altre volte invece completamente assente.

Questa vellutata di broccoli e patate dolci nuova di zecca è davvero un ottimo esempio di come possiamo rendere un piatto saporito con tanti ingredienti speciali... E ora, in cucina!

- 3 pomodori secchi
- 2 broccoli

- 1 patata dolce (americana, a pasta arancione)
- sale
- 3 cucchiai di olio EVO
- 1 pizzico di aglio disidratato
- 50 ml di yogurt greco

Mettete i pomodori secchi in ammollo in acqua tiepida per circa 5 minuti, quindi tritateli e teneteli da parte. Mondate i broccoli, ricavate le cimette e tagliate i gambi a tocchetti. Lavate, sbucciate e riducete la patata a cubetti. Stufate il tutto in poca acqua, quindi passate al frullatore a immersione. Regolate di sale, condite con un filo di olio e tenete da parte. In una ciotolina, lavorando con una forchetta incorporate l'aglio disidratato e un cucchiaio di olio nello yogurt greco. Servite la vellutata dopo averne cosparso la superficie con il trito di pomodori secchi e averla decorata con qualche goccia di yogurt aromatizzato all'aglio.

Avete mai sentito parlare della *World Salt Awareness Week*? Letteralmente, potremmo tradurre questa espressione come «Settimana mondiale della consapevolezza sul sale», ma siamo abituati a utilizzare «Settimana mondiale per la riduzione del consumo di sale». A proporre questo evento, per la prima volta nel 2005, è stata la WASH (World Action on Salt and Health), un gruppo globale che intende migliorare la salute delle popolazioni attraverso una graduale riduzione del consumo di sale. Dal 2009 ha aderito anche la SINU, la Società italiana di nutrizione umana, e dunque la *World Salt Awareness Week* coinvolge anche il nostro paese.

Perché l'ho citata? Semplice: per chiarire sin dalle prime righe di questo capitolo quanto il sale possa influire negativamente sulla nostra salute. Autorevolissimi studi, che vi illustrerò tra poco, mostrano come un elevato apporto di sale sia correlato con l'incidenza di ictus ed eventi cardiovascolari e persino con l'osteoporosi (alcune ricerche stanno approfondendo anche un probabile legame con questa patologia), al punto da tradursi in un costo sociale dell'ordine di milioni di euro, necessari per curare queste malattie. Qualche numero, per dare le dimensioni del fenomeno: è stato calcolato che, nei soli Stati Uniti, riducendo di 3 grammi al giorno il sale della dieta, si potrebbe assistere a una diminuzione di più di 100.000 eventi cardiovascolari, e di circa 30.000 e 100.000 casi rispettivamente di ictus e di infarto. Gli eventi mortali calerebbero di 90.000 ogni anno.[1]

In Italia, secondo i dati SINU, gli uomini consumano circa 12 grammi di sale al giorno (pari a circa 4 grammi di sodio), le donne 9: valori ben oltre i livelli raccomandati.

IL SALE E IL SODIO: CHE DIFFERENZA C'È?

Sale e sodio non sono affatto sinonimi: il sale (o cloruro di sodio) è composto appunto dal 40 per cento di sodio (Na+) a dal 60 per cento di cloruro (Cl-). Il sodio è invece un sale minerale. Il rapporto tra l'uno e l'altro è questo: 1 grammo di sodio corrisponde a 2,55 grammi di sale. Saperlo è fondamentale anche per leggere le etichette: come scritto altrove, spesso ci troviamo di fronte alla scritta «sodio» e non sappiamo come interpretarla. Per ricavare la quantità di sale contenuta nel prodotto, basta moltiplicare per 2,5. Mi raccomando, tenete sempre presente che gli alimenti salutari non contengono mai più di 0,5 grammi di sodio (500 milligrammi) per 100 grammi di prodotto. Ecco tre esempi:

1. 100 grammi di sale contengono 40 g di sodio;
2. 100 grammi di salsa di soia contengono circa 6 grammi di sodio;
3. 100 grammi di prosciutto crudo contengono circa 2,7 grammi di sodio.

[1] *Sodio e sale nell'alimentazione: elementi di riflessione*, 1° aprile 2010 (www.nutrition-foundation.it).

L'OMS infatti ha stabilito la quantità massima di sale da consumare al giorno: 5 grammi (2 di sodio), vale a dire 1 cucchiaino da caffè. Per rendere ben chiara la differenza, in Italia se ne consuma quasi un cucchiaio da minestra!

Come lo assumiamo tutto questo sale? Ovviamente aggiungendolo nei piatti, per insaporirli, ma anche in modo «non discrezionale», perché è già contenuto negli alimenti: o il cibo contiene sodio in natura o è stato aggiunto da altri, durante il processo produttivo. Le principali fonti di sodio «non discrezionali» sono i cereali e i derivati (compreso il pane); seguono carne, uova e pesce, quindi latte e derivati (ovviamente conservati). La frutta e la verdura in questa lista sono chiaramente il fanalino di coda.[2] Anche l'acqua contribuisce a fornire sodio: ecco perché sentite spesso parlare dell'importanza di scegliere acqua «povera di sodio». La quantità ideale è di 5 milligrammi per ogni litro.

Va chiarito che il sodio non deve essere visto come il demonio: al contrario, è fondamentale per il corretto funzionamento del metabolismo. Tra le altre funzioni, regola l'impulso nervoso e agisce sulla contrazione muscolare (compresa, ebbene sì, quella del cuore). Il nostro organismo lo disperde insieme all'acqua contenuta nel nostro corpo – per esempio con il sudore o con la *perspiratio insensibilis* (quando fa freddo la possiamo vedere nelle nuvolette di vapore che emettiamo dalla bocca) – quindi deve essere assunto, per non incorrere nelle conseguenze negative di una eventuale carenza.

Non va bene incamerarne troppo poco, ma nemmeno il contrario.

Un eccessivo apporto di sale è infatti associato a un maggiore rischio di contrarre patologie. Tra esse, certamente l'aumento della pressione sanguigna (e la sua più temibile complicanza, l'emorragia cerebrale), l'aumento dell'escrezione urinaria di calcio (che a sua volta causa la riduzione del tenore calcico

[2] *Ibidem*.

nelle ossa e la formazione di calcoli renali), la ritenzione idrica (dovuta all'azione igroscopica del sodio, che si traduce in una minore depurazione dell'organismo), una tendenza all'obesità e, infine, il rischio di cancro allo stomaco. Riguardo a quest'ultima patologia, è interessante notare come la sua incidenza nei paesi industrializzati abbia subito una brusca riduzione verso la metà del Novecento, in concomitanza con la diffusione delle tecniche di refrigerazione per la conservazione, che hanno progressivamente sostituito quella sotto sale.

INTERSALT, DASH, TOHP: UNO SGUARDO AGLI STUDI*

Benché gli effetti del sale sulla pressione arteriosa siano arcinoti, gli studiosi continuano ad approfondire il tema. INTERSALT è uno studio che ha coinvolto in 52 diversi centri nel mondo ben 10.000 soggetti e ha evidenziato una correlazione diretta tra il volume di sale escreto con le urine e la pressione arteriosa, che aumenta per livelli di escrezione maggiori di 5,7 grammi di sale al giorno. Il DASH (Dietary Approaches to Stop Hypertension), invece, ha confrontato gli effetti dell'assunzione di 4, 6 e 8 grammi al giorno di sale per 30 giorni, osservando una riduzione significativa della pressione tra coloro che assumevano 4 grammi di sale al giorno. Il TOPH (Trials of Hypertension Prevention), condotto a Taiwan, ha evidenziato come un calo dell'assunzione di sale per un periodo prolungato (18, 24, 48 mesi) porti a una diminuzione del rischio cardiovascolare del 30 per cento, anche in persone sane senza problemi pressori. È importante sottolineare che una riduzione anche minima della pressione arteriosa possa diminuire il rischio cardiovascolare. Si coglie di conseguenza l'importanza di ridurre il consumo di sale e il perché nascono movimenti come la *World Salt Awareness Week:* basterebbe davvero poco per stare meglio!

* *Ibidem.*

Sono secoli ormai che disponiamo di queste informazioni. La domanda che vale la pena porsi, dunque, è: perché continuiamo a utilizzare il sale in dosi eccessive? Credo che il motivo sia sostanzialmente uno, e cioè che siamo completamente disabituati a sostituirlo con altro. La nostra cultura culinaria ci induce a salare tutto (spesso in modo abbondante), questo però non significa che non possiamo essere motori di un cambiamento, un cambiamento salutare, che ci consenta di godere di piatti saporiti e gustosi, senza per forza incorrere in conseguenze temibili come l'ipertensione.

Basterebbe così poco: una metanalisi condotta in Cina a partire da differenti trial ha evidenziato come, utilizzando di routine e per almeno 6 mesi un sostituto a ridotto contenuto di sodio, la pressione si riduce in modo significativo nei soggetti ipertesi.[3]

Che ne pensate, avete voglia di provare a seguirmi in questa esplorazione dei numerosi sostituti del sale?

ERBE AROMATICHE E ALTRE DELIZIE

Sminuzzate, tritate finemente o in grossi pezzi, magari a coltello, ridotte in polvere, secche e fresche: le erbe aromatiche sono un turbo di salute che possiamo aggiungere ai nostri piatti. Ne parlo adesso perché – caratteristiche nutrizionali a parte – sono una vera e propria bomba di gusto. In questo paragrafo scopriremo i benefici che alcune di esse possono apportare al nostro organismo e le sostanze che contengono, ma approfondiremo anche le proprietà di tre prelibati «intrusi» vegetali: i capperi, i pomodori secchi e il gomasio. Pronti? Via!

L'avreste mai detto che le foglie di *alloro* (*Laurus nobilis*) sono antidolorifiche? Siamo abituati a pensare all'alloro a Na-

[3] Y.G. Peng, W. Li, X.X. Wien, Y. Li, J.K. Hu, L.C. Zhao, *Utilizzare i sostituti del sale per ridurre l'assunzione di sodio è una misura efficace nel controllo dell'ipertensione*, in «The American Journal Clinical Nutrition», 15 ottobre 2014 (www.nutrition-foundation.it).

tale o quando stiamo per preparare un mazzo di aromi, ma un decotto a base di questa pianta sempreverde, se aggiunto al bagno, dona sollievo agli arti indolenziti, mentre la pomata che contiene l'olio che si estrae dalle sue bacche viene utilizzata contro i dolori reumatici e le contusioni. Inoltre l'alloro svolge anche un'azione lenitiva contro tosse e bronchiti.

Il *basilico* (*Ocimum basilicum*) è una pianta aromatica annuale che la cucina mediterranea conosce alla perfezione. Le foglie sono molto delicate: se tagliate a coltello rischiano di ossidarsi, se cotte perdono sapore e fragranza. Ecco perché di solito le spezzettiamo a mano sui piatti solo a fine cottura. Il basilico ha proprietà stimolanti, antispasmodiche, diuretiche, antisettiche, antinfiammatorie e tonico-digestive. L'olio essenziale, poi, esercita una forte azione digestiva. Dato che rilassa la muscolatura liscia, aiuta a calmare gli spasmi intestinali e contrasta l'aerofagia.

Composti all'84 per cento da acqua, i *capperi* presentano un buon contenuto di minerali (e in particolare sodio, calcio, potassio, ferro, fosforo, selenio, magnesio, zinco, rame e manganese) e di vitamine, soprattutto del gruppo B. Il dato più degno di nota, però, è il loro contenuto di quercetina, un antiossidante naturale correlato con una diminuzione del rischio cardiovascolare.[4] È grazie a essa che i capperi svolgono anche una funzione antinfiammatoria e, probabilmente, antitumorale (su questo argomento gli studi sono in corso).

Le proprietà dell'*erba cipollina* (*Allium schoenoprasum*) erano note già ai Celti, che credevano, sfregandola, di poter annullare gli incantesimi lanciati dagli gnomi malvagi delle foreste. Oggi in cucina siamo più che altro incantati dal suo lieve sentore di cipolla, mentre la scienza la conosce bene come diuretico, ipoglicemizzante, espettorante, lassativo, cicatrizzante, antisettico, cardiotonico e stimolante. Ricca di oligoelemen-

[4] M. Pfeuffer, A. Auinger, U. Bley, I. Kraus-Stojanowic, C. Laue, P. Winkler, C.E. Rüfer, J. Frank, C. Bösch-Saadatmandi, G. Rimbach, J. Schrezenmeir, *Apporto di quercetina e rischio cardiovascolare*, in «Nutrition, Metabolism and Cardiovascular Diseases», 23 novembre 2011 (www.nutrition-foundation.it).

ti (tra cui il potassio, utile per il cuore, il calcio, il magnesio e il ferro), l'erba cipollina presenta un contenuto significativo di vitamine, in particolare della C: è improbabile che vi capiti di mangiarli tutti insieme, ma è utile sapere che 100 grammi di erba cipollina soddisfano il fabbisogno giornaliero (75 mg) di questa vitamina.

Il *gomasio* è un condimento dalle radici asiatiche con un profumo intenso e un sapore inconfondibile, che permette non solo di ridurre drasticamente il consumo di sale, ma di aggiungere ai nostri piatti le virtù dei semi di sesamo, vero e proprio segreto di salute. Come diffusamente illustrato a p. 34, il sesamo è ricco di calcio e fosforo, ma anche di grassi insaturi (acido linoleico e linolenico, Omega-3 e Omega-6) e vitamine (B, D, E e T). Contiene anche proteine di ottima qualità e una cascata di antiossidanti (sesamina, sesamolina e sesamolo), che proteggono le nostre cellule dall'invecchiamento, controllano i livelli di colesterolo nel sangue e tutelano il fegato dai danni derivanti da ossidazione. Decisamente, se non l'avete ancora scoperto, è ora di fare la sua conoscenza!

COME FARE: IL GOMASIO

Preparare il gomasio è semplicissimo. Vi serviranno 18 cucchiai di semi di sesamo e un cucchiaino (raso) di sale marino integrale. Dovrete far tostare i semi e il sale in una padella antiaderente, quindi lasciarli raffreddare e, poi, pestarli. Se non avete un mortaio, versate tutto (semi e sale) nella tazza di un robot da cucina e azionate le lame. Vedete la polvere che avete ottenuto? Ecco, si tratta del gomasio. Si conserva per 3 settimane, in frigorifero, in un barattolino con chiusura ermetica.

Vi è mai successo di sentirvi offrire in Marocco o in Turchia una tazza di tè alla menta per accompagnare il pranzo? Il motivo è semplice. Lo dice la parola stessa: la *menta* (*Mentha piperita*) è ricca di mentolo, un freschissimo principio attivo che stimola lo stomaco, grazie alle sue proprietà spasmolitiche nei disturbi gastrointestinali. Inoltre, è ricca di flavonoidi, che facilitano l'eliminazione di aria dallo stomaco e dall'intestino, favoriscono l'appetito e la buona digestione e disinfettano l'intestino. L'erboristeria la consiglia in caso di nausea, vomito, affaticamento generale e insonnia, ma anche per lievi malesseri come mal di testa, mal di denti e nervosismo moderato: la menta, infatti, ha una documentata proprietà analgesica che in questi casi si rivela davvero utile.

L'*origano* (*Origanum vulgare*) e la cucina mediterranea sono inseparabili, un po' come Tom e Jerry o Starsky e Hutch. Comunemente utilizzato dalla medicina tradizionale come tonico e stimolante, l'origano è un potente antiossidante che, oltre a ridurre i livelli postprandiali di insulina e glucosio, riduce lo stress ossidativo e potenzia le difese antiossidanti.[5] Inoltre, contiene sostanze fenoliche (timolo e carvacrolo) che esercitano un'azione vermifuga e fungicida.

Per quanto riguarda i *pomodori secchi*, voglio iniziare dai numeri: per realizzarne 100 grammi, ne servirà 1 chilo di freschi. Solitamente si utilizza la qualità San Marzano. Le fibre presenti in questo «non sale»? Niente male: 12,5 grammi su 100 di prodotto, moltissime rispetto ai 0,9 grammi del pomodoro fresco. Significativi anche gli apporti di vitamina C (39 milligrammi nel secco, 25 nel fresco), di calcio (110 milligrammi nel secco, 9 nel fresco) e di ferro (9,1 milligrammi nel secco, 1,6 nel fresco). Il licopene, poi, carotenoide per eccellenza presente nel pomodoro, è pari a 45 milligrammi nel secco, e a 2,7 milligrammi nel fresco.

È buona norma utilizzare i pomodori secchi in cucina al posto del sale, ma solo dopo averli ammollati in acqua tiepida, così da eliminare e sciogliere il sale presente. In alternativa, sono ottimi anche quelli conservati sott'olio (a patto che

[5] A.C. Skulas-Ray, P.M. Kris-Etherton, D.L. Teeter, C.Y. Chen, J.P. Vanden Heuvel, S.G. West, *Consumo di spezie e difese antiossidanti*, in «Journal of Nutrition», 22 giugno 2011 (www.nutrition-foundation.it).

si tratti di extravergine di oliva), ma attenzione a non aggiungere altro condimento!

COME FARE: I POMODORI SECCHI

È estate, siete pieni di pomodori ma di passata ne avete fin sopra i capelli? Un'alternativa per conservarli potrebbe essere preparare i pomodori secchi. Si fa così. Innanzitutto, vi serviranno due reti a maglia fine, che potete preparare applicando una zanzariera a due cornici. Lavate ora accuratamente i pomodori (eventualmente aggiungendo all'ultimo risciacquo un po' di bicarbonato, per sterminare tutti i batteri); tagliateli per il senso della lunghezza e metteteli al sole su una delle due reti, coprendoli con l'altra. Per accelerare il processo di essiccazione salateli e attendete che si formi sulla superficie una pellicina bianca (ci vorranno circa 6 ore al sole): rimuovetela con una forchetta. I pomodori secchi devono rimanere al sole per circa 6-7 ore al giorno, per 5-6 giorni. La sera, meglio tenerli al coperto. Quando la polpa sarà bella asciutta e raggrinzita, saranno pronti.
Divideteli infine in vasi di vetro sterilizzati, coprite con olio EVO e chiudete: si conserveranno per circa un anno.

Il *prezzemolo* (*Petroselinum crispum*) è l'erba in assoluto più utilizzata nelle cucine di tutta Europa. Ricco di calcio e di ferro, ha proprietà diuretiche, lassative e depurative. È noto anche per la sua azione tonificante sulla muscolatura uterina (nella medicina tradizionale, infatti, un decotto a base di prezzemolo veniva usato per alleviare i dolori mestruali). Contiene vitamine, in particolare la A, quelle del gruppo B, la C e la preziosa K, che si trova solo in alcuni oli (di oliva, di semi di soia e canola) e in certi vegetali a foglia verde, come broccoli, cavoli, spinaci e prezzemolo. La vitamina K è indispensabile alla funzione di numerose proteine dei processi di coagulazione e una sua carenza potrebbe infatti produrre squilibri.[6]

Ed eccoci giunti a parlare dell'aroma mediterraneo per eccellenza, che possiamo incontrare non solo a tavola ma nei giardini e sulle coste della nostra penisola: sto parlando del *rosmarino* (*Rosmarinus officinalis*), un'erba conosciutissima per le sue proprietà antiossidanti e per gli oli essenziali che contiene, che svolgono un'efficace azione antimicrobica. Pinene, borneolo, cineolo e canfora, infatti, ricchi di calcio, ferro e vitamine A, B e C, hanno un forte potere disinfettante e sono fantastici in caso di cistiti e patologie epatiche, ma anche come antidolorifici.

Le foglie di *salvia* (*Salvia officinalis*), invece, sono ricchissime di oli essenziali come borneolo, cineolo e canfora (ne contengono circa il 3 per cento). Ebbene sì, gli stessi che contiene anche il rosmarino! La salvia, pertanto, presenta le medesime proprietà antimicrobiche. Inoltre, però, svolge azioni digestive e antisettiche ed è un forte antiossidante naturale. Grazie alla presenza degli acidi fenolici, stimola la cistifellea e abbassa la glicemia.

Il *timo* (*Thimus vulgaris*) grazie ai fenoli (timolo e carvacrolo) ha proprietà antinfiammatorie, ed è efficace contro patologie come artriti e tendiniti, svolge inoltre un'azione espettorante, balsamica e antisettica, ed è dunque utile in caso di malattie delle vie respiratorie.

LA VIA DELLE SPEZIE

Vengono da lontano ma hanno conquistato le nostre tavole (e i nostri palati!) dai tempi di Marco Polo: sto parlando delle spezie, sostanze provenienti dal mondo vegetale che ci portano in dono tutte le proprietà delle piante dalle quali derivano e un intero mondo di profumi e aromi.

Scopriamole insieme, a partire dalla più natalizia, vale a dire...

[6] F. Visioli, *La vitamina K*, 25 luglio 2006 (www.nutrition-foundation.it).

La *cannella*, con il suo potere antisettico, elimina batteri e funghi. Stimolando la produzione di tripsina, enzima coinvolto durante la fase digestiva, facilita inoltre la scissione dei grassi.

La giallissima *curcuma* è invece un antinfiammatorio naturale grazie alla curcumina, una sostanza capace di fermare l'azione della ciclossigenasi, enzima responsabile dell'infiammazione. Sembra infatti che essa influisca positivamente sullo stato infiammatorio che è alla base di obesità, diabete, disturbi cardiovascolari e tumori. Inoltre, uno studio del 2012 correla il consumo di curcumina a un effetto ipoglicemizzante nei soggetti con diabete di tipo 2.[7] Negli esperimenti sugli animali si è visto che esercita anche un'azione diretta su fegato e pancreas, mentre esperienze sugli uomini hanno evidenziato un calo di zuccheri nel sangue in soggetti diabetici, un aumento del colesterolo HDL (quello «buono») a scapito di quello «cattivo» (LDL) e, in persone con aterosclerosi, una diminuzione dei livelli di fibrinogeno nel sangue, con conseguente minor rischio di trombi. Sul capitolo tumori la curcumina potrebbe avere effetti positivi, dato lo stretto legame del cancro con lo stato infiammatorio alterato e lo stress ossidativo: quel che di certo si può dire ora è che le premesse sono interessanti e spingono ad approfondire le ricerche.[8]

Il *pepe* è un frutto che, più matura, più risulta piccante. L'unico a non costituire una specifica varietà è quello verde, che altro non è se non il frutto acerbo: al palato risulta molto meno pungente perché non ha ancora sviluppato appieno tutte le sue caratteristiche!

Il pepe più noto e maggiormente utilizzato in cucina è quello nero, ricco di tannini, amido e oleoresine tra cui la piperina, principio attivo che, stimolando la termogenesi e il metabolismo, esercita un'azione tonica e dimagrante: la cultura ayurvedica la raccomanda infatti in caso di obesità e rallenta-

[7] L.X. Na, Y. Li, H.Z. Pan, X.L. Zhou, D.J. Sun, M. Meng, X.X. Li, C.H. Sun, *Curcuminoidi e diabete di tipo 2*, in «Molecular Nutrition & Food Research», 29 agosto 2012 (www.nutrition-foundation.it).

[8] *Curcuma: non solo giallo*, 26 maggio 2012 (www.fondazioneveronesi.it).

mento metabolico, per rinforzare il sistema gastrico e bruciare le tossine. Tutto questo immagino risulterà molto attraente per chi sia in sovrappeso: purtroppo, c'è un rovescio della medaglia, e in questo caso si tratta di disturbi gastrointestinali, che potrebbero essere causati da un consumo eccessivo e protratto di pepe. Per questa ragione, la splendida piperina e il suo «veicolo», il pepe, sono sconsigliati in caso di gastrite, ulcera gastrica, emorroidi e ipertensione.

Il *peperoncino* è utilizzato e ritenuto prezioso in tutto il mondo (soprattutto nei paesi caldi) per le sue proprietà antibiotiche: aggiunto ai piatti, infatti, blocca la crescita di colonie di salmonelle e colibacilli, responsabili di gravi malattie intestinali. Il suo principio attivo si chiama capsicina (dal nome latino, *Capsicum*) ed è contenuto in alte concentrazioni in quel sottile velo che divide i semi dallo strato esterno. La capsicina scioglie i coaguli del sangue ed è dunque positivamente correlata con la diminuzione del rischio cardiovascolare: è infatti dimostrato che i popoli che fanno largo uso di peperoncino sono meno soggetti ad arteriosclerosi e infarto. Essa, inoltre, è espettorante e decongestionante, aiuta a prevenire l'enfisema, la bronchite e le ulcere allo stomaco.

Pensate che sia finita? Niente affatto! Bomba di vitamina C, l'antiossidante per eccellenza, il peperoncino agisce contro psoriasi, stitichezza, vene varicose, cellulite, pellagra, malaria, colera, enfisema polmonare, emicrania, cefalea, anoressia, ernia iatale, mal di denti, acne giovanile, tosse, geloni e raffreddori. Secondo alcuni recenti studi, infine, sembra che aumenti il metabolismo basale, il dispendio energetico minimo del nostro corpo, necessario per mantenere le funzioni vitali e lo stato di veglia: aumentarlo significa favorire il dimagrimento.

Lo *zafferano* deve il suo colore intenso alla crocina, un carotenoide che, come gli altri appartenenti alla famiglia, è oggetto di ricerche da diversi anni per i suoi innumerevoli effetti benefici, principalmente sul sistema cardiovascolare. Grazie al betacarotene e alle vitamine del gruppo B (B1 e B2), poi, costituisce un valido aiuto nel contrastare i radicali liberi e proteggere i tessuti. Lo zafferano contiene inoltre flavonoidi e polifenoli, anch'essi molto studiati per i numerosi effetti positivi sul nostro organismo.

Le virtù dello *zenzero* sono dovute al gingerolo, una sostanza con le medesime proprietà della curcumina (vedi il paragrafo sulla curcuma, a p. 244): si tratta di un potente antinfiammatorio e antiossidante, con effetti antitumorali. Uno studio condotto dal Department of Nutritional Sciences dell'Università della Pennsylvania ha mostrato come l'introduzione nella dieta di spezie (tra le quali lo zenzero) potenzi le difese antiossidanti e riduca i livelli postprandiali di insulina e glucosio.[9] Non dobbiamo poi dimenticare che lo zenzero regola la funzione digestiva e influisce positivamente sull'apparato gastrointestinale, ed è dunque ritenuto utile in caso di nausee, difficoltà digestive e meteorismo.

Abbiamo letteralmente scoperto erbe aromatiche e spezie dalla «A» di «alloro» alla «Z» di «zenzero»: avete ragione, sarebbe ora che vi lasciassi scorrere le pagine dedicate al modo di utilizzare questi sapori così preziosi in cucina... Prima, però, voglio riassumere rapidamente i consigli delle *Linee guida per una sana alimentazione italiana* INRAN[10] per mangiare con gusto riducendo l'apporto di sale. Data l'importanza del tema e il fatto che basta davvero poco per aiutarci a stare bene, credo che sia importante. Ecco i consigli:

1. riduci progressivamente l'uso di sale sia a tavola che in cucina;
2. preferisci al sale comune quello arricchito con iodio (sale iodato);
3. non aggiungere sale nelle pappe dei bambini, almeno per tutto il primo anno di vita;
4. limita l'uso di condimenti alternativi contenenti sodio (dado da brodo, ketchup, salsa di soia, senape eccetera);

[9] A.C. Skulas-Ray, P.M. Kris-Etherton, D.L. Teeter, C.Y. Chen, J.P. Vanden Heuvel, S.G. West, *Consumo di spezie e difese antiossidanti*, in «Journal of Nutrition», 22 giugno 2011 (www.nutrition-foundation.it).

[10] INRAN, *Il sale? Meglio poco*, in *Linee guida per una sana alimentazione italiana* (www.inran.it).

5. insaporisci i cibi con erbe aromatiche e spezie;
6. esalta il sapore dei cibi usando succo di limone e aceto;
7. scegli, quando sono disponibili, prodotti a basso contenuto di sale (pane senza sale, tonno in scatola a basso contenuto di sale eccetera);
8. consuma solo saltuariamente alimenti trasformati ricchi di sale (per esempio snack salati, patatine in sacchetto, olive da tavola, alcuni salumi e formaggi).

LA «MIA» BAGNA CAUDA

Gluten Free

- 8 cimette di cavolfiore
- 4 coste di cardi
- 4 porri
- 1 rametto di rosmarino
- 2 finocchi
- 4 carote
- 2 cespi di indivia
- 4 coste di sedano

PER LA BAGNA CAUDA

- 1 spicchio di aglio
- 2 cucchiai di capperi sott'aceto
- 50 g di pomodori sott'olio
- 50 g di olive verdi denocciolate
- 200 ml di olio EVO
- 1 cucchiaio di aceto balsamico

Prima di tutto, preparate la salsa: schiacciate lo spicchio di aglio e ponetelo nel bicchiere di un robot da cucina con i capperi, i pomodori e le olive. Frullate tutto, fino a ottenere una crema liscia. Trasferitela in una ciotola, aggiungete l'olio e l'aceto e sbattete con una forchetta (o una frusta). Dovrete infine cuocere la salsa a bagnomaria: sarà pronta quando risulterà completamente amalgamata. A questo punto, passate alle verdure: lavate e mondate il cavolfiore, i cardi e i porri, ottenendo dal primo le cimette e dagli altri dei tocchetti. Sbollentate il tutto per un massimo di 8 minuti in acqua aromatizzata con qualche rametto di rosmarino. Nel frattempo, pulite i finocchi, le carote e l'indivia, tagliando i primi a spicchi e le altre in quattro parti. Spelate leggermente le coste di sedano con un pelapatate, eliminando così le parti più legnose. Verdure pronte per essere intinte nella salsa!

BOCCONCINI DI MERLUZZO CON CURCUMA

- 150 g di ceci lessati
- 3 porri
- curcuma
- 6 cucchiai di pane integrale grattugiato
- sale e pepe
- 6 cucchiai di farina di mais fioretto
- 500 g di bocconcini di merluzzo (o nasello)
- 6 cucchiai di olio EVO

Risciacquate bene i ceci sotto l'acqua corrente, se sono in scatola. Mondate i porri e affettateli a rondelle sottilissime. Fateli appassire con i ceci in una casseruola antiaderente su fuoco vivace aggiungendo solo 2 o 3 cucchiai di acqua. Salate e unite la curcuma. Mentre i porri cuociono, mischiate il pane integrale grattugiato con la farina gialla e passate i bocconcini di merluzzo o nasello nella panatura. Scaldate l'olio in una padella antiaderente e saltatevi i bocconcini: dovranno dorarsi su ogni lato. In alternativa, potete cuocere i bocconcini in forno: 10 minuti a 220 gradi, rigirandoli a metà cottura, e i cucchiai d'olio calano a 3! Non resta che comporre il piatto: servite il merluzzo con i ceci e i porri, spolverizzando il tutto con il pepe.

BURGER DI LENTICCHIE AL CURRY

Gluten Free

- 500 g di lenticchie lessate
- 2 carote
- 1,5 cipolle bianche
- 10 rametti di prezzemolo
- 3 cucchiai di farina di ceci
- sale
- 5 cucchiai di olio EVO
- curry

PER LA SALSA

- 200 g di yogurt greco
- 1 bustina di zafferano
- ½ cipolla

Risciacquate bene le lenticchie, se sono in scatola; lavate, mondate e tagliate le carote a rondelle; tritate la cipolla. Ponete lenticchie, carote e 2/3 della cipolla nel bicchiere di un robot da cucina con il prezzemolo, la farina di ceci, un pizzico di sale e 5 cucchiai di olio EVO (in alternativa, potete usare un olio di semi vari spremuto a freddo). Frullate: dovreste ottenere una crema piuttosto consistente e omogenea. Se la trovate troppo morbida, aggiungete un cucchiaio di farina di ceci; se troppo dura, un cucchiaio o due di acqua. Regolate l'impasto di sale e di curry. Riscaldate ora una larga padella antiaderente, dopo averla unta con un tovagliolino inumidito di olio. Appoggiatevi i coppapasta e riempiteli con l'impasto preparato, premendo bene. Fate cuocere per circa 10 minuti, quindi rigirate i burger delicatamente utilizzando una palettina di acciaio e fateli dorare anche sull'altro lato. Dopo circa 8-10 minuti spegnete la fiamma e lasciateli nella pentola. Mentre i burger perdono calore e si compattano, preparate la salsina di accompagnamento secondo il procedimento indicato a p. 259. Quando i burger saranno tiepidi, sformateli e serviteli con la salsa di yogurt e zafferano.

CAPRINO CAPRESE

Gluten Free

- 10 foglie grandi di basilico
- 1 mazzetto di erba cipollina
- 5 pomodori secchi
- 1 manciata di capperi
- 50 ml di olio EVO
- 300 g di caprino
- pepe

Lavate e lasciate asciugare le foglie di basilico. Nel frattempo, occupatevi degli altri ingredienti: sminuzzate l'erba cipollina; fate rinvenire i pomodori secchi in acqua tiepida, asciugateli e tagliateli a pezzi con le forbici; sciacquate i capperi sotto l'acqua corrente. Unite il tutto in una ciotola, aggiungete l'olio EVO e il caprino e amalgamate. Con questa farcia potete farcire le foglie di basilico come se fossero crostini: disponetele infine sul piatto di portata, irrorate con un goccio di olio, pepate e servite. Sentirete che bontà!

CAVOLFIORE TUTTO CURRY

- 1 cavolfiore
- pochissimo sale
- ½ cipolla bianca
- curry
- 200 ml di latte di soia non zuccherato
- 3 cucchiai di olio EVO
- pepe

Mondate il cavolfiore, ottenendo le cimette e riducendo il resto a tocchetti. Cuocete tutto al dente, in una pentola di acqua bollente e leggermente salata per circa 7 minuti o optando per il microonde. Nel frattempo, tagliate la cipolla a fettine sottili e stufatela in una larga padella antiaderente con qualche cucchiaio di acqua. Quando si sarò imbiondita, unite il latte di soia, il curry e l'olio EVO. Aggiungete i gambi del cavolfiore, poi le cimette: mescolate bene e lasciate insaporire per qualche minuto, prima di pepare e servire.

CAVOLI CON POMODORI SECCHI

- 1 cavolfiore
- 1 broccolo
- 1 spicchio di aglio
- 1 cipolla
- 5 alici
- 10 pomodori secchi
- 4 cucchiai di olio EVO
- pepe

Mondate il cavolfiore e il broccolo, ottenendo le cimette e riducendo il resto a tocchetti. Cuocete tutto al vapore, in modo che rimanga al dente. Nel frattempo, preparate un trito con aglio e cipolla. «Sciogliete» ora le alici in una larga padella antiaderente con 2 cucchiai di acqua e il trito appena realizzato. Unite i pomodori secchi tagliati a striscioline con le forbici e l'olio EVO. Il sughetto è pronto! Quando il cavolfiore e il broccolo saranno cotti, scolateli bene e saltateli qualche istante in padella per insaporirli prima di servire, pepando all'ultimo momento.

CUORI DI CARCIOFO CON RICOTTA E POMODORI SECCHI

Gluten Free

- 4 carciofi
- 5 pomodori secchi reidratati
- 1 cucchiaio di capperi
- 200 g di ricotta fresca
- 1 cucchiaio di olio EVO
- pepe

Mondate i carciofi tagliando i gambi a filo, spuntandoli ed eliminando le foglie più esterne, quindi sbollentateli in una casseruola. Quando si saranno ammorbiditi, con uno scavino (o un coltellino) eliminate la parte interna e teneteli da parte (eccetto la barba, che potete gettare). Per preparare la farcia dovrete reidratare i pomodori secchi in acqua calda per 5 minuti, quindi tritarli con i capperi (ben risciacquati) e la parte interna dei carciofi. Con una forchetta, incorporate il tutto nella ricotta. Unite 1 cucchiaio di olio e mescolate bene. Riempite i carciofi, profumateli con una macinata di pepe e serviteli: sono deliziosi sia come antipasto che come secondo!

INSALATA DI AVENA CON POMODORI SECCHI E CIME DI RAPA

- 320 g di avena in chicco
- 300 g di cime di rapa
- sale e pepe
- 1 spicchio di aglio
- 6 pomodori secchi
- olio EVO

Lessate l'avena, scolandola piuttosto al dente (per quanto riguarda i tempi di cottura, seguite le istruzioni sulla confezione). Nel frattempo, mondate le cime di rapa e riducetele (ovviamente gambi inclusi) in piccole parti: così cuoceranno rapidamente e in modo omogeneo. Stufatele in una pentola molto larga con 3 cucchiai di acqua, il sale e lo spicchio di aglio schiacciato. Tagliate a striscioline i pomodori secchi e uniteli alle cime. Una volta che l'avena sarà cotta, scolatela, raffreddatela e unitela alle cime di rapa cotte. Condite con un filo di olio EVO, una macinata di pepe e fate saltare a fuoco vivace per circa 5 minuti prima di servire.

JACKET POTATO CON LENTICCHIE AL CURRY

Gluten Free

- 4 patate grosse
- 1 gambo di sedano
- 1 carota
- 1 cipolla
- sale
- 150 g di lenticchie rosse
- curry
- olio EVO

Lavate accuratamente le patate e incartatele con la buccia in 4 fogli di alluminio. Infornatele per circa 45 minuti a 200 gradi. Nel frattempo, tritate finemente il sedano (tenendo da parte le foglie), la carota e la cipolla. Dovrete stufare le verdure in poca acqua, salandole un poco, per 10 minuti. Trascorso questo tempo, unite le lenticchie rosse e acqua fino a coprirle. Proseguite la cottura per circa 30 minuti, insaporendo con un cucchiaino di curry e le foglie del sedano spezzettate grossolanamente. Quando le patate saranno cotte, estraetele dal forno, aprite i cartocci e tagliatele a metà. Svuotatele leggermente con un cucchiaio e unite questa purea alle lenticchie ormai pronte. Mescolate bene e riempite ogni patata con la farcia di lenticchie. Richiudete (come se fossero sandwich), condite con un filo di olio EVO e infornate nuovamente per circa 10 minuti. Ora, finalmente, sono pronte per essere servite!

KEBAB DI SEITAN

- ½ zucchina
- ½ peperone
- ½ cipolla
- 100 grammi di seitan
- 1 cucchiaio di olio EVO
- spezie (curry, paprika dolce, mix di erbe aromatiche, cumino)

PER LA MAIONESE SENZA UOVA

- 100 ml di latte di soia
- 200 ml di olio di semi di girasole
- 1 cucchiaio di aceto di mele (o succo di limone)
- ½ cucc.no di sale

Lavate le verdure e mondatele, quindi tagliate la zucchina a cubetti e il peperone a julienne, come la cipolla. Mettete tutto a stufare a partire dal peperone in una padella antiaderente con qualche cucchiaio di acqua. Dopo pochi minuti unite la zucchina e, infine, la cipolla. Mentre le verdure cuociono, preparate ora la maionese senza uova, seguendo il procedimento indicato a p. 154 e tenetela da parte. Tagliate ora il seitan a straccetti, cercando di imitare la carne del kebab. Saltateli in padella, per creare una leggera crosticina. Io di solito svolgo questa operazione senza olio, ma valutate voi se è il caso di aggiungerne un po', qualora si seccassero troppo. Verso la fine della cottura aromatizzate con la spezia che preferite: io aggiungo sempre il cumino! L'impiattamento è semplice: straccetti di seitan, le verdure saltate accanto e una bella cucchiaiata di maionese vegana. Pronti a gustare un kebab vegano?

PAGNOTTELLE MULTICEREALI

- 12 g di lievito fresco
- 120 g di farina integrale
- 130 g di farina 0
- 50 g di farina di farro
- 1 pizzico di sale
- 1 cucc.no di curcuma
- 3 cucchiai di semi di girasole
- 3 cucchiai di semi di zucca
- 1 cucchiaio di semi di papavero
- 1 filo di olio EVO
- 1 cucc.no scarso di pepe

Come prima cosa, sciogliete il lievito in poca acqua tiepida. Radunate ora in una ciotola le farine. Aggiungete il lievito sciolto e cominciate a impastare. Se necessario, unite ancora acqua (poca), quanto basta per riuscire a lavorare il composto. Incorporate progressivamente un pizzico di sale, la curcuma e i semi. Un filo di olio e una macinata di pepe, e il nostro impasto è pronto. Dividetelo in tante pagnottelle, cui darete forma rotonda passandole tra i palmi delle mani. Man mano che le realizzate, disponetele su una teglia foderata con carta da forno, quindi lasciatele lievitare per 30 minuti. Trascorso questo tempo, infornatele per 20 minuti a 180 gradi. Morbide e calde, sono sicuro che vi conquisteranno!

PANE ARROTOLATO AGLI AROMI

- 350 g di farina a basso impatto glicemico
- 150 g di farina di grano saraceno
- lievito di birra (1 cubetto da 25 g o 1 bustina di lievito disidratato)
- 1 punta di cucchiaio di miele millefiori
- 350 ml di acqua calda
- 3 cucchiai di aromi tritati (rosmarino, salvia, basilico, timo, origano)
- 10 pomodori secchi

Sciogliete il lievito in poca acqua tiepida, insieme al miele. Tritate i pomodori secchi e le erbe aromatiche e tenete il tutto da parte. Riunite le farine su un piano di lavoro (o in una ciotola) nella classica forma a fontana. Versate al centro l'acqua con il lievito e cominciate a lavorare. Aggiungete l'acqua poca alla volta. Infine, incorporate i pomodori secchi e il trito di erbe. Quando l'impasto sarà liscio ed elastico, formate una palla, ponetela in una ciotola leggermente infarinata, coprite con un canovaccio pulito e lasciate lievitare per 1 ora. Trascorso questo tempo, impastate nuovamente per circa 5 minuti, quindi stendete il vostro impasto in un rettangolo spesso circa 0,5 cm e arrotolatelo sul lato più lungo. Trasferite il vostro rotolo su una teglia foderata di carta da forno, coprite con un canovaccio e lasciate lievitare per altre 2 ore. Trascorso questo tempo, infornate a 200 gradi per 30-35 minuti. Sentirete che profumo!

PASTA INTEGRALE AI 4 POMODORI

- 320 g di pasta corta integrale
- 1 cipolla rossa
- 3 cucchiai di concentrato di pomodoro
- 10 pomodori ciliegino
- 600 ml di salsa di pomodoro
- 1 manciata di capperi
- 10 pomodori secchi
- 2 cucchiai di olio EVO

Mettete a cuocere la pasta e, nel frattempo, dedicatevi al sugo. Affettate la cipolla e stufatela in una padella antiaderente con poca acqua. Stemperate nella stessa acqua il concentrato di pomodoro, quindi unite i pomodori ciliegino lavati e tagliati a metà e la salsa di pomodoro. Mescolate bene e abbassate la fiamma. Sciacquate i capperi sotto l'acqua corrente, quindi strizzateli e aggiungetene metà in padella. Tritate i capperi restanti insieme ai pomodori secchi, dopo averli reidratati per 5 minuti in acqua tiepida, e amalgamate anche questo trito al resto degli ingredienti. Lasciate sobbollire per 5 minuti circa. A questo punto, il sugo sarà praticamente pronto: condite con 2 cucchiai di olio EVO e lasciate che la salsa si restringa leggermente. Scolate la pasta al dente, passatela sotto l'acqua corrente per bloccare il rilascio degli amidi, quindi fatela saltare per qualche istante in padella con i quattro pomodori. Pronti a gustarvi un vero concentrato di benessere?

PÂTÉ DI POMODORI SECCHI

Gluten Free

- 170 g di pomodori secchi
- 1 cucchiaio di capperi
- 1 pizzico di peperoncino
- 2 cucchiai di prezzemolo tritato (o origano fresco)
- 4 cucchiai di olio EVO

Mettete nel bicchiere del mixer tutti gli ingredienti e frullate. Io adoro spalmare questa crema su fette di pane tostato (integrale), gallette o crostini, ma può anche essere utilizzata per condire patate lessate o farcire un tramezzino con lo sgombro!

RADICCHIO STUFATO CON CAPPERI E SGOMBRO GRIGLIATO

Gluten Free

- 8 cespi di radicchio
- 1 spicchio di aglio
- 4 cucchiai di olio EVO
- 80 g di capperi

- 240 g di filetti di sgombro
- ½ limone
- 1 ciuffetto di prezzemolo

Tagliate i cespi di radicchio in quattro e fateli stufare in un wok insieme a uno spicchio di aglio, aggiungendo qualche cucchiaio di acqua e 2 cucchiai di olio EVO. Se necessario, allungate con ulteriore acqua. A metà cottura (dopo circa 10 minuti), aggiungete i capperi ben risciacquati. Quando il radicchio risulterà ben appassito e insaporito, spegnete la fiamma. Nel frattempo grigliate i filetti di sgombro: ci vorranno circa 10 minuti di cottura. Disponete il radicchio su un piatto da portata, conditelo con il succo di mezzo limone e 2 cucchiai di olio EVO. In superficie, adagiate i filetti di sgombro grigliati. Prima di servire non resta che spolverizzare con il prezzemolo fresco tritato a coltello.

RISO AI DUE AROMI

- 320 g di riso integrale
- 1 mazzetto di basilico
- 1 mazzetto di erba cipollina
- 5 cucchiai di olio EVO
- sale e pepe
- 3 cucchiai di pane integrale grattugiato
- 150 g di granella di nocciole (o di mandorle)

Sciacquate il riso, lessatelo e scolatelo. Nel frattempo, preparate un trito con il basilico e l'erba cipollina. Lo scalderete a fiamma dolcissima in una padella antiaderente con l'olio EVO: mi raccomando, le erbe non dovranno soffriggere ma solo insaporirsi. Quando il riso sarà cotto, trasferitelo in padella e saltatelo con questo condimento. Unite il pane integrale grattugiato e, in ultimo, un pizzico di sale, una macinata di pepe e la granella di nocciole (o di mandorle). Servite subito. Alternativa per golosi: perché non trasferire tutto in una pirofila e infornare per qualche minuto sotto il grill, ottenendo una crosticina dorata e croccante in superficie?

RISO INTEGRALE CON CECI E ZAFFERANO

Gluten Free

- 320 g di riso basmati integrale precotto
- 1 bustina di zafferano
- 1 cipolla
- 2 spicchi di aglio
- 400 g di ceci lessati
- 200 ml di olio EVO

Cuocete il riso in una quantità di acqua pari al doppio del suo volume. Aggiungete subito lo zafferano, in modo che venga assorbito durante la cottura. Ci vorranno circa 10 minuti. Nel frattempo, affettate la cipolla e stufatela in padella con 2 spicchi di aglio tritati. Risciacquate bene i ceci, se sono in scatola, e dopo qualche minuto uniteli in padella. Lasciate cuocere per 5 minuti. Quando il riso sarà cotto, saltatelo in padella. Aggiungete 2-3 cucchiai di olio EVO e lasciate cuocere giusto un paio di minuti. Il «piatto unico perfetto» è pronto! Proteine, fibra e tutte le proprietà dello zafferano: è una vera delizia piena di salute!

RISO TEX MEX

Gluten Free

- 3 cipolle bianche
- 5 cucchiai di olio EVO
- 1 spicchio di aglio
- 320 g di riso thai integrale
- 200 g di polpa di pomodoro
- 1 cucchiaio di origano
- 1 cucc.no di curry
- sale
- pepe
- 50 g di prezzemolo

Tritate le cipolle e saltatele per qualche minuto in una padella antiaderente con l'olio EVO e lo spicchio di aglio schiacciato. Unite il riso e fatelo tostare. Aggiungete la polpa di pomodoro, l'origano, il curry e coprite con 1 bicchiere di acqua. Regolate di sale e proseguite la cottura a fiamma moderata. Quando il riso sarà pronto, completate il piatto con una sostanziosa macinata di pepe e spolverizzate con il prezzemolo tritato al momento.

RISO VENERE CON FUNGHI, SALMONE E GOMASIO

Gluten Free

- 320 g di riso venere
- sale
- 400 g di filetto di salmone fresco
- 4 carote
- 10 funghi prataioli
- 12 pomodori secchi sott'olio
- 4 cucchiai di olio EVO

PER IL GOMASIO

- 18 cucchiai di semi di sesamo
- 1 cucc.no di sale fino

Lessate il riso in una casseruola, con una quantità di acqua leggermente salata pari al doppio del suo volume (ci vorrà circa 1 ora). Nel frattempo, pulite il salmone, eliminando le lische e la pelle, e riducetelo in una dadolata. Lavate e tagliate a cubetti anche le carote, i funghi e i pomodori secchi (dopo averli reidratati). In una padella antiaderente, stufate le carote con un paio di cucchiai di olio e un po' di acqua. Una volta ammorbidite (non troppo, sono buone croccanti!), aggiungete i funghi e i pomodori secchi, quindi proseguite con la cottura. Dopo qualche minuto unite la dadolata di salmone. Occhio al colore del pesce: all'interno dovrà rimanere rosato. Mentre il pesce cuoce, preparate il gomasio seguendo il procedimento indicato a p. 240. Quando il riso sarà pronto, mescolatelo al condimento e fate insaporire per un paio di minuti in padella. Prima di servirlo, spolverizzatelo con il gomasio e condite con un filo di olio EVO a crudo.

SALSE PROFUMATISSIME

Gluten Free

Uno dei modi per profumare un piatto è accompagnarlo con una salsa: in questa pagina ne trovate alcune delle mie preferite!

SALSA ALLO YOGURT E ZAFFERANO

- ½ cipolla
- 200 g di yogurt greco
- 1 bustina di zafferano

Tritate finemente la cipolla e ponetela in una ciotola con gli altri ingredienti. Amalgamate tutto, aiutandovi con una frusta. Vi consiglio di tenere la salsa in frigo fino all'ultimo momento, per servirla bella soda.

SALSA AL BASILICO

- 30 foglie di basilico
- 30 g di pinoli
- 5 cucchiai di olio EVO
- 1 pizzico di pepe

Lavate bene e fate asciugare le foglie di basilico. Fate tostare i pinoli. Frullate quindi tutti gli ingredienti insieme, con un frullatore a immersione o un robot da cucina. Stupenda per verdure o cereali, questa salsa convincerà anche i più scettici sulle splendide proprietà in cucina del basilico.

CREMA DI CANNELLINI E POMODORI SECCHI

- 250 g di cannellini lessati
- 5 pomodori secchi reidratati
- 1 cucchiaio di capperi
- 2 cucchiai di olio EVO
- 1 pizzico di aglio secco
- pepe

Sciacquate i cannellini sotto l'acqua corrente se sono in scatola, quindi frullateli con tutti gli altri ingredienti fino a che si formerà una crema liscia e vellutata.

SPAGHETTI DEL PROFESSORE

- 320 g di spaghetti integrali
- pochissimo sale
- 200 g di ricotta
- 2 bustine di zafferano
- 5 cucchiai di miele di acacia
- 4 cucchiai di olio EVO
- scorza di 1 arancia
- pepe

Cuocete la pasta in acqua leggermente salata e, nel frattempo, preparate il sugo. Unite la ricotta, lo zafferano, il miele (se non siete avvezzi ai sapori agrodolci, la prima volta usate un solo cucchiaino: li aumenterete man mano che il vostro palato si abituerà!), un filo di olio EVO e un pizzico di sale. Mescolate con una frusta, aggiungendo poca acqua alla volta, per allungare: la salsa dovrà ammorbidirsi e diventare omogenea e malleabile. A quel punto, travasatela in una padella antiaderente e riscaldatela a fuoco dolcissimo, senza farla sobbollire. Scolate la pasta al dente, raffreddatela sotto l'acqua corrente e mescolatela al sugo. Impiattate gli spaghetti del Professore, conditeli con un filo di olio EVO e profumateli con la scorza d'arancia grattugiata al momento e una macinata di pepe.

SPEZZATINO DI SEITAN ALLO ZENZERO

- 4 cucchiai di olio EVO
- 1 cucchiaio di salsa thain
- 1 cucchiaio di miele
- 4 cucchiai di salsa di soia
- ½ limone
- semi di sesamo
- zenzero fresco
- 400 g di spezzatino di seitan

Mettete una padella sul fuoco (dolce) e versatevi l'olio EVO, la salsa thain e il miele. Mescolate bene per amalgamare il tutto. Unite poi la salsa di soia, il succo di limone, i semi di sesamo e lo zenzero grattugiato. Mescolate ancora e aggiungete lo spezzatino di seitan. Cuocetelo per 5-7 minuti, rigirandolo di tanto in tanto, prima di servirlo bello caldo.

TERRINA DI CIPOLLE E PATATE AL FORNO CON ROSMARINO

Gluten Free

- 4 patate
- 4 cipolle bianche
- 1 mazzo di rosmarino
- 10 cucchiai di olio EVO

Lavate le patate e sbucciate le cipolle. Tagliatele a velo con una mandolina (o un coltello ben affilato). Tritate parte del rosmarino, lasciando il restante intero. Ungete leggermente 4 terrine monoporzione e create in ciascuna strati di cipolle, patate e rosmarino. Versate in ciascuna terrina 2 cucchiai di acqua e 2 di olio EVO e infornate per 30-40 minuti a 220 gradi, allungando ogni tanto con acqua se necessario. Durante gli ultimi 5 minuti di cottura, azionate la funzione grill. Servite le terrine aggiungendo un filo di olio EVO e profumandole con un rametto di rosmarino, magari spezzettato al momento.

VELI DI ZUCCHINE E ZUCCA IN AGRODOLCE

Gluten Free

- 500 g di zucca mantovana pulita
- 500 g di zucchine
- 2 cucchiai di origano
- 60 g di zucchero di canna
- 200 ml di aceto di mele

Tagliate la zucca e le zucchine con una mandolina (o un pelapatate) e man mano adagiatele in una pirofila oliata con un fazzolettino unto di olio, alternandole una all'altra e spolverizzando di origano ogni strato. Sciogliete lo zucchero nell'aceto (se non riuscite a svolgere questa operazione a freddo, scaldate leggermente). Versate l'aceto zuccherato sopra i veli di verdure, fino a ricoprirli. Lasciate a macerare in frigorifero per circa 6 ore, poi servite. I veli sono stupendi da soli ma ancora più buoni in compagnia di una pagnotta integrale, di un'insalata o di pesce al vapore o al cartoccio.

ZUCCA AL FORNO PROFUMATA

Gluten Free

- 1 grossa zucca mantovana
- olio EVO (magari aromatizzato all'aglio o allo zafferano)
- 1 mazzetto di salvia
- 5 foglie di alloro
- rosmarino
- pepe in grani e sale

Lavate e mondate la zucca, eliminando i semi, quindi tagliatela a fettine sottili, spesse al massimo 5 mm. A questo punto, con un coltellino, private ogni fetta dei filamenti interni (la buccia invece potete lasciarla). Foderate ora una teglia con carta da forno bagnata di acqua e strizzata, quindi disponetevi le fettine di zucca. Oliate leggermente la superficie di ogni fettina, cospargete il tutto di salvia, alloro e rosmarino; pepate, salate e infornate per 30-40 minuti a 200 gradi. Sentirete che bontà!

ZUPPA DI CAROTE E ZENZERO

Gluten Free

- 1 cipolla bianca
- 2 cucchiai di olio EVO
- 8 carote
- 3 tazze di brodo vegetale (o acqua calda)
- 1 arancia
- ½ cucchiaio di zenzero fresco grattugiato
- sale
- pepe
- 1 vasetto di yogurt magro
- semi di girasole tostati

Se volete, preparate voi il brodo vegetale secondo il procedimento indicato a p. 20. In alternativa, potreste utilizzare anche della semplice acqua bollente. Mondate la cipolla e tagliatela finemente. Fatela stufare a fiamma dolce in una grande casseruola con poca acqua. A fine cottura aggiungete l'olio EVO. Nel frattempo, lavate e riducete le carote a tocchetti: ponetele nella casseruola e unite anche il brodo vegetale (o l'acqua). Proseguite la cottura per circa 40 minuti, finché le carote saranno cotte. Aggiungete il succo di arancia e lo zenzero grattugiato. Regolate di sale e di pepe. Non resta che guarnire: io vi consiglio qualche goccia di yogurt magro fatta cadere sulla superficie della zuppa, oltre ai semi di girasole tostati.

FOCACCIA CON MELE E CANNELLA

- 25 g di lievito di birra
- 400 g di farina 0
- 500 g di farina integrale
- 100 g di farina di semola di grano duro
- 650 ml di acqua
- 50 ml di olio EVO
- 1 cucc.no di sale
- 7 mele grosse
- il succo e la scorza di 1 limone
- 2 cucc.ni di cannella
- 120 g di zucchero di canna

Sciogliete il lievito in poca acqua tiepida. Versate le farine su un piano di lavoro nella classica forma a fontana. Al centro ponete il lievito sciolto e cominciate a lavorare con un cucchiaio o una forchetta. Quando l'acqua sarà stata assorbita, aggiungete olio EVO, sale e 30 g di zucchero. Impastate energicamente fino a ottenere un composto morbido ed elastico. Formate una palla, ponetela in una ciotola leggermente oliata, copritela con un canovaccio pulito e lasciate lievitare in frigorifero per circa 18-24 ore. Estraete l'impasto 2 ore prima della cottura, in modo che ritorni a temperatura ambiente. Nel frattempo, lavate e affettate le mele (senza sbucciarle) e ponete le fettine a insaporire in una casseruola con il succo e la scorza di limone, un cucchiaino di cannella e lo zucchero. Quando l'impasto sarà pronto, rovesciatelo in una teglia leggermente oliata e stendetelo allo spessore di circa 1 cm. Distribuite le mele in superficie, cospargete con l'altro cucchiaino di cannella e infornate per 10 minuti a 220-240 gradi, posizionando la teglia nella parte più bassa del forno, quindi per 20 minuti spostandola più in alto. Sfido chiunque a non addentare la focaccia appena uscita dal forno: è buonissima!

MELE E PERE COTTE CON CIOCCOLATO

Gluten Free

- 2 pere Kaiser
- 2 mele Renette (o Golden)
- succo e scorza di 1 limone
- la scorza di 1 arancia
- 1 cucc.no di cannella
- 100 g di cioccolato fondente 72 per cento

Lavate le pere e le mele, asciugatele e tagliatele in quattro spicchi, eliminando i torsoli. Ponetele quindi in una casseruola dai bordi alti e versate acqua fino a coprire metà del loro volume. Grattugiate le scorze degli agrumi e spremete il limone. Aggiungete il tutto nella casseruola insieme alla cannella e fate sobbollire a fuoco dolce per circa 10 minuti. Nel frattempo sciogliete a bagnomaria il cioccolato. Servite le pere e mele e relative scorze, con cioccolato fuso in superficie.

TORTA ALL'ARANCIA, CIOCCOLATO E CANNELLA

- 1 bustina di lievito per dolci
- 150 g di farina integrale
- 150 g di farina 0
- 1 cucc.no colmo di cannella in polvere
- la scorza di 1 arancia
- 80 g di cioccolato fondente a scaglie
- 70 g di zucchero di canna
- zucchero a velo vanigliato
- 170-200 ml di spremuta di arancia (meglio rossa)
- 60 g di olio di semi di mais (o di semi di girasole)

Riunite tutti gli ingredienti secchi in una ciotola capiente, quindi aggiungete la spremuta e l'olio di semi poco per volta. Amalgamate il tutto: dovrete ottenere un composto morbido, che «faccia il filo» se sollevate il cucchiaio. Travasatelo in una teglia di silicone (o rivestita con carta da forno) e infornate per circa 45 minuti a 180 gradi. Prima di sfornare, mi raccomando: verificate la cottura con uno stecchino!

TORTA D'ARANCIA, CIOCCOLATO E CANNELLA

FRUTTA E VERDURA DELLE STAGIONI FREDDE: UNO SCUDO COLORATO

TORTA SALATA CON BIETOLE E VERZA

Se penso che da ragazzo non amavo le bietole... cosa mi sono perso! Per fortuna la vita è imprevedibile, anche dal punto di vista gastronomico.

Questa torta salata è adatta alle serate con gli amici, oppure a essere portata con voi a una gita fuoriporta o al lavoro, come «schiscetta»: preparata in anticipo, regalerà tanto gusto e praticità! Scegliete la farina che più vi piace e via, in cucina a preparare la protagonista del capitolo che più amo in assoluto: frutta e verdura. Mamma mia, quanti colori, sapori e quanta salute!

PER L'IMPASTO

- 300 g di farina di tipo 1
- 1 pizzico di sale
- 1 pizzico di bicarbonato
- 80 grammi di olio EVO
- 2 cucchiai di aceto di mele

PER LA FARCIA

- 1 cipolla
- 400 g di bietole cotte al vapore

- 400 g di verza cotta al vapore (a listarelle)
- sale
- 2 cucchiai di olio EVO
- 200 g di caprino
- 3 cucchiai di pane integrale grattugiato

Ponete la farina in una ciotola e lavoratela con gli altri ingredienti per l'impasto, aggiungendo i liquidi poco per volta. Una volta ottenuto un composto liscio e omogeneo, dategli la forma di una palla, mettetelo in una ciotola, coprite con un canovaccio pulito e lasciate in frigorifero a riposare per 30 minuti. Nel frattempo, dedicatevi al ripieno. Affettate finemente la cipolla e stufatela con poca acqua. Appena sarà dorata, aggiungete le bietole e la verza. Regolate di sale e aggiungete l'olio EVO, riducendo la fiamma. Lasciate che le verdure intiepidiscano, quindi unite il caprino e mescolate per bene. Trascorso il tempo di riposo della pasta, estraetela dal frigorifero e stendetela in un disco largo abbastanza da ricoprire una tortiera del diametro di 20 cm, bordi compresi. Foderate lo stampo prima con carta da forno, quindi con la pasta e riempite con il ripieno. Spolverizzate con il pane integrale grattugiato, quindi infornate per 30 minuti circa a 180 gradi.

Finalmente, siamo alla frutta (e alla verdura)! Tutte le ricette delle pagine precedenti che avete scoperto e, spero, sperimentato, contengono almeno un ortaggio o un frutto: su questo non ci sono dubbi. Ecco perché i prossimi due capitoli sono per me il vero e proprio cuore di questo libro. Non che gli altri alimenti non siano importanti, ma sono frutta e verdura a portare sulle nostre tavole, oltre a tante proprietà nutrizionali più che preziose, colori e sapori che – altrimenti – non potremmo gustare.

Per raccontarvi al meglio tutte le caratteristiche del vastissimo mondo vegetale ho scelto un criterio un po' originale: frutta e verdura delle stagioni fredde (autunno e inverno) e delle stagioni calde (primavera ed estate). In realtà, più che alle sfilate di moda, questa suddivisione strizza l'occhio alla stagionalità, un criterio fondamentale del mangiare sano. Consumare prodotti delle nostre campagne nel periodo in cui maturano naturalmente, infatti, significa mangiare alimenti più buoni, più completi dal punto di vista nutrizionale e più salutari anche per l'ambiente.

La Coldiretti, la principale organizzazione di imprenditori agricoli a livello nazionale ed europeo, nel dossier *Lavorare e vivere green in Italia*[1] ha stilato la top ten dei cibi più inquinanti: in testa, le ciliegie del Cile che, per giungere sulle tavole italiane, percorrono quasi 12.000 chilometri, consumando per ogni chilo di prodotto quasi 6,9 chili di petrolio, con un'emissione di 21,6 chili di anidride carbonica; un chilo di mirtilli argentini, invece, vola per più di 11.000 chilometri, consumando 6,4 chili di petrolio e liberando 20,1 chili di anidride carbonica. Non va meglio per le noci della California, che viaggiano per oltre 10.000 chilometri, con un consumo di 6,08 chili di petrolio e un'emissione di 18,9 chili di anidride carbonica, e per i fagiolini dell'Egitto, che volano per oltre 2000 chilometri, consumando per ogni chilo di prodotto 1,23 chili di petrolio e liberando 3,84 chili di anidride carbonica. E i prezzi, naturalmente, lievitano.

Chi stesse pensando: «Non c'è certo bisogno di farle venire fino dal Cile, le ciliegie: per mangiarle in inverno basta coltivarle in serra» dovrebbe ricordare che anche i prodotti cresciuti in serre riscaldate consumano importanti quantità di energia e, spesso, sono soggetti a coltivazioni forzate: questa pratica può indebolire le piante ed esporle alle malattie, rendendo necessario l'uso di antiparassitari e anticrittogamici, oltre ai conservanti chimici.

Consumando prodotti freschi, locali, che maturano nel momento dell'anno che stiamo attraversando, non solo aiutiamo

[1] *Dalle ciliegie del Cile agli asparagi del Perù, ecco i dieci cibi più «inquinanti»*, 4 giugno 2014 (www.repubblica.it).

ad abbattere l'inquinamento, ma evitiamo anche «integrazioni» chimiche altrettanto inquinanti (ma per il nostro corpo!) che nulla hanno a che fare con la buona alimentazione.

I SURGELATI

Stagionalità significa più sapore per il nostro palato e risparmio per il nostro portafogli. E più salute: la maturazione naturale al sole garantisce agli alimenti uno sviluppo vitaminico più integro. Per questo, e perché amo la varietà e sperimentare sempre ricette e prodotti nuovi, cerco di seguire la stagionalità. Non vi nego però che ogni tanto, quando un piatto richiede un ingrediente specifico o ho proprio voglia di un sapore particolare, esploro anche il fantastico mondo dei vegetali fuori stagione grazie ai surgelati: le verdure congelate, infatti, mantengono inalterate le loro proprietà (o le migliorano), risolvendoci spesso e volentieri la cena. In ogni caso, sempre meglio dei vegetali provenienti dall'estero! Anche i prodotti di stagione, surgelati, spesso e volentieri sono più integri dal punto di vista nutrizionale: ci sono aziende che surgelano l'ortaggio coltivato entro pochissime ore dal raccolto, finendo per offrirci ancora più freschezza dei banchi del supermercato.

Scegliendo di seguire la stagionalità, dunque, mangiamo meglio: e non mi riferisco solo al gusto, ma anche al benessere. Banalmente, c'è un motivo se Madre Natura ci dona i cachi o i cavoli in inverno e i fagiolini o i pomodori in primavera: attraverso i prodotti della terra e il loro alternarsi lungo le stagioni, ci fornisce tutti i diversi nutrienti di cui il nostro corpo ha bisogno per stare bene in un determinato momento dell'anno. Acquistare frutta e verdura in base alla stagionalità non è semplicemente una scelta di convenienza, ma è importante anche dal punto di vista nutrizionale. Non mangiare sempre gli stessi prodotti, infatti, significa diversificare le sostanze che immettiamo nel nostro organismo. E questo concetto è alla base di una dieta sana e varia, che tutte le linee guida raccomandano.

Per capire bene di che cosa sto parlando basta ragionare sui colori di frutta e verdura: se pensate ai prodotti dell'estate vi verranno sicuramente in mente colori caldi, come il rosso del pomodoro, delle ciliegie e dei frutti rossi, e l'arancione di pesche e albicocche; se pensate invece a quelli dell'autunno è probabile che immaginiate subito il viola dell'uva e delle prugne, o il bianco dell'uva spina e del cavolfiore. Frutta e verdura di colori diversi contengono vitamine, sali minerali e nutrienti diversi. In particolare, miracolo della natura, proprio quelli più adatti alle nostre esigenze in quel momento dell'anno.

Cominciamo quindi dalle stagioni fredde, autunno e inverno.

L'autunno è una stagione di passaggio: dopo il caldo dei mesi estivi, la temperatura si abbassa, la luce diminuisce e il nostro organismo è chiamato a mettere in campo una maggiore quantità di energia, utile anche per tutelare le difese immunitarie, visto che è maggiormente esposto al rischio dei cosiddetti «malanni di stagione». Il problema si acuisce in inverno, con il clima che si irrigidisce: pioggia, neve e vento si fanno più insistenti e le nostre difese immunitarie ne risentono ulteriormente. Soffriamo non solo di malesseri alle vie respiratorie, come bronchiti e raffreddori, ma anche di forme virali, dolori muscolari, infiammazione.

Tanti animali vanno in letargo, ma l'uomo no: come mangiare dunque, per evitare di passare mesi a tossire e per sentirsi in forze?

Innanzitutto, dovremo prevenire la disidratazione. Mai notato che ai primi freddi si comincia ad avere le labbra e la gola secche (e la tosse, e un po' di stitichezza)? Per ricacciare questi sintomi da dove sono venuti è importante assumere la giusta dose di acqua, ma anche le 5 porzioni quotidiane canoniche (e raccomandate dalle *Linee guida per una sana alimentazione*) di frutta e verdura, che la contengono in abbondanza.

Per consentirci di rimanere efficienti e vigorosi nonostan-

MANGIARE A COLORI

I colori della frutta e della verdura sono convenzionalmente cinque: arancione, rosso, viola, verde e bianco.* L'**arancione** è dovuto alle elevate quantità di betacarotene, sostanza appartenente alla famiglia dei carotenoidi. Il betacarotene è un precursore della vitamina A, fondamentale per la salute della pelle e degli occhi: in parte viene «trasformato», mentre in parte viene assorbito e immagazzinato come tale. Lo troviamo nella zucca, nelle carote, nelle arance, nei cachi, ma anche in albicocche, meloni e pesche. Il **rosso** del pomodoro, del cocomero e del pompelmo è dovuto al licopene, un carotenoide dalla struttura semplice con notevoli proprietà antiossidanti, che riveste un ruolo importante nella comunicazione cellulare. Protegge inoltre il nostro organismo dalle malattie cardiovascolari, da determinati tumori (come quello alla prostata) e dai danni provocati dal fumo e dai raggi ultravioletti. A essere responsabili del **viola** sono invece gli antociani, sostanze dall'elevato potere antiossidante che appartengono alla famiglia dei flavonoidi, molecole preziose che proteggono sia le piante (dai raggi ultravioletti) sia il nostro organismo (dall'invecchiamento). Gli antociani sono contenuti soprattutto nell'uva, nelle melanzane, nelle prugne e nei frutti rossi (per esempio mirtilli e more). I composti responsabili del colore **verde** sono i glucosinolati, derivati degli aminoacidi che contengono zolfo. Svolgono a nostro beneficio un effetto antitumorale e antiossidante. Li troviamo nei broccoli, nei cavoletti di Bruxelles e nel cavolo cappuccio. Inoltre, le foglie di colore verde (come quelle di spinaci, carciofi e insalata) possiedono un alto contenuto di ferro e acido folico, e l'acido ascorbico o vitamina C che troviamo al loro interno facilita l'assorbimento del ferro. Nel gruppo dei vegetali di colore **bianco** rientrano aglio, cipolla bianca, cavolfiore, finocchi, pere, porri, funghi e sedano. Garantiscono un apporto di polifenoli, flavonoidi, composti solforati, potassio, vitamina C e selenio, sostanze in grado di rinforzare le difese del nostro sistema immunitario. L'allicina, in particolare, permette di abbassare il colesterolo e la pressione arteriosa.

* *I colori di frutta e verdura e la salute* (www.eufic.org); D. Barus, *Ogni giorno 5 porzioni e 5 colori*, 4 luglio 2011 (www.fondazioneveronesi.it).

te i nostri corpi debbano fare fronte a un aumentato fabbisogno energetico, frutta e verdura che maturano in queste stagioni sono ricche di zuccheri: è il caso di cachi, mele, pere, castagne, noci, nocciole e mandorle, tutti fonte di vitamine, fibre e minerali. Per stimolare il sistema immunitario, invece, via libera agli ortaggi bianchi, veri e propri medicinali naturali, e a quelli viola, grazie ai quali faremo il pieno di antocianine e flavonoidi. Maturano anche pere, mele, melagrane e kiwi, che apportano fibre e minerali dalle note proprietà antiossidanti, antivirali e antibiotiche. L'inverno, inoltre, è la stagione degli agrumi, veri e propri campioni di vitamina C, amica del nostro sistema immunitario.

Zucche, cavoli, melanzane, castagne, patate e radicchio, poi, sono tutti poco acquosi e richiedono almeno una blanda cottura, prima di essere consumati: questo risponde al nostro bisogno di scaldarci, consumando piatti caldi e lasciando ai mesi estivi insalate e panini.

Che ne dite, vi va di approfondire insieme a me le caratteristiche di questi alimenti?

Se siete d'accordo, comincerei dalla frutta.

Contrariamente a quanto si potrebbe pensare, anche nei mesi freddi abbiamo vasta scelta, come si evince da questa tabella:

	Ottobre	**Novembre**	**Dicembre**	**Gennaio**	**Febbraio**	**Marzo**
Arance					x	x
Avocado				x	x	x
Banane					x	x
Cachi	x	x				
Castagne	x					
Clementine				x	x	x
Kiwi				x	x	x
Limoni				x		
Mandarini			x	x	x	x
Melagrane	x	x	x			

	Ottobre	Novembre	Dicembre	Gennaio	Febbraio	Marzo
Mele			x	x	x	x
Pere			x	x	x	x
Pompelmi	x	x	x	x	x	x
Prugne	x	x				
Uva	x	x				

In questa sede non approfondiremo tutti questi frutti (se trattassi tutta la frutta e la verdura che possiamo trovare in ogni stagione questo libro sarebbe diviso in due volumi!), ma la maggior parte. Ho scelto di parlarvi di quelli che dal punto di vista nutrizionale sono i nostri alleati più forti e, lo ammetto, anche di quelli che preferisco.

GLI AGRUMI

In entrambe le categorie rientra la grande famiglia degli agrumi: arance, clementine, lime, limoni, mandaranci, mandarini e pompelmi sono dei maghi nel prendersi cura del nostro sistema immunitario, grazie all'alto contenuto di vitamina C.

Ha più proprietà lei del più potente dei supereroi della Marvel: esercita una forte azione antiossidante, interviene nella sintesi del collagene, facilita l'assorbimento del ferro, riduce i sintomi delle malattie da raffreddamento, aiuta la cicatrizzazione delle ferite e migliora la funzione respiratoria. E non è tutto! Infatti, la vitamina C agevola anche i processi di difesa cellulare, favorendo l'eliminazione dei radicali liberi dall'ossigeno ed evitando così l'ossidazione delle vitamine A ed E. Capito? Mantiene la pelle giovane ed elastica e, inoltre, ci aiuta a rimanere vigili e reattivi, mettendo il turbo ai nostri neurotrasmettitori.

I LARN (Livelli di assunzione di riferimento di nutrienti ed energia) raccomandano che gli adulti maschi ne assumano almeno 105 milligrammi al giorno, mentre le donne 85 milligrammi (su per giù, un'arancia o 3/4 di pompelmo). L'importante è non stare sotto i livelli raccomandati: tra i sintomi di carenza si annoverano il sanguinamento delle gengive, spossatezza, fragilità capillare e ossea, oltre a disturbi del sistema nervoso. Eventuali «eccessi» di vitamina C vengono smaltiti con le urine, quindi abusate pure dei vostri agrumi preferiti o delle loro spremute, soprattutto quando il cambio di stagione si avvicina: rafforzerete naturalmente il vostro sistema immunitario. Tenete presente che le spremute per essere efficaci vanno bevute entro 20 minuti dalla spremitura: dopo mezz'ora le proprietà della vitamina C saranno belle e che scomparse e noi resteremo con una bevanda deliziosa, ma priva dei suoi superpoteri.

Ciascun agrume, però, è diverso dagli altri: ecco perché vale la pena passarli in rassegna uno per uno.

Le *arance*, ricche di vitamine e flavonoidi, sostengono il nostro sistema immunitario e hanno effetti benefici sul sistema cardiovascolare. Andrebbero mangiate a spicchi, senza eliminare mai completamente la parte bianca e spugnosa che le riveste: proprio lì si trova la rutina, una sostanza che aiuta ad assimilare al meglio il ferro e la vitamina C. Drenanti, depurative e antinfiammatorie, saziano e aiutano a controllare la fame.

La mia arancia preferita è la rossissima *sanguinella*: oltre a un mare di vitamina C, contiene vitamine A e B1, calcio, potassio e pectina, una fibra che stimola il senso di sazietà e riduce l'assorbimento di zuccheri e lipidi. Esercita inoltre una forte azione antiossidante e favorisce la formazione del tessuto connettivo.

Un *mandarino* al giorno (o anche due, dopo i pasti) favorisce la digestione, oltre ad apportare più vitamina A di ogni altro agrume e più selenio di ogni altro frutto. Se fossero un capo di vestiario, sarebbero una sciarpa: prevengono la congestione delle vie aeree, riducono lo stato di infiammazione a carico di gola e bronchi. Inoltre, favoriscono la coagulazione del sangue, evitando emorragie, e combattono i radicali liberi, ritardando l'invecchiamento.

Ora voglio lasciarvi a bocca aperta: il *limone* ha proprietà anticancro (dovute al limonene, una sostanza contenuta nella scorza e responsabile del suo profumo), migliora la funzionalità epatica e facilita l'eliminazione dei grassi e di alcune tossine dal sangue. Grazie al suo contenuto di acido citrico, favorisce il ricambio cellulare, mentre grazie ai flavonoidi presenti nella scorza contrasta l'arteriosclerosi. Ha note proprietà astringenti (per combattere la diarrea ad armi pari, basta il succo di mezzo limone maturo). Se grattugiato su un piatto (o anche nel tè verde) contribuisce all'assorbimento dei polifenoli e del ferro.

Veniamo ora al re degli agrumi, il gigantesco *pompelmo*, con il suo sostanzioso contenuto di potassio, vitamina D e flavonoidi (in particolare la naringina, responsabile del suo sapore amarognolo). Il pompelmo esercita una forte azione rigenerante e antiossidante, soprattutto su stomaco e polmoni, ed è inarrestabile nel favorire l'assorbimento dei principi attivi. Se prendete antistaminici, sedativi e ansiolitici, fate attenzione: alcune sostanze presenti nel pompelmo favoriscono l'assorbimento addirittura del 450 per cento in più dei principi attivi contenuti in questi farmaci.

Una nota finale, doverosa, sugli agrumi: insieme al kiwi e alle banane, contengono una buona quantità di lisina e arginina, i precursori delle poliammine. Chi sono costoro? Le poliammine sono molecole indispensabili per la crescita e il normale sviluppo, visto che stimolano la proliferazione cellulare. Questa funzione è ovviamente essenziale durante l'età della crescita e, sempre, per la riparazione dei tessuti, ma meno gradita in casi specifici: per esempio, in caso di tumore. Le poliammine, infatti, agiscono indistintamente su tutte le cellule, non solo su quelle sane! Di conseguenza, il mio consiglio è quello di mangiare arance e pompelmi liberamente, ma di limitarsi qualora si abbia o si abbia avuto un tumore e qualora si sia fumatori o ex fumatori (il fumo è fortemente correlato con l'insorgenza di cancro al polmone, quindi moderare il consumo di precursori delle poliammine mira ad arginare la eventuale proliferazione di cellule che il fumo possa aver «trasformato»).

L'AVOCADO

La sua polpa morbida e burrosa è un sogno per chi ama sperimentare in fatto di condimenti: l'avocado è talmente ricco di grassi (dal 10 al 35 per cento) che, sebbene sia un frutto, in cucina viene considerato – appunto – come un grasso. Per nostra fortuna, però, quei grassi sono insaturi: Omega-3 e acido linoleico, con tutte le relative proprietà, delle quali abbiamo abbondantemente discettato nel capitolo *In fondo al mar, Omega-3: il pesce azzurro*.

Ricco fino a scoppiare di vitamine (A ed E), l'avocado ci aiuta a mantenere bella la pelle, mentre grazie ad altri nutrienti (tra cui potenti antiossidanti) sarebbe in grado di allontanare e ridurre l'insorgenza di tumori della bocca. Dalle ultime ricerche è emersa anche la sua capacità di tenere a bada l'assorbimento del glucosio: è quindi un alleato per i diabetici.

Cosa aspettate a farne incetta?

IL KIWI

Parlando di vitamina C, è impossibile non citare il kiwi, verde delizia proveniente dalla Nuova Zelanda che oggi viene coltivata anche in Italia – e ad altissimi livelli: i kiwi migliori sembrano essere proprio i nostri, provenienti dalla zona di Latina e dell'Alto Casertano. Occhio all'acquisto: non tutti sanno che poca peluria significa maturazione forzata e, di conseguenza, meno sapore, ridotte proprietà nutrizionali e una consistenza filamentosa. Quindi, più la buccia è lanuginosa, più il frutto all'interno è buono! Se scelti nel giusto punto di maturazione (che giunge nei primi mesi dell'anno), i kiwi sono dolcissimi e profumati, e fenomenali contro i malanni di stagione: combattono la tosse e la gola secca, alleviando anche quella fastidiosa sensazione di costrizione alla faringe. Grazie al loro alto contenuto di potassio, proteggono i nostri vasi sanguigni – e dunque sono consigliatissimi in caso di vene varicose e di couperose, notizia che farà piacere a lettori e lettrici con la pelle sensibile!

LA MELA

Una mela al giorno toglie diverse complicazioni di torno. Innanzitutto, il colesterolo: un team di ricercatori americani nel campo della nutraceutica e della nutrigenomica ha recentemente scoperto che una mela al giorno favorisce una riduzione del 40 per cento del colesterolo LDL, quello «cattivo». Inoltre, secondo uno studio pubblicato sulla rivista «Thorax», una mela al giorno diminuisce il rischio di asma del 32 per cento.[2] Gli dei ex machina dietro tutti questi effetti sono i polifenoli, i fitosteroli e una nostra conoscente stretta, la vitamina C, che le mele contengono in abbondanza!

I loro poteri, però, non finiscono qui: la letteratura medica più recente riconosce le mele come antitumorali naturali, in grado di influire sul comportamento delle cellule derivate da numerosi tumori (per esempio l'adenoma e il carcinoma del colon, il cancro del fegato, la leucemia e il melanoma). Nelle colture *in vitro*, lo sviluppo di queste cellule viene ridotto di circa il 30-40 per cento aggiungendo soltanto la gustosa polpa e del 50 per cento aggiungendo la mela con la relativa buccia (che sembra contenere una famiglia di sostanze, i triterpenoidi, che abbassano il rischio di sviluppare alcune forme tumorali).[3]

Le mele, inoltre, sono ricche di acqua e quindi idratanti, contengono calcio, fosforo, potassio e betacarotene, folati e ben 2 grammi di fibra per 100 grammi di prodotto. Le fibre sono presenti sia nella polpa sia nella buccia e favoriscono un buon funzionamento del transito intestinale (come potevate immaginare), ma anche il controllo della glicemia, grazie principalmente alla pectina, di cui questo frutto è ricco.

Il loro succo riduce i batteri della bocca, quelli che provocano la carie, e sono quindi alleate anche di chi ha la fobia del dentista.

[2] B.D. Patel, A.A. Welch, S.A. Bingham, R.N. Luben, N.E. Day, K.T. Khaw, D.A. Lomas, N.J. Wareham, *Una mela al giorno toglie l'asma di torno*, in «Thorax», maggio 2006 (www.nutrition-foundation.it).

[3] *Mela: tante virtù in un unico frutto salutare*, 4 luglio 2011 (www.fondazioneveronesi.it).

Infine, colpo di scena: le mele sono anche tra i frutti più ricchi di quercetina, un flavonoide della famiglia dei polifenoli con alti poteri antiossidanti e detossificanti, che protegge il polmone dai danni del fumo e ne contrasta l'infiammazione. Mi raccomando: mangiatele con la buccia, la quercetina – che secondo alcuni studiosi protegge anche dall'ictus – è lì!

LA MELAGRANA

Acido ellagico, vitamina C, potassio e polifenoli: la melagrana è tutta qui, e non è poco!

L'acido ellagico è un antiossidante spaziale, che la colloca in cima alla top ten di cibi e bevande anti-invecchiamento, appena sotto il primo classificato, ovvero il tè verde. Lo troviamo presente in moltissime creme di bellezza: prima di stenderlo generosamente sulla pelle, che cosa ne dite di farne incetta consumando regolarmente melagrane, lamponi e fragole (che lo presentano in abbondanza) quando sono di stagione?

Il contenuto di vitamina C e di potassio è davvero notevole: una melagrana apporta il 10 per cento del fabbisogno giornaliero di vitamina C (e B6) e di potassio ne troviamo in quantità, ben 300 milligrammi per 100 grammi di frutto (naturalmente, la parte che si può mangiare).

Ma veniamo ai miei amati polifenoli: in questo caso si tratta degli antociani, di cui abbiamo già fatto la conoscenza, e dei tannini. Questi ultimi colpiscono i radicali liberi con la precisione di un cecchino e dunque bere succo di melagrana significa combattere efficacemente l'invecchiamento, ma anche ridurre i fattori di rischio cardiovascolare, proteggere le cartilagini articolari e prevenire il rischio di osteoartriti. Inoltre, la letteratura scientifica riconosce ai tannini anche un'azione preventiva su alcuni tipi di tumori, tra cui quelli del cavo orale, del colon, della prostata e del seno.

Uno studio dell'Università del Wisconsin ha osservato gli effetti della melagrana sul tumore alla prostata, dimostrando che i potenti agenti antiossidanti che essa contiene sono efficaci nell'uccidere le cellule tumorali e anche nel rallentare la loro velocità di replicazione.[4]

L'UVA

Per poter parlare di uva, devo fare un passo indietro e dire due parole sui polifenoli.

Si tratta di molecole organiche dal forte potere antiossidante, cui la ricerca riconosce un ruolo positivo nella prevenzione del cancro, delle patologie cardiovascolari e degenerative. I polifenoli, naturalmente, non sono tutti uguali... Sulla base della loro struttura molecolare, si suddividono in acidi fenolici, flavonoidi, flavonoli e così via.

I flavonoidi (sto arrivando al punto, lo giuro) sono i responsabili del colore blu-violaceo di certi fiori e frutti, ma non solo: agiscono come «scudi», proteggendo le piante e il loro DNA dai danni che potrebbero causare le radiazioni ultraviolette. L'uva rossa ne contiene fino a 20 volte in più rispetto a quella bianca.

I flavonoidi contenuti nell'uva si chiamano antocianine e sono potentissimi: ci difendono infatti dai radicali liberi, quelle sostanze chimiche altamente instabili che accelerano l'invecchiamento cellulare e attivano i processi infiammatori, oltre ad avere effetti cancerogeni e favorire l'arteriosclerosi.

Loro stretto parente è il resveratrolo, fenolo non flavonoide (ma comunque della famiglia), contenuto in abbondanza nella buccia dell'uva, in particolare rossa: lì ne troviamo circa 50-100 milligrammi per grammo di peso secco, mentre la sua concentrazione nel vino rosso si aggira tra gli 1,55 e i 3 milligrammi per ogni litro. Il resveratrolo esercita un'azione antitumorale e di fluidificazione del sangue: questo secondo superpotere lo rende amico per la pelle del sistema cardiova-

[4] A. Malik, F. Afaq, S. Sarfaraz, V.M. Adhami, D.N. Syed, H. Mukhtar, *Pomegranate Fruit Juice for Chemoprevention and Chemotherapy of Prostate Cancer*, 11 ottobre 2005 (www.nbci.nlm.nih.gov).

scolare, visto che lo porta a limitare l'insorgenza di placche trombotiche e a impedire l'ossidazione del colesterolo LDL.

Gli effetti dell'uva, però, non sono tutti da ricercare nei flavonoidi: è d'aiuto anche contro l'anemia (visto che è fonte di ferro assimilabile) e in caso di artriti e reumatismi (è diuretica) e stipsi (grazie alla presenza di fibre e sostanze lassative naturali).

IL VINO: SÌ O NO?

Sono certo che vi sarete già imbattuti nel dilemma: vino sì o vino no? Be', numerosi studi epidemiologici hanno sottolineato il legame che esiste tra il consumo moderato di vino (rosso) e la riduzione del rischio cardiovascolare. Una ricerca del 2012 e una del 2014, in particolare, confermano questa tesi, ovvero che il vino rosso fa bene al cuore.* È sempre merito loro, dei polifenoli e delle antocianine, che – grazie alla loro funzione antiossidante – migliorano i valori pressori e la rigidità delle arterie, riducendo il rischio di infarti e ictus. Splendido, vero? Non vi ho ancora detto che la dose consigliata dalle linee guida dell'INRAN è pari a 2-3 bicchieri al giorno per gli uomini e 1-2 per le donne, preferibilmente a pasto. Oltre, nulla possono i nostri amati polifenoli sugli effetti negativi causati dall'etanolo. In questi limiti, il vino presenta anche un altro beneficio: grazie al suo contenuto di melatonina, ci aiuta a regolare il ciclo sonno-veglia.

* A. Jennings et al., *Antocianine per ridurre il rischio cardiovascolare*; A. Tresserra-Rimbau et al., *Anche in una popolazione a dieta mediterranea, livelli più alti di polifenoli comportano la riduzione significativa del rischio di eventi cardiovascolari e di mortalità*, in «Nutrition, Metabolism and Cardiovascular Diseases», 24 gennaio 2014 (www.nutrition-foundation.it).

Anche per quanto riguarda la verdura, la parola d'ordine è abbondanza, con le *Chenopodiaceae* e le *Brassicaceae* o *Crucifere* a farla da padrone!

Se vi immaginate già al banchetto del vostro fruttivendolo al mercato, intenti a domandare con aria interrogativa: «Scusi, quali sono le *Chenopodiaceae*?», non temete. Cominciamo proprio da una di esse, altrimenti detta...

	Ott.	Nov.	Dic.	Gen.	Feb.	Mar.
Barbabietole	x	x				x
Bietole	x	x	x	x	x	
Broccoli		x	x		x	x
Carciofi		x	x	x	x	x
Carote				x	x	
Cavoli		x	x	x	x	x
Cavolfiori		x	x	x	x	x
Cavolini di B.		x	x	x	x	x
Cime di rapa		x	x	x		x
Daikon		x	x	x		
Finocchi		x	x	x	x	x
Funghi shiitake	x	x				
Porri		x	x	x	x	x
Radicchio	x		x	x	x	x
Rape		x	x	x		x
Sedano		x	x	x	x	x
Topinambur			x	x	x	x
Verze	x				x	
Zucca	x	x	x			x

LA BARBABIETOLA

Rossa e buonissima, la barbabietola fresca probabilmente non l'avete nemmeno mai notata: siamo abituati infatti ad acquistarla sottovuoto, già lessata, oppure in polvere, essiccata, o ancora in busta, tagliata a julienne e pronta per arricchire le nostre insalate! La mia preferita? Barbabietola a julienne con verza cruda e patate lessate... una vera bontà! Una volta acquistata, non resta che decidere come utilizzarla...

Le sue proprietà nutrizionali, invece, non sono certo in discussione! La barbabietola è ricca di sali minerali (sodio, calcio, potassio, ferro e fosforo) al punto da essere consigliata alle persone anemiche e, al contrario, sconsigliata a chi soffre di ipertensione o di calcolosi renale.

È una bomba di vitamine (contiene la A, la C e la B, e in particolare la B9, l'acido folico, fondamentale per le future mamme) e di polifenoli: le antocianine, responsabili del suo bel colore acceso, svolgono nel nostro organismo una potente azione antiossidante, combattendo i radicali liberi, e un'azione lenitiva, attenuando le infiammazioni dell'apparato digerente.

Molto idratante, la barbabietola contrasta anche le malattie del fegato, è indicatissima per depurare l'organismo e nelle diete ipocaloriche. Se ancora non la conoscete, orsù, è ora di correre dal fruttivendolo!

LE BIETOLE

Parenti strette della barbabietola, le bietole appartengono anch'esse alla grande famiglia delle *Chenopodiaceae* e hanno, proprio come lei, numerose e benefiche proprietà.

Innanzitutto, un'occhiata veloce alla tabella nutrizionale ci permetterà di notare che contengono davvero pochissime calorie: 100 grammi di bietole ne apportano appena 19! In più, contengono saponine, principi attivi che facilitano l'eliminazione dei grassi e la depurazione dell'organismo.

Poche calorie, dicevamo, ma questo non significa certo che le bietole siano un ortaggio «povero»: nelle loro foglie troviamo tanta, ma tanta vitamina C (ricordandoci che è sensibile a calore e luce: le bietole vanno cotte per poco tempo!), che permette loro di prendersi cura del nostro sistema immunitario e di proteggerci dai malanni di stagione.

Ancora: ricche di folati e vitamine del gruppo B, oltre che

MANGIARE PER DUE*

Mangiare sano durante l'attesa è fondamentale: numerose ricerche confermano che quando la mamma assume una dieta varia ed equilibrata e aumenta di peso nel modo corretto, non solo le complicanze in gravidanza e nel parto sono minori, ma ci saranno notevoli benefici per la futura vita adulta del neonato, che avrà meno probabilità di contrarre malattie croniche come il diabete, l'ipertensione e l'aterosclerosi, associate a disturbi nutrizionali che risalgono alla vita intrauterina. Vediamo dunque che cosa significa «mangiare sano in gravidanza». La futura mamma è chiamata a far fronte al fabbisogno proprio e del feto che cresce: le serviranno circa 200-300 kilocalorie in più (dal secondo trimestre in poi) e circa 9 grammi al giorno in più di proteine. Cresce anche la richiesta di vitamine, minerali e altri nutrienti, ed è dunque consigliato a tutte le donne in attesa di consultare uno specialista della nutrizione per adeguare la propria alimentazione alle nuove necessità e prevenire eventuali carenze. Cruciali sono la copertura del fabbisogno di ferro (che raddoppia) e di calcio, che servirà per strutturare lo scheletro del feto. Altri nutrienti indispensabili sono le vitamine: la A, la D e quelle del gruppo B, in particolare la B9, o acido folico, che riveste un ruolo essenziale nella divisione cellulare, nella formazione degli aminoacidi e degli acidi nucleici (che costituiscono il DNA) e quindi nella costruzione dei tessuti. Ovviamente, si tratta di una sostanza fondamentale sia per la mamma, il cui corpo cambia per accogliere il nascituro, sia per il feto, che deve potersi sviluppare adeguatamente. L'acido folico, a differenza di altre vitamine, non viene prodotto dal nostro organismo e occorre dunque assumerlo con l'alimentazione: lo troviamo nelle verdure a foglia verde (bietole, rucola o spinaci, che è meglio cuocere velocemente per evitare di degradare il

loro contenuto vitaminico), ma anche nei broccoli, nelle barbabietole, negli agrumi, nei legumi (soia, fagioli, ceci), nella frutta secca (sesamo, mandorle) e nel germe di grano in fiocchi.
Importante anche un adeguato apporto di Omega-3, che aiutano lo sviluppo delle strutture nervose del feto e a prevenire la depressione post partum, mentre la luteina (pigmento a forte azione antiossidante contenuto in alcune verdure) favorisce la formazione della retina del feto.**
Infine, voglio anche segnalare alle future mamme che non devono dimenticarsi di idratarsi correttamente (bevendo almeno 1-1,5 litri di acqua al giorno e seguendo una dieta ricca di alimenti che contengono tanti liquidi, come appunto frutta e verdura) e di assumere fibre in abbondanza, che svolgono un'azione depurativa benefica anche per il bambino.

* A.M. Marconi, S. Ronzoni, L. Titta, *9 mesi di ricette*, Milano, Ponte alle Grazie, 2013.
** F. Morelli, *Mamme in attesa più forti con calcio, ferro e acido folico*, 14 luglio 2013 (www.fondazioneveronesi.it).

di diversi carotenoidi (luteina e betacarotene, che svolgono un'azione antiossidante), sono consigliate alle future mamme.

Mi sto dimenticando qualcosa? Forse il loro contenuto di sali minerali (fosforo, potassio, manganese, rame, ferro e calcio): ora vi ho detto proprio tutto!

I CARCIOFI

Li trovate troppo amari? È colpa, o meglio merito, della cinarina, polifenolo che conferisce ai carciofi proprietà depurative: è per la sua «abilità» nel liberarsi di scorie e grassi in eccesso che sono consigliati in caso di diete.

Ricchi di carotenoidi, vitamina C, potassio, calcio e magnesio, i carciofi vengono considerati verdure anche se – a dirla tutta – sono dei fiori. E dei fiori buonissimi: non solo in senso alimentare, ma dal punto di vista della prevenzione. Il loro consumo, infatti, è stato associato a un effetto protettivo contro i tumori femminili.

LE CAROTE

Le carote sono delle bombe di – indovinate? – betacarotene. Ne portano addirittura il nome, e a ragione: ne contengono ben 1148 milligrammi per 100 grammi (preferibilmente crude). Come già anticipato altrove, il betacarotene è una molecola della famiglia dei carotenoidi, precursore della vitamina A.

L'importanza di consumarlo con costanza è stata indagata da diversi studi, che gli hanno attribuito un potere antiossidante: il betacarotene, infatti, pare collaborare alla prevenzione sia delle malattie dell'apparato circolatorio sia dei tumori, in particolare quello del colon.[5] Se per ciò che riguarda gli effetti sul cancro il condizionale è ancora d'obbligo, l'influenza positiva delle carote sulla riduzione del rischio cardiovascolare è decisamente più nota, ed è dovuta non solo al betacarotene ma anche alla fibra che queste radici contengono.

Ricche di vitamine del gruppo B, PP, D ed E, oltre che di potassio (220 milligrammi per 100 grammi) e altri sali minerali, le carote sono inoltre fonte di un bioattivo di ultima generazione, il falcarinolo, le cui proprietà benefiche e antitumorali sono attualmente oggetto di studio. Vi terrò informati!

Nel frattempo, godiamo delle proprietà delle quali siamo certi: il betacarotene agisce anche sulla riparazione dei tessuti e ci aiuta a mantenere la pelle morbida e liscia, protegge le nostre mucose, contrasta la cecità e contribuisce alla formazione di ossa e denti. In più, le carote combattono le infezioni polmonari e gastro-duodenali, svolgono un ruolo positivo in caso

[5] *Profondo arancio: carote più sane con l'olio*, 30 luglio 2012 (www.fondazioneveronesi.it).

di insufficienza epato-biliare e di dermatosi; facilitano inoltre la digestione e persino la secrezione lattea nelle puerpere.

Il mio consiglio è quello di mangiarle il più possibile crude, magari condite con dell'ottimo olio extravergine di oliva: il betacarotene, per venire assorbito dal nostro organismo, ha bisogno di un aiuto «grasso». Se sceglierete di cuocerle, meglio tagliarle dopo: uno studio del 2009, condotto dall'équipe della dottoressa Kirsten Brandt dell'Università di Newcastle, ha affermato che il falcarinolo agisce con ben il 25 per cento di efficacia in più se la carota non viene tagliata prima di finire in pentola.[6]

I CAVOLI

Massacrati ingiustamente da una cultura culinaria che li considera cibo «povero», i cavoli vanno assolutamente riscoperti. Sono ortaggi magnifici che, grazie alle numerose attività biologiche delle sostanze che contengono, sono studiatissimi dalla comunità scientifica.

Le ricerche che hanno notato un'associazione inversa tra il consumo di Crucifere e il rischio di sviluppare tumori (a polmoni, pancreas, vescica, prostata, tiroide, pelle, stomaco e colon) sono talmente numerose che il Consiglio nazionale delle ricerche (National Research Council) statunitense ha promulgato fin dal 1982 una serie di linee guida finalizzate a promuovere l'aumento del consumo di cavoli da parte della popolazione.[7] Uno studio in particolare ha permesso di scoprire che cavolfiori o broccoli, mangiati almeno una volta la settimana, espongono gli uomini a una probabilità più bassa di ammalarsi di tumore alla prostata, fino al 49 per cento in meno.

Purtroppo la scienza non ci ha ancora fornito una chiara

[6] S. Barbour, *Cancer Boost from Whole Carrots*, 16 giugno 2009 (www.news.bbc.co.uk).

[7] F. Visioli, *Le evidenze più recenti sul ruolo chemopreventivo delle Crucifere: i dati delle ricerche in vitro e in vivo*, 23 dicembre 2014 (www.nutrition-foundation.it).

spiegazione dei meccanismi alla base di questa protezione: possiamo in parte attribuirla ai composti solforati (le sostanze responsabili dell'inconfondibile odore pungente dei cavoli, presenti anche in aglio e cipolla) ma, appunto, solo in parte. Le Crucifere, infatti, contengono anche altre sostanze dal riconosciuto potere antiossidante (come carotenoidi e flavonoidi), ma anche isotiocianati e sulforafano (che aiutano nella prevenzione dei tumori intestinali e inibiscono il diffondersi e la proliferazione delle cellule tumorali) e sinigrina (che esercita un'azione apoptotica sulle cellule precancerose del colon, provocandone la morte). Durante la cottura, inoltre, liberano la rafanina, una sostanza appartenente alla famiglia dei glucosinolati che aiuta a prevenire anche il cancro del colon.

Non posso poi non citare i fitoestrogeni, i cosiddetti «ormoni vegetali», che collaborano alla prevenzione e alla riduzione del rischio cardiovascolare, osteoporotico, del cancro mammario e dell'endometrio. Contribuiscono inoltre ad alleviare i sintomi medio-lievi della menopausa e sembrano influire positivamente sulla riduzione del grasso circolante e dei radicali liberi.

Casomai queste eccellenti ragioni per correre dal fruttivendolo a fare scorta ancora non bastassero, sappiate che i cavoli contengono anche vitamina C, acido folico, fibra, potassio e tioossazolidoni, sostanza solforica che, assunta con regolarità, inibisce l'azione degli ormoni tiroidei sul punto di formare il gozzo.

Pronti a scoprire insieme a me le proprietà di ogni singolo ortaggio?

I *broccoli* sono le Crucifere che amo di più: in vellutata, al salto, al vapore con olio e semi di sesamo tostati, peperoncino e pecorino, oppure come polpette croccanti... Quanta bontà e, soprattutto, quanta salute! Schierati in prima linea nella lotta contro il cancro (in particolare quelli allo stomaco, al seno e al colon, come suggerisce un articolo pubblicato sulla prestigiosa rivista «Proceedings of the National Academy of Science») grazie al sulforafano, molecola in grado di inibire l'azione degli agenti cancerogeni, i broccoli influiscono positivamente anche sullo stato di infiammazione e contribuiscono a migliorare i valori sanguigni. Dal punto di vista nutrizionale, del broccolo non si butta via niente: stelo e fiore sono entrambi ricchissimi di vitamina C, vitamina A (necessaria per l'integrità della cornea, della pelle e delle membrane cellulari) e di potassio (che aiuta a combattere ansia, stanchezza e insonnia).

I *cavolfiori*, grazie al loro contenuto di isotiocianati, sono una vera e propria barriera contro la proliferazione delle cellule tumorali. So che a tanti l'odore che sviluppano durante la cottura dà fastidio, ma per questo ci sono due soluzioni: la prima, attenuarlo aggiungendo nell'acqua mezzo bicchiere di latte; la seconda, consumarli crudi, preservando così anche il contenuto di vitamina C.

Le *cime di rapa* sono la parte ancora verde e non fiorita della rapa: fonte di ferro e di calcio, contengono anche diverse vitamine, tra cui la A, la B2, l'acido folico e la C che, come ripeto spesso, vengono neutralizzate dalle cotture troppo lunghe. Meglio dunque privilegiare cotture brevi e in poca acqua, riducendo le cime a tocchetti. In questo modo, si liberano anche i composti solforati, che sono sì presenti, ma in stato inattivo. Disintossicanti naturali, favoriscono l'espulsione delle tossine attraverso gli organi cosiddetti «emuntori», cioè la pelle, i reni, il fegato, l'intestino e i polmoni.

IL DAIKON

Poco noto ma molto interessante (oltre che buono), il daikon è una radice: a prima vista, vi sembrerà un ravanello gigante. In Giappone, infatti, è soprannominato «ravanello dell'inverno». È ricchissimo di vitamina C, ma soprattutto di enzimi bruciagrassi che entrano eroicamente in azione dopo i pasti ricchi di grassi. Esercita anche un'azione drenante, grazie alla quale ci aiuta a eliminare l'eccesso di acqua dai tessuti.

Se avete voglia di testarne il sapore e le proprietà, nelle pagine che seguono troverete una ricetta che lo contiene!

I FUNGHI SHIITAKE

Sono ancora così poco diffusi nel nostro paese che potrei soprassedere, se non fosse per le loro virtù. In Estremo Oriente questi funghi, che crescono in autunno ai piedi delle querce in maniera spontanea, sono considerati veri e propri elisir di lunga vita: la scienza ci conferma che esercitano una potente azione antitumorale (in particolare contro le leucemie e il cancro al seno), contribuiscono a ridurre i livelli di colesterolo «cattivo» nel sangue e a stimolare il sistema immunitario.

Secondo quanto riportato da Nico Valerio nel suo *L'alimentazione naturale*,[8] basterebbe assumere 90 grammi di funghi shiitake al giorno per una settimana per abbassare il tasso di colesterolo del 12 per cento (in media e nelle persone sane): secondo me, vale la pena di approfondire il discorso, che ne dite?

GLI SPINACI

Chi si aspetta che citi il caro, vecchio Popeye resterà deluso: la medaglia d'oro per il ferro se la aggiudicano i legumi, con 7,5 milligrammi per 100 grammi di prodotto, contro i 2,9 milligrammi degli spinaci. Ciò non toglie che questi ortaggi a foglia verde siano comunque ricchissimi di sostanze importanti per il nostro corpo: sono in assoluto i campioni di acido folico, con 150 milligrammi ogni 100 grammi, e dunque sono consigliatissimi, più che ai marinai, alle mamme in attesa.

Inoltre, sono tra le verdure più efficaci nel ridurre il rischio di tumore del seno. Lo rivelano i risultati di un grande studio europeo, EPIC (European Prospective Investigation into Cancer and Nutrition Study), cui ha partecipato anche l'Italia.[9] La ricerca ha coinvolto oltre 30.000 donne sane tra i 36 e i 64 anni, seguendole con regolari controlli per più di dieci anni, delle

[8] N. Valerio, *L'alimentazione naturale*, Milano, Mondadori, 1997.
[9] F. Morelli, *Non tutta la verdura è uguale: quella a foglia è più efficace contro il tumore del seno*, 26 maggio 2012 (www.fondazioneveronesi.it).

quali 1000 hanno sviluppato un cancro alla mammella. Gli alimenti che svolgono un'azione protettiva sono stati individuati confrontando le loro abitudini alimentari con quelle delle pazienti sane. È emerso che a fare da scudo sono state soprattutto le verdure a foglia, sia cotte che crude: spinaci, cicoria, bietola, lattuga e così via, grazie agli antiossidanti, che si concentrano appunto nelle foglie. Nel caso delle verdure crude, l'effetto si moltiplicava grazie all'olio extravergine di oliva con cui erano state condite. I ricercatori consigliano dunque di assumere almeno 200 grammi al giorno di verdure a foglia che, garantendo anche un maggior senso di sazietà, contribuiscono a controllare meglio il peso. «L'obesità infatti è strettamente correlata al rischio di tumore dell'endometrio e del seno in postmenopausa» spiega la dottoressa Giovanna Masala, responsabile della ricerca per l'Italia. Gli spinaci sono dunque un ottimo modo per portare in tavola salute e gusto. Meglio ancora se vengono serviti crudi, magari conditi con succo di limone o d'arancia, che facilita l'assorbimento del ferro, o cotti al vapore (la bollitura causa infatti la perdita di tanti micronutrienti). Mi raccomando: mai spinaci «vecchi»! Acquistateli freschi e consumateli: dimenticarli nel frigo significa dar loro la possibilità di sviluppare nitriti, sostanze nocive per il tubo digerente. Meglio, allora, i surgelati: le proprietà nutrizionali saranno le stesse e non c'è rischio di incappare nei nitriti!

IL TOPINAMBUR

Se non l'avete mai assaggiato, è il momento di provare questo tubero dal sapore tutto suo, a metà tra la patata e il carciofo.

Il topinambur è perfetto per chi vuole dimagrire o depurarsi, grazie all'alta concentrazione di inulina, una fibra idrosolubile che si scioglie nell'intestino e dona una sensazione di sazietà, ma in verità fa superbene a tutti. Permette di regolarizzare l'assorbimento intestinale del glucosio, con il risultato che la glicemia non subisce rialzi eccessivi dopo pranzo, e fa la sua parte nel controllo del colesterolo, rallentandone l'assorbimento. Tutte valide ragioni per provare a portarlo in tavola almeno qualche volta, giusto?

LA ZUCCA

Il colore arancione significa betacarotene, che significa vitamina A (ben 600 mg per 100 grammi, in pratica il fabbisogno giornaliero per una donna) e tutte le stratosferiche proprietà di cui abbiamo parlato a proposito delle carote, a p. 286. E fin qui, ci siamo.

La zucca, però, non è solo questo: miniera di sali minerali (ferro, calcio e potassio su tutti), piena di fibra come un uovo, è costituita al 94 per cento da acqua. 100 grammi di zucca apportano appena 18 kilocalorie, ma hanno il potere di saziarci e di renderci soddisfatti di ciò che abbiamo appena mangiato, grazie a un gusto inimitabile!

E ora, preparatevi ad ascoltare la lista infinita dei benefici effetti che esercita sul nostro corpo: combatte i radicali liberi, idrata la pelle e aiuta a mantenerla giovane e bella; facilita le funzioni intestinali e ha proprietà diuretiche e antinfiammatorie; è superamica dell'apparato cardiocircolatorio (basti dire che ha dichiarato guerra all'ipertensione). Come se non bastasse, recenti studi sostengono che aiuti a prevenire diversi tumori, tra cui quello all'utero. Infine, la saggezza popolare le attribuisce da secoli qualità calmanti e soporifere: chi avrebbe il coraggio di chiedere di più?

ANTIPASTO DI CARCIOFI CON RIPIENO DI OLIVE

Gluten Free

- 8 carciofi
- 150 g di caprino
- 1 manciata di olive taggiasche denocciolate
- 1 cucchiaio di capperi
- 1 mazzetto di prezzemolo
- 2 limoni
- 3 cucchiai di olio EVO

Pulite i carciofi: tagliate i gambi a filo, spuntateli ed eliminate le foglie esterne. Sbollentateli in una pentola di acqua bollente per 10 minuti: dovranno ammorbidirsi ma non disfarsi. Nel frattempo, preparate il ripieno, mescolando in una ciotola il caprino con le olive (sgocciolate), i capperi (risciacquati) e il prezzemolo tagliato a coltello. Spremete i limoni e miscelate il loro succo con l'olio EVO, creando un'emulsione con la quale condirete il piatto. Quando i carciofi saranno pronti, svuotateli con uno scavino (o un coltellino) e mischiate i cuori al ripieno. Farcite infine i carciofi con la farcia a base di caprino, disponeteli sul piatto di portata e conditeli con l'emulsione appena preparata. L'antipasto di carciofi ripieni è pronto: come gustare un ottimo piatto e assimilare una valanga di ferro!

CREMA DI SEDANO RAPA E CAVOLFIORE VIOLA CROCCANTE

Gluten Free

- 500 g di sedano rapa
- 1 pizzico di sale
- 5 cucchiai di olio EVO
- ½ bicchiere di latte di soia
- 2 spicchi di aglio
- ½ cavolfiore viola

Lavate e tagliate a tocchetti il sedano rapa (utilizzerete tutte le sue parti), quindi sbollentatelo in acqua bollente leggermente salata. Dovrà intenerirsi. A quel punto, frullatelo insieme a 2 cucchiai di olio EVO, al latte di soia e a uno spicchio di aglio, ottenendo una crema omogenea. Regolate di sale e, eventualmente, allungate con un po' di acqua se la crema dovesse rivelarsi troppo densa. Mondate ora il cavolfiore viola, ottenendo le cimette: dovrete sbollentarle per qualche istante. Occhio alla cottura: il cavolfiore dovrà rimanere croccante ma, soprattutto, rimanere viola! 10 minuti saranno più che sufficienti. Saltate infine le cimette in una padella antiaderente con uno spicchio di aglio e i rimanenti 2 cucchiai di olio EVO. Mi raccomando: a fuoco dolce. Siete pronti per servire: disponete nei piatti le cimette accompagnate dalla crema di sedano rapa. Un filo di olio a crudo e il gioco è fatto!

CROCCHETTE DI ZUCCA E CECI

- 400 g di polpa di zucca
- 1 porro
- 150 g di ceci lessati
- 4 fette di pane integrale in cassetta
- 4 cucchiai di olio EVO
- 40 g di pane di grano saraceno grattugiato
- 3 cucchiai di semi di sesamo

Mondate la zucca, eliminando semi, filamenti interni e buccia. Quando ne avrete ottenuta solo la polpa, tagliatela a tocchetti e lessatela al microonde (in alternativa, in una pentola di acqua bollente per 10 minuti). Quando sarà morbida, lasciatela raffreddare e passatela al passaverdure. Tritate quindi il porro finemente e unitelo alla polpa di zucca. Sciacquate i ceci lessati sotto l'acqua corrente e frullateli, sbriciolate il pane integrale in cassetta e amalgamate tutto alla zucca. Otterrete un impasto compatto. Se dovesse essere eccessivamente morbido (a causa probabilmente della troppa acqua di cottura che la zucca si è portata dietro), aggiungete qualche cucchiaio di pane di grano saraceno grattugiato. Preparate una panatura con il pane di grano saraceno grattugiato e i semi di sesamo e rotolatevi le crocchette che formerete con l'impasto. Man mano che saranno pronte, disponetele su una teglia foderata con carta da forno. Nebulizzatele infine con olio EVO e infornate a 220 gradi, fino alla doratura: ci vorranno al massimo 20 minuti. Se vi piace, potete servire queste crocchette con una salsa: io trovo perfetta quella ai cannellini che trovate a p. 260.

L'avrete ormai notato: dove c'è un impasto da «crocchettare», «polpettare», «burgerare», non posso esimermi dall'aggiungere almeno una variante. In questo caso voglio suggerirvene due: le crocchette alla zucca e miglio e quelle alla zucca e quinoa. Pronti a provarle tutte!

- 300 g di miglio decorticato
- 1 porro
- 1 carota
- 400 g di polpa di zucca
- 4 cucchiai di olio EVO
- 40 g di farina integrale
- sale

Cuocete il miglio secondo le indicazioni riportate sulla confezione. Mondate il porro, la carota e la zucca, ottenendo la sola polpa. Tagliate la zucca a cubetti e stufatela in poca acqua, quindi passatela al passaverdure. Tritate finemente porro e carota e fateli appassire con l'olio EVO in una padella antiaderente per 10 minuti. Unite il miglio ben scolato e fate insaporire per 5 minuti. Unite questo composto alla purea di zucca; amalgamate il tutto con la farina integrale. Regolate di sale e formate delle crocchette di circa 2-3 cm di spessore. Disponetele su una teglia foderata con carta da forno e infornatele per 30 minuti a 180 gradi.

- 300 g di quinoa
- pochissimo sale
- 1 porro
- 1 carota
- 200 g di polpa di zucca
- 100 g di pane integrale grattugiato

Lessate la quinoa in una quantità di acqua salata pari al doppio del suo volume dopo averla risciacquata sotto l'acqua corrente per 5 minuti. Ci vorranno circa 20 minuti affinché la quinoa assorba tutta l'acqua. Mondate il porro, la carota e la zucca, ottenendo la sola polpa. Tagliate la zucca a cubetti e stufatela in poca acqua, quindi passatela al passaverdure. Tritate finemente porro e carota e fateli appassire con poca acqua in una padella antiaderente per 10 minuti. Unite la quinoa ben scolata e fate insaporire per 5 minuti. Incorporate questo composto nella purea di zucca, aggiungete circa la metà del pane integrale grattugiato e formate delle crocchette. Se non bastasse per renderle compatte, aggiungetene altro poco alla volta. Passate ora le crocchette nel pane integrale grattugiato avanzato e disponetele su una teglia foderata con carta da forno prima di infornarle per 30 minuti a 180 gradi.

FINOCCHI ALLA MARINARA

- 4 finocchi
- 4 foglioline di menta
- 4 acciughe
- 10 cucchiai di pane integrale grattugiato
- 2 cucchiai di olio EVO

Tagliate i finocchi sottilmente e lasciateli appassire in forno su una teglia rivestita con carta da forno per circa 20 minuti a 220 gradi. Trascorso questo tempo, estraete la teglia dal forno e cospargetela con la menta sbriciolata, il pane integrale grattugiato e le 4 acciughe spezzettate. Oliate leggermente e infornate per altri 15 minuti a 180 gradi: che sapore buono ha il benessere?

INSALATA COLORATA

Gluten Free

- 750 g di cavolfiore
- sale
- 300 g di carote
- 2 cespi di indivia belga

PER LA SALSA

- 1 cucchiaio di capperi sottaceto
- 5 cetriolini
- 3 cucchiai di aceto rosso
- 5 cucchiai di olio EVO
- sale e pepe

Mondate il cavolfiore e dividetelo a cimette. Le lesserete al dente in abbondante acqua bollente leggermente salata (7 minuti dovrebbero bastare). Pelate le carote e fate bollire anch'esse separatamente, quindi riducetele a cubetti. Raccogliete cimette e carote in una ciotola capiente e lasciate raffreddare. Nel frattempo, sfogliate, lavate, fate sgocciolare e tagliate a listarelle l'indivia: la unirete nella ciotola al resto delle verdure. Non resta che preparare la salsa: sciacquate i capperi e poneteli nel bicchiere di un robot da cucina con i cetriolini, l'aceto, l'olio EVO, un pizzico di sale e uno di pepe. Condite l'insalata solo al momento di portarla in tavola!

INSALATA DI AVOCADO E CARCIOFI

Gluten Free

- 2 lime
- 5 cuori di carciofo
- aceto di mele
- 1 avocado maturo
- 2 mele Granny Smith
- 80 g di olive taggiasche denocciolate
- pepe
- 1 pizzico di sale
- olio EVO

Spremete i lime e tenete da parte il succo. Mondate i carciofi: spuntateli, eliminate le foglie più esterne e tagliate i gambi a filo, ricavando i cuori. Divideteli a metà, quindi affettateli finemente. Man mano che sono pronti, disponeteli su un piatto di portata, dove li bagnerete con qualche cucchiaio di aceto di mele. Sbucciate l'avocado, eliminate il grande nocciolo centrale e riducete la polpa a cubetti. Lavate le mele e, senza sbucciarle, tagliate anche loro a cubetti. Cospargete i carciofi con la dadolata di frutta, le olive e condite il tutto con il succo di lime, una bella macinata di pepe, un pizzico di sale e un filo di olio EVO.

Amo talmente questo frutto deliziosamente burroso, l'avocado, che voglio collaborare a diffonderne l'uso in Italia. Quale modo migliore di suggerirvi la ricetta di un'altra prelibata insalatina per una pausa pranzo leggera ma energetica? La scelta è caduta su una combinazione ottima, avocado, lattuga e daikon:

- 1 cespo di lattuga
- 1 avocado ben maturo
- 1 limone
- 1 pompelmo
- 1 daikon
- pepe
- aceto balsamico (facoltativo)

Sfogliate con cura la lattuga, senza rompere le foglie, e mettetela ad asciugare su un canovaccio. Nel frattempo, mondate l'avocado, tagliatene la polpa a cubetti e ponetela in una ciotola con i succhi di limone e pompelmo. Lavate il daikon e affettatelo sottilmente. Componete ora il piatto disponendo sulle foglie di lattuga qualche cubetto di avocado e qualche rondella di daikon. Bagnate con i succhi degli agrumi, pepate e servite. Se vi piace, potete aggiungere qualche goccia di aceto balsamico.

MAIONESE DI AVOCADO

Gluten Free

- 1 limone
- 1 avocado maturo
- sale
- pepe
- 1 ciuffo di erba cipollina
- olio EVO
- pane integrale grattugiato (facoltativo)

Spremete il limone. Pulite l'avocado, eliminando buccia e nocciolo, e tagliate la polpa a fette. Ponete tutto nel bicchiere di un robot da cucina, unite un pizzico di sale, uno di pepe, l'erba cipollina tagliata velocemente con le forbici e un po' di olio EVO: azionate le lame e frullate, ottenendo una crema liscia e morbida. Se la preferite più densa, potete «rassodarla» con un cucchiaio di pane integrale grattugiato.

Questa crema, volendo, potete prepararla anche arricchita con lo yogurt greco: ecco la ricetta.

- 1 avocado
- 150 g di yogurt greco
- 1 cucc.no di cipolla rossa tritata
- 2 cucchiai di succo di limone
- olio EVO
- sale
- pepe

Frullate insieme tutti gli ingredienti. Se trovate che la cipolla sia un po' troppo forte, potete sostituirla con altrettanta erba cipollina.

MELA GRATTUGIATA PER LO SVEZZAMENTO

Gluten Free

DOSI PER UNA PORZIONE

- ½ mela
- ½ limone
- 0,5 cm di radice fresca di zenzero
- 1 cucc.no di salsa thain

Grattugiate la mela e lo zenzero. Spremete il limone e mescolate il succo agli altri ingredienti, compresa la salsa thain. So cosa state pensando: lo zenzero andrà bene? Ebbene sì: ha una forte azione digestiva e antispastica, e apporta pertanto benefici all'intestino del neonato. Provate ad abituarlo sin da piccolo anche a questi sapori: da adulto potrà apprezzarli più facilmente!

PALLINE DI PATATE E SEDANO RAPA

- 1 sedano rapa piccolo
- 2 patate
- pesto di cavolo nero
- farina integrale
- 100 g di mozzarella light
- pane integrale grattugiato
- olio EVO

Sbucciate il sedano rapa e le patate e tagliateli a dadini. Cuocete il tutto a vapore per 10 minuti, quindi fate raffreddare e frullate con 2 cucchiai di pesto (la ricetta la trovate qui sotto). Dovreste ottenere un impasto denso: se non lo è abbastanza da essere maneggiato, rassodatelo con l'aggiunta di un po' di farina integrale. Tagliate la mozzarella a dadini. Formate ora le polpettine: spalmatevi sul palmo della mano una cucchiaiata abbondante di impasto, inserite al centro un dadino di mozzarella e richiudete. Rotolate la pallina nel pane integrale grattugiato e disponetela su una teglia foderata con carta da forno. Proseguite così fino a esaurimento degli ingredienti, quindi nebulizzate le polpettine con un po' di olio EVO e infornate per circa 20-30 minuti a 220 gradi, rigirandole a metà cottura.

PESTO DI CAVOLO NERO

- 200 g di cavolo nero
- 5 noci
- 3 pomodori secchi
- 50 ml di olio EVO
- 2-3 cucchiai di pane integrale grattugiato
- 150 ml dell'acqua di cottura del cavolo nero

Mondate il cavolo, tagliatelo a julienne e sbollentatelo in poca acqua. Dopo circa 8-10 minuti, spegnete la fiamma e lasciatelo intiepidire nella sua acqua di cottura. Nel frattempo, spezzettate grossolanamente le noci e fate rinvenire i pomodori secchi in poca acqua tiepida. Quando il cavolo si sarà raffreddato, frullatelo con l'olio EVO, un mestolino dell'acqua di cottura del cavolo, i pomodori secchi e le noci, aggiungendo il pane integrale grattugiato poco per volta, fino a raggiungere la consistenza desiderata.

SEITAN AL CARTOCCIO

- 10 funghi shiitake
- 1 cipollotto
- 8 cucchiai di olio EVO
- sale
- pepe
- 400 g di seitan
- 1 rametto di rosmarino fresco
- 1 spicchio di aglio
- 70 g di olive nere denocciolate
- zenzero fresco (facoltativo)

Mettete gli shiitake in ammollo in acqua calda per 20 minuti. Nel frattempo, affettate sottilmente il cipollotto. Trascorso il tempo di ammollo, strizzate i funghi, tagliateli a listarelle e saltateli in padella con un filo di olio EVO e il cipollotto. Regolate di sale e di pepe e tenete da parte. Tagliate il seitan a fette spesse circa 1 cm e mettetelo a marinare nell'olio EVO per 15 minuti insieme al rametto di rosmarino e allo spicchio di aglio schiacciato. A questo punto, preparate un foglio di carta stagnola e disponetevi il seitan con il suo condimento e le olive. Aggiungete i funghi e infornate a 200 gradi per 20 minuti. Servite ben caldo con una grattugiata di zenzero fresco, se vi piace. In alternativa, questa ricetta è spettacolare anche con protagonista il tempeh, anziché il seitan!

SEITAN A SORPRESA

- 200 g di spinaci
- 100 g di pane integrale grattugiato
- 1 spicchio di aglio
- olio EVO
- sale
- 1 scalogno
- timo
- 400 g di seitan
- peperoncino in polvere

Lavate gli spinaci e fateli stufare in pochissima acqua. Scolateli, strizzateli e tritateli insieme al pane integrale grattugiato, all'aglio e a un po' di olio EVO. Regolate di sale. Tritate finemente lo scalogno e il timo. Affettate sottilmente il seitan, lasciando le fette attaccate a due a due, e farcitele con gli spinaci, sigillando i bordi aperti con uno stecchino. Mettete i fagottini a marinare in frigorifero per almeno 8 ore con olio EVO, peperoncino e il trito di scalogno e timo. Trascorso questo tempo, scaldate una piastra (o il grill del forno), scolate i fagottini e fateli cuocere per 5 minuti, bagnandoli con la marinata. Serviteli con la marinata rimasta.

SPÄTZLE ALLE CIME DI RAPA

- 400 g di cime di rapa
- 70 g di pinoli
- olio EVO
- peperoncino
- 2 spicchi di aglio
- 320 g di spätzle
- sale
- 80 g di pane di grano saraceno grattugiato

Mondate le cime di rapa e sbollentatele per qualche minuto. Scolatele bene e lasciatele raffreddare, quindi strizzatele e tagliatele a listarelle con le forbici. A parte, tostate i pinoli in una padellina antiaderente. Dopo qualche istante unite le cime di rapa e fatele saltare con un po' di olio EVO, il peperoncino e l'aglio in camicia. Cuocete gli spätzle in acqua leggermente salata e, quando saranno cotti, trasferiteli dalla pentola alla padella con il condimento: mescolate e spolverizzate con il pane di grano saraceno grattugiato prima di servire.

SPINACINE

- 2 patate
- 12 cubetti di spinaci surgelati
- 1 cipolla
- 1 carota
- 50 g di pane integrale grattugiato
- 1 cucc.no di olio EVO
- semi di sesamo

Lavate le patate e cuocetele al vapore con gli spinaci. Una volta cotte, pelatele e tagliatele a tocchetti, quindi mettetele nel bicchiere di un robot da cucina con gli spinaci (dopo averli strizzati), la cipolla e la carota a pezzetti e l'olio EVO. Azionate le lame, fino a ottenere un impasto abbastanza compatto. Aggiungete pane integrale grattugiato se necessario a rassodare l'impasto. Dovrete ora creare le spinacine: io di solito mi aiuto con un coppapasta: lo appoggio su un tagliere, premo all'interno l'impasto perché tenga bene la forma, quindi sfilo il coppapasta e passo al burger successivo. Una volta terminata questa fase, passate le spinacine nei semi di sesamo, quindi cuocetele in una padella antiaderente 2 minuti per lato, rigirandole delicatamente con una spatola.

STRUDEL SALATO DI BROCCOLI

PER L'IMPASTO

- 2 cucc.ni di lievito di birra disidratato
- 1 punta di cucchiaio di miele millefiori
- 100 ml di acqua tiepida
- 200 g di farina integrale
- 1 cucchiaio di olio EVO
- 1 pizzico di sale

PER IL RIPIENO

- 2 broccoli
- 1 spicchio di aglio
- pochissimo sale
- 4 cucchiai di pane integrale grattugiato
- 1 manciata di pinoli
- 4 cucchiai di olio EVO
- 100 g di caprino (facoltativo)

Sciogliete il lievito con una punta di miele in poca acqua tiepida, presa dai 100 ml indicati tra gli ingredienti. Su un piano di lavoro disponete la farina a fontana: al centro ponete un pizzico di sale, un cucchiaio di olio EVO e impastate, aggiungendo l'acqua poca per volta, compresa quella nella quale avete sciolto il lievito. Una volta che avrete ottenuto un impasto omogeneo, dategli la forma di una palla e ponetelo a lievitare per circa 1 ora in una ciotola coperta con un canovaccio pulito. Nel frattempo, preparate il ripieno. Cuocete i broccoli e grattugiate l'aglio, quindi frullate il tutto insieme, aggiungendo se necessario un po' di acqua di cottura dei broccoli (se desiderate un ripieno più sostanzioso, potrete optare per 100 g di caprino). Unite poco sale, il pane integrale grattugiato e l'olio EVO e tenete da parte. Trascorso il tempo di lievitazione, riprendete l'impasto e stendetelo con un matterello in un rettangolo spesso circa 0,5 cm direttamente su un foglio di carta da forno. Distribuite ora il ripieno sulla superficie insieme ai pinoli, lasciando un bordo libero di circa 2 cm per lato. Arrotolate infine lo strudel e posizionatelo in modo che la chiusura si trovi in basso, quindi infornate per 25 minuti circa a 180 gradi.

TOPINAMBUR AL FORNO

Gluten Free

- 800 g di topinambur
- 4 spicchi di aglio
- 1 ciuffo di prezzemolo
- 150 g di farina di mais fioretto
- sale e pepe
- 5 cucchiai di olio EVO
- 2 porri
- 2 cucchiai di grana grattugiato

Mondate i topinambur riducendoli a piccoli tocchetti e sbollentateli. Nel frattempo, preparate un trito con aglio e prezzemolo. Quando i topinambur si saranno ammorbiditi (ci vorranno circa 20 minuti), scolateli, affettateli e passateli nella farina fioretto. Man mano che sono pronti, disponeteli su una teglia foderata con carta da forno. Cospargete con il trito di aglio e prezzemolo, salate leggermente, pepate e nebulizzate con un po' di olio EVO. Affettate ora i porri e distribuiteli sui topinambur. Manca solo il grana grattugiato: ora sì che potete infornare per 20 minuti a 200 gradi.

TORTINO DI VERZE

- 1,5 kg tra verze, cavolo nero e bietole
- 200 g di tofu affumicato
- sale e pepe
- 200 g di pane integrale grattugiato
- 6 cucchiai di olio EVO

Mondate le verdure e lessatele in poca acqua (ancora meglio sarebbe cuocerle a vapore o al microonde). Una volta cotte, trasferitele in uno scolapasta e lasciatele sgocciolare, in modo che eliminino più acqua possibile. Quando si saranno intiepidite, strizzatele e tagliatele a coltello. Nel frattempo, passate il tofu al passaverdure (o schiacciapatate). Trasferite ora le verdure in una ciotola capiente, dove le impasterete con il pane integrale grattugiato, l'olio EVO, un pizzico di sale, uno di pepe e il tofu. Trasferite l'impasto del tortino in una pirofila leggermente unta e infornate per 30 minuti a 180 gradi. Sublime caldo, freddo oppure congelato e scongelato, questo tortino è una di quelle ricette che non si dimenticano!

VELLUTATA DI CAVOLFIORE E VERZA

- 1 piccolo cavolfiore
- ½ verza
- sale
- 1 cucchiaio di olio EVO
- 1 cucchiaio di salsa thain
- pepe
- crostini di pane di segale tostati

Mondate le verdure e lessatele in pochissima acqua leggermente salata. Quando saranno cotte, frullatele con l'olio EVO e la salsa thain. Pepate e servite con crostini di pane di segale tostati. Se eravate alla ricerca di una vellutata leggera ma piena di gusto: eccola! Per un apporto energetico maggiore, abbinatela a dell'avena in chicco, lessata e fatta tostare in padella con erbe aromatiche e olio EVO.

ZUCCA AL FORNO CON I SUOI SEMI

Gluten Free

- 24 fettine sottili di zucca ripulita dai semi ma non della buccia
- 4 cucchiai di olio EVO
- 60 ml di salsa di soia
- 2 cucchiai di rosmarino tritato (o 6 foglie di salvia)
- 1 manciata di semi di zucca decorticati

Mondate la zucca, eliminando semi e filamenti interni ma non la buccia. Tagliatela a fettine sottili (spesse al massimo 0,5 cm) e disponetele su una teglia foderata con carta da forno. Conditele con una miscela di olio EVO e salsa di soia, quindi cospargetele con il rosmarino tritato (o le foglie di salvia spezzettate con le mani). Aggiungete i semi di zucca e infornate per circa 20-30 minuti a 220 gradi.

BARBATORTA

- 150 g di barbabietola lessata
- 180 ml di latte di mandorla
- 180 g di nocciole tritate
- 100 g di farina 0
- 100 g di farina integrale
- 70 g di zucchero di canna
- 1 bustina di lievito per dolci
- 2 cucchiai di miele
- 70 ml di olio di semi di mais
- 170 g di cioccolato fondente 70 per cento

Frullate la barbabietola con 130 ml di latte di mandorla e tenete da parte. Tritate grossolanamente le nocciole. Unite le farine, lo zucchero, il lievito e mescolate. Aggiungete ora al mix di ingredienti secchi la barbabietola frullata, il miele e l'olio. Mescolate bene. A parte, sciogliete il cioccolato a bagnomaria con i restanti 50 ml di latte di mandorla. Quando sarà sciolto, incorporatelo nel composto e riversate l'impasto in una tortiera del diametro di circa 25 cm. Infornate per circa 45 minuti a 180 gradi, verificando la cottura con uno stecchino prima di sfornare!

BROWNIES ALLA RAPA ROSSA

Gluten Free

- 150 g di mandorle
- 250 g di rapa rossa lessata
- 120 g di zucchero di canna
- 250 g di farina di riso integrale
- 50 g di cacao amaro in polvere
- 40 g di olio di semi di mais
- ½ bustina di lievito per dolci
- 200 ml di latte di soia

Tritate le mandorle e ponetele nel bicchiere di un robot da cucina con la rapa rossa, lo zucchero, la farina, il cacao, l'olio di semi di mais e il lievito. Frullate, aggiungendo il latte di soia poco per volta. Foderate ora una pirofila rettangolare con carta da forno, quindi versatevi l'impasto dei brownies e livellatelo, in modo che lo strato sia uniforme. Infornate per 35 minuti circa a 200 gradi. Quando l'impasto sarà dorato (e vi sarete assicurati che sia ben cotto con uno stecchino), sfornatelo, estraetelo dalla pirofila sollevando la carta da forno e lasciatelo raffreddare per almeno 10 minuti. A quel punto, potrete tagliarlo a quadrotti, la tipica forma dei brownies americani!

CROSTATA AMARA

- 100 g di farina di tipo 1
- 100 g di farina integrale
- 50 g di farina di mandorle
- 50 g di farina di mais fioretto
- 2 cucchiai di fecola di patate
- la scorza grattugiata di 1 arancia
- 1 cucc.no di lievito per dolci
- 7 g di olio di semi di mais
- 70 g di zucchero di canna
- sale
- 1 bicchiere di latte di soia
- 250 g di marmellata di arance amare

Riunite tutti gli ingredienti (marmellata a parte) in una ciotola capiente e mescolate per bene. Aggiungete il latte di soia poco per volta, fino a ottenere un impasto liscio e omogeneo. Con l'impasto ottenuto formate una palla: lasciatelo riposare nella sua ciotola, coperto con la pellicola trasparente, in frigorifero per almeno 30 minuti. Trascorso questo tempo, stendete la frolla allo spessore di circa 1 cm, cercando di ottenere una forma rotonda. Ungete appena una tortiera di 25 cm con un fazzolettino intinto nell'olio e infarinatela leggermente, quindi foderatela con la frolla. Farcite con la marmellata e decorate la superficie con la frolla avanzata, creando le forme che preferite. Infornate per circa 30-40 minuti a 180 gradi. Mi raccomando: aspettate che la crostata si intiepidisca prima di addentarla!

CRUMBLE DI MELE

- 2 mele
- 60 g di farina 0
- 60 g di farina integrale
- 20 g di farina di mais
- 1 cucc.no di lievito per dolci
- 100 g di noci e mandorle tritate (o nocciole)
- 50 g di zucchero di canna
- 50 g di olio di semi di mais
- latte di riso

Lavate le mele e riducetele a cubetti, quindi spargetele in una teglia rivestita con carta da forno. A parte, preparate l'impasto del crumble mescolando le farine con la frutta secca tritata, il lievito, lo zucchero e l'olio di semi di mais. Aggiungete il latte poco per volta, mentre impastate, quanto basta perché il composto non risulti troppo granuloso. Versate quindi l'impasto sopra i cubetti di mela e infornate per 35-40 minuti a 180 gradi. Lasciate che il crumble si intiepidisca prima di tagliarlo e servirlo. Volendo, potete ottenere anche delle monoporzioni, sostituendo la teglia con tanti pirottini di ceramica.

MELACCIO

- 800 g di mele
- 1 limone
- 40 g di mandorle tritate
- 60 g di noci
- 80 g di uvetta
- 90 g di farina 0
- 90 g di farina integrale
- 80 g di zucchero di canna

- 250 g di yogurt bianco di soia
- 5 cucchiai di olio di semi di mais
- 1 bustina di lievito
- 1 cucc.no di cannella (facoltativo)

Lavate le mele, tagliatele a pezzetti e ponetele in una ciotola. Grattugiatevi sopra la scorza di limone, quindi unite il succo. Tritate le mandorle finemente e le noci grossolanamente; fate ammollare l'uvetta in acqua tiepida. Lavorate ora le farine con lo zucchero, lo yogurt, il lievito, le mandorle e le noci. Mescolate quindi l'olio di semi di mais e l'uvetta. Infine, incorporate le mele. Se vi piace, potete profumare il melaccio con un cucchiaino di cannella. Trasferite l'impasto in una teglia foderata con carta da forno, cercando di uniformare la superficie il più possibile, e infornate per 1 ora a 200 gradi. Volendo, il melaccio viene buonissimo anche al vapore: stesso procedimento, quindi coprite la teglia con il coperchio e infornate per 50 minuti nel forno a vapore a 100 gradi. In entrambi i casi, sentirete che bontà!

ROTOLINI DOLCI DI ZUCCA

- 150 g di farina integrale
- 450 g di farina di tipo 1
- 1 pizzico di sale
- 1 pizzico di noce moscata
- 40 g di nocciole tritate
- 200 ml di latte di soia
- 100 g di purea di zucca mantovana
- 25 g di lievito di birra fresco
- 2 cucchiai di miele
- 100 g di confettura di albicocche

Mescolate in una ciotola le farine con un pizzico di sale e uno di noce moscata. Frullate le nocciole nel mixer, fino a ottenere una pasta. Intiepidite il latte di soia, quindi scioglietevi il lievito e stemperatevi il miele. Aggiungete la purea di zucca e mescolate, poi la pasta di nocciole. Ottenuto un composto omogeneo, incorporatevi le farine e lavorate il tutto. Quando l'impasto sarà pronto, dategli la forma di una palla e ponetelo a riposare in una ciotola, coperto dalla pellicola trasparente, per circa 2 ore. Trascorso questo tempo, stendetelo in un rettangolo spesso circa 1 cm, che cospargerete di confettura di albicocche, lasciando liberi circa 2 cm su tutti i lati. Arrotolate ora la pasta sul lato più lungo, facendo attenzione a eventuali fuoriuscite di confettura. Ottenuto un rotolo, tagliatelo a fette e disponetele su una teglia rivestita con carta da forno. Lasciate lievitare per 45 minuti, quindi infornate per 20 minuti circa a 180 gradi.

STRUDEL DI PERE

PER L'IMPASTO

- 150 g di farina 0
- 100 g di farina integrale
- 60 g di miele
- 3 cucchiai di olio di semi di mais

PER IL RIPIENO

- 2 pere mature
- 120 g di cioccolato fondente 72 per cento
- 15 noci
- 50 g di pinoli
- 50 g di mandorle tritate
- cannella

Impastate velocemente le farine con il miele, l'olio di semi di mais e acqua quanto basta per ottenere un composto elastico e facilmente lavorabile. Una volta pronto, dategli la forma di una palla, copritelo con la pellicola e lasciatelo riposare per 1 ora. Nel frattempo, preparate il ripieno: lavate le pere e tagliatele a dadini piccoli, spezzettate il cioccolato e le noci, aggiungete i pinoli e le mandorle, tritate e riunite tutto quanto in una ciotola con la cannella. Lasciate da parte per 10 minuti. Trascorso il tempo di riposo della pasta, stendetela in un rettangolo sottile direttamente su un foglio di carta da forno. Distribuite il ripieno sulla superficie, lasciando liberi 2-3 cm su ogni bordo, quindi arrotolate sul lato lungo, cercando di evitare «fughe» di pere e sigillando bene. Posizionate lo strudel con la chiusura verso il basso, quindi infornate per circa 30 minuti a 180 gradi. Lasciate raffreddare completamente prima di servire, cospargendo la superficie di cannella in polvere.

TORTA AL MANDARINO

- 400 g di mandarini
- 1 cucchiaio di miele
- 100 g di farina 0
- 100 g di farina integrale
- 50 g di zucchero di canna
- 60 g di olio di semi di mais (o girasole)
- 150 g circa di yogurt di soia
- 1 bustina di lievito

Come prima cosa sbucciate i mandarini e tagliate la scorza a striscioline: dovrete farla bollire per 3 volte, ciascuna volta per 2 minuti, cambiando l'acqua tra una bollitura e l'altra. Eseguita questa operazione, scolate la scorza, lasciatela raffreddare, quindi mescolatela al cucchiaio di miele. Tagliate ora gli spicchi di mandarino in piccole parti, eliminando i semi. Riunite tutti gli altri ingredienti in una grossa ciotola e cominciate a lavorarli. In ultimo, unite la scorza insaporita con il miele e i tocchetti di mandarino. L'impasto sarà pronto quando, sollevando il cucchiaio, «farà il filo»: se non accadesse, unite un cucchiaio di yogurt di soia diluito con uno di acqua. Spesso, comunque, non vi servirà farlo: i mandarini sono già molto acquosi! Trasferite l'impasto in una tortiera del diametro di circa 25 cm e infornatela per circa 45-50 minuti a 180 gradi.

TORTA DI MELE DI NONNA PAOLINA

- 3 mele Renette
- 200 g di farina di tipo 1
- 100 g di farina integrale
- 250 ml di latte di soia
- 4 cucchiai di zucchero di canna
- 4 cucchiai di olio di semi di mais
- 1 pizzico di sale
- la scorza di 1 limone
- 1 bustina di lievito per dolci

Lavate le mele, riducetele a cubetti e tenetele da parte, ovviamente conservando la buccia! Impastate tutti gli altri ingredienti in una ciotola capiente, aggiungendo i liquidi poco per volta. In ultimo, incorporate le mele, quindi trasferite l'impasto in una tortiera. A voi la scelta: se la preferite rettangolare otterrete una torta piuttosto bassa, se vi buttate sul classico stampo rotondo la torta crescerà di più. In ogni caso, infornate per circa 1 ora a 180 gradi. Il mio consiglio? Mettere in forno una ciotolina piena di acqua: libererà un po' di vapore e la torta vi stupirà con la sua morbidezza!

TORTA DI MELE E PERE CAPOVOLTA

PER L'IMPASTO

- 160 g di farina integrale
- 20 g di farina di mais fioretto
- 40 g di zucchero di canna
- 60 ml di olio di semi di mais
- 100 ml di acqua
- 80 ml di purea di mele
- 1 cucc.no di lievito per dolci
- 80 g di nocciole tritate
- 20 g di mandorle tritate

PER LA SUPERFICIE

- 4 mele
- 1 pera
- 1 cucc.no di zenzero in polvere
- 30 g di zucchero di canna

Lavate mele e pera e tagliatele a cubetti, quindi ponetele in un tegame antiaderente e fatele ammorbidire con la polvere di zenzero e lo zucchero integrale di canna. Nel frattempo, riunite gli ingredienti per l'impasto in una ciotola capiente e amalgamateli. Rivestite una tortiera dal diametro di 20 cm con carta da forno, quindi create sul fondo uno strato con la frutta cotta, che cospargerete di mandorle e nocciole tritate. Sopra, verserete l'impasto. Infornate per circa 40 minuti a 180 gradi. Sfornate la torta e lasciatela raffreddare. Al momento di servirla, dovrete ribaltarla, in modo che la frutta si trovi in superficie!

FRUTTA E VERDURA DELLE STAGIONI CALDE: RINFRESCARE E IDRATARE

INSALATA DI SPINACINI E SEITAN IN SALSA TZATZIKI VEGANA

Primavera ed estate: tempo di piatti unici, di insalate ricche e nutrienti, nelle quali carboidrati, proteine e grassi si combinano artisticamente, apportando gusto ma anche benessere.

Questa è una delle ricette che ho proposto durante i miei corsi di cucina: si tratta di un'insalata proteica, che presenta decine e decine di nutrienti importanti, accompagnata dallo tzatziki, un classico della cucina greca, ormai molto diffuso anche da noi. Interpretata come antipasto o piatto unico, ha sempre soddisfatto gli amici che l'hanno preparata: che ne dite di provarla anche voi?

- 200 g di spinacini novelli
- 6 funghi prataioli
- 200 g di seitan alla piastra
- 4 cucchiai di olive taggiasche denocciolate sott'olio

PER LA SALSA

- ½ cetriolo
- 200 g di yogurt di soia non zuccherato
- 1 cucc.no di senape
- 4 cucchiai di olio EVO

- ½ spicchio di aglio
- 1 pizzico di sale
- pepe

Prima di tutto, preparate la salsa. Lavate e pelate il cetriolo con un pelapatate (non è strettamente necessario, a condizione che venga ben lavato e che la buccia non risulti troppo amara), quindi grattugiatelo. Strizzate la purea ottenuta, radunatela in un colino e lasciate che perda la sua acqua per almeno 10 minuti (se avete fretta, strizzatela con le mani più volte, poi tamponatela con un canovaccio pulito o carta da cucina). In una ciotola, radunate poi la purea di cetriolo insieme allo yogurt di soia, alla senape, all'olio EVO, grattugiate l'aglio in superficie e aggiungete un pizzico di sale, pepate quindi mescolate fino a ottenere una cremosità omogenea. Conservate lo tzatziki in frigo mentre vi dedicate all'insalata. Lavate, asciugate e tagliate finemente gli spinacini novelli; mondate i funghi prataioli (eliminando la terra), quindi tagliateli a listarelle sottili. Affettate il seitan alla piastra ricavando degli straccetti (oppure una dadolata), che salterete in una padella antiaderente e leggermente oliata per qualche minuto. Non resta che comporre il piatto: create sul fondo un letto di spinacini novelli, su cui disporrete i funghi, gli straccetti di seitan e le olive taggiasche. In superficie, distribuite la salsa tzatziki, quindi servite.

«Non ci sono più le mezze stagioni» è uno degli immortali classici delle conversazioni da ascensore in primavera. Di solito viene pronunciato da qualcuno di accaldato, intrappolato dentro un cappotto ormai troppo pesante. Peccato che la mezza stagione sia esattamente questo: un adattamento, la ricerca di un nuovo equilibrio. L'aria si fa frizzante, le giornate si allungano, pioggia e neve lasciano lentamente spazio al vento e al sole (o almeno così dovrebbe essere!), passando per qualche temporale. Il clima si addolcisce e noi cominciamo a toglierci uno strato per volta, sostituendo prima i giacconi con leggeri impermeabili, poi pile e pullover con magliette a maniche corte.

In questo periodo, il nostro corpo avrà esigenze diverse da quelle manifestate durante i mesi freddi: dopo la dieta energetica e protettiva dell'inverno, abbiamo bisogno di prepararci alla rinascita, esattamente come la natura intorno a noi. Per questo l'orto ci offre vegetali dai poteri depurativi e rivitalizzanti, come carciofi, asparagi, insalate amare, fragole e ciliegie, che hanno proprietà disintossicanti e diuretiche.

In questo modo, riusciremo a far fronte alla stagione più variabile dell'anno, con sbalzi termici che mettono a dura prova le nostre difese immunitarie, ma anche a predisporre il nostro corpo alla stagione calda in arrivo. Le pietanze si fanno più leggere, le cotture più veloci, e si può riprendere a introdurre nell'alimentazione cibi crudi, che avevamo un po' accantonato.

In estate, invece, le parole d'ordine sono due: rinfrescarsi e idratarsi. I telegiornali non fanno che ricordarcelo: avete presente quei servizi che ripetono di bere almeno 2 litri di acqua al giorno e di non uscire nelle ore più calde? L'idratazione è fondamentale sempre, ma in particolare durante questa stagione, quando il caldo si fa a volte opprimente, soprattutto in città.

Madre Natura ci viene in soccorso con frutta e verdura coloratissime ma anche ricchissime di acqua, di sostanze antiossidanti e di sali minerali indispensabili per proteggerci dal caldo. Qualche esempio? Angurie, meloni e pomodori. È importante ricordarsi, poi, di incamerare una quantità adeguata di liquidi: oltre all'acqua, la scelta è ampia e va dalle tisane al tè verde, dai frullati di frutta fresca ai centrifugati.

ACQUA? A VOLONTÀ!

Ben il 60 per cento del nostro peso da adulti è dovuto all'acqua. Nell'infanzia questa percentuale è più alta (nel neonato, il 75 per cento), per diminuire progressivamente con l'età. Basta questo dato per cogliere l'importanza dell'acqua per il buon funzionamento del nostro corpo: molti processi vitali avvengono grazie, e solo, in sua presenza (un esempio fra tutti? La digestione e l'assorbimento dei nutrienti, per non parlare dell'eliminazione delle scorie o della regolazione della temperatura corporea). Qual è però il fabbisogno giornaliero? Innanzitutto, varia: con l'età, la temperatura ambientale, l'alimentazione, l'attività fisica. Secondo la American Society of Nephrology (Società americana di nefrologia) non è importante «bere tanto», ma mantenere costante la quantità di acqua dell'organismo, pareggiando entrate e uscite. Valeria del Balzo, dell'Unità di Ricerca Scienza dell'Alimentazione e Nutrizione presso La Sapienza di Roma, osserva che ogni giorno un adulto perde circa 600-1000 millilitri di acqua, fra vapore acqueo ed espirazione cutanea. Molto, però, dipende dalla temperatura: «Un aumento della temperatura corporea di 2 gradi aumenta l'evaporazione del 50 per cento, l'innalzamento della temperatura esterna da 24 gradi a 31 gradi raddoppia la perdita di acqua tramite la *perspiratio* (vapore acqueo e sudore)»*.

* D. Barus, *Bere tanto fa proprio bene alla salute?*, 12 settembre 2011 (www.fondazioneveronesi.it).

In generale, le linee guida dell'INRAN consigliano di assumere indicativamente 1,5-2 litri al giorno. Attenzione, ho scritto consapevolmente «assumere» e non «bere», perché anche gli alimenti sono fonte di acqua, e in particolare lo sono frutta e ortaggi. Per sapere quali ne contengono di più, basta consultare questa tabella:

Alimento	Acqua (g per 100 g di prodotto)
Cetrioli	96,5
Lattuga da taglio	95,6
Ravanelli	95,6
Cocomero	95,3
Cicoria da taglio, coltivata	95
Pomodori pelati in scatola (frutti più succo naturale)	94,7
Zucca gialla	94,6
Cardi crudi	94,3
Cicoria witloof o indivia belga	94,3
Fiori di zucca	94,3
Lattuga	94,3
Pomodori da insalata	94,2
Pomodori San Marzano	94,1
Melone d'inverno	94,1
Radicchio rosso	94
Pomodori maturi	94
Succo di pomodori	93,8
Zucchine crude	93,6
Birra chiara	93,5
Cicoria di campo cruda	93,4

Fonte: Fondazione Veronesi[1]

Non lesinare su questi cibi durante la stagione calda fa parte delle 10 regole indicate da Assosalute, l'Associazione nazionale farmaci di automedicazione, per sfuggire ai colpi di calore. Eccole:

1. bere almeno 10 bicchieri di acqua al giorno, o tè e succhi di frutta. Niente di gassato o freddo;

[1] *Gli alimenti più ricchi di acqua*, 12 settembre 2011 (www.fondazioneveronesi.it).

2. evitare alcolici, birra e limitare il numero di caffè;
3. preferire un'alimentazione che apporti «supporto idrico» all'organismo, dunque a base di frutta e verdura;
4. non fare attività fisica nelle ore più calde della giornata, specie se intensa;
5. ridurre le passeggiate all'aria aperta sotto il solleone tra le 12.00 e le 16.00;
6. indossare abiti leggeri, di preferenza di lino e/o cotone e poco aderenti, munendosi di foulard da mettere intorno al collo in caso di necessità;
7. indossare copricapi (cappelli e bandane) per proteggersi dal sole cocente;
8. moderare l'uso dell'aria condizionata, specie in ambienti circoscritti come l'auto, regolandone l'intensità e non esponendosi mai direttamente al suo getto;
9. regolare l'aria condizionata negli ambienti chiusi in modo che vi siano al massimo 5-6 gradi di differenza fra temperatura interna ed esterna;
10. in caso di lunga sosta dell'auto sotto il sole, aerare l'abitacolo prima di salire a bordo.[2]

Ci sarebbe anche un'undicesima regola, che aggiungo io. È questa: una bottiglietta di acqua e qualche frutto pesano davvero poco... La prima dovreste averla sempre in borsa, la seconda è un sistema delizioso per reintegrare zuccheri e sali minerali in modo naturale, veloce e gustoso durante una passeggiata o un viaggio in macchina. Perché non farlo?

I colori dominanti della frutta e della verdura estive sono certamente quelli caldi: sono rossi lamponi e ribes, ma anche pomodori e ciliegie, sono gialli il mango e i peperoni, mentre l'arancione trionfa con albicocche e pesche. Qualche screziatura di viola compare grazie alle antocianine di mirtilli e me-

[2] F. Morelli, *Collasso da calore: ecco le regole per evitarlo*, 29 luglio 2014 (www.fondazioneveronesi.it).

lanzane, mentre il verde inonda le nostre tavole attraverso zucchine, piselli e germogli.

Che ne dite, partiamo insieme alla scoperta delle proprietà di tutte queste meraviglie?

Cominciamo dalla frutta.

	Aprile	**Maggio**	**Giugno**	**Luglio**	**Agosto**	**Sett.**
Albicocche		x	x	x		
Banane		x	x	x	x	
Ciliegie		x	x			
Cocomero					x	x
Fichi				x	x	x
Fragole	x	x				
Lamponi			x	x	x	x
Mango			x	x	x	
Meloni			x	x	x	
Mirtilli					x	x
More					x	x
Pesche			x	x		
Ribes					x	x

Ora, sono certo che qualcuno, guardando la tabella qui sopra, si sarà accorto che aprile, apparentemente, è un mese senza frutta. Ovviamente non è così: semplicemente, aprile è un mese pazzo e buffo come la primavera, invernale per la frutta (con kiwi, banane, mele e pere ancora in bella vista sui banchi) ma molto primaverile per la verdura. Basta dare un'occhiata alla tabella di p. 326 per capirlo!

LE ALBICOCCHE

Abbiamo già parlato della loro «versione» disidratata (a p. 29), ma le albicocche – quelle fresche, tornite e vellutate – meritano davvero un approfondimento. Composte per l'86 per cento di acqua, rispondono decisamente alla necessità di idratazione e depurazione del nostro corpo durante l'estate! In più, sono tra i frutti meno calorici (solo 28 kilocalorie per 100 grammi di frutto) e più sazianti, oltre a essere altamente digeribili e ricche di micronutrienti preziosissimi. Parlo prima di tutto dei carotenoidi, responsabili del loro colore acceso, che sono precursori della vitamina A (5-6 albicocche, circa 2 etti, ne forniscono ben 700 milligrammi, soddisfacendo così il fabbisogno quotidiano di un adulto), ma anche del potassio. Per saziare il fabbisogno giornaliero di questo minerale (3,1 grammi) ne servirebbe almeno 1 chilo, dato che 100 grammi di albicocche ne contengono 320 milligrammi, ma sappiamo che il potassio abbonda anche in altri alimenti: vale la pena combinarne di diversi!

Proseguendo, scopriamo che le albicocche sono amiche di pelle, unghie e capelli, nonché del nostro sistema immunitario (grazie al contenuto di vitamina C) e del nostro intestino (è il sorbitolo, di cui sono ricche, a conferire loro proprietà leggermente lassative). Infine, visto il loro basso indice glicemico sono consigliate ai diabetici (sempre con moderazione) e, dato il contenuto di ferro, a chi soffre di anemia. Dolci e attraenti, possiamo proprio dire che sono anche «buone» nei confronti del nostro organismo!

LE BANANE

Ecco a voi, signore e signori, lo spuntino ideale: in grado di saziare gli appetiti più atavici e di reintegrare le energie degli atleti impegnati negli sport più estremi, la banana è una miniera di magnesio, che contribuisce alla regolazione degli sbalzi d'umore, e di potassio, ben 350 milligrammi per 100 grammi di prodotto. Quest'ultimo sale minerale è fondamentale per il buon funzionamento del nostro organismo: è coinvolto nel mantenimento del bilancio idrico, nella trasmissione dell'impulso nervoso e nella contrazione muscolare. È nota la sua funzione di «terapeuta» dei crampi muscolari: ecco perché la banana è indicata in caso di sport.

I FRUTTI ROSSI

Ne sentiamo parlare tanto, ma che cosa si intenda esattamente per «frutti rossi» non sempre è chiaro. I frutti rossi, diciamolo subito, non sono solo frutti di bosco: a mirtilli, more e ribes, per esempio, si aggiungono anche ciliegie, fragole e lamponi. Parleremo singolarmente di ciascuno di essi, ma voglio fare una premessa che riguarda tutti, perché i frutti rossi sono accomunati da tre caratteristiche:

1. grazie ai polifenoli, di cui sono fonte indiscussa, agiscono come scudi contro i radicali liberi, proteggendo le nostre cellule dall'invecchiamento;
2. contengono uno dei composti fenolici più forti, l'acido ellagico, che svolge una notevole azione antitumorale e antiossidante. Pare infatti che inibisca lo sviluppo di tumori bloccando gli agenti cancerogeni e riducendone l'assorbimento;
3. apportano fibra insolubile, che collabora a risolvere stati di stitichezza cronica e a stimolare la peristalsi intestinale.

Non sono solo le proprietà nutraceutiche ad accomunarli, però: sarebbe un delitto non fare neppure un accenno al loro sapore leggermente acidulo, che li rende protagonisti di qualsiasi macedonia. Questa caratteristica è da attribuirsi ad alcuni acidi organici (citrico, tartarico, malico e ossalico), che presentano in abbondanza. Vediamoli ora uno per uno.

Cominciamo dalle *ciliegie*: grazie alle antocianine contrastano i depositi di colesterolo «cattivo» e i radicali liberi, ma contengono anche vitamine (A e C) e minerali (sono bombe di potassio, oltre ad apportare calcio e fosforo). Proteggono il fegato, combattono l'infiammazione e sono depurative e disintossicanti, oltre a esercitare un'azione rimineralizzante.

Le *fragole* sono praticamente delle aspirine travestite: contengono acido salicilico in abbondanza, quindi occhio se siete allergici! Quanto alla vitamina C, non sono seconde a nessuno: 100 grammi di frutta ne apportano 54 milligrammi. In pratica, la dose giornaliera: un'enormità! Proprio questa sostanza conferisce loro numerose proprietà: le fragole ci proteggono infatti dai radicali liberi, aiutano la cicatrizzazione delle ferite, potenziano il sistema immunitario, abbassano il colesterolo e facilitano l'assorbimento del ferro. Inoltre, sono amiche per la pelle del nostro sistema cardiovascolare: recenti studi provano che sono buoni agenti regolatori del livello lipidico nel sangue. In pratica, favoriscono l'aumento del colesterolo HDL («buono») a scapito di quello LDL («cattivo»).[3]

I *lamponi* sono ricchi di tannini (molecole antiossidanti e astringenti che riducono l'assorbimento delle proteine e degli zuccheri), flavoni (antiossidanti, ipotensivi e anticoagulanti), vitamine (A e C) e minerali (calcio, ferro e fosforo). Il loro basso indice glicemico li rende indicati in caso di glicemia alta oppure di diabete (anche se sempre, ricordiamoci, con moderazione!).

I *mirtilli* sono le stellette ninja della frutta: piccoli ma potentissimi. Innanzitutto, contengono antocianosidi (delfinidina, malvidina, petunidina e cianina) e vitamina C, che condividono un amore sconfinato per i nostri vasi sanguigni. Insieme, infatti, agiscono come vasoprotettori, rendendo i mirtilli il frutto perfetto in caso di insufficienza venosa cronica o problemi di fragilità capillare. I mirtilli però non si limitano a far ripartire la circolazione con slancio: apportano anche vitamina A in quantità, zuccheri, tannino, pectine, acidi organici e sali minerali.

Tra tutti i frutti rossi, le *more* sono campionesse quanto a ellagitannini, vale a dire quelle molecole in grado di liberare l'acido ellagico, il superantiossidante polifenolico di cui abbiamo parlato poche righe sopra. Queste molecole non sono esattamente diffusissime (sono contenute in particolare nelle more, nei lamponi, nelle noci, nel ribes, in fragole e melagrane), il che le rende ancora più ambite e preziose. I ricercatori dell'Istituto agrario di San Michele all'Adige stanno studiando i loro effetti nell'ambito di un progetto denominato InterBerry. Data l'elevatissima quantità di ellagitannini presente nelle more, stanno mettendo a punto tecniche per produrre derivati di questi frutti (in particolare succhi di frutta) nei

[3] *Le buone fragole fan bene a linea e cuore*, 30 luglio 2012 (www.fondazioneveronesi.it).

quali siano preservate le caratteristiche organolettiche e nutrizionali dei frutti freschi.[4]

Last but not least (sicuramente non dal punto di vista nutraceutico!), eccoci finalmente al *ribes rosso*: anche questi piccoli frutti sono ricchissimi di acidi organici, antociani e potassio (100 grammi di ribes ne contengono ben 370 milligrammi). Che cosa manca? La vitamina C: presente con ben 200 milligrammi per 100 grammi di frutti. Pensate che basterebbero 40 grammi di bacche per colmare il nostro fabbisogno quotidiano!

IL MANGO

Il mango rappresenta la mia pozione magica di Panoramix: fa parte della mia dieta da almeno vent'anni e non potrei più rinunciarvi. Non solo per il suo succo dolcissimo, che mi allieta occhieggiando dai centrifugati che mi preparo per merenda, ma soprattutto per le sue proprietà nutraceutiche. Lo sapevate che un solo mango sazia il 40 per cento del nostro fabbisogno quotidiano di vitamina A (ne contiene ben 540 milligrammi per 100 grammi di frutta) e il 15 per cento di quello di vitamina C?

Chiunque soffra di ritenzione idrica lo amerà alla follia per la lotta senza quartiere che le dichiara, appena entrato nel corpo, grazie alla sua azione leggermente lassativa e diuretica.

La sua buccia, poi, trasformata in decotto, è efficace contro tosse e raffreddore. Non parlatemi di inquinamento ambientale: in Sicilia ci sono coltivazioni di mango davvero speciali!

LE PESCHE

Con l'estate sono spesso ricorrenti le coliche renali, dovute soprattutto alla poca acqua che si beve. Rieccoci a parlare di idratazione... Sapete qual è il frutto migliore per evitare tutto ciò? La pesca! Ricchissima di calcio, fosforo, potassio, ma-

[4] *Invecchiamento: in more e lamponi elisir di lunga vita*, 18 agosto 2007 (www.stampa.cnr.it).

gnesio, zolfo, ferro e manganese, è un ottimo rimedio contro la spossatezza estiva. E che dire della sua protezione nei confronti dei raggi solari... Fa davvero bene alla nostra pelle, e il motivo sono i carotenoidi (in particolare il betacarotene, che si trasforma poi in vitamina A, utile a proteggere le nostre mucose e non soltanto: anche denti e ossa ringraziano!). Fonte inoltre di vitamine del gruppo B e della famigerata vitamina C, la pesca è ottima anche come aperitivo, frullata insieme a ghiaccio e succo di mela limpido o – perché no? – servita in insalata, al posto di mango o avocado!

Se la frutta primaverile ed estiva ci incanta con i suoi colori, la verdura ci stupisce con la sua varietà. Date un'occhiata a questa tabella:

	Aprile	**Maggio**	**Giugno**	**Luglio**	**Agosto**	**Sett.**
Aglio	x	x	x			
Agretti					x	x
Alghe		x	x	x		
Asparagi	x	x				
Cipolle		x	x	x	x	
Fagiolini				x	x	
Lattuga	x	x		x	x	
Melanzane				x	x	
Peperoni		x	x	x	x	
Piselli	x	x	x			
Pomodori			x	x	x	x
Ravanelli	x	x	x	x		
Rucola		x	x	x		x
Spinacini novelli	x					
Zucchine	x	x	x	x		

DA 1 A 3 ANNI, FRUTTA A VOLONTÀ!*

Abbiamo accennato all'alimentazione in gravidanza, abbiamo toccato il tema dello svezzamento: vale la pena dare qualche consiglio anche sulla prima infanzia. Da 1 a 3 anni:

1. frutta e verdura devono essere presenti a ogni pasto. L'ideale è consumarne 5 porzioni al giorno. La frutta, poi, è okay anche come spuntino, soprattutto in estate;
2. sì ai cereali, soprattutto integrali. Alternate le tipologie: avena, farro, grano saraceno, segale, orzo, miglio, o riso e pasta integrali (ma anche quinoa) dovranno essere presenti a ogni pasto;
3. cercate di limitare il consumo di dolci, magari circoscrivendolo al momento della colazione o della merenda;
4. dal compimento del primo anno, il latte non è necessario: il fabbisogno di calcio dei bambini può essere soddisfatto anche assumendo altri alimenti, anche vegetali e legumi, frutta secca e cereali;
5. l'introito proteico non dovrebbe superare il 15 per cento (l'ideale è il 12 per cento) dell'energia giornaliera totale: troppe proteine sono associate a un rapido tasso di crescita, che a sua volta è correlato con un maggior rischio di sviluppare sovrappeso e obesità;
6. cercate di variare anche le proteine, portando in tavola pesce e legumi oltre alla carne (che non è indispensabile, ricordatelo!);
7. privilegiate l'olio extravergine di oliva come condimento, cercando di evitare i grassi saturi e quelli idrogenati, contenuti per lo più nei prodotti di origine animale e in quelli confezionati, oltre che nell'olio di palma, di cocco e di colza;
8. quanto alle bevande: provate a incoraggiare il consumo di acqua (l'ideale è 1,5 litri al giorno) e a limitare quello di bevande zuccherine che non siano succhi di frutta al naturale.

In generale, occhio a non perdere il controllo della dieta dei più piccoli: i loro gusti vanno rispettati, ma non a discapito della loro salute! Attenzione dunque all'eccesso di calorie totali, di proteine di origine animale, di grassi saturi, di zuccheri raffinati e di sodio, così come alle carenze di carboidrati complessi, fibre, vitamine, minerali e frutta e verdura. Se vi fosse difficile capire come organizzare un piano di pasti settimanale, vi suggerisco di annotare tutto su un diario, potrete cogliere voi stessi eventuali errori e fornire al pediatra un importante documento!

* *Svezzamento e prima infanzia*, in «I Quaderni della Fondazione Veronesi» (www.fondazioneveronesi.it).

L'AGLIO

Ovvero, composti solforati à gogo. Ne ho parlato a proposito delle Crucifere, ma voglio citare di nuovo queste molecole prodigiose, capaci di proteggere il nostro corpo dal cancro allo stomaco e dall'*helicobacter pylori*, il batterio che causa ulcera e gastrite, rallentandone la crescita.

L'aglio ne è ricco, in particolare di allina, molecola capace (sotto forma di allicina) di prevenire l'insorgenza del tumore al colon. L'allina è la responsabile dell'aroma tipico di questo vegetale e si libera quando gli spicchi vengono aperti: è per questo che l'aglio viene tritato o schiacciato in cucina!

Ma non è tutto: l'aglio, che si è meritato il soprannome di «antibiotico naturale», svolge anche una notevole azione antibatterica, antiossidante e antimicotica. Protegge il cuore, aiuta a tenere sotto controllo la pressione e previene il rischio cardiovascolare.

Cosa aspettate a strofinarlo anche sulle bruschette, come fanno in Toscana?

GLI AGRETTI

Rimineralizzanti e diuretici, gli agretti sono ricchi di potassio, carotenoidi, vitamine C e B3 e, soprattutto, calcio e folati. Pare che il consumo quotidiano di questi ultimi riduca in modo significativo il rischio di tumore al pancreas, come sostiene il World Cancer Research Fund (Fondo mondiale per la ricerca sul cancro). Buone notizie, poi, per le donne: uno studio condotto su 31.000 pazienti ha evidenziato come il rischio di sviluppare un tumore al seno diminuisca all'aumentare del consumo di tutte le verdure, in particolare quelle a foglia e gli agretti.[5] L'unica accortezza sta nella preparazione di questa verdura: dato che i folati sono composti instabili,

[5] *Alimentazione e prevenzione con Fondazione Veronesi e Giro d'Italia: verdure a foglia verde*, 23 maggio 2013 (www.fondazioneveronesi.it).

la via migliore alla loro assimilazione è consumare gli agretti crudi, spezzettandoli con le mani. Se preferite cuocerli, però, meglio al vapore o sbollentarli in pochissima acqua.

È invece la clorofilla (che li rende verdi) a fare di essi degli ortaggi altamente depurativi: influisce sull'eliminazione delle scorie che accumuliamo con l'alimentazione e ci aiuta a mantenere «pulito» il sangue, riducendo i livelli di colesterolo e trigliceridi.

LE ALGHE

Dite la verità: non vi aspettavate le alghe tra le prime verdure dei mesi caldi, vero? In effetti, non siamo abituati a considerare le alghe per quello che sono, vale a dire «ortaggi del mare». Ma non c'è di che preoccuparsi: le cose stanno già cambiando. Se fino a poco tempo fa le ignoravamo proprio, oggi non è più così raro incontrare persone che le consumano con regolarità, o che le hanno almeno assaggiate. Certo, non siamo al livello dei giapponesi, che ne cucinano abitualmente ben ventun tipi! Da noi le più diffuse sono sei: le wakame, le kombu, le arame, le hijiki, la nori e la spirulina. Tutte sono ricche di fibre insolubili, imbattibili nel depurare l'intestino da scorie e grassi in eccesso, ma anche di sali minerali e di vitamine A e del gruppo B. «Ricche» è un eufemismo: meglio dire che le alghe scoppiano di questi micronutrienti: per esempio, 100 grammi di alghe al giorno sarebbero sufficienti a coprire il fabbisogno giornaliero delle vitamine A, B2, B12 e C, nonché quello di sodio, potassio, calcio e magnesio. Inoltre, non posso non citare la loro azione protettiva nei confronti dei tumori: uno studio di laboratorio dimostra che estratti di alghe sono in grado di rallentare la crescita delle cellule cancerose (in pratica, permettono al tumore in fase di crescita di ridursi di dimensioni). Che ne dite, vale la pena di approfondire la loro conoscenza?

La più famosa è la *wakame*, un'alga bruna che vi sarà sicuramente capitato di vedere o assaggiare al ristorante giapponese, in insalata. Le sue proprietà terapeutiche si sprecano: contiene molto ferro ed è quindi indicata in caso di anemia; ci difende dall'osteoporosi e protegge la salute di capelli, unghie e pelle. Ottimo disintossicante, contiene fucoxantina, un pigmento naturale che stimola l'attività tiroidea e il metabolismo basale e sembra dunque favorire l'eliminazione del grasso corporeo in eccesso. La fucoxantina, però, non è sola nella sua battaglia: la assiste l'acido alginico, un polisaccaride in grado di stimolare il senso di sazietà, aumentando la densità del contenuto gastrico e agendo come debole lassativo.

L'alga *arame*, grazie al suo elevato contenuto di potassio, facilita la contrattilità muscolare e tiene lontani i crampi. Ha inoltre proprietà antivirali e può contribuire a mantenere sotto controllo il peso corporeo. Ha un sapore molto lieve, quindi gli occidentali la adorano anche se, prima di venire consumata, richiede un ammollo piuttosto lungo.

Anche l'alga *kombu* è scura e la si trova in commercio essiccata, in larghe strisce. È ricca di iodio, calcio, vitamine del gruppo B e acido alginico, una sostanza in grado di ridurre il gonfiore intestinale che siamo abituati ad associare ai legumi. In cucina solitamente si usa per insaporire i cibi e renderli più leggeri e digeribili.

Le alghe *hijiki* hanno in mare l'aspetto di un cespuglio: in realtà, le foglie sono filamentose e, una volta seccate, si attorcigliano le une con le altre. Si utilizzano soprattutto per insaporire zuppe, primi piatti e insalate. Contengono anche loro fucoxantina, oltre a sali minerali in abbondanza, acido folico e vitamine (A, B e C). Sono prive di grassi. È probabile che siano il segreto della lucentezza mitica dei capelli delle donne giapponesi, visto che tra le loro proprietà si annovera quella di mantenere la capigliatura lucida e scura. Recenti studi dimostrano inoltre che abbassano il colesterolo e tengono lontane le carie. In commercio le trovate secche: per mangiarle, dovrete lasciarle in ammollo per circa 1 ora, tenendo presente che il loro volume aumenterà di 5 volte. Per 4 persone, quindi, basteranno 30 grammi di alghe secche (che diventeranno 150, una volta reidratate).

L'alga *nori*, insieme alla wakame, è la star occidentale delle alghe: è quella che viene utilizzata per avvolgere i maki e i sushi. Si tratta di un'alga rossa che, una volta essiccata, diventa molto scura. Presenta un interessante contenuto di grassi polinsaturi (Omega-3, ma anche acido linoleico e linolenico) e di aminoacidi, tra cui l'arginina. È benefica per il fegato, del quale facilita la funzione, e si prende cura dei nostri vasi sanguigni, grazie alle sue proprietà antiaggreganti, antitrombotiche e ipocolesterolemizzanti.

Infine, non resta che parlare della *spirulina*, una microalga monocellulare verde-azzurra antichissima: è sulla Terra da più di tre miliardi di anni. Si tratta di un alimento tra i più completi e bilanciati esistenti in natura: l'ONU l'ha definita come miglior fonte alimentare alternativa per il futuro. Vi spiego perché: a un notevole contenuto proteico, di altissimo valore biologico (sono presenti tutti e otto gli aminoacidi essenziali), la spirulina unisce un'eccezionale concentrazione di vitamine (B, D, E, K), di sali minerali (calcio, magnesio, ferro, potassio, zinco, rame, manganese, cromo e selenio) e di betacarotene. Come se non bastasse, agisce sul nostro sistema immunitario, rinforzandolo, combatte l'anemia, ci depura e ci disintossica. Inoltre, ci aiuta ad aumentare la resistenza fisica e intellettuale, ha effetti positivi su pelle e capelli e, infine, contribuisce al senso di sazietà. Stupefacente, vero?

GLI ASPARAGI

Gli asparagi contengono diversi fitocomposti solforati e oli essenziali (cioè zolfo), che a livello terapeutico rappresentano un valido aiuto, dato che svolgono un'azione antinfiammatoria, cardiotonica, ipotensiva, espettorante, diuretica, antidiabetica e antiparassitaria.

La responsabile dell'odore pungente di questo ortaggio è l'asparagina (o acido aspartico), che pare abbia proprietà diuretiche, facilitate anche dall'elevato contenuto di acqua: ben il 92 per cento! Questa caratteristica rende gli asparagi un alimento a bassa densità energetica, adatto da consumare in pinzimonio quando si è particolarmente affamati e si attende il pasto principale.

Una volta eliminata la parte più esterna e legnosa con l'aiuto di un pelapatate, cerchiamo di essere bravi nel consumarlo tutto, lasciando le punte intatte e affettando finemente il fusto.

Un ultimo appunto: attenzione a coloro che sono allergici all'aspirina perché, come la fragola, anche gli asparagi contengono una discreta quantità di acido acetilsalicilico.

LE CIPOLLE

Eccoci alle regine della lotta all'infiammazione: oltre a composti solforati in abbondanza, le cipolle contengono la quercetina (presente anche nella buccia della mela), un flavonoide della famiglia dei polifenoli con alti poteri antiossidanti e detossificanti.

Le cipolle ci aiutano poi a regolare la quantità di colesterolo nel sangue, proteggendo i nostri cuori dall'insorgenza di disturbi cardiovascolari.

L'ideale sarebbe mangiarle crude (per non degradare i micronutrienti che contengono), ma se il solo vederle vi rallenta la digestione, il mio consiglio è di bollirle, tritarle a mano o con un frullatore e tenerle da parte. In questo modo, le avrete sempre pronte: le vostre ricette ne guadagneranno in sapore e proprietà nutrizionali ed eviterete di soffriggerle, procedimento non esattamente salutare...

I GERMOGLI

Abbiamo detto che la primavera è una stagione di rinascita. Ebbene, voglio assolutamente parlarvi di una categoria di vegetali spesso poco considerata, ma assolutamente a torto. Alludo ai germogli. Che cosa sono? Be', potrei definirli «piante cucciole», o meglio neonate, appena spuntate dal seme. Scoppiano letteralmente di micronutrienti: vitamine, enzimi, mi-

COLTIVARE I GERMOGLI

Io ve lo dico, ma a vostro rischio e pericolo... Vi avviso: provate una volta e il desiderio di far germogliare qualsiasi seme vi coglierà! Prima di sperimentarsi come «germogliatori» è bene sapere che non tutti i germogli sono commestibili: alcuni sono addirittura tossici: è il caso di quelli della famiglia delle *Solanaceae*, il cui contenuto di composti psicoattivi potrebbe essere pericoloso. Meglio evitare, dunque, di far germogliare patate, melanzane, pomodori, peperoncini e peperoni, oltre a tutte le piante da cui si ricavano droghe farmaceutiche (per esempio la belladonna) e, ovviamente, quelle velenose. Già che ci siete, evitate anche il basilico! Vediamo ora come procedere: a dare il via alla germogliazione è l'acqua, quindi dovrete lasciare i semi secchi in ammollo per una notte. In questo modo, avranno a disposizione tutta l'acqua di cui hanno bisogno per rivitalizzarsi e crescere. Terminata questa fase, dovrete trasferire i germogli in un contenitore dove potrete risciacquarli (un cestello per la cottura al vapore, un barattolo di vetro ricoperto da una fine retina, uno scolapasta o altri recipienti, a patto che all'interno sia posizionato un colino). I risciacqui servono a evitare ristagni di acqua, che potrebbero provocare la formazione di muffa, e dovranno avvenire 2-3 volte al giorno per un periodo dai 3 ai 5 giorni, a seconda del tempo di germogliazione. Anche il sole gioca un ruolo fondamentale: i germogli cresciuti all'ombra e in piena luce sono differenti dal punto di vista organolettico. Un consiglio: 12 ore prima di assaggiarli, esponeteli al sole. In questo modo attiverete la clorofilla e potrete godere anche dei suoi benefici!

nerali e proteine sono carichissimi, esplosivi, pronti a qualsiasi sfida, e li rendono dei veri e propri alleati del benessere.

Cominciamo dalle vitamine: raddoppiate (come minimo) quelle presenti nella pianta adulta e otterrete la quantità presente nei germogli! Prendiamo la vitamina A: a 72 ore di germinazione, il suo contenuto è pari al 370 per cento di quello che possiamo trovare nella pianta adulta. Aumenta considerevolmente anche la B12 (che favorisce il buon funzionamento del tessuto nervoso ed è coinvolta nello sviluppo corporeo), che è rarissimo trovare in fonti vegetali: è più diffusa negli alimenti di origine animale, eccezion fatta per germogli, alghe e semi di girasole.

Ancora: il contenuto di aminoacidi essenziali è notevolissimo, come quello di grassi Omega-3 e Omega-6. Aumentano anche – rispetto alle piante ormai cresciute – gli acidi nucleici, i sali minerali e gli oligoelementi. Tutti questi nutrienti sono stati in qualche modo «predigeriti» dagli aminoacidi e infatti i germogli sono quanto di più leggero e digeribile possiate immaginare di mangiare. Prendiamo i sali minerali: nei germogli sono «chelati», un modo tecnico per dire che sono resi più digeribili dall'abbraccio degli aminoacidi.

Le proprietà dei germogli sono numerose: svolgono una azione antitumorale, ipocolesterolemica e ipoglicemizzante, oltre a combattere contro i temutissimi radicali liberi.

Per godere di questi superpoteri, però, bisogna consumarli crudi: lo sforzo, vedrete, sarà pari a zero perché sono buonissimi, delicati e lievemente dolci.

I PEPERONI

Sono uno dei protagonisti indiscussi della cucina durante le stagioni calde: non solo li portiamo in tavola in tutte le salse, ma li utilizziamo per preparare conserve, che ce li renderanno disponibili durante autunno e inverno.

Parleremo qui dei peperoni cosiddetti «dolci»: quelli piccanti sono stati trattati a p. 245. Ci tengo a tenerli separati perché, nonostante appartengano alla stessa famiglia, le loro proprietà sono differenti. I peperoni dolci, dunque, sono ricchi di fosforo e potassio, oltre che di vitamine: contengono più vitamina C di tutti gli altri ortaggi! 100 grammi di peperoni ne apportano ben 153 milligrammi (per capirci, la medesima quantità di arance ne contiene 50 milligrammi...). Ovviamente il nostro fabbisogno giornaliero, di «soli» 60 milligrammi, viene saziato in men che non si dica! L'altra vitamina che caratterizza i peperoni è la P, che aiuta a rinforzare il sistema cardiovascolare agendo sull'elasticità dei vasi sanguigni e protegge la prostata dalle patologie correlate.

Come sempre, per preservare al massimo le proprietà nutrizionali, sarebbe meglio consumare i peperoni crudi. Mi rendo conto che quanto a digeribilità ci sia di meglio... se sceglietedi cuocerli, cercate di preferire cotture al vapore o in poca acqua.

I PISELLI

Sì, lo so, i piselli sono legumi (e infatti ne parliamo diffusamente a p. 141), ma voglio citarli anche in questo capitolo, per due motivi. Il primo è che la primavera è la loro stagione: per quanto siano buoni quelli secchi o surgelati, senza dubbio quelli freschi hanno una marcia in più. Il secondo è che presentano acqua in quantità maggiore rispetto agli altri legumi, e dunque vale la pena dedicare loro qualche altra riga, soprattutto per parlare degli isoflavoni. Quando diciamo piselli, infatti, diciamo fibra, ferro, calcio, potassio e vitamina C, ma anche e soprattutto isoflavoni, ormoni vegetali che contribuiscono a prevenire l'osteoporosi e il rischio cardiovascolare e a inibire certe fasi dello sviluppo del tumore al seno. Non so voi, ma io in primavera ne approfitto e ne faccio una bella scorpacciata...

I POMODORI

Nome in codice «licopene», il pomodoro è ricchissimo di questa molecola, carotenoide responsabile del colore rosso che si trova soprattutto nella buccia. A eliminarla non bisognerebbe nemmeno pensarci: ora vi spiego perché.

Il licopene esercita un'azione antitumorale che pare essere addirittura doppia rispetto a quella del betacarotene, presente nella carota. Una ricerca ha approfondito il rapporto tra diversi carotenoidi e il rischio del cancro alla prostata, correlando con la sua diminuzione solo il licopene. Questi risultati, confermati da studi successivi, suggeriscono che assumere cibi ricchi di licopene (come appunto i pomodori) comporti un significativo calo del rischio di cancro alla prostata.[6]

Il Framingham Offspring Study ha invece preso in esame il rapporto tra licopene e rischio cardiovascolare, concludendo che «un maggior introito di licopene si correla con un minor rischio cardiovascolare».[7] Questo è dovuto principalmente al suo effetto inibitore nei confronti della sintesi del colesterolo e di potenziamento, al contrario, della degradazione del colesterolo LDL.[8]

Se state pensando: «Ma il pomodoro non potenziava l'abbronzatura?», be', avete ragione. Il licopene ci permette sì di avere un bel colorito ambrato durante l'estate ma, già che stiamo parlando di pelle, l'effetto davvero interessante è un altro. Grazie al suo potere antiossidante, infatti, ci protegge dalle radiazioni ultraviolette, prevenendo i danni tissutali a breve e a lungo termine che potrebbero causare.[9]

Infine, il licopene è anche un potente antiossidante: combatte l'invecchiamento cellulare e ci aiuta a prevenire malattie neurologiche come l'Alzheimer e il morbo di Parkinson.

Se avete già strabuzzato gli occhi per lo stupore, preparatevi a stropicciarli. Diversamente da vitamine e minerali, il licopene viene assorbito meglio se i pomodori vengono cot-

[6] F. Visioli, *Un carotenoide naturale: il licopene*, 26 giugno 2006 (www.nutrition-foundation.it).
[7] P.F. Jacques, A. Lyass, J.M. Massaro, R.S. Vasan, R.B. D'Agostino, Sr, *Aumentare l'intake dietetico di licopene riduce il rischio cardiovascolare*, in «British Journal of Nutrition», 15 gennaio 2013, pp. 1-7 (www.nutrition-foundation.it).
[8] F. Visioli, *Un carotenoide naturale: il licopene*, 26 giugno 2006 (www.nutrition-foundation.it).
[9] M. Rizwan, I. Rodriguez-Blanco, A. Harbottle, M.A. Birch-Machin, R.E. Watson, L.E. Rhodes, *Effetto fotoprotettivo del licopene*, in «British Journal of Dermatology», 21 settembre 2010 (www.nutrition-foundation.it).

ti ad alte temperature: durante questa fase, infatti, le cellule si rompono, rilasciandolo. Per questo salse, passate (possibilmente condite con un po' di olio extravergine di oliva a crudo) e ketchup sono una fonte sicura di licopene e migliore rispetto al pomodoro fresco, che invece è un'ottima fonte di vitamina C.

Per godere degli spaziali benefici del licopene, bisognerebbe assumerne 5-10 milligrammi al giorno, che equivalgono a 200 grammi di pomodoro fresco, a 30 grammi di ketchup, a un piatto di pasta al pomodoro o un trancio di margherita con 40 grammi di sugo al pomodoro.

LE ZUCCHINE

Le zucchine sono supernote per essere ricchissime di acqua, di sali minerali e di clorofilla. Ciò che conosciamo meno sono indubbiamente i fiori, una vera prelibatezza della stagione calda! Hanno proprietà diuretiche e antiossidanti. Grazie all'alto contenuto di vitamina A, proteggono la pelle. Per di più, apportano fitormoni ad azione energizzante, ricostituente e tonificante.

Gli usi in cucina sono numerosi: spadellati, per condire la pasta; passati al forno una volta farciti, con un mix a base di ricotta di capra, un battuto di prezzemolo e un'acciuga dissalata. In questa versione, prevengono gli sbalzi pressori.

CAPONATA DI MELANZANE

Gluten Free

- 4 melanzane
- 4 pomodori
- 1 gambo di sedano
- 2 cipolle rosse
- 1 spicchio di aglio
- 100 g di olive taggiasche denocciolate
- 50 g di capperi sottaceto
- olio EVO
- 1 cucchiaio di aceto di mele
- 2 cucchiai di concentrato di pomodoro
- sale

Lavate e mondate tutte le verdure (melanzane, pomodori, sedano e cipolle), quindi tagliatele a cubetti e ponetele in una capiente casseruola. Tritate l'aglio e strizzate i capperi dall'aceto. Mettete anche questi ingredienti nella casseruola, insieme alle olive. Unite l'olio EVO e il cucchiaio di aceto di mele, il concentrato di pomodoro e quindi accendete la fiamma e fate cuocere per 20 minuti. A metà cottura ricordatevi di assaggiare e regolare di sale. Otterrete una caponata tra le più pastose e prelibate che abbiate mai assaggiato!

CIPOLLE RIPIENE

- 6 cipolle dorate
- 1 peperone rosso
- 1 mazzetto di erba cipollina
- 5 cucchiai di olio EVO

- 5 cucchiai di pane integrale grattugiato
- 100 g di caprino
- 1 pizzico di sale e pepe

Prima di tutto, preparate le cipolle: dovrete sbucciarle, tagliare il fondo (circa a ¼ dell'altezza) e svuotarle con uno scavino o un coltellino. Tritate la parte che avrete estratto insieme allo scarto di peperone (che avrete precedentemente lavato, mondato e ripulito dei suoi semi), all'erba cipollina, all'olio EVO, al pane integrale grattugiato, al caprino, a un pizzico di sale e uno di pepe. Farcite ora le cipolle con questo ripieno. Disponetele su una teglia foderata con carta da forno e infornatele per circa 30 minuti a 200 gradi.

CROCCHETTE DI GERMOGLI

- 150 g di carote
- 150 g di patate
- erba cipollina
- prezzemolo
- 50 g di germogli di ceci
- 50 g di germogli di porro
- pepe e sale
- 2-3 cucchiai di pane integrale grattugiato
- 2 cucchiai di olio EVO

Mondate le carote e le patate, tagliatele a tocchetti e cuocetele al vapore. Preparate ora un trito con l'erba cipollina e il prezzemolo. Quando le carote e le patate saranno morbide, passatele al passaverdura. Mescolate la purea ottenuta al trito di erbe aromatiche, poi unite i germogli, una bella macinata di pepe e il pane integrale grattugiato, una cucchiaiata per volta: valutate voi quanto ne servirà, tenendo presente che l'impasto non deve essere troppo compatto. Regolate infine di sale. Siete pronti per formare le crocchette schiacciate, disponendole man mano su una teglia rivestita con carta da forno. Nebulizzate con l'olio EVO e infornate per 20 minuti circa a 220 gradi, ricordandovi di girarle a metà cottura.

FIORI DI ZUCCHINA RIPIENI

Gluten Free

- 12 fiori di zucchina
- 1 spicchio di aglio
- 150 g di tonno al naturale
- 200 g di cannellini lessati
- 2 cucchiai di olio EVO
- pepe
- 1 manciata di farina di mais fioretto (facoltativa)

Soffiate delicatamente dentro i fiori di zucchina per aprire i petali. Eliminate il gambo e il pistillo, facendo attenzione a non romperli (soprattutto, cercate di mantenere intatta la «coppa» inferiore, così che possiate farcirli senza problemi). Lavateli ora con poca acqua, tamponateli delicatamente con un foglio di carta da cucina e lasciateli asciugare. Nel frattempo, preparate il ripieno. Sbucciate l'aglio, fate sgocciolare il tonno e sciacquate bene i cannellini sotto l'acqua corrente (se sono in scatola). Ponete questi tre ingredienti nel bicchiere di un robot da cucina insieme a 2 cucchiai di olio EVO e una abbondante macinata di pepe. Frullate e, quando avrete ottenuto una crema densa e omogenea, trasferitela in una sac à poche. Farcite i fiori di zucchina e chiudeteli arrotolando lievemente su se stesse le estremità dei petali. Se vi piace, potete passare i fiori nella farina di mais fioretto: diventeranno più croccanti. In ogni caso, disponeteli in una pirofila (che avrete unto leggermente con un fazzolettino intinto nell'olio EVO) e infornateli per 20 minuti a 180 gradi sotto il grill. Panatura o no, sentirete che spettacolo!

FRITTATA DI SPINACINI

- 1 manciata di spinaci novelli
- 1 cipolla
- sale e pepe
- olio EVO
- 1 tazza di farina integrale (o di farro)
- 2 cucchiai di pecorino (o ricotta dura salata)

Lavate gli spinaci, quindi tritateli finemente con la cipolla e stufate il tutto con poca acqua in una padella antiaderente. Regolate di sale e di pepe e, a fine cottura, aggiungete qualche cucchiaio di olio. Quando le verdure saranno pronte, versate la tazza di farina integrale in una ciotola, aggiungete tre quarti di tazza di acqua tiepida e, infine, le verdure. Otterrete una pastella piuttosto densa. Versatela in una padella antiaderente, che avrete leggermente unto con un fazzolettino intinto nell'olio EVO, e cuocete la frittata per circa 12-14 minuti, rigirandola a metà cottura. Prima di servirla, lasciatela intiepidire, quindi tagliatela a striscioline e spolverizzatela con pecorino grattugiato o ricotta dura salata.

GAZPACHO

Gluten Free

- 1 spicchio di aglio
- 2 cipolle
- 2 peperoni
- 2 cetrioli
- 800 g di pomodori maturi
- tabasco
- ½ limone
- 5 cucchiai di olio EVO
- 2 cucchiai di concentrato di pomodoro
- sale
- pepe

Sbucciate e tritate finemente aglio e cipolle e teneteli da parte. Occupatevi ora delle altre verdure: lavate, mondate e tagliate a pezzetti i peperoni; sbucciate i cetrioli e affettateli sottilmente; lavate i pomodori, quindi frullateli. Unite tutto al trito di aglio e cipolla e mescolate bene. Spruzzate con del tabasco, il succo e la scorza grattugiata di mezzo limone e un po' di olio EVO. Regolate di sale e di pepe solo dopo aver stemperato il concentrato di pomodoro in questo gustoso mix di verdure e ponete in frigorifero: i sapori del gazpacho dovranno armonizzarsi per almeno un paio d'ore, prima di venire gustati. Mescolate per bene prima di servire. Io di solito accompagno questo piatto con dei crostini di pane al sesamo, ma anche il pane di segale potrebbe essere un ottimo abbinamento!
PS: potrebbe esservi utile sapere che, spesso, utilizzo una salsa di pomodoro pronta. Se è buona e italiana, può aiutarci a saltare qualche passaggio!

GULASH VEGETALE

Gluten Free

- 2 tazze di spezzatino di soia
- 2 cipolle
- 1 carota
- 1 gambo di sedano
- olio EVO
- 2 zucchine
- 1 melanzana
- 1 patata grossa (o 2 piccole)
- 4-5 pomodori
- 2 cucchiai di concentrato di pomodoro
- 1 cucchiaio di paprika
- sale

Come prima cosa, fate ammorbidire lo spezzatino di soia in un recipiente con acqua tiepida. Nel frattempo, lavate, mondate e affettate tutte le verdure a tocchetti. Prendete ora una larga padella antiaderente (o un wok), scaldatevi un cucchiaio di olio EVO e buttatevi prima le cipolle, poi la carota e il sedano. Dopo averli fatti rapidamente saltare unite il resto delle verdure e il concentrato di pomodoro. Coprite con acqua calda e lasciate cuocere a fiamma dolce. Dopo circa 20 minuti, aggiungete lo spezzatino di soia e la paprika e proseguite la cottura per altri 20 minuti, finché le verdure diventano morbide. Se necessario (non è detto!) regolate di sale prima di servire.

INSALATA DI CICORIA E RAVANELLI

Gluten Free

- 800 g di cicoria
- 240 g di quartirolo
- 8-10 ravanelli
- 3 cucchiai di olio EVO
- 2 cucchiai di aceto di mele
- gomasio

Se volete produrre voi il gomasio, trovate il procedimento a p. 240. Indipendentemente da questo, per preparare il piatto dovrete cominciare dalla cicoria: lavatela e tagliatela a striscioline; riducete il quartirolo a cubetti e affettate sottilmente i ravanelli. Preparate ora il condimento, mescolando olio EVO e aceto di mele. Mescolate insalata, ravanelli e quartirolo in una ciotola capiente, condite con la salsina appena preparata e spolverizzate di gomasio, prima di portare in tavola.

INSALATA DI FAGIOLINI E MAIS

Gluten Free

- 500 g di fagiolini
- 30 g di foglie di basilico
- 30 g di pinoli
- 5 cucchiai di olio EVO
- 1 pizzico di pepe
- 20 pomodori ciliegino
- 150 g di mais lessato
- sale

Sciacquate i fagiolini e lessateli al dente, quindi scolateli e lasciateli raffreddare. Nel frattempo, frullate le foglie di basilico con i pinoli, l'olio EVO e il pepe. Lavate e tagliate ora i pomodori prima a metà, quindi in 4 parti. Uniteli ai fagiolini e al mais e condite il tutto con la salsa al basilico, regolando di sale (solo se necessario!).

INSALATA GRIGLIATA

Gluten Free

- 400 g di peperoni rossi
- 400 g di zucchine
- 400 g di melanzane
- 1 limone
- aceto balsamico
- 2 cucchiai di olio EVO
- 1 pizzico di sale
- 1 pizzico di pepe
- 20 foglie di basilico
- 10 rametti di origano

Prima di tutto, le verdure: se le avete fresche, mondatele, affettatele e cuocetele; se le avete surgelate, riportatele a temperatura ambiente riscaldandole leggermente a vapore (oppure lasciatele fuori dal freezer per una decina di ore). Tagliate finemente il grana a fettine sottilissime (volendo, con una mandolina). Fate tostare i pinoli in una padellina antiaderente e spremete il limone. Preparate ora il condimento sbattendo il succo di limone con l'aceto balsamico, 2 cucchiai di olio EVO, un pizzico di sale e uno di pepe. Disponete le verdure grigliate sul piatto di portata, alternandole una all'altra, e conditele con l'emulsione appena preparata. L'ultimo tocco? Le foglie di basilico e di origano fresco tutt'intorno!

INSALATA PIZZAIOLA

Gluten Free

- 250 g di fagioli cannellini lessati
- 5 pomodori secchi
- 5 cucchiai di olio EVO
- 1 cucchiaio di aceto di mele
- 1 pizzico di sale
- 2 pizzichi di foglioline di origano fresco
- 200 g di lattuga
- 100 g di indivia

Sciacquate i cannellini (se sono in scatola). Tritate i pomodori secchi a coltello dopo averli reidratati in acqua tiepida per circa una decina di minuti. Mescolate con una frusta o una forchetta l'olio EVO con l'aceto di mele, il sale e l'origano, per amalgamarli bene. Infine, preparate le insalate: lavatele, mondatele e tagliatele a pezzetti, quindi ponetele in una ciotola capiente, unite i fagioli, i pomodori secchi e condite con la salsa all'origano prima di servire.

MELANZANE CON RISO VENERE

Gluten Free

- 200 g di riso venere
- pochissimo sale
- 2 melanzane grosse
- 1 spicchio di aglio
- 2 cipolle
- 4 cucchiai di concentrato di pomodoro
- 2 cucchiai di origano
- 4 cucchiai di olio EVO
- la scorza di 1 limone

Come prima cosa, mettete sul fuoco una casseruola per cuocere il riso venere: dovrà sobbollire in una quantità di acqua (leggermente salata) pari al doppio del suo volume per circa 20 minuti. Trascorso questo tempo, spegnete il fuoco, coprite con un coperchio e lasciate riposare per altri 30 minuti. Mentre il riso cuoce, lavate le melanzane, tagliatele a metà e, con uno scavino o un coltellino affilato, estraetene la polpa e frullatela. Preparate un trito fine con aglio e cipolla e mescolatelo con il concentrato di pomodoro e l'origano. Quando il riso sarà pronto, conditelo con questo sughetto super aromatico. Incorporate anche la polpa di melanzane frullata e avrete ottenuto il ripieno per farcire i nostri «gusci». Una volta riempite tutte le melanzane, disponetele su una teglia foderata con carta da forno, oliatele leggermente e copritele con un altro foglio di carta da forno prima di infornarle per 40 minuti a 220 gradi. Nel frattempo, grattugiate la scorza di limone: vi servirà per guarnire i piatti prima di portarli in tavola!

MOUSSAKA

- 1 carota
- 1 spicchio di aglio
- 500 g di salsa di pomodoro
- olio EVO
- poco sale
- origano
- rosmarino
- 2 melanzane
- 2 patate

PER LA BESCIAMELLA DI SOIA

- 40 g di farina di tipo 1 (o integrale)
- 500 ml di latte di soia
- 30 g di olio EVO
- sale
- pepe
- noce moscata

Lavate e tagliate a rondelle la carota, quindi mettetela a cuocere in una padella antiaderente con l'aglio intero, la salsa di pomodoro e le erbe aromatiche a piacere. Condite con un paio di cucchiai di olio EVO e poco sale, quindi proseguite la cottura per 15 minuti, poi eliminate l'aglio e frullate. Nel frattempo, lavate e affettate le melanzane, quindi grigliatele o cuocetele in forno (per 30 minuti a 180 gradi). Lavate e lessate infine le patate, poi tagliatele a fettine, mantenendo la buccia. Preparate ora la besciamella: mettete la farina in un pentolino, unite il latte di soia, l'olio EVO, poco sale, un po' di pepe e di noce moscata, mescolando. Quando il composto arriverà a bollore, abbassate la fiamma e lasciate sobbollire per 4 minuti circa. Componete infine la moussaka in una pirofila foderata di carta da forno: disponete sul fondo tutte le patate, poi la metà delle melanzane, la metà della salsa e la metà della besciamella. Aggiungete ora un altro strato di melanzane, un altro di salsa e terminate con la besciamella. Infornate per 10 minuti a 200 gradi.

PAELLA VEGETARIANA CON AVENA

- 150 g di fagioli bianchi di Spagna lessati
- 1 limone
- 3 carciofi
- 1 cipolla rossa
- 1 peperone rosso
- 1 carota
- 1 tazza di piselli
- 320 g di avena (in chicco)
- 1 cucchiaio di olio EVO
- 2 pizzichi di zafferano in polvere
- 1 peperoncino secco
- pepe

Se avete i fagioli in scatola, risciacquateli bene sotto l'acqua corrente. Spremete il limone e mondate tutte le verdure, quindi tagliatele a pezzettini e riunitele in una ciotola, dove le irrorerete appunto con il succo di limone. Fate tostare ora l'avena in una casseruola dai bordi alti con un cucchiaio di olio EVO. Dopo pochi minuti aggiungete le verdure e acqua a sufficienza per coprire tutto. Lasciate cuocere a fiamma dolce (senza mescolare) per 20-25 minuti: a quel punto, l'acqua dovrebbe essere stata completamente assorbita. In ultimo, unite lo zafferano, il peperoncino tritato e il pepe. Questa paella è spaziale calda ma è meravigliosa anche fredda: temo che dovrete assaggiarla in entrambi i modi per decidere come la preferite!

PAGNOTTA CON POMODORO E CETRIOLO

- ½ cespo di lattuga
- 1 spicchio di aglio
- 2 cucchiai di origano
- 2 pomodori maturi
- 1 cetriolo
- 1 cipolla piccola
- 4 pagnotte integrali
- 3 cucchiai di senape

Lavate e sfogliate la lattuga. Tritate l'aglio e mescolatelo con l'origano. Lavate i pomodori, affettateli e tenete da parte. Lavate e affettate anche il cetriolo e la cipolla, quindi mescolateli con il trito appena preparato. Per essere sicuri di mischiarli bene, trasferiteli in un contenitore ermetico, chiudetelo e scuotetelo delicatamente. Infine, prendete le pagnotte e tagliatele a metà. Spalmate un po' di senape su ciascuna di esse, quindi farcite con qualche fetta di lattuga, qualche fetta di pomodoro e i cetrioli insaporiti.

PENNETTE CON FIORI DI ZUCCHINA, OLIVE TAGGIASCHE E NOCI

- 12 fiori di zucchina
- 2 zucchine
- 1 spicchio di aglio
- 320 g di pennette integrali
- 70 g di olive taggiasche denocciolate sott'olio
- 10 noci
- prezzemolo

Prima di tutto, predisponete gli ingredienti: mondate i fiori di zucchina, eliminando il pistillo e il gambo, quindi lavateli e tamponateli delicatamente con un foglio di carta da cucina. Lavate e tagliate le zucchine a rondelle sottili e tritate l'aglio. Mettete la pasta sul fuoco e, nel frattempo, fate cuocere le zucchine e l'aglio in una padella antiaderente con un filo di acqua. Dopo circa 10 minuti aggiungete i fiori di zucchina e le olive taggiasche. Fate insaporire per circa 5 minuti, quindi scolate la pasta (al dente) e saltatela con il condimento. Al momento di servire, cospargete di noci e prezzemolo tritati grossolanamente a coltello.

PEPERONE AL CUCCHIAIO

Gluten Free

- 1 kg di pomodori maturi
- 1 peperone rosso
- 1 cetriolo
- 2 cipolle rosse di Tropea
- 1 limone
- 6 cucchiai di olio EVO
- tabasco
- pochissimo sale
- pepe
- 1 cucc.no di senape delicata

Lavate e riducete in 4 o 5 parti i pomodori, il peperone, il cetriolo (se proprio non ve la sentite di tenere la buccia, eliminatela) e una cipolla. Frullate tutto. A parte, tritate la cipolla rimasta. Spremete il limone. Riunite ora tutte le verdure in una ciotola capiente, dove le condirete con l'olio EVO, il tabasco, il succo del limone, pochissimo sale, una macinata di pepe e il cucchiaino di senape. Mescolate bene, ed ecco il peperone al cucchiaio!

POLPETTE CRUDE DELL'ORTO

Gluten Free

- 100 g di mandorle
- 100 g di nocciole (non tostate)
- sale
- 500 g di carote
- 1 zucchina
- 1 cipolla
- 1 cucchiaio di olio EVO
- 2 cucchiai di lievito alimentare in polvere (facoltativo)
- erbe aromatiche fresche
- semi di sesamo
- paprika affumicata

Per preparare queste polpette dovrete partire per tempo, mettendo in ammollo in acqua fresca mandorle e nocciole per un'intera notte, quindi scolatele. Il giorno successivo, lavate bene tutte le verdure, mondatele e grattugiatele con un robot da cucina, prima di riunirle in un capiente colino a maglia fine. Sporcatevi leggermente le mani di sale e massaggiate delicatamente le verdure, quindi lasciatele sgocciolare sul lavello per circa un'ora: perderanno acqua e saranno più facili da manipolare. Trascorso questo tempo, trasferite nel bicchiere di un robot da cucina la frutta secca ammorbidita, la verdura, un pizzico di sale, pochissimo olio EVO, il lievito alimentare (se vi piace) e le erbe aromatiche fresche. Frullate: otterrete un impasto corposo, malleabile e leggermente lucido (dobbiamo questo effetto speciale all'olio rilasciato da nocciole e mandorle). Bagnatevi le mani e formate le polpettine: con queste dosi dovreste ottenerne circa 20-24. Fatele rotolare in un piatto con i semi di sesamo e la paprika, quindi disponetele sul piatto di portata: siete pronti per farle planare in tavola!

POLPETTINE DI MELANZANE

- 3 melanzane
- 5 cucchiai di pane integrale grattugiato
- 1 spicchio di aglio
- 1 mazzetto di prezzemolo
- 2 cucchiai di grana grattugiato
- 3 cucchiai di farina di mais fioretto
- olio EVO

Lavate e tagliate le melanzane a metà. Disponetele su una teglia rivestita con carta da forno e infornate per circa 30 minuti a 200 gradi: a questo punto, la buccia sarà raggrinzita e la polpa si sarà ammorbidita. Lasciatele intiepidire, quindi svuotatele con un cucchiaio o uno scavino. Riunite nel mixer la polpa di melanzana con il pane integrale grattugiato aggiunto poco per volta, l'aglio, il prezzemolo e il formaggio. Frullate, poi lasciate che il composto riposi in frigorifero per circa 4 ore: dovrà addensarsi. Trascorso questo tempo, formate delle polpettine e rotolatele nella farina di mais fioretto. Disponetele su una teglia foderata con carta da forno, nebulizzatele con un po' di olio e infornate per circa 30 minuti a 220 gradi, fino a doratura.

POMODORI RIPIENI

- 100 g di cous-cous integrale
- 1 peperone giallo
- 6 pomodorini ramati
- 2 gambi di sedano
- 1 limone
- 5 foglie di menta
- 5 foglie di basilico
- 1 ciuffo di erba cipollina
- 12 olive nere denocciolate
- ½ cetriolo
- sale
- 6 grandi pomodori rotondi
- 4-5 cucchiai di olio EVO

Cuocete il cous-cous seguendo le istruzioni indicate sulla confezione. Infornate il peperone per 20 minuti a 180 gradi e, una volta cotto, tagliatelo a striscioline. Nel frattempo, lavate i pomodorini e tagliateli a tocchetti (conservando anche il loro liquido); lavate e affettate sottilmente il sedano; spremete il limone; preparate un trito con le erbe aromatiche e le olive; sbucciate e grattugiate grossolanamente il cetriolo. Quando il cous-cous sarà pronto, trasferitelo in una ciotola e unite tutti questi ingredienti. Mescolate bene, regolate di sale, coprite la ciotola e mettetela a riposare al fresco per almeno 30 minuti, in modo che i sapori si armonizzino. Poco prima di servire, lavate i pomodori grandi, tagliateli a metà, scavateli all'interno e farciteli con il cous-cous. Salate appena, condite con un filo di olio EVO e servite a temperatura ambiente, decorando con foglie di menta e basilico.

TORRETTA DI ZUCCHINE

Gluten Free

- 4 zucchine tonde
- 1 melanzana lunga
- 1 cipolla
- pochissimo sale
- 3 cucchiai di concentrato di pomodoro
- 6 cucchiai di olio EVO
- 1 mazzetto di basilico

Lavate, mondate e tagliate le zucchine e la melanzana a fette di spessore simile (0,5 cm andrà benissimo). Affettate finemente la cipolla. Rivestite una pirofila con carta da forno e formatevi delle torrette, alternando melanzane, zucchine e cipolla. Salate leggermente, quindi terminate ogni torretta spalmando sulla superficie poco concentrato di pomodoro e irrorando con un cucchiaino di olio EVO. Infornate per circa 30-40 minuti a 220 gradi e, prima di servire, cospargete con basilico in abbondanza.

ZUPPA DI CIPOLLE

Gluten Free

- 5 cipolle grosse
- sale
- 1 rametto di rosmarino
- 2 spicchi di aglio
- 1 patata grossa
- 700 ml di acqua
- pepe
- olio EVO

Sbucciate e affettate le cipolle, quindi fatele stufare in un tegame antiaderente con un pizzico di sale, mezzo bicchiere di acqua e il rametto di rosmarino. Quando saranno imbiondite, aggiungete gli spicchi di aglio, la patata lavata e tagliata a pezzetti (con la buccia, mi raccomando!) e l'acqua. Lasciate sobbollire a fiamma moderata per circa 20 minuti, quindi frullate con un frullatore a immersione, regolate di sale e pepate. L'olio (un goccio) andrà aggiunto a crudo. Se avete voglia di dolcezza, potete sostituire la patata «classica» con una a pasta arancione! In ogni caso, vi straconsiglio di portare in tavola questa zuppa con dei crostini di pane di segale tostati: non fare la scarpetta sarebbe un delitto!

BANANA BREAD

- 220 g di farina di tipo 1
- 40 g di farina di riso
- 50 g di nocciole
- 80 g di zucchero integrale di canna
- 90 g di purea di frutta
- 1 cucc.no di lievito
- 2 banane mature
- 1 mela
- 1 manciata di gocce di cioccolato fondente (facoltativa)

Versate nel bicchiere di un robot da cucina le farine, la frutta secca, lo zucchero, la purea e il lievito. Sbucciate le banane e tagliatele a pezzetti, quindi unitele al resto degli ingredienti. Azionate le lame, fino a ottenere un impasto compatto. Trasferitelo in una ciotola. Lavate ora la mela e tagliatela a cubetti (senza sbucciarla), quindi incorporatela nell'impasto. Versate tutto in uno stampo da plum cake in silicone e infornate per circa 45 minuti a 180 gradi. Mi raccomando: verificate la cottura con uno stecchino prima di sfornare! Per impreziosire il banana bread di salute, aggiungete all'impasto una generosa manciata di gocce di cioccolato fondente!

BISCOTTINI CON CONFETTURA DI FRUTTI DI BOSCO E RIBES ROSSI

Gluten Free

- 150 g di farina di mais fioretto
- 150 g di amido di mais
- 150 g di fecola di patate
- 150 g di mandorle tritate
- 50 g di zucchero di canna
- 1 cucchiaio di vaniglia in polvere
- 5 cucchiai di olio di semi di girasole
- 3 cucchiai di acqua tiepida
- 100 g di confettura di frutti di bosco
- 1 cestino di ribes rossi

In una ciotola mischiate tutte le farine e le mandorle tritate. Aggiungete lo zucchero e la polvere di vaniglia e mescolate ancora. Versate ora l'olio di semi di girasole e l'acqua tiepida, quindi lavorate l'impasto con le mani. Si sbriciolerà ed è normale: ciò nonostante, cercate di compattarlo e di dargli la forma di una palla, che porrete a riposare in frigorifero per circa 20 minuti. Trascorso questo tempo, riprendete l'impasto e stendetelo su un piano di lavoro in modo che sia spesso non più di 1 cm. Ritagliate i biscotti (dovreste ottenerne circa 50, del diametro di 4 cm) e disponeteli su una teglia foderata con carta da forno. «Sporcate» la superficie con la confettura e guarnite con qualche ribes, quindi infornate per circa 10-15 minuti a 150 gradi. Se conservati in un luogo secco, questi biscotti durano a lungo e rimarranno friabili per tantissimi giorni.

BISCOTTO ALLA BANANA

- 60 g di farina di tipo 1
- 60 g di farina integrale
- 20 g di mandorle tritate finemente
- 50 g di zucchero integrale
- 1 cucc.no di lievito per dolci
- ½ banana molto matura
- 2 cucchiai di olio di semi di girasole
- latte di mandorla

Riunite in una ciotola le farine con le mandorle tritate, lo zucchero e il lievito. Mescolate bene, quindi aggiungete la banana schiacciata e l'olio. Impastate, fino a ottenere un composto liscio e omogeneo. Se l'impasto dovesse risultare troppo compatto, ammorbiditelo con poco latte di mandorla: mi raccomando, unitene un cucchiaino per volta, per evitare di allungarlo troppo. Stendete il composto ottenuto su un foglio di carta da forno e copritelo con un altro foglio. In questo modo, lo stenderete senza difficoltà allo spessore desiderato, che è di circa 3 mm. A questo punto, eliminate la carta da forno in superficie e ritagliate i biscotti (io di solito scelgo la forma circolare). Man mano che sono pronti disponeteli su una teglia foderata con carta da forno, quindi infornateli per 20 minuti a 170 gradi, o finché saranno dorati.

CUPCAKE ALLE CILIEGIE

- 10 ciliegie
- 300 g di carote
- 100 g di zucchero di canna
- 6 cucchiai di olio di semi di girasole (o di mais)
- 100 ml di latte di mandorle
- 150 g di farina di mandorle
- 300 g di farina di frumento integrale
- 1 bustina di lievito per dolci
- 1 fialetta di aroma alla vaniglia
- 1 fialetta di aroma all'arancia
- 1 pizzico di sale

Lavate e denocciolate le ciliegie e tenete da parte. Lavate e mondate le carote, quindi frullatele. Mettete anche gli altri ingredienti nel bicchiere del robot da cucina, uno per volta, ciliegie escluse, frullando per qualche secondo dopo l'aggiunta di ciascuno di essi. Otterrete una morbida crema, che potrete distribuire negli stampini da cupcake (anche quelli in silicone). Decorate la sommità di ogni dolcetto con una o due ciliegie e infornate per 30 minuti circa a 160 gradi. Prima di sfornare, mi raccomando, verificate la cottura con uno stecchino! Se non avete dimestichezza con la «denocciolatura», potete utilizzare le ciliegie sciroppate. In questo caso, però, ricordatevi di dimezzare la dose di zucchero nell'impasto.

DOLCINO DI DATTERI E MARMELLATA DI ARANCE

Gluten Free

- 350 g di ricotta
- 30 g di zucchero di canna a velo
- 1 cucchiaio di miele
- 1 arancia
- 4 cucchiai di marmellata di arance
- 6 datteri disidratati

Montate la ricotta con lo zucchero a velo e il miele fino a ottenere una crema omogenea e liscia. Grattugiate la scorza d'arancia e incorporatela nella ricotta montata, insieme alla marmellata. Ora, passate ai datteri: denocciolateli e tritateli grossolanamente a coltello. Unite anch'essi alla ricotta e distribuite l'impasto in tante coppette. Ponete i dolcini a rassodare in frigorifero per almeno 2 ore prima di servire!

PLUM CAKE AL RIBES ROSSO

- 150 g di ribes rosso
- la scorza di 2 limoni
- 100 g di farina 0
- 120 g di farina integrale
- 30 g di fecola di patate
- 300 ml circa di latte di soia
- 80 g di zucchero integrale di canna
- 5 cucchiai di olio di semi di mais
- 1 bustina di lievito per dolci
- ½ cucc.no di curcuma

Sgranate e lavate bene il ribes; grattugiate la scorza dei limoni. Riunite in una ciotola le farine, la fecola e lo zucchero e aggiungete, poco alla volta e senza smettere di mescolare, il latte di soia e l'olio di semi di mais. Incorporate il ribes e la scorza, quindi unite il lievito e la curcuma. Mescolate per amalgamare bene, quindi versate l'impasto in uno stampo da plum cake e infornate per 40-45 minuti a 180 gradi. Lasciate intiepidire il plum cake prima di sformarlo.

SALSA DOLCE DI CIPOLLE

Gluten Free

- 600 g di cipolle rosse
- 100 g di zucchero di canna
- 1 arancia rossa

Sbucciate e affettate finemente le cipolle, quindi fatele stufare in una padella antiaderente con 3 cucchiai di acqua per circa 10 minuti. A questo punto, unite lo zucchero e proseguite la cottura per altri 20 minuti, mescolando di tanto in tanto. Nel frattempo, spremete l'arancia (conservando la buccia) e aggiungete il succo alle cipolle in cottura. Proseguite la cottura per altri 20 minuti. In ultimo, grattugiate un po' di scorza d'arancia e buttatela in padella. A questo punto, la salsa dovrebbe essere pronta. Verificate la consistenza, però: se non dovesse essere di vostro gradimento, lasciatela sul fuoco (dolce) ancora per qualche minuto, facendo attenzione che non si bruci e non diventi amara. Io di solito la servo su pane integrale tostato o per accompagnare cous-cous e verdure!

CAMBIARE ZUCCHERO: LE DOLCEZZE

CIOCCOBANANA

Se la cioccopere (di cui trovate la ricetta a p. 374) è riuscita a conquistarvi e a comparire sulle vostre tavole nei momenti di festa (e non), scommetto che rimarrete incantati anche da questa versione rivisitata.

Proporvi la cioccobanana come «simbolo» del capitolo dedicato alle dolcezze è il mio modo di suggerirvi di personalizzare sempre le ricette, naturalmente conservando il denominatore comune, ovvero la salute. Perché a volte basta davvero cambiare un solo ingrediente per fare la differenza e migliorare un dolce!

- 350 g di cioccolato fondente 70 per cento
- 600-700 ml di latte di soia
- 3 banane
- 250 g di farina di tipo 1
- 1 bustina di lievito per dolci
- 1 cucc.no di cacao amaro in polvere
- 80 g di zucchero di canna (facoltativo)
- 90 g di frumina (o fecola di patate)

Sciogliete il cioccolato a bagnomaria con un bicchiere di latte vegetale preso dalla dose indicata tra gli ingredienti. Frullate una delle tre banane con qualche cucchiaio di latte di soia; sbucciate e tagliate le altre a rondelle. In una ciotola mischiate ora gli ingredienti secchi (farina, lievito, cacao, zucchero e frumina), quindi aggiungete il latte a filo e impastate. Incorporate anche la banana frullata, il cioccolato fuso e, in ultimo, le rondelle. Trasferite il composto in una tortiera di silicone (o tradizionale, ma foderata con carta da forno) del diametro di circa 22 cm e infornate per circa 50 minuti a 200 gradi. A cottura terminata, spegnete il forno ma lasciate che la torta riposi per 10 minuti al suo interno. La cioccobanana, non ci sono storie, va servita fredda, anche di frigo!

Siamo arrivati quasi alla fine di questo affascinante viaggio nel mondo del cibo e del benessere. Di che cosa non abbiamo parlato? Be', dei dolci, naturalmente!

Avete capito bene: ovviamente, i dolci non sono un «alimento», come i legumi o la frutta secca, ma lo è lo zucchero, che sarà la direttrice attorno a cui si svilupperà questo capitolo.

Le *Linee guida per una sana alimentazione italiana* dell'IRNAN ci raccomandano «Zuccheri, dolci e bevande zuccherate: nei giusti limiti». Gli zuccheri semplici, infatti, possono essere consumati come fonti di energia per l'organismo nei limiti del 10 per cento dell'apporto calorico giornaliero (corrispondenti, per una dieta media di 2.100 calorie, a 56 grammi), fatti salvi casi particolari di intolleranze o diabete.[1] Ai dolci, dunque, non bisogna rinunciare, ma è meglio sceglierli bene e non farne scorpacciate.

Ecco il senso di queste pagine: fare qualche dovuto distinguo e mettere in chiaro concetti che non sempre sono così cristallini. E, *last but not least*, suggerirvi qualche idea interessante per integrare zuccheri nella dieta in modo sano e salutare.

[1] *Zuccheri, dolci e bevande zuccherate: nei giusti limiti*, in *Linee guida per una sana alimentazione italiana* (www.inran.it).

Immagino che tanti di voi avranno strabuzzato gli occhi leggendo quella cifra: 56 grammi di zuccheri al giorno sembrano moltissimi. E in effetti lo sono: tradotti in una misura familiare, sono ben due cucchiai colmi.

Voglio sfruttare questa occasione per lanciare due sfide.

La prima: dobbiamo riuscire a ridurre il consumo di zucchero. È imperativo: altro che due cucchiai, ogni giorno consumiamo in media 70 grammi di zucchero, ben il 46 per cento in più rispetto a trent'anni fa (quando ci fermavamo a 48 grammi). Questa quantità quotidiana, moltiplicata per un intero anno, fa più di 25 chili: decisamente troppo, non trovate? Non per niente l'OMS si è fatta avanti e ha suggerito di dimezzare la quota di zucchero consigliata, passando da 50 grammi a 25.[2] Ora, non ci sono prove scientifiche che sostengano che lo zucchero «fa male», ma, come per tutto, anche il troppo saccarosio stroppia... Fermandosi a un solo cucchiaio si guadagnerebbero innumerevoli vantaggi – questi sì, certi – per quanto riguarda la nostra salute dal punto di vista dell'obesità, del diabete e del benessere dei nostri denti.

La seconda sfida, invece, è questa: imparare a variare. Di zucchero non ce n'è uno solo, anzi! La nostra idea di «zuccherosità» punta dritta al *saccarosio* (quello, per capirci, contenuto nelle caramelle), che si ricava per estrazione dalla barbabietola o dalla canna da zucchero. Sono però ricchi di zucchero anche il latte (che contiene *lattosio*), la frutta e il miele (*fruttosio* e *glucosio*), oltre ai cereali (nei quali è presente il *maltosio*). Il sapore dolce, come si comprende intuitivamente, non è sempre della stessa intensità: il fruttosio è 1,5 volte più dolce del saccarosio, mentre il lattosio e il maltosio lo sono di meno (rispettivamente 0,5 e 0,3 volte).

Imparare a sostituire lo zucchero bianco con una delle alternative che vedremo è importante per la nostra salute: meno raffinato è, meglio è (un po' come nel caso dei cereali troppo lavorati). Esistono in commercio eccellenti zuccheri inte-

[2] *L'OMS vuole dimezzare il consumo di zucchero*, 19 novembre 2014 (www.si24.it).

C'È ZUCCHERO E ZUCCHERO

Solo recentemente nelle dispense italiane hanno cominciato a intravedersi zuccheri diversi dal saccarosio bianco e raffinato. Che cos'è esattamente il saccarosio? È un disaccaride, ovvero uno zucchero complesso composto da due zuccheri più semplici (monosaccaridi), glucosio e fruttosio. Nel nostro organismo il saccarosio viene diviso e utilizzato nelle sue componenti grazie a un processo, chiamato «idrolisi», che dobbiamo agli acidi presenti nello stomaco e ad alcuni enzimi intestinali.

Fruttosio e glucosio (che si trovano, come abbiamo visto, anche nella frutta e nel miele) vengono metabolizzati in modo diverso: al contrario del glucosio, infatti, il fruttosio viene assorbito lentamente dall'intestino e trattato velocemente dal fegato. Ha inoltre un basso indice glicemico e un impatto modesto sulla secrezione di insulina, il che lo rende - in purezza - più indicato del saccarosio in caso di glicemia alta. Le calorie sono le medesime, però il fruttosio è percentualmente più dolce e, dunque, per zuccherare la solita tazzina di caffè ne servirà molto meno.

grali, come quello mascobado: è l'unico che varchi la soglia di casa mia, perché è saporito e umido, entrambe caratteristiche che mi spingono a utilizzarne meno. Per esempio, per zuccherare una tazzina di caffè ne basta una puntina, non è necessario sciogliere un intero cucchiaino! Nelle ricette che seguono (e in quelle dolci che avrete già, mi auguro, testato!) trovate una quantità di alternative: marmellate per dolcificare yogurt, ricotte o torte, miele come se piovesse (quello di manuka è antibiotico allo stato puro), ma soprattutto frutta, secca o fresca, a volontà, che fa la differenza in termini di sapore ma anche di benessere. In linea generale, è bene tenere a mente che gli zuccheri aggiunti (tutti, a parte la frutta) non devono mai superare il 10 per cento del peso totale del dolce.

Questo discorso è fortemente correlato con il grande tema: quando è meglio mangiare i dolci o, comunque, assumere zuccheri? Trattandosi di bombe energetiche, che il nostro organismo metabolizza rapidamente, il mio consiglio è quello di approfittarne la mattina, a colazione, per cominciare la giornata belli carichi, o a merenda, quando abbiamo già consumato energie ma magari abbiamo ancora davanti un bel pezzo di strada (e di impegni) per arrivare fino a sera. Eviterei invece di abbondare dopo i pasti: ogni tanto certo che un dolce ci sta, ma tutti i giorni una fetta di torta e la tazzina di caffè (con un bel cucchiaino di saccarosio sciolto dentro) mi sembra eccessivo, che ne dite?

Nelle prossime pagine troverete dolcezze da mangiare e dolcezze da bere per tutti questi casi: colazioni e ricche merende, ma anche idee più leggere, all'insegna dei colori e dei sapori della frutta e delle erbe. Naturalmente (e per fortuna), per realizzarle servono anche altri ingredienti, a parte lo zucchero... Cominciamo da uno a caso... Il primo che vi viene in mente... Scommetto che ci avete preso: sto parlando di...

IL CIOCCOLATO

Lasciate ogni convinzione del tipo «il cioccolato fa venire i brufoli» voi che leggete!

Un quadratino di cioccolato al giorno toglie il dietologo, il cardiologo, il neurologo e persino il dermatologo di torno! Questo, se si fa attenzione e si sceglie la qualità giusta: il cioccolato deve essere fondente, con una percentuale di cacao attorno al 70 per cento (l'ideale sarebbe il 72 per cento) e grassi di qualità. Sì al burro di cacao, no ai grassi idrogenati, di cui abbiamo già parlato a p. 28. Per ciò che riguarda la quantità, be', mantenersi sui 10-20 grammi al giorno (pari a 2-3 quadretti) consente di rimanere sul sicuro e di godere di tutti i benefici che sto per sciorinarvi. Promesso? Guarderete le etichette e cercherete di non divorarne troppo? Ok! Ecco quali fenomenali benefici vi attendono.

Prima di tutto, il cacao contiene per il 10 per cento polifenoli, e in particolare flavonoidi, potenti molecole la cui azione non si limita a quella antiossidante, ma si allarga anche all'inibizione di piastrine (coinvolte nella formazione di trombi) e leucociti (coinvolti nei processi infiammatori).[3] Il conseguente effetto protettivo nei confronti del nostro sistema cardiovascolare, cuore in testa, è superconfermato in letteratura: uno studio svedese associa favorevolmente il consumo di cacao con la riduzione del rischio di ictus,[4] un altro dimostra l'efficacia del cioccolato nel ridurre il colesterolo ematico e la pressione arteriosa in una popolazione di soggetti con sindrome metabolica,[5] altri ancora sottolineano il suo effetto preventivo nei confronti di patologie degenerative legate al danno delle pareti arteriose, come l'aterosclerosi.[6]

Se tutte queste proprietà terapeutiche sono da attribuire ai flavonoidi, altre simili paiono invece essere legate a un'altra molecola, la teobromina, un alcaloide della stessa famiglia della caffeina, ad azione vasodilatatrice e cardiostimolante. Secondo una ricerca pubblicata sull'autorevole «The American Journal of Clinical Nutrition», la teobromina pare essere correlata con un miglioramento della pressione arteriosa, l'ossidazione delle lipoproteine LDL (i marker di infiammazione) e l'aumento del colesterolo «buono».[7] Ultimissima nota in questo senso: il «British Medical Journal» sottoscrive in pieno quanto appena detto, dando alle stampe i risultati di

[3] *Cioccolato: tra piacere e salute*, 7 marzo 2007 (www.nutrition-foundation.it).

[4] S.C. Larsson, J. Virtamo, A. Wolk, *Cioccolato e rischio di ictus*, in «Neurology», 29 agosto 2012 (www.nutrition-foundation.it).

[5] E. Zomer, A. Owen, D.J. Magliano, D. Liew, C.M. Reid, *Cioccolato fondente e prevenzione cardiovascolare*, in «British Medical Journal», 30 maggio 2012 (www.nutrition-foundation.it).

[6] C.L. Keen, R.R. Holt, P.I. Oteiza, C.G. Fraga, H.H. Schmitz, *Antiossidanti del cacao e salute cardiovascolare*, in «The American Journal of Clinical Nutrition», gennaio 2005, 81 (1 Suppl) (www.nutrition-foundation.it).

[7] N. Neufingerl, Y.E. Zebregs, E.A. Schuring, E.A. Trautwein, *La teobromina del cacao (e non i flavonoidi) medierebbe l'aumento di hdl che si osserva dopo sole 4 settimane di assunzione regolare*, in «The American Journal of Clinical Nutrition», 17 aprile 2013 (www.nutrition-foundation.it).

UNA TAZZINA DI CAFFÈ

In Italia consumiamo un sacco (letteralmente) di caffè: ben 6 chili l'anno a testa, secondo l'International Coffee Organization. Siamo considerati i più esperti al mondo di questa bevanda ma, ciò nonostante, la conoscenza delle proprietà nutrizionali del caffè (caffeina a parte) è ancora scarsa. La caffeina, certo, è importante: alcaloide naturale al pari della «cugina» teobromina, contenuta nel cioccolato, in dosi moderate esercita benefici effetti stimolanti sul nostro organismo, aumenta la capacità di concentrazione, la memoria e, strano a dirsi, migliora lo stato dell'umore. Anche se deve a lei il suo nome, però, il caffè contiene anche altro: per esempio sali minerali (per 100 grammi, 3 milligrammi di magnesio, 49 milligrammi di potassio, 3 milligrammi di fosforo), vitamine del gruppo B, aminoacidi e proteine, oltre a sostanze naturali con proprietà antiossidanti, gli acidi clorogenici. Una sola tazzina ne presenta dai 350 ai 450 milligrammi: una quantità davvero importante. Gli acidi clorogenici combattono l'azione dei radicali liberi, proteggendoci dal declino cerebrale e patologie correlate (come il morbo di Parkinson), ma anche dal rischio di contrarre il diabete di tipo 2. A questo proposito, la rivista «Lancet» nel 2002 ha dato alle stampe i risultati di uno studio molto vasto (eseguito su un campione di ben 17.000 uomini e donne olandesi), dal quale è emerso che la probabilità di sviluppare diabete di tipo 2 risulta inferiore del 50 per cento nei soggetti che consumano più caffè rispetto a chi ne consuma meno. Riassumendo: il caffè fa bene, ma, siccome la sua azione si accompagna a un aumento della pressione arteriosa, meglio non esagerare... La quantità di tazzine consigliata alle persone sane per godere dei soli benefici del caffè (e della caffeina) è di 3-4 al giorno.*

* *Caffè e salute*, libretto edito dall'Institute for Scientific Information on Coffee, in collaborazione con l'Istituto di Ricerche Farmacologiche «Mario Negri» (www.quotidianosanita.it).

un'équipe australiana secondo la quale un consumo giornaliero e decennale di cioccolato amaro potrebbe ridurre il numero di infarti e ictus in persone a rischio cardiovascolare.[8]

I benefici del cacao non sono tutti qui: antistress, antinfiammatorio, anticoagulante, salutare per il fegato e potente contro il mal di testa, il cioccolato ci protegge persino dall'eritema da raggi UV[9] e si prende cura delle nostre capacità cognitive. Avete presente quando si dice che «aiuta la memoria e la concentrazione»? Esattamente questo. Una ricerca francese denominata PAQUID (Personnes Âgées Quid) ha monitorato per ben 10 anni le capacità cognitive di più di 1600 soggetti oltre i 65 anni, eseguendo periodici test. I risultati sono sorprendenti: chi consumava più flavonoidi presentava le migliori performance cognitive e subiva la metà del fisiologico deterioramento delle capacità intellettuali cui andavano incontro gli altri pazienti.[10]

Ancora: una rivista prestigiosa come il «Journal of Proteome Research» ha confermato che il cioccolato allevia le tensioni, individuando addirittura quanto bisognerebbe assumerne per godere di questo beneficio. La dose è un po' troppo elevata per i miei gusti: 40 grammi al giorno per due settimane. Ma nel momento del bisogno, non vedo perché no, dato che i livelli degli ormoni dello stress subiscono una drastica riduzione!

L'effetto del cioccolato sulla nostra allegria, d'altra parte, è stranoto e dovuto alla feniletilamina, sostanza che stimola la produzione di serotonina, cioè il neurotrasmettitore responsabile del buonumore. Questo stesso alcaloide, inoltre, pare

[8] D. Barus, *Cioccolato dolce protettore del cuore*, 30 luglio 2012 (www.fondazioneveronesi.it).

[9] U. Heinrich, K. Neukam, H. Tronnier, H. Sies, W. Stahl, *Il cacao ricco in flavonoli fornisce fotoprotezione contro l'eritema da raggi UV*, in «Journal of Nutrition», giugno 2006 (www.nutrition-foundation.it).

[10] L. Letenneur, C. Proust-Lima, A. Le Gouge, J. Dartigues, P. Barberger-Gateau, *Flavonoidi per la mente*, in «American Journal of Epidemiology», 15 giugno 2007 (www.nutrition-foundation.it).

LA SCIENZA IN AZIONE

Nel momento in cui scrivevo la parola «afrodisiaco» a proposito del cioccolato mi è venuto in mente che avrei potuto approfittarne e aggiungere qualche riga sull'argomento, uno dei più gettonati quando si parla di scienza e alimentazione. Vediamo allora quali sono i cibi da servire tassativamente in una serata romantica (vi avviso, c'è qualche sorpresa!).

1. Il peperoncino, grazie alla capsicina, è un potente vasodilatatore periferico, che peraltro stimola il rilascio di endorfine e aumenta la sensibilità delle terminazioni nervose: se è al primo posto, un motivo c'è.
2. Aglio: antiossidante e fluidificante, abbassa i livelli di cortisolo. Certo, bisogna amarne l'aroma in due...
3. Il gingerolo contenuto nello zenzero fluidifica il sangue ed è considerato afrodisiaco da millenni: una ragione ci sarà!
4. Le fragole contengono vitamina B in quantità, la quale influisce positivamente sulla concentrazione di spermatozoi. Niente di meglio che tuffarle nel cioccolato, di cui abbiamo già parlato, magari insieme a qualche rondella di...
5. La banana, che agisce sull'umore grazie al triptofano, aminoacido che favorisce la produzione di serotonina.
6. Il miele, grazie al boro (un minerale) aumenta i livelli di estrogeni e, grazie alla vitamina B, quelli di testosterone. Vi dice niente l'espressione «luna di miele»?
7. La frutta secca facilita il rilassamento, la dilatazione e il flusso sanguigno.
8. Lo zafferano risveglia i sensi, migliora la circolazione del sangue e favorisce il riscaldamento delle mucose.

essere coinvolto nell'effetto afrodisiaco del cioccolato, grazie a un'azione leggermente euforizzante.

Tutte queste informazioni, e non vi ho ancora detto nulla della tabella nutrizionale di questo alleato, *in primis*, del nostro cuore: il cacao contiene una dose significativa di vitamina D, che collabora al processo di assorbimento di calcio e fosforo, oltre al magnesio, coinvolto nell'attività cerebrale, rame, ferro e zinco, che aiutano le nostre cellule a riparare i tessuti.

FRULLATI E CENTRIFUGHE

Sazianti e ideali a colazione, magari accompagnati da una manciata di cereali, ma strepitosi anche come merenda, frullati e centrifughe traducono in forma liquida tutti i benefici della frutta.

La differenza nutrizionale tra i due sta sostanzialmente nell'apporto di fibra, che viene degradata durante il processo di produzione della centrifuga. Entrambi, comunque, apportano molecole bioattive funzionali, i cui effetti dipendono naturalmente dagli ingredienti di questi cocktail di salute: per scegliere la vostra combinazione perfetta, vi rimando ai capitoli dedicati a frutta e verdura, o alle ricette delle prossime pagine. In ogni caso, già che ci siete, vi suggerisco di aggiungere nel frullatore una manciata di mandorle o noci e qualche cucchiaio di fiocchi di avena (i petali, quelli leggeri, senza zuccheri aggiunti): basta poco per godere di tanti benefici in più!

Se invece la sola idea di mettervi a pelare frutta ogni giorno vi fa venire i brividi, via libera ai frullati confezionati (li trovate nel banco frigo al supermercato), a patto che siano composti al 100 per cento da frutta e non presentino zuccheri aggiunti. Saranno comunque ottimi dal punto di vista nutrizionale, anche se il contenuto di vitamine sarà sicuramente inferiore rispetto a quello di una bevanda preparata fresca e gustata subito.

IL LATTE VEGETALE

Ho già accennato all'importanza di introdurre anche altri latti nella nostra alimentazione oltre a quello vaccino nel capitolo dedicato al formaggio (e non), ma ho scelto di approfondire qui l'argomento perché i latti vegetali nelle prossime pagine

PREPARARE IL LATTE VEGETALE A CASA? SI PUÒ!

Preparare il latte vegetale a casa è un gioco da ragazzi. Di seguito vi scriverò il procedimento per preparare il latte di mandorla, ma naturalmente vale anche per gli altri! Per 1 litro di acqua vi serviranno 300 grammi di mandorle pelate. Scaldate l'acqua in una casseruola, portandola a sfiorare il bollore. Nel frattempo, tritate le mandorle finemente ma non troppo: dovrete ottenere delle briciole, non un composto farinoso. Cercate di essere veloci, per evitare di surriscaldare le lame: il calore rende le mandorle amare. Versate ora le mandorle nell'acqua e lasciatele riposare, a fuoco spento, per circa 1 ora. Trascorso questo tempo, accendete di nuovo la fiamma e riportate a sfiorare il bollore. Mescolate, spegnete il fuoco e lasciate raffreddare. Dopo 2 ore, filtrate con un colino a maglia fine (o con un canovaccio pulito) e voilà: ecco pronto il latte di mandorla!

la faranno davvero da padrone, comparendo nella stragrande maggioranza dei dolci di cui vi suggerisco le ricette.

Ottimi se si desidera ridurre l'apporto di alimenti di origine animale, ma anche per gli intolleranti al latte vaccino, i latti vegetali sono fonti di proteine superdigeribili. Perché? Facile: non contengono caseina! La caseina è una delle proteine del latte, c'è anche in quello materno umano (costituisce il 4 per cento delle proteine totali). Il latte bovino contiene il 400 per cento di proteine in più rispetto a quello umano, e di queste ben l'80 per cento è caseina! Una simile quantità, semplicemente, non viene tollerata dal nostro organismo: ecco perché il nostro sistema digerente spesso deve ingaggiare con il latte una lotta all'ultimo enzima!

Il latte vegetale più diffuso (e quello che vedrete nominato più spesso nelle prossime pagine) è quello di soia, composto per il 90 per cento da acqua. La soia oscilla tra il 4 e l'8 per cento. In commercio ne trovate di diversi tipi: zuccherati e non, aromatizzati e vitaminizzati. Io scelgo e consiglio sempre il più naturale: se proprio dovete aggiungere zucchero, meglio farlo a casa, nella quantità indicata.

Il latte di riso e quello di avena sono davvero un tripudio di leggerezza: costituiti per più dell'80 per cento da acqua (per il resto è riso o avena), contengono naturalmente degli zuccheri, quelli dei cereali. Non stupitevi, dunque, se trovate sull'etichetta un 5-8 per cento di zuccheri su confezioni che riportano la scritta «senza zuccheri aggiunti».

Il latte vegetale che preferisco, però, è quello di mandorla: con il 96 per cento di acqua, batte tutti gli altri in leggerezza e, grazie al sentore di mandorla, anche in dolcezza. Fresco in estate, delizioso in inverno, è una gioia per il nostro organismo ma anche per il nostro palato.

LA LIQUIRIZIA

Ogni inverno i vostri bronchi implorano pietà? Un aiuto può arrivare dalla liquirizia che, grazie alla glicirrizina esercita una buona azione antinfiammatoria e antivirale. Per di più, aumenta la fluidità del muco. Ma non è tutto: gli studi su questo principio attivo confermano i suoi benefici effetti in numerosissimi campi. Per esempio, la cura della pelle: una ricerca condotta presso l'Università del Texas ha notato un ruolo protettivo della glicirrizina nei confronti delle infezioni, anche mortali, che possono presentarsi in caso di ustioni.[11] Altri studi[12] ne notano invece l'utilità in caso di ulcera gastroduodenale: la liquirizia crea infatti una sorta di film protettivo nello stoma-

[11] T. Yoshida, S. Yoshida, M. Kobayashi, D.N. Herndon, F. Suzuki, Pivotal Advance: *Glycyrrhizin Restores the Impaired Production of β-defensins in Tissues Surrounding the Burn Area and Improves the Resistance of Burn Mice to Pseudomonas Aeruginosa Wound Infection*, in «Journal of Leukocyte Biology», gennaio 2010, 87, pp. 35-41 (www.jleukbio.org).

[12] *Liquirizia, potente rimedio da utilizzare con attenzione*, 7 marzo 2013 (www.lastampa.it).

co, il che risulta particolarmente efficace anche in caso di assunzione di farmaci dal forte impatto sulle mucose. E non è tutto: la liquirizia aiuta a risolvere anche altri problemi come aerofagia, stitichezza o digestione lenta, favorisce il miglioramento in caso di inefficienza epatica cronica, aiuta in caso di pressione bassa ed è un potente rilassante.

In più, è dolce, molto ma molto di più del saccarosio: ecco perché la troviamo ovunque, nei medicinali.

Unica controindicazione: non assumerne troppa. Abbiamo detto che alza la pressione, e questo potrebbe essere controproducente in caso, per esempio, di ipertensione e di diabete. Devono fare attenzione anche le donne in gravidanza o in allattamento. Riassumendo: ok alle caramelle di liquirizia pura, o al suo utilizzo per altre preparazioni, basta non esagerare!

IL MIELE

Le api ci regalano un vero e proprio zucchero liquido, costituito per circa l'80 per cento da fruttosio e glucosio in proporzione variabile. Di facilissima digestione, il miele non è solo una fonte energetica a lungo termine, ma anche (grazie al pH acido) un antibiotico naturale. Quasi tutti i tipi di miele hanno inoltre poteri antinfiammatori, leniscono mal di gola e tosse e, agendo sullo stato di idratazione e sulla cicatrizzazione, curano alcuni problemi della pelle.

In più, il miele è fonte di sali minerali (in particolare calcio, potassio, sodio e zinco), di proteine (albumina e globulina) e di vitamine, soprattutto del gruppo B, C, E e K.

Niente male, vero? Per godere al meglio di questi nutrienti, però, bisogna conservarlo nel modo corretto, tenendo presente che l'umidità ne favorisce il processo fermentativo, mentre la temperatura ne influenza gusto e principi nutritivi. In altre parole: sottozero è al sicuro; al contrario, basta un paio di mesi a 30 gradi per degradarlo come più di un anno a 20 gradi.

TISANE E DECOTTI

Li trovo strepitosi entrambi, in estate e in inverno, e non è solo una questione di gusto: se sono bilanciati nel modo giusto (trovate qualche proposta alle pp. 386 e 389) sono davvero efficaci e basta pochissimo tempo per percepirne i benefici.

La differenza tra tisane e decotti è semplice: la prima, detta anche infuso, è adatta per fiori, foglie ed erbe aromatiche e richiede un tempo massimo di infusione di 10 minuti; il decotto, invece, ha bisogno di almeno 30 minuti per estrarre gli effetti terapeutici dai suoi ingredienti, per lo più corteccia, foglie o bacche.

Entrambi consentono di godere dei poteri medicamentosi delle piante. A veicolarli sarà l'acqua, il solvente nel quale le sostanze terapeutiche vengono disciolte. Riuscite a immaginare qualcosa di più sano?

LO ZENZERO

Ormai diffuso sui banchi dei nostri supermercati, sia fresco che candito o essiccato, in scaglie o in polvere, lo zenzero è una radice che esercita diverse azioni curative per il nostro organismo. È noto da almeno duemila anni per i suoi effetti antinfiammatori e antiossidanti, e le ricerche attuali non fanno che confermare quanto già ampiamente dimostrato dalla tradizione. Particolarmente potente si è confermata l'attività antiossidante, che aumenta al crescere della dose di zenzero consumata. Anche l'effetto antinfiammatorio è simile in molti casi a quello dei farmaci convenzionali e si manifesterebbe nell'uomo già in dosi di 1 grammo.

Altri dati sperimentali suggeriscono per lo zenzero un'attività antipertensiva e vasodilatante. Alcuni studi suggeriscono inoltre un'attività antitumorale, grazie a un componente, il 6-shogaolo, che sembra attivo nei confronti dello sviluppo di metastasi del carcinoma mammario. L'impiego più tradizionale dello zenzero è però riservato al controllo di nausea e vomito da cause diverse, dalla nausea gravidica a quella postoperatoria, al mal di mare: del resto, i marinai ne consumavano almeno 1 grammo al giorno![13]

Molti di questi effetti benefici sono dovuti al gingerolo, l'olio essenziale derivato dalla spremitura della stessa radice, responsabile anche del gusto pungente che lo caratterizza.

Dal punto di vista nutrizionale, poi, lo zenzero è ricco di minerali (calcio, fosforo, sodio, potassio e magnesio ma anche ferro, manganese, zinco e rame) e vitamine del gruppo B e C. Segnalo inoltre, tra gli aminoacidi, alanina, arginina e cistina, acido glutammico e acido aspartico, prolina, serina, lesina, glicina e tirosina.

E ora, pronti a scoprire la vostra combinazione ideale tra dolcezze da mangiare e dolcezze da bere?

[13] W. Marrocco, A. Schipani, *Gli effetti benefici sulla salute delle spezie di uso più comune*, in «Alimentazione, prevenzione e benessere», 1, gennaio-febbraio 2015, p. 6 (www.nutrition-foundation.it).

BARATTOLINO DI YOGURT

- 400 g di yogurt greco
- 1 manciata di uvetta
- 1 manciata di avena
- 8 noci
- 200 g di purea di frutta ai frutti rossi
- 50 g di granella di nocciole

Montate lo yogurt con una frusta per qualche minuto, quindi aggiungete l'uvetta, l'avena, le noci sbriciolate con le mani. Servite la crema distribuendola nei vasetti e decorandola con uno strato di purea di frutta e uno di granella di nocciole. Il barattolino secondo me è ideale per un dopopranzo estivo o – perché no? – per un sano e gustoso inizio di giornata!

BARATTOLO GODURIOSO

PER IL BISCOTTO

- 200 g di nocciole
- 200 g di frumina
- 200 g di fecola di patate
- 60 g di zucchero di canna
- 140 g di olio di semi di mais
- granella di nocciole

PER LA CREMA

- 500 g di latte di mandorla
- 40 g di frumina
- zucchero a velo integrale
- 2 pizzichi di curcuma
- la scorza di 1 limone

Per prima cosa, frullate le nocciole fino a trasformarle in una pasta, che unirete in una ciotola con la frumina, la fecola e lo zucchero. Mescolate lentamente, aggiungendo l'olio di semi di mais. Stendete l'impasto su una teglia foderata con carta da forno, ottenendo un unico biscotto spesso circa 1-1,5 cm. Infornate per 15 minuti a 150 gradi, quindi sfornate e lasciate raffreddare. Nel frattempo, dedicatevi alla crema: unite in una casseruola il latte di mandorla, la frumina, lo zucchero a velo integrale e un po' di curcuma (che darà colore). Mescolate e grattugiate direttamente in pentola la scorza di limone: portate a bollore e lasciate cuocere per qualche minuto, senza smettere di mescolare. La crema sarà pronta quando avrà raggiunto una consistenza densa e si sarà lievemente rappresa. Siete pronti per comporre il dolce: create nei barattoli un primo strato sbriciolando il biscotto, un secondo (abbondante) di crema, un terzo strato di biscotto e un quarto di crema e il gioco è fatto! Non resta che decorare la superficie con la granella di nocciole e far raffreddare un po' in frigo prima di servire.

BISCOTTI AL CAFFÈ

- 80 g di mandorle
- 100 g di farina integrale
- 100 g di farina 0
- 20 g di frumina
- 50 g di zucchero di canna
- 2 cucc.ni di caffè macinato
- 2 cucc.ni di cacao amaro in polvere
- 1 tazzina di caffè
- 6 cucchiai di olio di semi di mais

Tritate le mandorle. Mischiate tutti gli ingredienti secchi in una ciotola capiente (farine, frumina, mandorle, zucchero, caffè e cacao amaro). Unite i liquidi (caffè e olio) e lavorate energicamente il composto. Quando sarà omogeneo e compatto, dategli la forma di una palla, avvolgetelo con la pellicola trasparente e lasciatelo riposare al fresco per 30 minuti circa. Trascorso questo tempo, stendete la pasta allo spessore di circa 0,5 cm (non meno) e, con dei coppapasta, ritagliate i biscotti. Disponeteli su una teglia foderata con carta da forno e infornateli per circa 15-20 minuti a 170 gradi. Sarà dura, ma vale la pena attendere che si raffreddino prima di gustarli!

BISCOTTI AL MIELE

- 100 g di noci
- 2 cucc.ni di spezie in polvere (cannella, noce moscata, vaniglia)
- 1 pizzico di sale
- 500 g di farina semintegrale
- 25 g di lievito di birra fresco
- 100 g di miele
- 40 g di olio di semi di mais

Tritate le noci e mescolatele con le spezie, il sale e la farina. Sciogliete il lievito in poca acqua tiepida. In un pentolino, riscaldate il miele a bagnomaria. Quando si sarà fatto più morbido, unite l'olio di semi di mais e mescolate. Versate sulla farina questa miscela, quindi l'acqua con il lievito. Impastate e, quando gli ingredienti si saranno ben amalgamati, stendete l'impasto con un matterello allo spessore di 0,5 cm circa. Con dei coppapasta ritagliate ora i biscotti, quindi trasferiteli su una placca foderata con carta da forno. Infornate per 15 minuti a 160 gradi, quindi sfornate e assaggiate: spaziali e speziati, vero?

CIOCCOPERE SUGAR FREE

- 350 g di cioccolato fondente al 72 per cento
- 600 ml circa di latte di soia
- 500 g di pere sciroppate
- 80 g di noci
- 10 datteri freschi (non glassati)
- 4 cucchiai di olio di semi di mais
- 130 g di farina integrale
- 120 g di farina di tipo 1
- 1 bustina di lievito per dolci
- 1 cucc.no di cacao amaro in polvere

Sciogliete a bagnomaria il cioccolato con circa 200 ml di latte vegetale. Nel frattempo tagliate le pere a cubetti. Tritate insieme noci, datteri (denocciolati), 3 cucchiai di latte vegetale e l'olio di semi di mais: in pochi secondi otterrete un ottimo burro ammorbidito e pronto all'uso! Mischiate le farine; unite il lievito, il cacao, il restante latte e il cioccolato fuso: impastate bene, quindi aggiungete il burro appena preparato. Quando il composto sarà omogeneo, incorporatevi le pere. Trasferite ora l'impasto in una tortiera del diametro di circa 25 cm foderata con carta da forno. Infornate per 45-50 minuti a 200 gradi, bagnando la superficie con un paio di cucchiai di acqua. Trascorso questo tempo, spegnete il forno e lasciatevi riposare la torta per altri 10 minuti. Assaggiarla calda è una goduria, ma la cioccopere dà il meglio di sé fredda (anche di frigorifero): io vi ho avvisato... Lo dice il nome stesso: questa cioccopere è senza zucchero aggiunto. Se volete, però, potete aggiungerlo: basteranno 80 grammi di zucchero integrale di canna da unire nel momento in cui mischiate gli ingredienti secchi.

COPPETTA PESCHE E CIOCCOLATO

Gluten Free

- 4 pesche tabacchiere mature (o nettarine)
- latte di mandorla
- 115 ml di acqua
- 100 g di cioccolato fondente al 70 per cento
- 10 cucc.ni di granella di nocciole

Lavate le pesche. Riducetene due a dadini e frullate le restanti, eventualmente con un po' di latte di mandorla (dovrà diventare molto morbida), e tenete da parte. Preparate ora l'attrezzatura che vi servirà per trattare il cioccolato: riempite di acqua e ghiaccio una bacinella capiente, nella quale possiate infilare (così che entri a contatto con l'acqua) una capiente ciotola. Prendete quindi il cioccolato e spezzettatelo in una pentola con il fondo spesso. Aggiungete 115 ml di acqua, accendete il fuoco (basso) e cominciate a mescolare. Quando il cioccolato si sarà completamente fuso, trasferitelo nella ciotola che avete preparato, infilatela nella bacinella con acqua e ghiaccio e cominciate a montare, aiutandovi con una frusta. Dopo pochi minuti il cioccolato acquisirà la consistenza di una mousse. È il momento di comporre il dolce: distribuite la dadolata di pesche nelle varie coppette, cospargete con la granella di nocciole, suddividete ora la mousse e terminate con la cremosissima coulis di pesche. Buonissimo!

CREMA AL CIOCCOLATO FONDENTE

- 40 g di frumina
- 50 g di zucchero di canna
- 500 ml di latte di soia
- 1 bacca di vaniglia
- 100 g di cioccolato fondente 72 per cento

Riunite la frumina e lo zucchero in una ciotola, quindi versate il latte di soia a filo e mescolate con una frusta da pasticciere. Quando gli ingredienti saranno amalgamati, aprite la bacca di vaniglia e, con un coltellino, raschiate la polpa profumata, che porrete nella ciotola. Trasferite il composto in un pentolino antiaderente e, poi, sul fuoco: aggiungete il cioccolato e fate sobbollire leggermente la crema, senza mai smettere di mescolare. Dopo poco noterete che comincerà a rapprendersi: quando avrà raggiunto una bella consistenza densa sarà pronta. Fredda è buona, ma calda è indimenticabile! Per non parlare di quando viene accompagnata alle pere mature... il paradiso!

Avete mai visto *Chocolat*? Se non l'avete fatto, è ora di rimediare! Sicuramente, vi verrà una voglia matta di assaggiare la cioccolata aromatizzata al peperoncino... Perché non provare cominciando con questa crema? Basterà aggiungere un po' di peperoncino (o di paprika forte) quando unite la vaniglia. La crema sarà dolce e piccante allo stesso tempo: davvero fenomenale!

CUPCAKE ALLE CAROTE

- 400 g di carote
- 80 g di noci
- 120 g di nocciole
- 60 g di farina 0
- 40 g di farina integrale
- 1 bustina di lievito per dolci
- 80 g di zucchero di canna
- 150 ml di latte di soia

Lavate le carote e frullatele. Tritate la frutta secca. Ponetela in una ciotola e mescolatela con le farine, il lievito e le carote. Unite lo zucchero e il latte di soia a filo: impastate e, quando il composto sarà amalgamato, trasferitelo negli stampini da cupcake (vanno bene anche quelli di silicone). Dopo 25 minuti a 180 gradi potrete finalmente divorarli!

FROLLINI ALLE NOCI E SCORZA DI ARANCIA

- 70 g di noci
- 100 g di farina integrale
- 100 g di farina 0
- 20 g di frumina
- 50 g di zucchero di canna
- 1 cucc.no di lievito per dolci
- 100 ml di yogurt di soia
- la scorza di 1 arancia
- 6 cucchiai di olio di semi di mais

Tritate le noci e mescolatele con le farine, lo zucchero e il lievito. Unite quindi lo yogurt, la scorza di arancia e l'olio di semi di mais e lavorate energicamente il composto. Quando sarà omogeneo e compatto, stendetelo allo spessore di circa 0,5 cm (non meno) e, con dei coppapasta, ritagliate i biscotti. Disponeteli su una teglia foderata con carta da forno e infornateli per circa 15-20 minuti a 170 gradi.

MUFFIN AL CACAO

- 3 cucchiai di frutta secca (nocciole o mandorle)
- 150 g di farina integrale
- ½ bustina di lievito per dolci
- 30 g di cacao amaro in polvere
- 50 ml di miele
- 150 ml di succo di mela
- 50 ml di olio di semi di girasole
- fiocchi d'avena

Tritate la frutta secca e ponetela in una ciotola capiente. Unite la farina integrale, il lievito, il cacao e mescolate. A parte, miscelate gli ingredienti liquidi, quindi versateli nella ciotola poco per volta. Lavorate il composto con una frusta: dovrete amalgamare tutto, ottenendo un impasto denso e omogeneo. Prendete gli stampini da muffin e riempiteli per tre quarti con il composto. Decorate la superficie con i fiocchi d'avena sminuzzati e infornate per 30 minuti a 170 gradi. Semplici, veloci da preparare e deliziosi, sono certo che diventeranno un classico anche in casa vostra!

PAN DE MEJ

- 200 g di farina di mais fioretto
- 100 g di farina 0
- 30 g di farina di riso integrale
- ½ bustina di lievito
- 80 g di zucchero a velo integrale
- 60 ml di olio di semi di mais
- 60 g di yogurt di soia (o latte di riso)

Mischiate le farine con lo zucchero e il lievito. Aggiungete l'olio di semi di mais a filo e lo yogurt e lavorate il composto. Una volta ottenuto un impasto omogeneo, suddividetelo in tante pagnottine, cui darete forma rotonda rotolandole tra i palmi delle mani. Disponetele su una teglia foderata con carta da forno e infornatele per 20-25 minuti a 180 gradi. Attenzione a non colorarle troppo: devono restare gialle!

PANETTONE

- 15 g di lievito di birra
- 250 ml di latte di soia
- 250 g di farina 0
- 150 g di farina integrale
- 80 g di zucchero di canna
- 50 g di olio di semi di mais
- 1 arancia
- 1 limone
- 180 g di uvetta
- 200 ml di succo di mela

Come prima cosa, stemperate il lievito di birra nel latte di soia; riunite quindi le farine in una ciotola e mescolatele con lo zucchero. Aggiungete ora il latte di soia e metà dell'olio di semi di mais. Lavorate per bene l'impasto. Quando sarà omogeneo e compatto, dategli la forma di una palla e lasciatelo lievitare per 2 ore in una ciotola (coperta con un canovaccio pulito) al calduccio, per esempio vicino a un termosifone. Nel frattempo, grattugiate la scorza di arancia e quella di limone e fate ammorbidire l'uvetta nel succo di mela. Trascorso il tempo di lievitazione, incorporate nell'impasto le scorze, l'uvetta e l'olio rimanente. Impastate e rimettete a riposo: saranno necessarie altre 2 ore di lievitazione. A questo punto, trasferite l'impasto in uno stampo di carta da panettone, incidetene la superficie con un coltello e infornatelo per 1 ora a 180 gradi. Un consiglio: meglio se si crea una certa umidità, quindi durante la cottura inserite in forno un pentolino con un po' di acqua.

PLUM CAKE AI FRUTTI DI BOSCO

- 120 g di farina 0
- 120 g di farina di farro
- 1 bustina di lievito per dolci
- 80 g di zucchero di canna
- 60 ml di olio di semi di mais
- 200 ml di latte di soia (o mandorla)
- 150 g di mirtilli
- 80 g di lamponi

In una ciotola, mischiate gli ingredienti secchi: le farine, il lievito e lo zucchero. Aggiungete l'olio di semi di mais e il latte vegetale e mescolate, amalgamando tutto. A quel punto, incorporate i mirtilli e i lamponi: in questa fase dovrete essere delicati perché questi frutti sono molto fragili e rischiate di romperli. Trasferite ora l'impasto in uno stampo da plum cake foderato con carta da forno e infornate per 30-40 minuti a 180 gradi (a seconda della potenza del vostro forno). Io amo fare colazione così, con questo plum cake e tè, ma ve lo consiglio anche come merenda, magari accompagnato da un cucchiaio di yogurt greco.

SACHER AI LAMPONI

- 400 g di cioccolato fondente 70 per cento
- 600 ml di latte di soia
- 10 noci
- 100 g di farina integrale
- 100 g di fecola di patate
- 100 g di farina 0
- 40 g di zucchero di canna
- 1 bustina di lievito per dolci
- 2 cucchiai di cacao amaro in polvere
- 4 cucchiai di olio di semi di mais
- confettura di lamponi
- 1 cucchiaio di zucchero a velo vanigliato
- la scorza di 1 arancia
- 1 tazzina di caffè
- 100 g di lamponi

In un pentolino, sciogliete la metà del cioccolato fondente a bagnomaria, mescolandolo con 100 ml di latte di soia. Ponete le noci in una planetaria (o una ciotola) con la farina integrale, la fecola, la farina 0, lo zucchero, il lievito, 400 ml di latte di soia, il cacao, 2 cucchiai di acqua tiepida e l'olio di semi di mais. Impastate bene, incorporando tutti gli ingredienti, quindi aggiungete il cioccolato che avete fuso. Travasate il composto in una teglia di silicone e infornate per 30 minuti a 180 gradi. Trascorso questo tempo, sfornate la torta e lasciatela raffreddare per circa 2 ore. A quel punto, tagliatela orizzontalmente a metà: farcitela con la confettura di lamponi e richiudete. Sciogliete a bagnomaria il cioccolato rimanente nei 100 ml di latte avanzati. Aromatizzate con lo zucchero a velo vanigliato, la scorza d'arancia e il caffè. Una volta sciolto tutto, otterrete un composto lucido e denso, che userete per ricoprire la torta, bordi inclusi. Decorate con lamponi e mettete la Sachertorte in frigorifero per almeno 4 ore, così che la copertura possa solidificare, quindi sarete pronti per servirla.

SALAME DI CIOCCOLATO SCOMPOSTO

- 1 manciata di nocciole
- 1 manciata di avena
- 230 g di cioccolato fondente 85 per cento

- 10 frollini integrali (con orzo e avena)
- 1 manciata di farro soffiato

Tritate grossolanamente le nocciole. Sciogliete il cioccolato a bagnomaria. Sbriciolate all'interno i 10 frollini, unite l'avena, il farro soffiato e le nocciole. Foderate una teglia (o un paio di piatti) con carta da forno e disponetevi tanti mucchietti di impasto, che ricaverete aiutandovi con due cucchiai. Ponete il tutto in frigorifero a rassodare per 6 ore. In alternativa, potete mettere il salame di cioccolato in freezer: in questo caso, basteranno 20 minuti.

TORTA AL CACAO ALL'AROMA DI ARANCIA

- 200 g di farina integrale (o semintegrale)
- 70 g di farina di mandorle
- 150 g di zucchero di canna
- 75 g di cacao amaro in polvere
- 1 bustina di lievito per dolci
- 40 ml di olio di semi di girasole
- 450 ml di latte di mandorla (o di soia)
- 1 bustina di scorze di arancia candite
- 1 fialetta di aroma all'arancia

Mischiate in una ciotola le farine e lo zucchero con il cacao amaro e il lievito. Unite ora tutti i liquidi a filo, uno per volta, e senza smettere di lavorare l'impasto: prima l'olio, poi il latte, le scorze e la fialetta di aroma all'arancia. Quando avrete ottenuto un composto omogeneo e senza grumi, trasferitelo in una tortiera del diametro di circa 25 cm, rivestita con carta da forno, e infornate per 50 minuti a 180 gradi. Sentirete: il profumo di arancia pervaderà la cucina!

TORTA AL CIOCCOLATO E ZUCCHINE

- 1 zucchina media
- 1 tazza di farina 0
- ½ tazza di farina integrale
- 1 tazza di zucchero di canna
- 3-4 cucchiai abbondanti di cacao amaro in polvere
- 3 cucchiai di fecola di patate
- 1 bustina di lievito
- 1 cucc.no di caffè di orzo solubile
- 1 cucc.no di cannella
- ⅓ di tazza di olio di semi di mais
- 300 ml di acqua
- essenza di mandorle (facoltativa)

Lavate la zucchina, mondatela, grattugiatela e tenetela da parte. Mischiate ora in una ciotola tutti gli ingredienti secchi: farina, zucchero, cacao, fecola, lievito, caffè e cannella. Cominciate a lavorare il composto, aggiungendo i liquidi a filo, a cominciare dall'olio, quindi l'acqua, l'essenza di mandorle (se avete scelto di usarla). In ultimo, incorporate la zucchina grattugiata. Amalgamate bene e versate l'impasto in una tortiera del diametro di circa 25 cm rivestita di carta da forno. Infornate per 40 minuti circa a 180 gradi, verificando il grado di cottura con uno stecchino. Quando la torta sarà pronta, sformatela e lasciatela raffreddare completamente su una gratella prima di servirla.

TORTA ALLA LIQUIRIZIA

- 150 g di cioccolato fondente 72 per cento
- 100 g di farina 0
- 100 g di farina integrale
- 70 g di farina di mandorle
- 70 g di frumina
- 1 bustina di lievito per dolci
- 80 g di zucchero di canna
- 10 g di liquirizia pura macinata
- 4 cucchiai di olio di semi di mais
- 600 ml circa di latte di riso (o di soia o di mandorla)

Sciogliete il cioccolato a bagnomaria. Mischiate ora le farine, la frumina, il lievito, lo zucchero e la liquirizia in una ciotola, quindi unite l'olio e il latte di riso a filo. Lavorate il composto con un cucchiaio, mescolando dal basso verso l'alto, per incorporare aria il più possibile. Informate per circa 45-50 minuti a 200 gradi. Rimarrete stupiti: questa torta non è solo buonissima, ma anche piuttosto originale... Dato che non è eccessivamente cioccolatosa, se volete arricchirla potreste tagliarla a metà orizzontalmente e farcirla con una crema di cioccolato superfondente!

TORTA DELLA NONNA

PER LA FROLLA

- 80 g di farina di farro integrale
- 300 g di farina 0
- 20 g di frumina
- 1 pizzico di lievito per dolci
- 1 cucchiaio di acqua fredda
- 30 g di olio di semi di girasole
- 1 cucchiaio di salsa thain
- 50 g di zucchero a velo integrale
- 100 g di trito di nocciole (o noci di macadamia)
- 120 g di pinoli

PER LA CREMA

- la scorza di 1 limone
- 1 bacca di vaniglia
- 40 g di frumina
- 3 cucchiai di zucchero a velo integrale
- 500 g di latte di mandorla (o di soia)
- curcuma

Innanzitutto, la frolla. Mischiate le farine in una ciotola, quindi unite la frumina, il lievito, l'acqua e cominciate a impastare. Aggiungete l'olio di semi di girasole a filo, la salsa thain e lo zucchero a velo. In ultimo, incorporate il trito di nocciole. Stendete la pasta in un disco spesso circa 1 cm, che trasferirete in una tortiera di 25 cm di diametro foderata con carta da forno (attenzione: con la frolla dovrete ricoprire anche i bordi!). Infornate per circa 30 minuti a 180 gradi, quindi lasciate raffreddare. Nel frattempo, dedicatevi alla crema. Grattugiate la scorza di limone ed estraete i semini dalla bacca di vaniglia. In un pentolino, ponete la frumina e lo zucchero a velo, quindi cominciate a unire il latte a filo e mescolate con una frusta da pasticciere. Quando gli ingredienti saranno ben amalgamati, unite i semini di vaniglia e la scorza di limone. Trasferitevi sul fornello e accendete la fiamma: lasciate addensare la crema continuando a mescolare. In ultimo, coloratela con un bel pizzico di curcuma. Quando la base della torta si sarà raffreddata, riempitela con la crema. Decorate infine con i pinoli e ponete in frigorifero fino al momento di servire.

ZUCCA E MIELE

Gluten Free

- 500 g di zucca
- 1 cucc.no di miele millefiori
- 1 pizzico di rosmarino secco
- 3 cucchiai di olio EVO
- 1 mazzetto di prezzemolo

Lavate bene la zucca, quindi eliminate i filamenti interni e i semi (mantenendo invece la buccia). Tagliatela a fette spesse circa 1 cm e, con una spatola, spalmatele con un leggerissimo strato di miele. Disponete le fette su una teglia rivestita con carta da forno, spolverizzatele con il rosmarino e infornate per circa 40 minuti a 220 gradi. Prima di servire non resta che condire con un filo di olio EVO a freddo e il prezzemolo tritato al momento. In accompagnamento vi suggerisco lo yogurt greco: i sapori si sposano che è un piacere! Per chi lo ama, poi, si può anche aromatizzare lo yogurt con un po' di aglio: ancora più buono...

ACQUA MULTIVITAMINICA

Gluten Free

LA PRIMA IDEA

- 125 g di fragole
- 1 grossa mela
- 2 pesche
- 1 ciuffo di menta

LA SECONDA IDEA

- ½ melone
- 1 cetriolo
- 2 pesche
- 1 pezzetto di zenzero

LA TERZA IDEA

- 4 mele
- 1 kiwi
- 1 pezzetto di zenzero

LA QUARTA IDEA

- 2 mele
- 2 carote
- 1 fetta di ananas

Ho voluto riunire in questa pagina qualche idea per centrifugati spettacolari non solo al palato ma anche dal punto di vista delle proprietà nutraceutiche: praticamente, sono degli scudi che vi proteggeranno da qualsiasi cosa! Se urgesse un ripasso, basta correre alle pagine precedenti, soprattutto quelle dedicate a frutta e verdura!

CENTRIFUGATI PER...

Gluten Free

DISINTOSSICARSI

- 2 fette di ananas
- 1 cedro con la buccia
- 3 carote
- ½ finocchio
- 1 mela

RICARICARSI

- 60 cavolini di Bruxelles
- ½ rapa
- 2 coste di sedano

RILASSARSI

- 1 pesca
- 1 pera
- 1 mela

Qualsiasi sia il vostro scopo, lavate, mondate e tagliate frutta e verdura a pezzetti. Centrifugate e servite. Dolci e vellutati, questi centrifugati sono una gioia per il palato!

DECOTTO DI ZENZERO E SALVIA

Gluten Free

- 1 radice di zenzero piccola
- 500 ml di acqua
- il succo e la scorza di 2 limoni
- 4 foglie di salvia

Schiacciate lo zenzero con uno schiacciapatate e raccoglietene il succo in una piccola casseruola con 500 ml di acqua. Grattugiate la scorza dei limoni e spremetene il succo: aggiungete tutto nella casseruola, insieme alle foglie di salvia. Accendete il fuoco e fate sobbollire per circa 20 minuti. Prima di servire dovrete eliminare le foglie di salvia: estraetele, oppure filtrate il decotto. Se sentite il bisogno di dolcificarlo, aggiungete 2-3 cucchiaini di miele.

FRULLATI PER...

Gluten Free

SORRIDERE

- 1 banana
- 1 mela (gialla o rossa)
- cioccolato fondente
- 150 g di noci sgusciate
- 1 radice di zenzero fresco

DRENARE

- 1 mela (gialla o rossa)
- 1 lattuga
- 1 avocado
- 300 g di mirtilli
- 300 g di more

Per sorridere, sbucciate e tagliate a rondelle la banana, lavate e riducete a pezzetti la mela. Mettetele nel bicchiere di un robot da cucina, aggiungete il cioccolato fondente tritato a coltello, le noci spezzettate grossolanamente e una grattugiata di radice di zenzero. Allungate con un goccio di acqua, frullate e voilà: la colazione è pronta! Se lo lascerete al fresco, questo frullato diventerà anche un'ottima merenda.

Per drenare, lavate la mela e tagliatela a pezzetti. Mettetela nel frullatore, aggiungete qualche foglia di lattuga, la polpa dell'avocado, i mirtilli e le more. Azionate le lame e anche questo secondo frullato è pronto!

MELAGRANA FRULLATA

- ½ ananas
- 200 g di succo di melagrana
- 1 vasetto di yogurt greco
- 2 cucchiai di miele
- zenzero fresco
- il succo e la scorza di 1 lime

Riunite tutti gli ingredienti nel bicchiere del frullatore (zenzero e scorza a parte) e azionate le lame. Voilà, il gioco è fatto! Vi suggerisco di aromatizzare il frullato con la scorza di lime e una grattugiata di zenzero fresco: ecco pronta una merenda semplicissima da preparare e molto saziante.

PUNCH

Gluten Free

- 1 l di succo di mela
- 200 g di miele
- 1 litro di spremuta di arancia rossa
- 1 litro di spremuta di pompelmo rosa
- pepe
- scorza di lime

Versate il succo di mela in una pentola, scaldatelo fino a farlo sobbollire, quindi unite il miele, mescolate per farlo sciogliere, spegnete la fiamma e lasciate raffreddare. Quando il succo di mela sarà a temperatura ambiente, miscelatelo con le altre spremute. Una sostanziosa macinata di pepe, una bella grattugiata di lime, e il punch è pronto per essere gustato!

SANGRIA DELLA SALUTE

Gluten Free

- 2 pompelmi rosa
- 5 clementine
- 2 melagrane
- 2 l di vino rosso
- 500 ml di succo di melagrana
- 200 ml di succo di mela
- chiodi di garofano
- ¼ di radice di zenzero

Pulite bene i pompelmi e tagliate in tre ogni spicchio. Sbucciate le clementine, separate gli spicchi e assicuratevi che non contengano semi. Sgranate le melagrane. Riunite la frutta in una ciotola capiente con il vino, i succhi, i chiodi di garofano e lo zenzero grattugiato. Lasciate in infusione per almeno 5 ore, quindi servite la sangria superfredda!

SMOOTHIE DETOX

Gluten Free

- 1 barbabietola rossa piccola
- 1 carota
- 1 mela
- 1 pezzetto di zenzero

Io di solito per questa ricetta utilizzo la barbabietola sottovuoto, già lessata. Se preferite, però, ovviamente potete utilizzare anche quella fresca: mondatela e lessatela. Tagliate quindi la barbabietola a tocchetti; lavate e riducete a pezzetti la carota e la mela, quindi frullate il tutto con un pezzetto di zenzero. Bevete subito!

TISANE!

Gluten Free

TISANA DIURETICA

- 1 l di acqua
- 5 g di foglie di betulla
- 5 g di radice di ononide spinosa
- 5 g di menta piperita
- 5 g di radice di liquirizia

TISANA PER DEPURARSI

- 1 l di acqua
- 35 g di tarassaco
- 10 g di fiori di camomilla
- 1 cucc.no di curcuma
- 10 g di finocchietto

Mettete in infusione in 1 l di acqua bollente tutti i protagonisti della tisana che avete scelto per circa 20 minuti, quindi filtrate e bevete. Entrambe sono ottime calde, ma davvero particolari servite fredde, con ghiaccio! Per godere al meglio dei loro benefici, vi consiglio di berne tre tazze al giorno, da circa 200 ml l'una.

BIBLIOGRAFIA

LINK

Il mio blog Bello&Buono – www.marcoincucina.it
Il sito della Fondazione Umberto Veronesi – www.fondazioneveronesi.it
Il sito dello IEO, Istituto europeo di oncologia – www.ieo.it
Il sito della Nutrition Foudation of Italy – www.nutrition-foundation.it
Il sito dell'INRAN, Istituto nazionale di ricerca per gli alimenti e la nutrizione – www.inran.it
Il sito della SINU, Società italiana di nutrizione umana – www.sinu.it
Il sito dell'EUFIC, European Food Information Council – www.eufic.org
Il sito del CNR, Consiglio nazionale delle ricerche – www.stampa.cnr.it
Il sito del WCRF, World Cancer Research Fund – www.wcrf.org

LIBRI

Marco Bianchi, Lucilla Titta, *I cibi che aiutano a crescere*, Milano, Mondadori Electa, 2013.

Dario Bressanini, *Le bugie nel carrello*, Milano, Chiarelettere, 2013.

Anna Maria Marconi, Stefania Ronzoni, Lucilla Titta, *9 mesi di ricette*, Milano, Ponte alle Grazie, 2013.

Valerio Nico, *L'alimentazione naturale*, Milano, Mondadori, 1997.

ALTRE FONTI

Alimentazione, Prevenzione & Benessere, periodico a cura della Nutrition Foundation of Italy.

Caffè e salute, libretto edito dall'Institute for Scientific Information on Coffee, in collaborazione con l'Istituto di Ricerche Farmacologiche Mario Negri (www.quotidianosanita.it).

«Quaderni della Fondazione Veronesi», monografie a cura di Fondazione Veronesi.

RIVISTE SCIENTIFICHE

D. Aune, D.S. Chan, R. Lau, R. Vieira, D.C. Greenwood, E. Kampman, T. Norat., *Apporto di fibre e rischio di cancro al colon-retto*, in «British Medical Journal», 10 novembre 2011 (www.nutrition-foundation.it).

S. Barbour, *Cancer Boost from Whole Carrots*, 16 giugno 2009 (www.news.bbc.co.uk).

L.A. Bazzano, A.M. Thompson, M.T. Tees, C.H. Nguyen, D.M. Winham, *Legumi e colesterolemia*, in « Nutrition, Metabolism and Cardiovascular Diseases», 23 novembre 2009 (www.nutrition-foundation.it).

K.M. Behall, D.J. Scholfield, J. Hallfrisch, *La fibra dell'orzo riduce l'ipercolesterolemia moderata*, in «The American Journal of Clinical Nutrition», novembre 2004, 80, 5, pp. 1185-93 (www.nutrition-foundation.it).

K.M. Behall, D.J. Scholfield, J. Hallfrisch, *La dieta integrale abbassa la pressione*, in «Journal of the American Dietetic Association», settembre 2006, 106, 9, pp. 1445-49 (www.nutrition-foundation.it).

R. Estruch, E. Ros, J. Salas-Salvadó, M.I. Covas, D. Pharm, D. Corella, F. Arós, E. Gómez-Gracia, V. Ruiz-Gutiérrez, M. Fiol, J. Lapetra, R.M. Lamuela-Raventós, L. Serra-Majem, X. Pintó, J. Basora, M.A. Muñoz, J.V. Sorlí, J.A. Martínez, M.A. Martínez-González, The PREDIMED Study Investigator, *Primary Prevention of Cardiovascular Disease with a Mediterranean Diet*, in «The New England Journal of Medicine», 25 febbraio 2013 (www.nutrition-foundation.it).

E.K. Farina, D.P. Kiel, R. Roubenoff, E.J. Schaefer, L.A. Cupples, K.L. Tucker, *Consumo di pesce, grassi polinsaturi e salute delle ossa*, in «The American Journal of Clinical Nutrition», 2 marzo 2011 (www.nutrition-foundation.it).

T.T. Fung, M. Schulze, J.E. Manson, W.C. Willett, F.B. Hu, *L'elevato consumo di carne aumenta il rischio di diabete di tipo 2 nelle donne*, in «Archives of Internal Medicine», 8 novembre 2004 (www.nutrition-foundation.it).

S.K. Gebauer, S.G. West, C.D. Kay, P. Alaupovic, D. Bagshaw, P.M. Kris-Etherton, *Effects of Pistachios on Cardiovascular Disease Risk Factors and Potential Mechanisms of Action: A Dose-response Study*, in «The American Journal of Clinical Nutrition», settembre 2008, 88(3), pp. 651-59 (www.nutrition-foundation.it).

U. Heinrich, K. Neukam, H. Tronnier, H. Sies, W. Stahl, *Il cacao ricco in flavonoli fornisce fotoprotezione contro l'eritema da raggi UV*, in «Journal of Nutrition», giugno 2006 (www.nutrition-foundation.it).

P.F. Jacques, A. Lyass, J.M. Massaro, R.S. Vasan, R.B. D'Agostino, Sr, *Aumentare l'intake dietetico di licopene riduce il rischio cardiovascolare*, in «British Journal of Nutrition», 15 gennaio 2013, pp. 1-7 (www.nutrition-foundation.it).

D.J. Jenkins, C.W. Kendall, L.S. Augustin, S. Mitchell, S. Sahye-Pudaruth, S. Blanco Mejia, L. Chiavaroli, A. Mirrahimi, C. Ireland, B. Bashyam, E. Vidgen, R.J. de Souza, J.L. Sievenpiper, J. Coveney, L.A. Leiter, R.G. Josse., *Legumi, controllo glicemico e rischio cardiovascolare*, in «Archives of Internal Medicine», 22 ottobre 2012, pp. 1-8 (www.nutrition-foundation.it).

A. Jennings, A.A. Welch, S.J. Fairweather-Tait, C. Kay, A.M. Minihane, P. Chowienczyk, B. Jiang, M. Cecelja, T. Spector, A. Macgregor, A. Cassidy, *Antocianine per ridurre il rischio cardiovascolare*, in «The American Journal of

Clinical Nutrition», 22 agosto 2012 (www.nutrition-foundation.it).

E.V. Johansson, A.C. Nilsson, E.M. Ostman, I.M. Björck, *L'orzo integrale è un importante alleato nella prevenzione della sindrome metabolica, attraverso il controllo del metabolismo glucidico, della sazietà e quindi dell'assunzione di cibo*, in «Nutrition Journal», 11 aprile 2013, 12(1), p. 46 (www.nutrition-foundation.it).

C.L. Keen, R.R. Holt, P.I. Oteiza, C.G. Fraga, H.H. Schmitz, *Antiossidanti del cacao e salute cardiovascolare*, in «The American Journal of Clinical Nutrition», gennaio 2005, 81(1 Suppl) (www.nutrition-foundation.it).

S.C. Larsson, J. Virtamo, A. Wolk, *Cioccolato e rischio di ictus*, in «Neurology», 29 agosto 2012 (www.nutrition-foundation.it).

L. Letenneur, C. Proust-Lima, A. Le Gouge, J. Dartigues, P. Barberger-Gateau, *Flavonoidi per la mente*, in «American Journal of Epidemiology», 15 giugno 2007 (www.nutrition-foundation.it).

A. Malik, F. Afaq, S. Sarfaraz, V.M. Adhami, D.N. Syed, H. Mukhtar, *Pomegranate Fruit Juice for Chemoprevention and Chemotherapy of Prostate Cancer*, 11 ottobre 2005(www.nbci.nlm.nih.gov).

W. Marrocco, A. Schipani, *Gli effetti benefici sulla salute delle spezie di uso più comune*, in «Alimentazione, prevenzione e benessere», anno II, 1, gennaio-febbraio 2015, p. 6 (www.nutrition-foundation.it).

D. Mozaffarian, E.B. Rimm, *Per il pesce più benefici che rischi*, in «Journal of American Medical Association», 18 ottobre 2006 (www.nutrition-foundation.it).

L.X. Na, Y. Li, H.Z. Pan, X.L. Zhou, D.J. Sun, M. Meng, X.X. Li, C.H. Sun, *Curcuminoidi e diabete di tipo 2*, in «Molecular Nutrition & Food Research», 29 agosto 2012 (www.nutrition-foundation.it).

N. Neufingerl, Y.E. Zebregs, E.A. Schuring, E.A. Trautwein, *La teobromina del cacao (e non i flavonoidi) medierebbe l'aumento di HDL che si osserva dopo sole 4 settimane di assunzione regolare*, in «The American Journal of Clinical Nutrition», 17 aprile 2013 (www.nutrition-foundation.it).

V. Pala, L. Lissner, A. Hebestreit, A. Lanfer, S. Sieri, A. Siani, I. Huybrechts, L. Kambek, D. Molnar, M. Tornaritis, L. Moreno, W. Ahrens, V. Krogh, *Un'alimentazione ricca di vegetali, frutta e alimenti integrali fino dalla prima infanzia riduce il rischio di sovrappeso e obesità*, in «European Journal of Clinical Nutrition», ottobre 2013, 67, 10 (www.nutrition-foundation.it).

B.D. Patel, A.A. Welch, S.A. Bingham, R.N. Luben, N.E. Day, K.T. Khaw, D.A. Lomas, N.J. Wareham, *Una mela al giorno toglie l'asma di torno*, in «Thorax», maggio 2006 (www.nutrition-foundation.it).

Y.G. Peng, W. Li, X.X. Wien, Y. Li, J.K. Hu, L.C. Zhao, *Utilizzare i sostituti del sale per ridurre l'assunzione di sodio è una misura efficace nel controllo dell'ipertensione*, in «The American Journal Clinical Nutritiion», 15 ottobre 2014 (www.nutrition-foundation.it).

M. Pfeuffer, A. Auinger, U. Bley, I. Kraus-Stojanowic, C. Laue, P. Winkler, C.E. Rüfer, J. Frank, C. Bösch-Saadatmandi, G. Rimbach, J. Schrezenmeir, *Apporto di quercetina e rischio cardiovascolare*, in «Nutrition, Metabolism and Cardiovascular Diseases», 23 novembre 2011 (www.nutrition-foundation.it).

M. Rizwan, I. Rodriguez-Blanco, A. Harbottle, M.A. Birch-Machin, R.E. Watson, L.E. Rhodes, *Effetto fotoprotettivo del licopene*, in «British Journal of

Dermatology», 21 settembre 2010 (www.nutrition-foundation.it).

A.C. Skulas-Ray, P.M. Kris-Etherton, D.L. Teeter, C.Y. Chen, J.P. Vanden Heuvel, S.G. West, *Consumo di spezie e difese antiossidanti*, in «Journal of Nutrition», 22 giugno 2011(www.nutrition-foundation.it).

F. Sofi, A. Whittaker, F. Cesari, A.M. Gori, C. Fiorillo, M. Becatti, I. Marotti, G. Dinelli, A. Casini, R. Abbate, G.F. Gensini, S. Benedettelli, *Italia: con la farina di Kamut ridotti in 8 settimane colesterolemia (totale e LDL) e glicemia*, in «European Journal of Clinical Nutrition», 9 gennaio 2013 (www.nutrition-foundation.it).

A. Tresserra-Rimbau, E.B. Rimm, A. Medina-Remón, M.A. Martínez-González, R. de la Torre, D. Corella, J. Salas-Salvadó, E. Gómez-Gracia, J. Lapetra, F. Arós, M. Fiol, E. Ros, L. Serra-Majem, X. Pintó, G.T. Saez, J. Basora, J.V. Sorlí, J.A. Martínez, E. Vinyoles, R. Ruiz-Gutiérrez, et al., *Anche in una popolazione a dieta mediterranea, livelli più alti di polifenoli comportano la riduzione significativa del rischio di eventi cardiovascolari e di mortalità*, in «Nutrition, Metabolism and Cardiovascular Disease», 24 gennaio 2014 (www.nutrition-foundation.it).

F. Visioli, *Un carotenoide naturale: il licopene*, 26 giugno 2006 (www.nutrition-foundation.it).

F. Visioli, *Fosforo, essenziale per lo scheletro, l'energia, il buon funzionamento di ormoni, enzimi e il dialogo tra cellule*, 23 dicembre 2014 (www.nutrition-foundation.it).

F. Visioli, *Le evidenze più recenti sul ruolo chemopreventivo delle Crucifere: i dati delle ricerche in vitro e in vivo*, 23 dicembre 2014 (www.nutrition-foundation.it).

T. Yoshida, S. Yoshida, M. Kobayashi, D.N. Herndon and F. Suzuki, *Pivotal Advance: Glycyrrhizin Restores the Impaired Production of β-Defensins in Tissues Surrounding the Burn Area and Improves the Resistance of Burn Mice to Pseudomonas Aeruginosa Wound Infection*, in «Journal of Leukocyte Biology», gennaio 2010, 87, pp. 35-41 (www.jleukbio.org).

E. Zomer, A. Owen, D.J. Magliano, D. Liew, C.M. Reid, *Cioccolato fondente e prevenzione cardiovascolare*, in «British Medical Journal», 30 maggio 2012 (www.nutrition-foundation.it).

RINGRAZIAMENTI

Tutto inizia da voi. Mi fate notare che sentite il bisogno di «aggiornarvi» e approfondire sempre di più sugli alimenti in grado di portare benefici alla nostra salute e su cosa, invece, sia da evitare.

Propongo questo libro a Francesco e Igor, i miei editor Mondadori. Rispondono affermativamente e da quel momento per me non esiste altro pensiero al di fuori di questo: costruire una enorme raccolta di ricette, spesso rivisitate (e provate) per questioni di gusto e di praticità, ma anche nuove (che mi chiedete sempre), inserita in una cornice deliziosamente scientifica, con tante conoscenze «appena sfornate» dai laboratori del mondo.

Ecco che la macchina si mette in moto: qualche incontro e scambio di mail e il gioco è fatto, le basi per il nuovo libro ci sono e l'idea dell'impostazione, con l'introduzione e i dieci capitoli dedicati a dieci alimenti, piace. Si parte!

Come sempre, però, non sono da solo: sono tante le persone che a vario titolo hanno collaborato con me o mi hanno sostenuto, tante al punto che, come è già capitato, rischio di scordarmene qualcuna! Spero che non succeda... Si tratta di:

Francesca P. che mi ha aiutato a riordinare le idee e a portare a termine un'attenta ricerca bibliografica (e non solo) che sembrava non avere fine.

Francesca M. e la redazione Mondadori che anche questa

volta mi hanno permesso di andare in stampa con tutti gli ingredienti al loro posto.

Manuela che ha reso bellissimo questo libro, realizzando un progetto grafico sopraffino.

Non esiste libro senza una creatività e un piano promozionale marketing ben studiato. Grazie mille al gruppo Marketing di Mondadori (quanto mi coccolate!) e grazie a Show Reel, quindi Luca, Preddy, Fra, Lidia, Andrea e Luciano. Dietro la copertina si nascondono Andrea per la grafica, Pao per i disegni, il grande Dario Altamura per lo scatto e Raffaelino per avermi «vestito» (per questo ringrazio anche NikeLab e Marcelo Burlon). Tanto animo!

Grazie agli amici librai e agli agenti, che mi hanno aiutato a farmi conoscere su tutto il territorio nazionale.

Grazie alla Fondazione Umberto Veronesi, per aver sposato anche questo mio progetto editoriale e per continuare a rendere possibile la ricerca e la divulgazione scientifica. Grazie prof Veronesi: è lei il primo dei miei maestri.

E ora vorrei ringraziare tutti voi, che questo libro in qualche modo mi avete indotto a scriverlo e che ora lo leggerete e cucinerete.

All'uscita del volume precedente eravamo in cinquantamila, ora siamo più di centomila! Grazie amici, grazie di cuore, per credere nel binomio gusto e prevenzione almeno quanto me!

Voglio concludere ringraziando i miei amici più stretti, sempre presenti, ovviamente mamma Cristina e papà Umberto e tutti i parenti, che non smettono mai di tifare per me: zii, zie, cugini e cugine. Grazie a Mirca, Gianni, Vero, Paolo, Baba, Gio, Filo, Sofia, Ele, Jean Paul, Kla, Claudio, Tom, Silvia, Giko, Nicola, Barbara, Luca, Paolo, LaCri, Wanda, Rena, Albe, Raffi e la Functional Box, dal primo all'ultimo dei suoi guerrieri.

Ho finito... scherzavo naturalmente, manca il nome più importante: grazie Veru, per esserci sempre e regalarmi stimoli nuovi, ogni giorno.

INDICE DELLE RICETTE

Le ricette evidenziate in corsivo sono **Gluten Free**

«Io mi voglio bene»
di Marco Bianchi
Oscar
Mondadori Libri

Questo volume è stato stampato
presso ELCOGRAF S.p.A.
Stabilimento - Cles (TN)
Stampato in Italia. Printed in Italy